TREATY OF LISBON

유럽통합과 리스본조약

채형복 지음

높이깊이

|유럽통합과 리스본조약|

저자 채 형 복

발 행 2015년 4월 30일
교 정 높이깊이
편집디자인 편집부
표지디자인 편집부

발행처 높이깊이
발행인 김 덕 중
출판등록 제4-183호

주소 서울 성동구 성수1가동 22-6
전화 02)463-2023(代) **팩스** 02)2285-6244
E-mail djysdj@naver.com

정가 20,000원

ISBN 978-89-7588-304-0

이 저서는 2010년 정부(교육부)의 재원으로 한국연구재단의
지원을 받아 수행된 연구임(NRF-2010-812-B00064)

| 머리말 |

    1950년 5월 9일, 프랑스 외무부장관 로베르 슈망(Robert Schumann)은 프랑스, 독일(서독), 이탈리아, 네덜란드, 벨기에 및 룩셈부르크 6개국 사이에 유럽석탄철강공동체(European Coal and Steel Community; ECSC)를 창설할 것을 제안하는 소위 '슈망선언'을 발표하였다. 유럽연합(EU)은 이 선언이 행해진 날인 5월 9일을 '유럽의 날'(Europe Day)로 정하여 기념하고 있다.
    이 선언에서 슈망은, "세계 평화는 이를 위협하는 위험에 비례하는 창조적인 노력 없이는 안전하게 보호될 수 없다."고 하면서, 유럽이 "전쟁에 필요한 군수물자를 만드는 데 골몰하는 한 (전쟁으로 인한) 희생자가 발생하는 것을 막을 수 없다"고 역설하였다.
    유럽대륙에서 더 이상의 전쟁을 방지하고, 평화로운 체제를 구축하기 위하여 슈망은 프랑스-독일의 접경지역인 알자스로렌지역을 중심으로 석탄과 철강 분야의 협력을 제안하였다. 이것이 바로 초국가적 기관인 유럽공동체(European Community: EC)의 효시가 된 ECSC이다. 그 후 연이어 유럽경제공동체(European Economic Community: EEC)와 유럽원자력공동체(European Atomic Energy Community: EAEC or Euratom)가 설립되었다.
    유럽통합의 확대와 심화 과정이 순탄하게 진행된 것만은 아니다. 그리스발 금융 위기의 예에서 보듯이 유럽단일시장은 여전히 안팎으로 다양한 도전을 받고 있다. 하지만 어려운 현실 상황 속에서도 유럽의 통합은 꾸준히 확대, 심화되고 있다. 특히 사법적 통합의 측면에서 그 전형적인 예로, 지난 2009년 12월 1일 발효한 리스본조약(Treaty of Lisbon)을 들 수 있다.
    리스본조약이 가지는 의의는 여러 가지가 있겠지만, 그 중에서도 동 조약이 발효됨으로써 EU의 법적 기반이 한층 강화되었다. 동 조약 이전에는 EC와 EU가 공존함으로써 국제사회의 대표성을 둘러싸고 상당히 많은 혼란이 야기되었다. 이 점을 인식하고, 리스본조약은 EC를 폐지하고, EU에게 단일한 법인격을 부여함으로써 유럽당국은 역내외 무대에서 법적 안정성과 유효성을 확보하고 있다.
    리스본조약이 발효한 이듬해인 2010년 필자는 동 조약의 본문을 한글로 완역하여 출간한 바 있다. 그리고 같은 해 한국연구재단에서 『유럽통합과 리스본조약』이란 주제로 인문사회과학저술비를 지원받게 되었다. 본서는 이 연구비 지원에 대한 결과물로 저술·출간되었다.
    전문학술서의 작업이 그러하듯 단행본에 걸맞는 체제와 형식에 따라 각종 용어와 개념을 정리·통일하고, 핵심 주제에 대해 분석하고 설명하는 과정은 생각처럼 쉽지 않다. 게다가 한국연구재단에 결과를 보고해야 하는 기한이 정해져 있어 시간에 쫓기고, 심리적으로도 심한 압박을 받았다. 탈고를 하고, 출간을 앞둔 시점에 있는 지금도 혹시 오류가 있지나 않을까 걱정이 앞선다.

본서는 크게 여섯 개의 장으로 이루어져 있다. 제1장 EU의 연혁, 제2장 EU의 법적 지위와 역할, 제3장 EU의 사법질서, 제4장 EU의 기관, 제5장 법률의 제정과 의사결정제도, 그리고 제6장 EU의 정책에 대해 분석·소개하였다. 방대한 EU의 법과 제도 가운데 리스본조약과 관련하여 새롭게 도입되었거나, 그 내용이 변경되었다고 판단되는 주제를 중심으로 본서를 구성하였다.

2010년 10월 6일 '한-EU FTA협정'이 체결되고, 그 이듬해 7월 1일자로 잠정 발효되는 등 최근 한국과 EU 간의 관계도 밀접해지고, 교류도 확대되고 있다. 또한 2013년 7월 1일 크로아티아가 EU에 가입함으로써 회원국 수는 28개로 늘어났다. EU의 꾸준한 확대는 국제사회에서 유럽이 차지하는 비중과 그 영향력이 강화되고 있다는 것을 의미한다. 이에 대비하여 우리는 EU의 법과 제도에 대해 보다 많은 관심을 가지고, 연구 기반은 물론, 연구 인력을 확충해야 할 필요가 있다. 그러나 아쉽게도 우리나라의 학문 연구와 대외정책은 여전히 미국과 중국을 중심으로 돌아가고 있다.

외롭고 힘든 현실에서도 오로지 EU법에 대해 연구하고, 논문을 쓰고 단행본을 발간하는 이유는, EU법 전공자로서의 소임 또는 사명감 때문이다. 종종 학계에서 필자가 쓴 책을 읽고 공부했다며 감사의 인사를 하는 후배 학자들을 만나곤 한다. 서로 만난 적도, 얼굴을 본 적도 없지만 지식을 통해 서로 연결되어 있었다고나 할까. 미흡하지만 내가 뿌린 학문의 씨앗이 후학들을 통하여 싹틔우고 꽃피우며 열매 맺는다면 선배학자로서 더 이상 그 어떤 기쁨이 있으랴.

본서를 출간함에 있어 이번에도 출판사 '높이깊이'의 김덕중 사장님의 후의를 입었다. 출판업계가 나락을 알 수 없는 불황의 늪에서 허덕이고 있는 상황에서 선뜻 출판을 수락해주신 것에 깊이 감사드린다. 그리고 필자의 제자 황해륙 박사는 난해하고 까다로운 전문용어와 문장을 세심하게 다듬고 교정을 봐주었다. 그 노고에 감사의 뜻을 표하고, 학문의 길에서 대성하기를 빈다.

2015. 4. 30.
著者 識

| 목 차 |

| 머리말 ··· 3

제1장

로마조약에서 리스본조약까지: 헌법적 헌장 혹은 헌법적 조약?

제1절 리스본조약의 제정 연혁 ··· 13
    1. 서론 ··· 13
    2. 로마조약에서 니스조약까지 ··· 15
    3. 유럽미래회의와 유럽헌법조약 ··· 21
    4. 리스본조약 ·· 24
제2절 리스본조약의 성질 ·· 30
제3절 리스본조약의 개정 ·· 33
    1. 보통개정절차 ·· 33
    2. 약식개정절차 ·· 34
    3. 리스본조약의 개정 사례: 유럽안정화기금 설립 문제 ············ 35

제2장

유럽연합의 법적 지위와 역할

제1절 유럽연합의 가치와 목적 ·· 37
    1. 서론 ··· 37

  2. 유럽연합의 가치 ·· 38
  3. 유럽연합의 목적 ·· 40
  4. 리스본조약 하에서의 회원국의 평등 ·· 42
 제2절 유럽연합의 법적 성질 ·· 43
  1. EU의 법적 성격 ·· 43
  2. EU의 법적 지위 ·· 50
  3. EU 회원국 자격기준과 가입 ·· 55
  4. 권리정지 ··· 63
  5. 제명 및 탈퇴 ··· 65
  6. EU의 예산 ··· 66
 제3절 유럽연합의 권한 ··· 69
  1. 서론 ··· 69
  2. EU 권한의 기본원칙 ··· 71
  3. EU의 권한의 유형 ··· 72
  4. EU의 권한과 보충성 및 비례원칙 ··· 79
 제4절 유럽시민권 ·· 81
  1. 서론 ··· 81
  2. 유럽시민권의 부여 조건: 회원국의 국적 ··· 81
  3. 유럽시민권의 내용과 문제점 ··· 83

제3장

유럽연합의 사법질서

제1절 유럽연합법의 기본원칙 ·· 93
 1. 서론 ··· 93
 2. 독립적 법질서로서의 EU법: 국제법상 의의 ······································ 97
 3. EU법의 회원국법에 대한 우위의 원칙 ·· 98
 4. EU법의 직접적용과 직접효과 ·· 102

5. 리스본조약 이후의 EU법 기본 원칙에 대한 재해석 가능성 ················ 107
제2절 유럽연합의 기본권 보장 ·· 110
　　1. 서론 ·· 110
　　2. EU에서의 기본적 인권 보장: EEC설립조약에서 니스조약까지 ········ 112
　　3. 기본권헌장 ·· 115
　　4. 리스본조약에서의 기본적 인권의 보장 ·· 121
　　5. EU 기본권청의 설치 ·· 124
　　6. EU의 유럽인권협약 가입 문제 ·· 128

제4장

유럽연합 기관 및 의사결정제도

제1절 서론 ·· 137
제2절 유럽의회 ·· 139
　　1. 유럽의회의 구성 ·· 139
　　2. 유럽의회의 임무 및 권한 ·· 142
　　3. 유럽의회의 내부 조직 ··· 151
제3절 유럽이사회 ·· 159
　　1. 설립과 구성 ·· 159
　　2. 유럽이사회 의장 ·· 160
　　3. 의사결정방식 ·· 161
　　4. 임무 ·· 162
　　5. EU의 가치를 '중대하고도 지속적으로 침해'한 회원국에 대한 제재 ······ 162
　　6. 조직 ·· 163
제4절 이사회 ·· 164
　　1. 구성 ·· 164
　　2. 이사회의 임무와 권한 ··· 165
　　3. 이사회의 조직과 운영 ··· 170

제5절 유럽위원회 ··· 172
   1. 유럽위원회의 임무 ·· 172
   2. 유럽위원회의 조직과 기능 ·· 173
   3. 유럽위원회의 권한 ·· 182
제6절 유럽연합사법재판소 ·· 192
   1. 서론 ·· 192
   2. 사법재판소 ·· 193
   3. 보통재판소 ·· 195
   4. 사법재판소 및 보통재판소의 관할 ··· 197
   5. 전문재판소: CST ··· 206

제5장

법률의 제정 및 의사결정제도

제1절 법률의 제정 ··· 209
   1. 서론 ·· 209
   2. 리스본조약 이전의 법적 행위의 유형과 그 성질 ··· 210
   3. 리스본조약상 법적 행위 체계의 개혁 ·· 213
   4. 법적 행위 제정 절차의 개혁 ·· 219
제2절 의사결정제도: 가중다수결 ··· 227
   1. 서론 ·· 227
   2. 단순다수결 ·· 227
   3. 전원일치 ·· 228
   4. 리스본조약 이전/이후의 가중다수결제도 ·· 229

제6장

유럽연합의 정책

제1절 자유, 안전 및 사법지대 ··· 243
   1. 자유, 안전 및 사법지대의 의의 ······························· 243
   2. 자유, 안전 및 사법지대의 연혁 ······························· 246
   3. 리스본조약에서의 자유, 안전 및 사법지대 ············· 253
   4. 국경검사, 망명 및 이민정책 ···································· 255
   5. 민사사건에서의 사법협력 ·· 259
   6. 형사사건에서의 사법협력 ·· 261
   7. 경찰협력 ·· 266

제2절 대외정책 ·· 268
   1. EU 대외정책의 구조 ·· 268
   2. 대외통상 및 협력정책 ·· 271
   3. 공동외교안보정책 ·· 287

부록 ·· 293

유럽통합과 리스본조약

제1장

로마조약에서 리스본조약까지: 헌법적 헌장 혹은 헌법적 조약?

제1절 리스본조약의 제정 연혁

1. 서론

제2차 세계대전의 충격이 채 가시지 않은 1951년, 프랑스, 독일, 이탈리아 및 베네룩스 3국(벨기에, 네덜란드, 룩셈부르크)은 유럽석탄철강공동체(European Coal and Steel Community: ECSC)[1] 설립에 합의하였고, 1957년에는 유럽경제공동체(European Economic Community: EEC) 및 유럽원자력공동체(European Atomic Energy Community: EAEC 혹은 Euratom)[2]를 발족시키기로 합의하였다. 세 개의 공동체가 출범한 이후 유럽은 역내·외의 수많은 장벽들을 극복하며 꾸준히 통합을 위해 나아가고 있다.

1993년 11월 1일자로 마스트리히트조약이 발효됨으로써 EU 체제가 발족하였으며, 2004년 5월 1일자로 중동부 유럽의 10개국이, 2007년 1월 1일자로 불가리아와 루마니아 2개국이, 그리고 2013년 7월 1일자로 크로아티아가 새로이 EU에 편입되어 EU는 28개 회원국을 가진 거대 통합체로 거듭 나게 되었다.[3]

2002년 2월 당시 확대일로에 있는 거대유럽에 적합한 새로운 법적 환경을 조성하고 그 틀을 마련하기 위한 유럽미래회의가 개시되었으며, 그 결과 유럽헌법조약(European Constitutional Treaty)[4]이 채택되었다.[5] 하지만 2005년 5월 29일과 6월 1일, 프랑스와 네덜란드에서의 국민투표 결과, 동 조약의 비준이 부결되었고, 그 이후 약 2년 동안 유럽헌법조약은 표류하게 되었다. 공전을 거듭하던 유럽미래회의는 지난 2007년 1월부터 6월까지 유럽이사회 의장국을 맡고 있던 독일의 메르켈 총리와 프랑스의 대통령 사르코지가 '미니헌법' 형태의 새로운 조약을 제안함으로써 새로운 전기를 맞게 되었다. 그 결과, 2007년 10월 18~19일 리스본에서 열린 EU 27개국 비공식 정상회담에서 새로운 조약인 '리스본조약

---

[1] ECSC설립조약을 '파리조약'이라 한다.
[2] EEC와 Euratom설립조약을 '로마조약'이라고 하나, 일반적으로는 EEC설립조약만을 지칭하기도 한다.
[3] 2015년 1월말 현재 EU는 총 28개 회원국으로 구성되어 있다. 그 가입년도별 회원국 현황은 다음과 같다.

(Treaty of Lisbon)'의 채택이 합의되었다. 동조약은 같은 해 12월 13일 27개 회원국 정상들에 의해 공식 서명되었으며, 각 회원국의 비준절차를 거쳐 2009년 12월 1일부터 발효되었다.[6]

리스본조약을 제정하는데 있어 EU가 원칙으로 삼은 것은 무엇일까? 그것은 바로 '법치주의(rule of law)'와 '민주주의(democracy)'라고 볼 수 있다.

유럽통합의 전 과정, 특히 유럽공동체의 초국가성(supranationality)을 확립하는 과정에 있어 '법과 정치'는 상당히 복잡한 관계를 형성해왔다. 이러한 현상은 리스본조약을 채택하는 과정에서도 마찬가지라고 볼 수 있다. 예를 들어, 리스본조약 제정과 그 채택 여부를 위한 결정은 유럽이사회와 정부간회의(Intergovernmental Conference: IGC)의 '정치적 합의'에 의해 이루어지게 된다. 반면, EU를 형성하고 유지·발전시키는 토대는 '법치주의'이고, 리스본조약은 결국 '입헌주의(constitutionalism)'의 산물이라고 볼 수 있다. 이 점에서 본다면 EU는 '법에 의거한 통합(integration based on the law)'을 지향하고 있다.

하지만 유럽 제기관의 권한 배분의 불균형과 그 의사결정과정의 투명성 및 합리성의 결여 등 EU 내부에 있어 민주성이 결핍되어 있다는 비판이 지속적으로 제기되어 왔다. 특히 마스트리히트조약의 비준 과정에서 회원국 주권의 유럽공동체로의 이양이 과연 민주적 성격을 보장하는 독일연방법의 본질에 부합하는가에 대한 독일헌법재판소의 비판적 판단이 소위 '유럽적 민주주의(Euro-democracy)'의 성립 여부에 관한 논의에 크나큰 전환점이 되었다고 볼 수 있다. 동 재판소는 "국가로부터 초국가적

가입년도	확대	가입 회원국
1952년		프랑스, 이탈리아, 독일, 벨기에, 룩셈부르크, 네덜란드
1973년	1차	영국, 아일랜드, 덴마크
1981년	2차	그리스
1986년	3차	포르투갈, 스페인
1990년		독일 통일: 동독 지역의 편입
1995년	4차	오스트리아, 핀란드, 스웨덴
2004년	5차	사이프러스, 체코공화국, 에스토니아, 헝가리, 라트비아, 리투아니아, 몰타, 폴란드, 슬로바키아공화국, 슬로베니아
2007년	6차	불가리아, 루마니아
2013년	7차	크로아티아

[4] 유럽헌법조약의 원제는 '유럽을 위한 헌법을 설립하는 조약(Traité établissant une Constitution pour l'Europe; Treaty establishing a Constitution for Europe)'이다. 유럽헌법조약 본문 448개 조문은 한글로 번역되었다. 졸역, 유럽헌법조약(높이깊이, 2006), 276p. 그리고 그 주요 내용에 대한 분석은, 졸저, 유럽헌법론(높이깊이, 2006), 244p.
[5] 그 제정 과정에 대해서는, 졸고, "유럽헌법조약 제정 과정의 기초자료조사 및 분석", 공법학연구(한국비교공법학회, 제7권 제1호, 2006.2), pp.3-24.
[6] 이에 대한 상세한 내용은, 졸고, "유럽개혁조약을 둘러싼 법적 쟁점: 브뤼셀 유럽이사회의 IGC 위임 사항을 중심으로", 유럽연구(한국유럽학회, 제25권 제3호, 2007.12), pp.297-320.

수준으로(from state to the supranational level) 주권을 이양하기에는 유럽의 공적 영역이 충분하게 통합되지 않았다."고 판단하였다.[7] 이리하여 유럽통합은 법치주의만이 아니라 '민주주의에 의거한 통합(integration based on the democracy)'이어야 한다는 점이 분명하게 부각되었다.

현재의 EU는 '연방적 성격(federal nature)'을 가진 새로운 유형의 국가적 혹은 준국가적 구조(une nouvelle structure étatique ou quasi étatique)를 띠고 있다. 특히 국가 주권의 자발적 양도라는 측면에서 EU체제는 국제법에 있어서도 상당히 의미 있는 발전으로 여겨지고 있다. 마찬가지로 EU체제는 정치권력의 평화적인 행사라는 측면에서도 독보적이고 역사상 유례없는 성공적 사례로 받아들여지고 있다. 20세기 중반에 이르기까지 유럽은 내전 혹은 전쟁이 끊이지 않는 지역이었다. 그러나 1950년대 ECSC·EEC·Euratom 세 공동체가 성공적으로 출범한 이래 지금까지 범유럽적 차원의 내전 혹은 전쟁은 일어나지 않았다. 그 이유는 여러 가지가 있을 수 있지만 결국 유럽통합체제의 기반을 민주주의와 법치주의에 두고 있었기 때문이라고 할 수 있다. 다시 말하여, 정치가들은 유럽시민들의 동의와 합의에 의거하여 그들의 정치권력을 행사하였고, 반면 그 권력의 행사에 대해 유럽시민들의 감시와 감독을 받아왔던 것이다. 이와 같은 소위 '민주적 통제(democratic control)'는 세 공동체의 설립 당시부터 여러 제도적 장치를 통하여 유럽통합체제 속에 굳건히 자리 잡고 있다.

이와 같은 유럽의 통합 과정을 어떻게 바라보고 이해해야 할 것인가란 문제는 이제 유럽 시민들만이 아니라 역외국에 있는 우리들의 과제이기도 하다. 우리는 각 회원국의 다양한 정치적, 경제적, 사회적 및 문화적 차이를 극복하고 '유럽연합'이라는 단일한 제도를 창출한 유럽인들의 지혜와 경험을 본받을 필요가 있다. 그러나 역외국의 시민으로서 ECSC의 발족을 기준으로 하더라도 이미 60년 이상의 연륜을 거쳐 형성된 유럽 통합과 그 법체계를 이해한다는 것은 생각처럼 쉬운 일이 아니다.

2. 로마조약에서 니스조약까지

제2차 세계대전의 폐허 속에서 유럽 사람들은 처음으로 평화적인 기반 위에 통합작업을 추진할 수 있었다. 1943년부터 유럽건설의 아버지 장 모네(Jean Monnet)는 "만약 국가주권의 기반 위에 국가를 재건설한다면 이 땅에 평화는 영원히 없을 것이다... 유럽 국가들은 자국 국민의 번영과 발전만을 보장하기에는 지리적으로 너무 인접해 있다. 따라서 유럽의 국가들은 공동경제를 중심으로 한 단일통합체를 건설해야만 한다."고 호소하였다. 모네의 이와 같은 호소는 로베르 슈망(Robert Schuman)을 비롯한 유럽통합론자들에게 직접적인 영향을 미쳤다.

유럽공동체 건설의 시발점이 된 것은 프랑스의 외무장관인 로베르 슈망이 석탄철강공동체의 설립을 제안한 1950년 5월 9일이었다. 이 날 로베르 슈망이 행한 선언(이를 '슈망선언(Schuman Declaration)'

---

[7] *Brunner v. the European Union Treaty*, [1994] 31 CMLR 251-262, 257.

이라 한다)은 유럽공동체(European Communitie(s): EC(s))의 설립 목적을 압축적으로 나타내고 있다.

> "유럽은 한 순간에, 또 한꺼번에 건설되지는 않을 것이다. 반면에 유럽은 우선 핵심사항에 대해 연대함으로써 확고하게 실현될 것이다."

이 선언에서 로베르 슈망은 유럽통합에 대한 기능적 전략을 정의함으로써 1951년 4월 18일자 파리조약에 의해 설립된 ECSC 및 1957년 3월 25일자 로마조약에 의해 설립된 EEC·EAEC(Euratom)의 초석(une pierre angulaire)을 놓았다. 이 세 공동체 가운데 공동시장(Common Market)과 공동체사법질서를 확립하는데 가장 큰 기여를 한 것은 유럽경제공동체, 즉 EEC였다.

(1) 유럽석탄철강공동체설립조약

"모든 유럽국가들의 참가가 보장되는 개방된 조직을 설립함으로써 초국가적인 기구인 고등관청(High Authority)에 의해 관리되는 프랑스와 독일이 연합하여 석탄·철강을 생산하는 석탄철강공동체를 설립할 것"을 제안한 슈망선언은 장 모네(Jean Monnet)의 구상으로 발전하였다.

장 모네는 유럽 국가들 사이의 사실상의 단결을 이끌어 내기 위해서는 유럽의 점진적 통합이 필요하다고 역설하였다. 이러한 장 모네의 구상은 1951년 프랑스, 이탈리아, 독일 및 벨기에, 룩셈부르크 및 네덜란드(베네룩스 3국)의 ECSC를 설립하는 파리조약의 서명을 이끌어 냈다. 그 결과 1952년 7월 23일 석탄·철강 분야의 공동체 ECSC가 설립되었다.

슈망선언으로 인해 촉발된 ECSC의 설립은 유럽의 지역통합 과정에서 특히 다음과 같은 중요한 의미가 있다.

첫째, ECSC는 초국가적 기구인 고등관청을 설립하였다. 이는 다분히 정치적 의미를 가지는데, 고등관청이라는 '초국가적 기구'를 설립하여 프랑스와 독일 간 석탄과 철강 분야의 협력 관계를 정착시킴으로써 유럽지역 내에서 전쟁이 야기될 위험이 사라지게 되었다.

둘째, ECSC는 기존과는 다른 새로운 방식에 따른 유럽의 지역통합을 도모하였다. 기존의 지역통합은 특정 국가의 절대적 힘의 우위에 의해 강제적 통합의 형태를 띠고 있으나, ECSC는 공동체에 참가하는 회원국들의 자발적인 정치적 합의에 의한 통합의 형태를 띠고 있다.

셋째, ECSC는 정치적인 통합보다는 경제적인 통합에 더 많은 비중을 두고 설립되었다. 즉, ECSC는 유럽지역에서의 전쟁 위험성의 배제라는 정치적 합의를 현실적으로 이행하기 위한 수단으로 '석탄과 철강' 분야의 '경제공동체' 설립이라는 기능주의적 접근 방식을 취하였다. 이 점은 슈망선언에서도 명확하게 제시되고 있는데, 슈망은 "행위의 연대를 창설하는 경제적 관계를 통해 정치적 관계를 준비함으로써 유럽의 '기능적' 건설(une construction functionnelle de l'Europe)"을 주창하였다.

마지막으로, ECSC는 국가간 협력의 전통적 유형과는 사뭇 다른 성공적 사례를 제시했으며, ECSC의 제기관들은 연이어 설립된 EEC와 Euratom의 기구 체제를 준비하는 선험적인 모델이 되었다.

하지만 ECSC 체제는 이와 같은 성공적인 정착에도 불구하고, 많은 문제점을 드러내었다. 특히 1954년 8월 30일 프랑스 의회가 '유럽방위공동체조약(Treaty Constituting the European Defense Community)'의 비준을 부결시킴으로써 ECSC가 추진하던 유럽건설은 치명적인 타격을 입고 말았다.

(2) 유럽경제공동체설립조약 및 유럽원자력공동체설립조약

비록 유럽방위공동체 설립의 무산으로 인해 공동체 체제의 문제점이 대두되었음에도 불구하고, 6개 원회원국들은 ECSC의 운영에 자신감을 갖게 되었다. 이를 기반으로 6개 원회원국들은 경제 분야를 통한 새로운 유럽을 건설하고자 의도하였다. 그 결과 1957년, EEC와 Euratom을 설립하는 두 로마조약이 체결되었으며, 이 두 조약은 1958년 1월 1일자로 발효하였다. ECSC를 설립하는 파리조약은 그 존속기한이 50년으로 한정8)되어 있는 반면, EEC·Euratom를 설립하는 로마조약은 '무기한(pour une durée illimitée)'으로 체결되었다.9)

이 두 개의 공동체(EEC·Euratom) 가운데, 먼저 EEC와 관련하여 특징적인 내용을 살펴보면 다음과 같다.

첫째, EEC는 사람, 상품, 서비스, 그리고 자본의 자유로운 이동이 허용되는 공동시장의 창설을 그 목표로 하였다. 이를 위하여, 회원국들은 공동정책을 구상하였고, 1962년 7월 30일 공동체 차원에서 최초의 공동정책인 공동농업정책(Common Agricultural Policy: CAP)이 실시되었다. 또한 회원국 간의 관세장벽을 철폐하고 역외국에 대한 공동관세율(common customs tariff: CCT)이 도입됨으로써 1968년 7월 1일 유럽관세동맹(European Customs Union: ECU)이 설립되었다.

둘째, 조약의 명칭에서 볼 수 있는 바와 같이, EEC는 '경제'에 중점을 둔 유럽공동체의 설립을 지향하고 있다. 이미 '유럽방위공동체'의 실패를 경험한 6개 원회원국들은 성급한 '정치적 유럽공동체'의 건설을 지양하고, 그 대신 보다 신중하게 '경제적 유럽공동체'의 건설을 지향하였다.

셋째, EEC는 제한된 분야의 공동체를 벗어나 포괄적인 경제 공동체를 건설하고자 의도하였다. 즉, 석탄과 철강 분야에 국한된 ECSC와는 달리, EEC는 사람, 상품, 서비스, 그리고 자본이라는 경제활동의 4대 분야를 포괄하는 경제통합의 형태인 공동시장을 출범시켰다. 그 결과, EEC는 유럽단일시장을 위한 경제적·법적 기초를 제공함으로써 오늘날의 유럽연합(EU) 탄생의 견인차 역할을 수행하였다.

---

8) ECSC설립조약 제97조. 1952년 7월 23일자로 발효한 ECSC설립조약은 50년의 그 존속기한이 끝나는 2002년 7월 23일자로 효력을 상실했다.
9) EEC설립조약 제240조; Euratom설립조약 제208조.

다음은, Euratom과 관련하여, 6개 원회원국들이 원자력 분야에서 유럽공동체를 설립하게 된 이유에 대해 살펴보기로 한다.

첫째, 미국, 구소련 및 영국 등에 비하여 Euratom 회원국들이 원자력 산업 분야에서 뒤쳐져 있다는 위기감 때문이었다. 그만큼 짧은 시일 내에 원자력 산업 분야의 신속한 성장과 발전을 도모할 필요가 있었다.

둘째, 6개 원회원국들은(특히 프랑스) 전통적인 에너지 산업 형태를 탈피하여 원자력을 기반으로 한 새로운 에너지원을 개발함으로써 만성적인 에너지 부족 문제를 해결하고자 하였다. 이와 같은 이유로 6개 원회원국들은 독립적이고 항구적인 에너지원을 확보하기 위한 수단으로 원자력을 선택하였다.

셋째, 하지만 원자력을 개발하기 위해서는 한 가지 결정적인 장벽이 있었는데, 그것은 바로 '비용의 급격한 상승'이다. 초기의 투자비용을 일 국가가 담당하기에는 무리가 있었으므로 6개 국가가 공동하여 분담함으로써 그 비용을 최소화할 필요가 있었다. 그 대안이 바로 Euratom의 창설이었다.

(3) 단일유럽협정

프랑스 출신 쟈끄 들로르(Jacques Delors)가 유럽위원회 의장에 취임한 뒤부터 유럽통합은 새로운 활력을 되찾았으며, 국경 없는 유럽의 구상이 현실화되기 시작하였다.

1985년 이탈리아 밀라노에서 열린 유럽이사회에서 각국 정상들은 들로르의 단일시장 완성안에 대해 유럽이사회 사상 처음으로 표결을 통해 이를 추진하기로 결정하였다. 이에 따라 1957년 체결된 로마조약을 개정하고 공동시장 완성을 위한 회원국 간의 정치적 협력을 체계화할 단일유럽협정(Single European Act: SEA)의 제정을 위하여 정부간회의를 개최하기로 결정하였다. 여러 차례의 정부간회의를 거쳐 1985년 룩셈부르크 유럽이사회는 단일유럽협정을 채택하였다. 이듬해인 1986년 단일유럽협정은 룩셈부르크와 네덜란드 헤이그에서 정식 서명되었으며, 각국의 의회 및 국민투표를 통한 비준절차를 거쳐 1987년 7월 1일자로 발효하였다.

단일유럽협정은 유럽역내시장에서 사람, 상품, 서비스 및 자본이 자유롭게 이동할 수 있도록 하기 위한 국경 없는 공동체의 창설을 목표로 삼고 있다. 즉, EC를 명실상부한 단일시장으로 완성하기 위해 국가간 협력강화를 규정하고 각국이 설정해 놓은 각종 장벽과 규제의 철폐를 요구하고 있다. 특히 노동자의 자유이동은 단순한 제한의 철폐를 넘어 거주·이전 및 자유로운 취업의 자유를 포함하고 있으며, EC 회원국의 국민이라면 국적을 이유로 차별적인 대우를 받지 않도록 규정하였다. 단일유럽협정에서 합의된 사항들 가운데 중요한 점은 자본과 노동자의 이동을 제외한 사항에 대해서는 각료이사회에서 전원일치가 아닌 가중 다수결 제도를 도입하기로 한 것이다. 또한 입법과정에서 협력절차를 도입하여 유럽의회의 영향력이 다소 강화되었다. 단일유럽협정은 1992년 말까지 유럽역내시장을 완성하겠다는 점을 조약에 규정함으로써 역내시장을 완성하고자 하는 회원국들의 정치적 의사를 명문화하였다. 단일유럽협정은 국경 개방에 따른 테러나 난민 유입 등 국내외적 정치 상황과 관련된 문제에도 불구하고 비교적 신속하고 순조롭게 자리 잡아 갔으며, 통합의 수준을 한 단계 심화시키고 경제통화동맹으로 가는 토대를 마련했다고 평가할 수 있다.

(4) 마스트리히트조약과 유럽연합의 성립

1991년 12월 9일~10일 양일간 네덜란드의 마스트리히트에서 개최된 유럽이사회에서 경제통화동맹 및 정치동맹에 관한 조약을 마련하여 유럽공동체를 대체할 유럽연합의 설립을 구상하였는데, 이 조약이 바로 마스트리히트조약(Treaty of Maastricht)이다. 동 조약이 마련됨으로써 당시까지 진행되어 왔던 부문별 통합에서 한 걸음 나아가 유럽의 정치 및 경제통합 추진을 위한 새로운 장을 열게 되었다. 마스트리히트조약은 1992년 2월 7일자로 서명되었으며, 모든 회원국의 비준 절차를 거쳐 1993년 11월 1일자로 발효하였다. 마스트리히트조약은 기존의 세 공동체설립조약을 개정했을 뿐만 아니라 '유럽연합에 관한 조약(Treaty on the European Union)'을 포함하고 있어 일명 '유럽연합(EU)조약'이라 한다. 동 조약이 발효함으로써 유럽연합(European Union: EU)이 설립되었다. 유럽연합조약은 제A조에서 동 조약은 '유럽인들 사이에 가장 가까운 연합을 창설하는 과정에서 새로운 단계를 기록하는 것이며', 이러한 연합은 '회원국들의 국가별 정체성을 존중한다'고 명문으로 규정하고 있다.

유럽연합조약은 다음과 같은 몇 가지 내용을 새로이 도입하였다.

첫째, 동 조약은 공동체의 거주자들이 그들이 살고 있는 공동체 회원국에서 지역선거 또는 공동체선거에 투표할 수 있는 권리와 유럽의회에 청원하거나, 공동체 기구와 분쟁이 발생한 경우에 옴부즈맨(Ombudsman)에게 의뢰하거나, 다른 회원국의 외교적 및 영사상의 보호를 요청할 수 있는 권리를 포함하는 유럽시민권(European Citizenship)제도를 도입하고 있다.

둘째, 동 조약은 공동체 기구들의 민주적 성격을 강화하며, 새로운 보충성의 원칙(principle of subsidiarity)을 도입하고 있다.

셋째, 동 조약에 설정된 절차와 일정에 따라 경제통화동맹(Economic and Monetary Union: EMU)은 3단계에 걸쳐 추진된다. 그 추진 일정에 따라, 1999년 1월 1일 수렴조건을 충족한 회원국간 단일통화인 유로(EURO)가 정부간 대체결제통화로 통용되기 시작하였으며, 2002년 1월 1일부로 오스트리아, 벨기에, 핀란드, 프랑스, 독일, 그리스, 아일랜드, 이탈리아, 룩셈부르크, 네덜란드, 포르투갈 및 스페인의 12개 유로존 국가에서 전면적으로 유통되었다.

넷째, 유럽연합조약은 삼주체제(three pillars system)를 도입하고 있다. 이 체제는 그리스 신전을 모델로 하여 EU를 설립·유지하는 세 기둥으로 ECs(ECSC·EC·Euratom), 공동외교 안보정책(Common Foreign and Security Policy: CFSP) 및 사법내무협력(Cooperation in fields of justice and home affairs: CJHA)을 설정하고 있다.

이 외에도 유럽연합조약은 환경, 사회정책, 연구 및 개발, 유럽횡단 방송망, 통신, 보건, 문화 그리고 소비자보호와 같은 분야까지 EU의 역할을 확대해야 한다고 규정하고 있다.

(5) 암스테르담조약

1997년 10월 2일자로 EU의 정치지도자들(국가원수 및 정부수반)에 의해 서명된 암스테르담조약(Treaty of Amsterdam)이 1999년 5월 1일자로 발효됨으로써 EU는 보다 심도 깊은 유럽통합을 위한 큰 걸음을 내디뎠다.

암스테르담조약 체제의 출범은 유럽연합조약 제N조에 이미 규정되어 있었다. 동조 1항 1문은 "회원국 정부 혹은 위원회는 유럽연합조약의 개정에 관한 시안을 이사회에 제출할 수 있다."고 하면서 동조 2항에서는 "이 개정 시안이 (유럽연합)조약의 공동규정인 제A조 및 제B조에 열거된 제 목적 및 규정에 일치하는지 여부를 심사하기 위하여 회원국 정부의 대표자회의가 1996년에 소집될 것이다."라고 규정하고 있다. 동 규정에 의거하여 1996~97년 2년 동안의 정부간회의를 통하여 유럽연합조약의 개정에 관한 논의를 진행하였으며, 그 결과 암스테르담조약이 채택되었다.

암스테르담조약은 다음과 같은 네 분야, 즉 ① 자유, 안전 및 사법, ② EU 및 유럽시민, ③ 유효하고도 응집력 있는 대외정책 및 ④ EU의 기구에 대해 상세히 규정함으로써 유럽의 새로운 확대에 대비한 법적 기초를 마련하는데 중점을 두고 있다. 이 가운데 ① 자유, 안전 및 사법 및 ④ EU의 기구에 대해 변경된 주요 내용은 다음과 같다.

첫째, 암스테르담조약은 舊TEU 전문 제10항을 대체하면서 "사람의 자유로운 이동을 용이하게 하기 위하여, 현 조약의 제 규정에 부합하여 자유, 안전 및 사법지대(an area of freedom, security and justice; AFSJ))를 설립함으로써 인민의 안전을 보장한다."고 규정하고 있다. 또한 TEU 제2조 4문은 "EU는 역외국경의 통제, 망명, 이민 및 이로 인한 범죄의 예방에 필요한 적절한 조치와 함께 사람의 자유이동을 보장하면서 자유, 안전 및 사법지대의 범위 내에서 EU를 유지·발전시킬 목적을 지향한다."고 정하고 있다. 위 규정들의 도입으로 인하여 사람의 자유이동에 관한 일반적 원칙 및 그 내용과 구별되는 비자, 망명, 이민 및 범죄의 예방 분야와 관련된 자유, 안전 및 사법지대에 관한 기본적 원칙에 관한 토대가 마련되게 되었다. 더욱이 마스트리히트조약 체제와는 달리 공동체 당국은 공동체 수준의 일정한 조치를 채택할 수 있는 권한을 행사할 수 있게 되었다.

둘째, 유럽단일시장의 완성 및 EU 체제의 출범을 목표로 하여 마련된 마스트리히트조약이 EU 제기구의 법적 성격을 유효성의 확보에 두고 있었다면 암스테르담조약은 합법성에 더 많은 비중을 두는 방향으로 개정되었다. 하지만 EU가 세 차례에 걸친 확대를 거듭하는 동안 유효성에 바탕을 둔 제기관의 역할에 대해서 많은 비판이 행해졌다. 그 가운데 대두된 문제가 새로운 EU의 확대에 있어 제기관이 충분한 역할을 수행할 수 있을 것인가의 문제와 제기관이 민주성을 결핍하고 있지나 않은가란 문제였다. 이러한 비판을 반영하여 암스테르담조약은 제기관의 성격이 기존의 유효성으로부터 합법성으로 전환되어야 한다는 입장에서 기관을 개혁하였다. 대표적인 예로, 유럽위원회의 집단책임제(collective responsibility; la collégialité)의 확대, 유럽의회의 입법 및 의사결정 참가권, 특히 공동결정절차(Co-decision Procedure)의 강화를 들 수 있다.

(6) 니스조약

2000년 12월 7일~11일, 닷새 동안 개최된 니스 이사회는 EU의 확대에 대비하여 기구개혁을 중심으로 하는 새로운 조약 채택을 위한 정부간회의 절차를 마무리하였다. 그 결과, 2001년 2월 26일 '유럽연합조약, 유럽공동체들을 설립하는 조약들 및 특정 관련 행위들을 개정하는 니스조약(Treaty of Nice amending the Treaty on European Union, the Treaties establishing the European Communities and certain related Acts, 이하 '니스조약')'이라는 공식 명칭으로 정식 서명되었다. 2월의 정부간회의에서는 니스조약 이외에도 4개 의정서와 24개의 선언을 채택하였으며, 일부 회원국들에 의해 제시된 3개 선언에 대해서도 논의하였다.

니스조약은 암스테르담조약에서 해결하지 못했던 대부분의 기구개편 문제를 해결하였다. 특히 유럽위원회의 크기와 구성원 임명방식, 이사회 투표가중치의 변경, 가중다수결 방식의 확대적용, '더욱 긴밀한 협력(closer cooperation)' 장치로부터 '강화된 협력(enhanced cooperation)' 장치로의 확대, 유럽연합사법재판소와 유럽의회 및 기타 보조기구들의 개편 등 EU 기구의 광범위한 영역에 걸쳐 수정이 가해졌다. 그리고 신 회원국들에게 부여될 각 기관 내에서의 의석 수 내지 지위에 관해서는 EU차원의 공동 지침을 마련하였다. 그러나 EU의 제1기둥을 구성하는 ECSC가 2002년 7월 24일을 기해 소멸한다는 것을 제외하면 EU의 삼주체제(三柱體制, three-pillars system)는 그대로 지속된다. 이것은 EU 자체의 법인격 문제가 아직도 명시적으로 혹은 정면으로 다루어지지 못하고 있음을 의미하는 것이기도 하다.

니스조약은 EU의 모든 회원국의 국내비준절차를 거친 뒤 그 비준서는 이탈리아정부에 기탁되어야 하는데, 마지막 비준서가 기탁된 후 두 번째 달의 첫째 날에 발효한다. 이에 의거하여, EU 15개 회원국이 자국 헌법상의 절차에 따라 니스조약의 비준을 2002년까지 마쳤고, 동조약은 2003년 2월 1일자로 발효하였다.

3. 유럽미래회의와 유럽헌법조약

(1) 제정 과정

2002년 2월 28일, '하나의 유럽(단일유럽)'의 청사진을 그려낼 '유럽미래회의(Convention on the Future of Europe: 일명 유럽회의(European Convention))'가 15개월 기간을 예정으로 브뤼셀에서 개막되었다. 유럽회의의 개최는 2001년 12월의 라켄(Laeken) 유럽이사회에서 의결되었으며, 인터넷 웹사이트를 통하여 유럽시민들에게 그 논의현황을 공개하고, 포럼을 통한 공개토론 등 유럽시민의 참여를 유도하기로 결정하였다.

이 회의의 목적은 세계 상황의 변화, 유럽시민의 요구 및 EU의 미래에 부합하는 EU의 새로운 틀과 구조를 제안하는 것이다. 이를 위하여 유럽회의는 EU 역사상 처음으로 각 회원국 정부의 국내의회, 유럽의회 및 가입후보국 대표 등이 한자리에 모여 유럽의 미래에 대해 논의하였다. 이는 사실상 '유럽헌법'을 제정하려는 목적을 가지고 있으므로 제헌회의의 성격을 가지고 있다. 이러한 이유에서 유럽회의를 '유럽헌법회의'라고 지칭하기도 한다.

유럽 확대와 통합의 과정에서 EU는 당면한 수많은 과제들을 안고 있으며, 이들은 유럽회의에서 논의되었다. 이 가운데 해결이 쉽지 않은 난제들을 몇 가지 예로 들면, 가중다수결 표결방식의 확대, 유럽위원회 위원장의 직접선거, 유럽헌법의 제정 및 EU의 형태(연방주의) 등이라고 할 수 있다. 이러한 문제점에 대해 유럽회의는 '유럽헌법'의 제정을 통한 해결을 시도하였다. 결국 유럽회의의 본질적 성격은 유럽헌법의 제정에 있다고 보아야 할 것이다.

유럽회의는 그 산하기구로서 총회(Plenary Sessions), 실무단(Working Groups), 최고상임회의(Praesidium) 및 사무국(Secretariat)을 두었다. 이 가운데서도 유럽헌법의 제정 과정에서 유럽법이 당면한 주요 현안별로 구성된 11개 실무단이 작성·제출한 최종보고서는 유럽헌법초안의 기본틀을 구성하였다.

[표 1-1] 유럽회의 실무단의 구성

실무단 I	보충성(Subsidiarity)
실무단 II	기본권헌장/유럽인권협약(Charter/ECHR)
실무단 III	법인격(Legal Personality)
실무단 IV	국내의회(National Parliaments)
실무단 V	보충적 권한(Complementary Competencies)
실무단 VI	경제적 지배(Economic Governance)
실무단 VII	대외적 행동(External Action)
실무단 VIII	방위(Defense)
실무단 IX	단순화(Simplification)
실무단 X	자유, 안전 및 사법(Freedom, Security and Justice)
실무단 XI	사회적 유럽(Social Europe)

유럽회의는 유럽의 현안에 대한 각계각층의 다양한 의견을 수렴하고, 공개적 및 민주적으로 운영함으로써 유럽의 미래를 설계하려는 의도를 가지고 있었다. 하지만 동 회의는 영국, 프랑스 및 독일

등 일부 대국 회원국들에 의해 주도되는 경향을 보이고 있었다. 이와 같은 회의 운영 방식에 대해 대다수 소국 회원국들은 이의를 제기하였다. 또한 대부분의 주요 의제에 관한 논의는 총회가 아니라 최고상임회의에서 행해지고 있다는 점도 운영상 문제점으로 나타났다. 그러나 동 회의의 가장 본질적 문제점 혹은 한계는 유럽회의가 최종 의사결정 권한을 가지고 있지 않다는 점이었다.

유럽회의는 유럽헌법의 제정에 관한 15개월여의 논의 결과를 2003년 유럽이사회에 제안서의 형태로 제출하였다. 그 이듬해인 2004년에 동 제안서를 바탕으로 정부간회의에서 최종적으로 유럽헌법의 제정 여부에 대해 논의·결정하였다. 그리하여 2004년 6월 17~18일에 열린 브뤼셀 유럽이사회가 유럽헌법조약을 채택하였고, 같은 해 10월 29일 로마 유럽이사회는 동 조약에 공식적으로 서명하였다.

(2) 유럽헌법조약의 구성

유럽헌법조약은 단일의 새로운 헌법조약으로서 지난 50년 이상 적용되어 온 모든 조약을 대체하는 것이다.

헌법조약은 주요 네 부분으로 나뉜다. 즉, 유럽헌법은 전문과 네 개의 편(Part I-IV)으로 구성되어 있는데, 모두 448개조의 조문을 담고 있다.[10]

제1편에서는 유럽연합의 의의 및 법적 성질에 관한 기본적 규정을 담고 있다. 제1편은 연합의 정의[11]와 목적(제1부), 기본권과 연합 시민권(제2부),[12] 연합의 권한(제3부),[13] 연합의 제도(제4부), 연합의 권한의 행사(제5부), 연합의 민주적 생활(제6부), 연합의 재정(제7부), 연합과 인접 환경(제8부), 그리고 연합의 회원 자격(제9부) 등 모두 60개조로 이루어져 있다.

제2편은 연합의 기본권헌장(The Charter of Fundamental Rights of the Union)에 관한 것으로서 전문, 존엄성(제1부), 자유(제2부), 평등(제3부), 연대(제4부), 시민권(제5부), 정의(제6부), 헌장의

---

[10] 유럽헌법의 주요 내용에 대해서는, "A Constitution for Europe"(http://europa.eu.int/scadplus/constitution/index_en.htm); Hyung-bok Chae, "Assessing Legal Outcome of the European Constitutional Treaty", 유럽연구(한국유럽학회, 제20권, 2004년 겨울호), pp.161-186; 졸고, "유럽헌법의 쟁점과 전망", 공법학연구(한국비교공법학회, 제6권 제1호, 2005.2), pp.3-41. 그리고 다음의 주석서도 참고하라. Marianne Dony et Emmanuelle Bribosia(Ed. par), *Commentaire de la Constitution de l'Union européenne*(Bruxelles: IEE, 2005), 451p.

[11] 유럽헌법 제I-1조 1항은 "헌법은 ... 유럽연합을 설립한다."고 규정함으로써 유럽공동체(EC)와 유럽연합(EU) 양자 간의 관계가 명확하게 정립되게 되었다. EC와 EU의 법적 성질 및 상호 관계에 대해서는, Werner Schroeder(채형복 옮김), "유럽연합과 유럽공동체", 영남법학(영남대학교 법학연구소, 제10권 제2호, 통권 제20호, 2004.12), pp.144-184.

[12] 이에 대해서는, 졸고, "유럽헌법에 있어 유럽시민권의 법적 지위", 공법학연구(한국비교공법학회, 제6권 제2호, 2005.6), pp.257-278.

[13] 졸고, "유럽헌법에 있어 '유럽연합(EU)의 권한'의 개념", 유럽연구(한국유럽학회, 제19권, 2004년 여름호), pp.227-244.

해석과 적용에 관한 일반규정(제7부) 등 모두 54개조가 이에 해당한다.[14]

제3편은 역내시장을 운영·유지하는데 있어 필요한 연합의 정책과 기능(The Policies and Functioning of the Union)에 대해 규정하고 있다. 일반적용조항(제1부), 비차별과 시민권(제2부), 역내정책과 행동(제3부), 해외국가 및 영토와의 연대(제4부), 연합의 대외관계(제5부), 연합의 기능(제6부), 그리고 공통규정(제7부) 등 322개조이다.

그리고 일반 및 최종규정(General and Final Provisions)으로 이루어진 제4편은 헌법의 채택과 비준 등에 12개조를 포함하고 있다. 또한 유럽헌법은 다음과 같은 다수의 의정서와 선언을 두고 있다. 예를 들어, 연합에 있어 국내의회의 역할에 관한 의정서 및 보충성과 비례의 원칙의 적용에 관한 의정서 등 36개의 의정서를 비롯하여, 유럽헌법의 조문과 관련한 30개의 선언 및 의정서와 관련한 20개의 선언 등 모두 50개의 선언을 첨부하고 있다.

4. 리스본조약

(1) 제정 이유

유럽헌법은 개별 회원국별로 자국헌법상 정해진 비준절차를 거친 후 2006년 11월부터 발효할 예정이었다. 하지만 2005년 5월 29일과 6월 1일, 프랑스와 네덜란드에서 치러진 국민투표 결과 비준이 부결됨으로써 유럽헌법은 사실상 '뇌사상태'에 빠지고 말았다.

2년여 동안 뇌사상태에 빠져있던 유럽헌법에 대한 논의를 촉발시킨 것은 2007년 1월~6월까지 유럽이사회 의장국을 맡았던 독일의 메르켈 총리였다. 2007년 1월 메르켈 총리는 "숙려기간은 끝났다(The reflection period is over.)"[15]고 선언하였다. 메르켈 총리는 의장 임기가 끝나기 전까지 유럽헌법 제·개정을 위한 일정표를 마련하고, 2009년 유럽의회 선거 이전까지 유럽헌법을 제·개정하는 방안을 추진하였다.[16] 메르켈 총리의 주장에 힘을 실어준 것은 프랑스의 사르코지 대통령이다. 대통령 후보 시절, 그는 뇌사상태에 빠져있는 유럽헌법을 부활시키기 위해 각 회원국들이 의회 표결만으로 통과시킬 수 있는 구속력 약한 '미니 헌법'을 만들어야 한다고 주장하였다. 그의 주장에 대해 당시 유럽이사회 의장을 맡고 있던 메르켈 총리는 이를 적극 지지하였다. 2007년 5월 16일, 사르코지는 프랑스의 새 대통령으로 취임한 당일 베를린에서 메르켈 총리와 만나 "빈사상태에 빠진 유럽헌법부터 되살리자."며

---

[14] 유럽기본권헌장에 대해서는 다음의 문헌을 참고하라. 유럽연합기본권헌장, 아시아인권헌장(광주시민연대, 프리드리히 에베르트재단, 2001), pp.9-90; Laurence Burgorgue-Larsen, Anne Levade et Fabrice Picod (sous la direction de), *Traité établissant une Constitution pour l'Europe: Partie II La Charte des droits fondamentaux de l'Union*, Comentaire article par article, Tome 2(Bruxelles: Bruylant, 2005), 837p.
[15] http://www.euractiv.com/en/future-eu/constitutional-treaty-reflection-period/article-155739
[16] *Ibid.*

프랑스와 독일이 상호 협력하여 '강한 유럽'을 건설하자고 상호 합의하였다.17) 프랑스와 독일 양국 정상들 간 합의를 바탕으로 2007년 6월 21일~22일 브뤼셀 유럽이사회는 유럽헌법조약의 개정을 위한 원칙적인 일정을 수립하고, 그 작업을 정부간회의에 위임함으로써 유럽헌법의 부활을 둘러싼 오랜 논쟁을 마무리하고 부활을 위한 로드맵을 타결하였다.18)

(2) 제정 과정

리스본조약의 제정을 위한 주요 일정을 단계별로 나누어 검토해보면 다음과 같다.

첫 번째 단계는 2007년 6월 21일~22일 브뤼셀 유럽이사회로써 기존의 유럽헌법조약을 대체하는 새로운 조약, 즉 '개혁조약(Reform Treaty)'을 마련하기로 합의했다. 이 이사회는 의장국인 독일의 메르켈 총리에 의해 주재되었다. 브뤼셀 유럽이사회는 새로운 조약 제정을 위한 일정을 수립하고, '의장(국)성명서(Presidency Conclusions)'에 첨부된 부록 I 'IGC 위임안(Annex I: Draft IGC Mandate)'을 통해 그 작업을 정부간회의에 위임했다. 하지만 유럽이사회는 '새로운 조약은 헌법적 성격을 가질 수 없다'는 대전제 하에서 정부간회의에 작업을 위임했다.

기존의 유럽헌법조약안을 미니조약형태의 개혁조약으로 제정하자는 논의는 아래와 같이 크게 네 가지의 핵심 주제를 중심으로 진행되었다.

첫째, 유럽헌법조약안에 대한 다수 회원국들의 거부감은 동 조약안이 규정하고 있는 'EU의 초국가적 지위'와 관련한 내용을 둘러싸고 표출되었다. 유럽헌법조약은 제I-8조에서 [연합의 상징]이란 제하에 다음과 같은 목록을 제시하고 있다. ① 연합의 깃발은 푸른색 바탕에 12개의 금빛 별들이 둥근 원의 형태를 띠어야 한다. ② 연합찬가(Anthem of the Union)는 루드비히 반 베토벤의 제9번 교향곡 '환희의 송가(Ode to Joy)'를 사용한다. ③ 연합의 모토는 '다양성 속의 통합(United in diversity)'이다.19) 이 조항들은 바로 EU에게 초국가적 지위를 부여하는 EU의 國旗와 國歌, 그리고 모토에 대해 규정하고 있다. 이와 더불어 제I-28조는 EU 외무부장관직을 신설한다는 규정을 두고 있다. 하지만 이와 같은 규정은 자국 주권의 상실 혹은 제한을 우려하는 회원국들에 의해 폐지되어야 한다는 반대에 부딪혔다.

둘째, 위의 이유와 관련하여 유럽헌법 제2편(Part II)의 '유럽기본권헌장'을 삭제해야 한다는 주장이 제기되었다. 특히 유럽기본권헌장은 EU의 법적지위를 회원국 주권보다 상위에 두고 있다는 것이 반대의 주된 이유로 제시되었다.

---

17) 이에 대한 상세한 내용은, 졸고, "유럽개혁조약을 둘러싼 법적 쟁점: 브뤼셀 유럽이사회의 IGC 위임 사항을 중심으로", 유럽연구(한국유럽학회, 제25권 3호, 2007.12), pp.299-300.
18) *Ibid.*, p.300, 303.
19) 이 외에도 다음의 두 가지 목록도 포함되어 있다. 즉, ④ 연합의 통화는 유로(the euro)를 사용한다. ⑤ 유럽통합계획을 개시한 로베르 슈망에 의해 1950년에 행해진 선언(일명 '슈망선언')을 기념하기 위한 유럽의 날(Europe day)은 연합 전역에서 5월 9일 개최된다.

셋째, EU의 조약 체결권도 반대 사유의 하나였다. 유럽헌법 제Ⅲ-323조는 다음과 같이 규정하고 있다.

"1. 연합은 이 헌법이 협정의 체결을 정하고 있을 때, 또는 협정의 체결이 연합의 정책의 범위 내에서 이 헌법에 정해진 목표의 하나를 실현하기 위하여 필요할 때, 혹은 연합의 구속력을 가지는 행위에 정해져 있을 때, 또는 협정의 체결이 공통규칙에 영향을 미치고, 혹은 그 적용 분야를 변경할 가능성이 있을 때는 하나 또는 복수의 제3국 또는 국제조직과 협정을 체결할 수 있다.
2. 연합이 체결한 협정은 연합의 기관 및 회원국을 구속한다."

동조에 의하면, EU가 직접적인 국제조약(협정)의 체결당사자가 되며, 체결한 조약은 EU의 기관뿐 아니라 회원국도 구속하게 된다. 따라서 회원국을 대표해 국제조약에 서명할 권리를 부여하는 법적 지위 부여조항 등도 논란이 되었다.

넷째, 이중다수결(double majority)제도에 대해서도 일부 회원국간 이해관계가 첨예하게 대립되었다. 이중다수결제도란 회원국 수의 50%, 회원국 전체 인구의 60% 이상 찬성이 있어야 안건이 채택되는 의사결정방식이다. 이 제도는 EU의 복잡한 의사결정 구조를 효율화하기 위한 것이지만 회원국의 인구 규모에 기반을 두고 있다. 이에 대해 스페인과 폴란드는 인구가 많은 영국·프랑스·독일 3국에게만 사실상 거부권을 주는 것이라는 이유로 강력하게 반대해 왔다.[20] 따라서 스페인과 폴란드로서는 이중다수결제보다는 가중다수결제를 선호하였다. 후자에 의하면, 독일·영국·프랑스·이탈리아는 각각 29표의 가중치를, 스페인과 폴란드는 각각 27표의 가중치를 부여받고 있다. 따라서 가중다수결제에 의하면, 인구 4천만 명의 폴란드가 27표의 투표권으로 인구 8천만 명의 독일(29표)과 비슷한 의결권을 행사할 수 있게 된다.

두 번째 단계는 정부간회의에서의 새로운 조약의 제정 작업이다.[21] 브뤼셀 유럽이사회로부터 조약 제정 작업을 위임받은 정부간회의는 2007년 7월 23일부터 초안 작성을 시작했다. 이 작업은 같은 해 6월말로 임기가 끝난 독일을 대신하여 7월부터 6개월간 유럽이사회 의장국이 된 포르투갈의 주재 하에 진행되었다. 작업을 시작한 지 약 2개월 반이 지난 10월 5일, 정부간회의는 '유럽연합조약 및 EC설립조약을 개정하는 조약초안(Draft Treaty amending the Treaty on European Union and the

---

[20] 이에 대해 아일랜드는 수정안에서 이중 다수결의 기준을 회원국 수의 55%, 전체인구의 65%로 상향 조정해 스페인과 폴란드의 불만을 해소하고자 의도했다. 또한 아일랜드는 2014년부터 유럽위원회의 위원 수를 30명에서 18명으로 축소하고 국가당 최소한 6석의 유럽의회 의석을 배정하자고 하여 인구 소국들의 발언권을 보장해야 한다고 주장했다. http://article.joins.com/article/article.asp?ctg=1306&Total_ID=351166

[21] 'IGC 2007' 공식 사이트: http://consilium.europa.eu/cms3_fo/showPage.asp?id=1297&lang=en 유럽이사회에 의한 구체적 위임사항에 대해서는, Council of the European Union, "IGC 2007 Mandate", Brussels, 26 June 2007, 11218/07, POLGEN 74, 17p. http://register.consilium.europa.eu/pdf/en/07/st11/st11218.en07.pdf

Treaty establishing the European Community)'이라는 제하에 ① 전문초안(Draft Preamble)[22] ② 유럽연합조약 및 EC설립조약을 개정하는 조약(본문)초안(Draft Treaty amending the Treaty on European Union and the Treaty establishing the European Community)[23] ③ 12개의 의정서 초안(Draft Protocols)[24] ④ 51개의 선언 초안(Draft declarations)[25]을 발표했다.[26]

그리고 마지막 세 번째 단계는 2007년 10월 18일~19일 양일간 열린 리스본 유럽이사회이다. 위의 정부간회의와 마찬가지로 유럽이사회가 리스본에서 열렸으므로 새로운 조약은 리스본조약(Treaty of Lisbon)으로 불리게 되었다. 이 이사회에서의 논의 결과 유럽의회(European Parliament: EP)의 의장은 유럽의회 의원의 수에 포함되지 않게 되었고, 폴란드의 주장을 받아들여 사법재판소의 법무관(Advocate General: AG)의 수가 8명에서 11명으로 늘어나게 되었다.

위와 같은 협의의 과정을 거쳐 2007년 12월 3일자로 정부간회의는 '유럽연합조약 및 EC설립조약을 개정하는 리스본조약(Treaty of Lisbon amending the Treaty on European Union and the Treaty establishing the European Community)'(CIG 14/07)[27]을 유럽이사회에 제출했다. 제출된 리스본조약은 2007년 12월 13일, EU의 정상들에 의해 포르투갈의 수도 리스본에서 공식 서명되었다. 이 조약의 공식명칭은 '유럽연합조약 및 EC설립조약을 개정하는 리스본조약(Treaty of Lisbon amending the Treaty on European Union and the Treaty establishing the European Community)'(2007/C306/01)이다. 조약의 명칭에서 보는 바와 같이, 리스본조약은 기존의 EU 기본조약들을 수정하는 조약이다. 그리하여 舊TEU과 舊TEC을 개정한 새로운 유럽연합조약(Treaty on European Union: TEU)과 유럽연합의 기능에 관한 조약(Treaty on the Functioning of the European Union: TFEU)이 제정되었다. 리스본조약은 2009년 1월 1일에 발효할 예정이었으나 그 비준에 어려움을 겪기도 했다.[28] 그러나 비준의 걸림돌이었던 아일랜드에서 실시된 제2차 국민투표 결과, 리스본조약이 통과됨으로써 2009년 12월 1일자로 발효하였다.[29]

---

[22] CIG 4/1/07 REV 1
[23] CIG 1/1/07 REV 1
[24] CIG 2/1/07 REV 1
[25] CIG 3/1/07 REV 1
[26] 초안의 원문은 다음 사이트에서 구할 수 있다.
   http://consilium.europa.eu/cms3_fo/showPage.asp?id=1317&lang=en
[27] 리스본조약의 원문은 다음 사이트에서 구할 수 있다.
   http://consilium.europa.eu/cms3_fo/showPage.asp?id=1317&lang=en
[28] 리스본조약이 발효하기 위해서는 27개 모든 회원국의 비준을 거쳐야 하는데, 2008년 6월 12일 실시된 국민투표에서 아일랜드는 동 조약을 부결시켰다. 이로써 EU는 유럽헌법조약과 마찬가지로 리스본조약의 발효 역시 좌초될 위기에 직면하였다. 그러나 2009년 10월 2일 아일랜드에서 실시된 제2차 국민투표에서 찬성 67.12% 대 반대 32.87%로 리스본조약이 통과되었다.
[29] 리스본조약은 필자에 의해 한글로 번역·발간되었다. 채형복 옮김, 리스본조약(국제환경규제 기업지원센터, 2010), 527p.

(3) 리스본조약의 구성

아래의 [표 1-2]에서 보는 바와 같이, 리스본조약은 "유럽연합조약 및 EC설립조약을 개정하는 리스본조약"이란 제목 하에 크게 네 부분, 즉 ① 유럽연합조약 및 EC설립조약의 개정 ② 최종규정 ③ 의정서 및 ④ 부록으로 구성되어 있는데, 이를 분설하면 다음과 같다.

[표 1-2] 리스본조약의 구성

유럽연합조약 및 EC설립조약을 개정하는 리스본조약	
유럽연합조약 및 EC설립조약의 개정	제1조 · 제2조
최종규정	제3조 · 제4조 · 제5조 · 제6조 · 제7조
의정서	A. TEU, TFEU 및 EAEC(Euratom)설립조약 부속 의정서 B. 리스본조약 부속 의정서
부록	리스본조약 제5조에 의거한 신구조문대조표

첫째, '유럽연합조약 및 EC설립조약의 개정' 부분은 '유럽연합조약의 개정'에 관한 제1조와 'EC설립조약의 개정'에 관한 제2조로 나뉘어 있다. 기존의 기본조약을 개정하는 리스본조약에 있어 제1조와 제2조는 가장 핵심적인 내용에 해당한다.

둘째, 최종규정으로서 제3조에서 제7조까지가 이에 해당한다. 제3조는 "리스본조약은 무기한으로 체결된다."고 규정하여 동 조약의 적용 기한에 대해 규정하고 있다. 이 외에도 의정서의 편재방식(제4조), 舊TEU 및 舊TEC의 리스본조약에 의한 편, 장, 절, 조, 항 등의 번호 부여 방식(제5조), 조약의 비준식과 기탁, 그리고 발효일자(2009년 1월 1일)(제6조) 및 조약의 공식번역본에 해당하는 23개 언어(제7조) 등이 그 주된 내용을 구성하고 있다.

셋째, 의정서의 경우, A와 B 두 부분으로 구별하여, 'A. TEU, TFEU 및 EAEC(Euratom)설립조약 부속 의정서'와 'B. 리스본조약 부속 의정서'로 나누고 있다. A그룹의정서에는 11개의 개별 의정서[30]),

---

[30]) – Protocol on the role of national Parliaments in the European Union
 – Protocol on the application of the principles of subsidiarity and proportionality
 – Protocol on the Euro Group
 – Protocol on permanent structured cooperation established by Article 28 A of the Treaty on European Union
 – Protocol relating to Article 6(2) of the Treaty on European Union on the accession of the Union to the European Convention on the Protection of Human Rights and Fundamental Freedoms
 – Protocol on the internal market and competition
 – Protocol on the application of the Charter of Fundamental Rights of the European Union to Poland and to the United Kingdom
 – Protocol on the exercise of shared competence

[표 1-3] 기본조약 일람표

서명일	서명장소	조약명	발효일	비고
1951.4.18	파리	ECSC설립조약	1952.7.23	• 존속기한(50년) • 만료(2002.7.23)
1957.3.25	로마	EEC설립조약 EAEC(Euratom)설립조약	1958.1.1	
1986.2.17 1986.2.28	룩셈부르크 헤이그	단일유럽협정(SEA)	1987.7.1	• 1986년 2월 17일 9개국 서명 • 1986년 2월 28일 덴마크, 이탈리아, 그리스 서명 • 제1차 EC 개혁
1992.2.7	마스트리히트	마스트리히트조약 • 유럽연합(EU)조약 • 마스트리히트조약에 의해 개정된 EC설립조약	1993.11.1	• 제2차 EC 개혁 • EU 설립 • EEC → EC: 명칭 변경
1997.10.2	암스테르담	암스테르담조약 • 암스테르담조약에 의해 개정된 EU조약 • 암스테르담조약에 의해 개정된 EC설립조약	1999.5.1	• 제3차 EC 개혁
2001.2.26	니스	니스조약 • 니스조약에 의해 개정된 EU조약 (→舊TEU)* • 니스조약에 의해 개정된 EC설립조약(→舊TEC)*	2003.2.1	• 제4차 EC 개혁
2004.10.29	로마	유럽헌법조약	미발효	• 비준 무기한 연기(모라토리엄)
2007.12.13	리스본	리스본조약 • 유럽연합조약(→TEU)* • 유럽연합기능조약(→TFEU)*	2009.12.1	• EC 폐지 • '단일 법인격' EU 설립

〈기본조약 인용 방식과 관련한 일러두기〉
• 해당 조약의 인용 시 원칙적으로 조약명 그대로 사용함
• 니스조약에 의해 개정된 EU조약 및 EC조약은 舊TEU 및 舊TEC로 표기함
• 리스본조약의 유럽연합조약 및 유럽연합기능조약은 TEU 및 TFEU로 표기함

그리고 B그룹의정서에는 2개의 의정서와 개정된 의정서의 신구조문대조표[31]가 첨부되어 있다.

- Protocol on services of general interest
- Protocol on the Decision of the Council relating to the implementation of Article 9c(4) of the Treaty on European Union and Article 205(2) of the Treaty on the Functioning of the European Union between 1 November 2014 and 31 March 2017 on the one hand, and as from 1 April 2017 on the other
- Protocol on transitional provisions

[31] Protocol No 1 amending the Protocols annexed to the Treaty on European Union, to the Treaty establishing the European Community and/or to the Treaty establishing the European Atomic Energy

넷째, 부록에서는 舊TEU 및 舊TEC의 조문 대비 리스본조약에 의한 개정 조문번호 및 최종 신규조문번호대조표를 제시하고 있다.

제2절 리스본조약의 성질

유럽이사회가 정부간회의에게 '새로운 조약은 헌법적 성질(constitutional character)을 가질 수 없다'는 대전제 아래 리스본조약의 제정 작업을 위임하였다는 점에 대해서는 이미 언급한 바와 같다. 그 결과, 리스본조약은 유럽'헌법'조약이 포함하고 있던 '헌법적 성질'을 가지는 조항을 삭제하였고, 다수의 용어는 물론 제도의 명칭과 내용도 변경하였다. 또한 리스본조약의 명칭도 유럽연합조약 및 EC설립조약을 '개정하는(amending) 리스본조약'으로 명명하게 되었다. 본 절에서는 원칙적으로 '헌법적 성질'을 가지지 못하는 리스본조약이 가지고 있는 특징을 중심으로 그 주요 내용에 대해 분석한다.

첫째, 리스본조약은 기존의 기본조약, 즉 '舊TEU'과 '舊TEC'을 개정하는 조약이므로 '헌법'이 아니다. 이 점은 TEU와 TFEU라는 조약의 명칭에서도 알 수 있다. 즉, 유럽연합에 '관한' 조약(Treaty 'on' European Union)과 유럽연합의 '기능에 관한' 조약(Treaty 'on the Functioning' of the European Union)일 뿐 '유럽헌법조약'과는 달리 '헌법(Constitution)'이라는 용어를 사용할 수 없다. 일반적으로 헌법은 국가의 통치조직과 그 작용의 기본원리 및 국민의 기본권을 보장하는 근본규범으로 이해된다. 이처럼 헌법은 기본적으로 국가의 통치조직을 구성하고, 그 권한과 상호관계를 규정하는 기본법으로서 어느 시대의 어떠한 국가에서든 보편적으로 존재하고 있다. EU는 28개 회원국으로 구성된 지역공동체로서 '연방적 성격(federal character)'을 가지고 있으나 아직은 완전한 의미의 연방제 혹은 정치공동체의 수준에는 이르고 있지 못하다. 그런 상태에서 2004년 10월 29일자로 채택된 유럽'헌법''조약'은 과연 '헌법인가?' 혹은 '(헌법적) 조약인가?'에 관한 많은 논쟁을 불러 일으켰다. 이미 검토한 바와 같이, 유럽헌법은 비준 절차를 경료하지 못하고 '죽은 헌법'이 되고 말았다. 브뤼셀 유럽이사회는 정부간회의에게 '헌법전'의 제정이 아니라 기존 제조약의 개정을 위임하였을 뿐이다. 결국 정부간회의는 "개혁조약은 헌법적 성질을 가질 수 없다."는 대전제 하에서 작업을 진행해야 했으며, 그에 따라 2004년 채택된 유럽'헌법'조약에 의해 도입된 많은 개념과 제도적 장치들도 포기되거나 개정되어야

Community

Annex — Tables of equivalences referred to in Article 2 of Protocol (No 1) amending the Protocols annexed to the Treaty on European Union, to the Treaty establishing the European Community and/or to the Treaty establishing the European Atomic Energy Community

Protocol No 2 amending the Treaty establishing the European Atomic Energy Community

했던 것이다. 이와 같은 이유로, 리스본조약은 기존의 TEU와 TEC를 개정한 실체적인 조문들을 포함하게 되었다.

둘째, 외무부장관(Minister for Foreign Affairs)직의 신설은 유럽헌법의 주요한 혁신 내용 중의 하나로 간주되었다. 이 제도의 도입 취지는 외무부장관으로 하여금 공동외교안보정책32)을 포함하여 연합의 대외적 행동을 보다 효과적이고 일관성 있게 수행하고자 함이었다. 하지만 유럽헌법조약 제I-28조에 의해 도입이 예정되어 있던 '연합 외무부장관(Union Minister for Foreign Affairs)'은 리스본조약의 헌법적 성격이 부인됨에 따라 'EU외교안보정책고위대표(High Representative of the Union for Foreign Affairs and Security Policy; 이하 '고위대표(High Representative)'라 한다)'로 불리게 되었다.

셋째, 그 헌법적 성질이 부인됨에 따라 리스본조약은 헌법적 상징을 갖는 깃발(flag)·찬가(anthem)·모토(motto)와 같은 EU의 상징과 관련된 일체의 조항을 둘 수 없다. 이 점은 EU의 상징에 관한 실체규정을 두고 있던 유럽헌법조약과 전적으로 다른 것이다. 유럽헌법조약은 새로운 상징을 만들어내는 대신 이미 EU에 의해 사용되고 있어 일반 시민들에게 친숙한 상징들에게 헌법적 지위를 부여하였다. 그러나 리스본조약에서는 헌법적 성질을 갖는 일체의 조항을 둘 수 없으므로 EU의 상징에 관한 이 규정들은 더 이상 도입될 수 없게 되었다.

넷째, 리스본조약에서는 '법(law)'·'골격법(framework law)'이라는 용어의 사용도 포기되었다. 그 대신 기존의 '규칙(regulation)'·'지침(directive)'·'결정(decision)'이라는 용어는 그대로 유지·존속하게 되었다. 기존의 EU법체계상 입법행위의 유형은 규칙, 결정, 지침, 권고 및 견해의 다섯 가지로 나눌 수 있다. 하지만 구체적으로는 개별 조약마다 상이하게 규정된 15개의 입법 형태가 있었다. 즉, 舊TEC 제249조에 규정된 정형적인 다섯 가지의 유형 외에 舊TEC과 舊TEU에서는 특히 공동외교안보정책과 형사문제에 관한 경찰·사법협력 분야 등에 대해 결정, 연대전략, 연대행동 및 공동입장(舊TEU 제5부·제6부) 등 개별적으로 적용되는 행위에 대해 규정하고 있다. 이 입법행위들은 여러 측면에서, 특히 그 명칭의 유사성33) 및 그 본질과 효력34)면에서 적지 않은 문제점을 야기하고 있어 단순화시킬 필요가 있었다. 이에 유럽헌법조약은 제I-33조 1항에서 유럽법(European law),35) 유럽골격

---

32) 이에 대한 상세한 내용은, http://ec.europa.eu/external_relations/cfsp/intro/index.htm (검색일: 2007. 12. 7)
33) 이에 대해서는 舊TEC 제249조상의 결정과 舊TEU 제5부·제6부상의 결정, 또 연대전략, 연대행동 및 공동입장을 그 실례로 들 수 있다. '결정', '연대' 및 '공동'이라는 용어와 접두어가 사용됨으로써 관련 행위의 정확한 사용면에서 현실적으로 많은 어려움이 있었다.
34) 舊TEU 제5부·제6부는 회원국의 주권적 영향력이 강하게 작용하는 분야로서 EU의 배타적 권한이 적용되지 않는다. 그러다보니 이사회는 회원국의 '연대'전략과 행동 또는 '공동'입장의 형태로 행위를 제정하는 방법을 사용하였다. 그 결과, 그 명칭만 다를 뿐 舊TEC 제249조상의 입법행위와 기타 행위간의 그 법적 효력과 성질은 유사하여 오히려 혼란만 가중시켰던 것이다.
35) 유럽법(European law)은 일반적 적용성을 가지는 입법행위(legislative act)로서 모든 회원국에서 완전한 구속

법(European framework law),36) 유럽결정(European decision),37) 유럽규칙(European regulation),38) 권고(Recommendation) 및 견해(Opinion)39)의 여섯 가지 유형으로 단순화시켰던 것이다. 하지만 리스본조약에서는 유럽헌법조약에서 규정하고 있던 '유럽법'·'유럽골격법' 대신 현행 입법행위를 지칭하는 '규칙'·'지침'·'결정'을 그대로 사용하고 있다. 전자의 용어들은 'EU법 우위의 원칙'에 입각하여 도입된 것이므로 헌법적 성질을 갖지 않은 리스본조약에서는 더 이상 사용될 수 없기 때문이다.

다섯째, 리스본조약에서는 EU법의 우위(primacy of EU law)에 관한 명시적 규정도 둘 수 없다. 유럽헌법조약 제I-6조는 연합법(Union law)에 대한 것인데, 동조는 부여된 권한을 행사하여 연합의 제기관에 의해 채택된 헌법과 법은 "회원국법을 넘어선 우위에 있다(...it shall have primacy over the law of the Member States.)"고 규정하고 있었다. 동조는 소위 회원국법에 대한 EU법 우위의 원칙(principle of the primacy)을 명시적으로 선언하고 있다. 이 원칙은 그 동안 유럽연합사법재판소에 의해 형성된 판례법 속에서 발전되어 온 것으로 EU법의 기본 원칙으로서, 또 연합의 기능에 관한 핵심적 내용으로 인정되어 왔다. 유럽헌법조약은 이 원칙을 명문으로 규정함으로써 당해 조약의 핵심적인 부분으로 통합시키고자 의도하였다. 하지만 이 또한 리스본조약에서는 더 이상 도입될 여지가 없다. 다만, 리스본조약은 그 부속서로 '우위에 관한 선언(Declaration concerning primacy)'을 첨부하고 있다.40)

력을 가지고, 또 직접적으로 적용된다. 이는 현행 규칙(regulation)의 법적 성격과 효력을 대체한 것이다. 현행 규칙과 마찬가지로 유럽법은 일반적 범위를 가지며, 그 모든 요소에 있어서 의무적인 동시에 모든 회원국에 대해 직접적으로 적용된다.

36) 유럽골격법(European framework law)은 달성해야 할 결과에 대하여 해당 회원국을 구속하는 입법행위이다. 하지만 그 형태와 방식은 해당 회원국의 국내기관이 선택한다. 이는 현행 지침(directive)에 해당한다.

37) 유럽결정(European decision)은 현행 결정(decision)에 해당하는 것으로서 완전한 구속력을 갖는 비입법행위이다. 유럽결정은 특정 수범자를 대상으로 하는 때에는 이 수범자에 대해서만 구속력을 가진다.

38) 유럽규칙(European regulation)은 입법행위 및 헌법의 어느 특수 규정의 이행을 위하여 일반적 적용성을 가지는 비입법행위(non-legislative act)이다. 유럽규칙은 유럽법과 유럽골격법의 두 가지 성격을 아울러 가지고 있다. 따라서 동 규칙은 모든 회원국에서 완전한 구속력을 가지고, 또 직접적으로 적용될 수도 있고, 혹은 달성해야 할 결과에 대하여 해당 회원국을 구속하지만 그 형태와 방식은 해당 회원국의 국내기관이 선택하게 된다.

39) 권고 및 견해(recommendation and opinion)의 법적 효력은 현행의 그것들과 별다른 차이가 없이 제 기관에 의해 채택되며 아무런 법적 구속도 가지지 않는다.

40) 리스본조약에 첨부되어 있는 '우위에 관한 제17호 선언(17. Declaration concerning primacy)'의 내용은 다음과 같다.

"The Conference recalls that, in accordance with well settled case law of the Court of Justice of the European Union, the Treaties and the law adopted by the Union on the basis of the Treaties have primacy over the law of Member States, under the conditions laid down by the said case law.

The Conference has also decided to attach as an Annex to this Final Act the Opinion of the Council Legal Service on the primacy of EC law as set out in 11197/07 (JUR 260):

"Opinion of the Council Legal Service of 22 June 2007

It results from the case-law of the Court of Justice that primacy of EC law is a cornerstone principle

제3절 리스본조약의 개정

리스본조약의 개정에 대해서는 TEU 제48조에서 규정하고 있다. 리스본조약은 보통개정절차(ordinary revision procedures: ORP)와 약식개정절차(simplified revision procedures: SRP)의 두 가지 절차에 의해 개정될 수 있다.[41]

1. 보통개정절차

보통개정절차는 각 회원국 정부, 유럽의회 또는 유럽위원회가 이사회에 TEU 및 TFEU의 개정안을 제출함으로써 개시된다. 개정안이 이사회에 제출되면, 이사회는 이를 유럽이사회에 송부하고, 또한 회원국 국내의회에도 통지해야 한다. 개정하고자 하는 내용에 대한 별다른 제한은 없다. 특히 리스본조약에서 EU에게 부여하고 있는 권한의 확대 또는 축소를 목적으로 할 수도 있다.[42]

유럽이사회는 유럽의회 및 유럽위원회와 협의 후 개정안의 검토를 단순다수결로 결정한다. 이 때 유럽이사회 의장은 회원국 국내의회, 회원국의 국가원수 또는 정부수반, 유럽의회 및 유럽위원회의 대표자로 구성되는 자문회의를 소집한다. 특히 통화 분야의 기구 변경 시에는 유럽중앙은행과 협의한다. 자문회의는 개정안을 검토하고, 컨센서스 절차에 따라 회원국 정부대표자회의[43]에 대해 권고한다.[44] 하지만 경우에 따라서는 자문회의는 소집되지 않을 수도 있다. 즉, 계획되어 있는 개정의 범위에서는 소집이 정당화될 수 없을 때 유럽이사회는 자문회의를 소집하지 않을 것을 유럽의회의 동의를 얻은 후 단순다수결로 결정할 수 있다. 이 경우, 유럽이사회는 회원국 정부대표자회의의 위임사항을 정한다.[45]

개정된 리스본조약은 모든 회원국이 그 헌법상의 요청에 따라 비준한 후 발효한다.[46] 하지만 리스본

---

of Community law. According to the Court, this principle is inherent to the specific nature of the European Community. At the time of the first judgment of this established case law (Costa/ENEL, 15 July 1964, Case 6/641*) there was no mention of primacy in the treaty. It is still the case today. The fact that the principle of primacy will not be included in the future treaty shall not in any way change the existence of the principle and the existing case-law of the Court of Justice.

* "It follows (···) that the law stemming from the treaty, an independent source of law, could not, because of its special and original nature, be overridden by domestic legal provisions, however framed, without being deprived of its character as Community law and without the legal basis of the Community itself being called into question."

[41] TEU 제48조 1항.
[42] TEU 제48조 2항.
[43] 회원국 정부대표자회의는 리스본조약의 개정에 합의하기 위하여 이사회 의장에 의해 소집된다. TEU 제48조 4항.
[44] TEU 제48조 3항 1단.
[45] TEU 제48조 3항 2단.
[46] TEU 제48조 4항 1단.

조약은 정해진 기간 내에 모든 회원국에 의해 비준이 되지 않을 경우를 상정하고 별도의 규정을 두고 있다. 즉, 리스본조약을 개정하는 조약의 조인으로부터 2년이 경과한 후 회원국의 5분의 4가 이 개정조약을 비준하였으나, 하나 혹은 복수의 회원국에서 비준에 어려움이 발생한 때에는 유럽이사회가 이 문제를 토의한다고 정하고 있다.[47] 이는 그동안 기본조약의 제정과 개정 과정에서 일부 회원국에 의한 비준 부결을 여러 차례 경험한데서 비롯된 것이다. 결국 비준 부결로 인한 문제가 발생할 경우, 유럽이사회가 '정치적으로' 결정할 수밖에 없을 것이다.

2. 약식개정절차

리스본조약은 약식개정절차에 의해서도 개정될 수 있다. 보통개정절차와 마찬가지로 약식개정절차에 있어서도 각 회원국 정부, 유럽의회 또는 유럽위원회가 조약의 개정안을 유럽이사회에 제출함으로써 개정절차가 개시된다. 그러나 약식개정절차의 경우에는 보통개정절차와 달리 개정의 범위가 제한된다. 즉, 약식개정절차는 EU의 역내 정책 및 행동 분야에 관한 TFEU 제3부의 규정을 개정의 대상으로 한다. 물론 동 제3부 규정의 전부 또는 일부의 개정을 제안할 수 있다.[48]

유럽이사회는 TFEU 제3부의 규정의 전부 또는 일부를 개정하는 결정을 제정할 수 있다. 유럽이사회는 유럽의회 및 유럽위원회와 협의 후, 또한 통화 분야의 기구 변경 시에는 유럽중앙은행과 협의 후 전원일치로 결정한다. 이 결정은 회원국의 헌법상 요청에 따른 동의를 얻은 후 발효한다.[49] 유럽이사회에 의한 이 결정은 리스본조약의 범위 내에서 연합에게 부여된 권한을 확대할 수는 없다.[50]

전원일치에 의한 의사결정과 관련하여, 다음의 경우에는 가중다수결로 채택할 수 있다. 우선, 이사회가 TFEU 또는 TEU 제5편(연합의 대외적 행동에 관한 일반규정 및 공동외교안보정책에 관한 특별규정)에 따라 어떤 분야 또는 특정한 경우에 전원일치로 행동한다는 규정을 두고 있다고 할지라도 유럽이사회는 이사회가 당해 분야 또는 당해 경우에 가중다수결로 행동하는 것을 승인하는 결정을 제정할 수 있다. 그러나 군사정책 및 방위정책과 관련된 결정에는 가중다수결을 적용하는 결정이 적용될 수 없다.[51] 또한, TFEU가 특별입법절차에 따라 이사회에 의해 제정된 법률에 대해 규정하고 있는 경우라고 할지라도 유럽이사회는 보통입법절차에 따라 이 법률의 제정을 허용하는 결정을 제정할 수 있다.[52]

---

[47] TEU 제48조 5항.
[48] TEU 제48조 6항 1단.
[49] TEU 제48조 6항 2단.
[50] TEU 제48조 6항 3단.
[51] TEU 제48조 7항 1단.
[52] TEU 제48조 7항 2단.

앞의 의사결정에 관하여 유럽이사회가 행한 모든 발의는 회원국 국내의회에 통지된다. 이 발의가 통지된 후 6개월 이내 어떤 회원국 국내의회에 의해 거부될 때는 위 의사결정에 관한 결정은 제정될 수 없다. 이 발의가 거부되지 않은 경우, 유럽이사회는 당해 결정을 제정할 수 있다.[53] 유럽이사회는 위 의사결정에 관한 결정을 재적의원의 과반수로서 결정하는 유럽의회의 동의를 얻은 후 전원일치로 제정한다.[54]

3. 리스본조약의 개정 사례: 유럽안정화기금 설립 문제

2010년 12월 17일, 유럽이사회는 TFEU의 개정을 통하여 '유럽안정화기금(European Stability Mechanism: ESM)'이라 불리는 상설금융위기기금(a permanent financial crisis mechanism) 설립에 합의하였다. ESM은 유로존에 가입하고 있는 회원국 가운데 재정위기에 직면한 국가에게 구제금융을 지원하기 위한 상설기구의 성격을 띠고 있다.

2010년 5월 EU는 이미 EU-IMF 기금(EU-IMF mechanism)의 형태로 한시적 기구인 '유럽재정안정기금(European Financial Stability Facility: EFSF)'을 설립한 바 있다. EFSF는 스페인과 사이프러스, 그리고 그리스에 대해 재정 지원을 하였다. EFSF는 2013년 6월까지 활동하고 ESM에 흡수통합되어 그 임무가 종료될 예정이었으나 그리스에 대한 재정지원계획이 진행되고 있어 2015년 6월 30일까지 활동 기간이 연장되었다.

문제는 리스본조약에 ESM의 설립을 위한 법적 근거규정이 마련되어 있지 않다는 점이다. 다시 말하면, ESM이 설립되어 활동을 개시하기 위해서는 리스본조약의 개정이 불가피하게 된 것이다.

유럽이사회로부터 리스본조약의 개정에 관한 검토를 하도록 요청받은 반 롬푀이(Herman Van Rompuy) 유럽이사회 상임의장은 다음과 같이 TFEU 제136조 3항을 신설할 것을 제안했다.

"3. 유로를 통화로 하는 회원국은 유로존 전체의 안정을 지키기 위해 불가피한 경우에는 안정기금을 설립할 수 있다. 이 기금에 따라 제공되는 모든 금융지원은 엄격한 조건에 기속된다."

"3. The Member States whose currency is the euro may establish a stability mechanism to be activated if indispensable to safeguard the stability of the euro area as a whole. The granting of any required financial assistance under the mechanism will be made subject to strict conditionality."

---

[53] TEU 제48조 7항 3단.
[54] TEU 제48조 7항 4단.

유럽이사회가 롬푀이의 이 개정안을 수용하기로 하였으므로 다음 단계로 과연 리스본조약에 규정된 어떤 개정 절차를 거쳐 TFEU 제136조 3항을 신설할까의 문제가 남는다. 하지만 리스본조약의 개정절차를 거치는 경우, ESM의 설립은 리스본조약의 전면적인 개정이나 권한의 배분에 관한 사항 등에 해당하여 보통개정절차를 이용해야 한다.[55] 이 절차에 의한 리스본조약의 개정은 현실적으로 실현 가능성이 희박하다. 이에 2012년 2월 1일, 유럽위원회는 그 대안으로 '유럽안정기금설립조약(Treaty Establishing the European Stability Mechanism: ESM)'을 제안하였으나 2015년 1월말 현재까지 발효하고 있지 아니하다.

---

[55] 보통개정절차는 그 절차가 복잡하고, 시간도 많이 걸리는 단점이 있다. 무엇보다 EU 당국과 각 회원국의 정상들이 당면한 골치 아픈 문제는 보통개정절차를 거치게 되면, '모든 회원국이 그 헌법상의 요청에 따라' 비준을 거쳐야 하는 현실적 어려움에 직면하게 된다.

제2장

유럽연합의 법적 지위와 역할

제1절 유럽연합의 가치와 목적

1. 서론

TEU 제2조~제7조 및 제47조는 EU 설립·운영의 본질적 요소인 EU의 가치, 목적, 회원국과의 관계 및 법인격 등에 대해 규정하고 있다. 이 규정들은 유럽의 단일화를 위한 가장 핵심적인 사상적·법적 기초를 제공하고 있다. TEU의 서문(Preamble)에서도 "불가침인 동시에 양도불가능한 인간의 권리, 자유, 민주주의, 평등 및 법의 지배를 보편적 가치로서 발전시킨 유럽의 문화적, 종교적 및 휴머니즘의 유산으로부터 영향을 받으며"(3문)라고 함으로써 단일화된 유럽은 '인간의 권리'를 비롯한 '자유, 민주주의, 평등 및 법의 지배'를 보편적 가치로 하고 있다는 점을 명백히 밝히고 있다. 이와 관련하여, 특히 다음의 두 가지 내용을 강조하고 싶다.

첫째, 보편적 가치의 목록 가운데 가장 중심적 지위를 차지하고 있는 것은 바로 '인간의 권리(rights of human person)'이다. 이 권리는 '불가침인 동시에 양도할 수 없는(inviolable and inalienable)' 것이다. 따라서 헌법적 문서인 리스본조약이 '인간의 권리' 혹은 '인간의 기본적 권리(fundamental human rights)'에 대해 규정하고 있다 하더라도, 이 권리는 헌법 혹은 헌법적 문서를 넘어서는 것이다. 이에 대해 리프킨은 "인권(혹은 인간의 권리)은 (헌법적) 문서[1]의 심장이자 영혼이다(It might be said that human rights are the very heart and soul of the document)"고 강조하였다.[2]

둘째, TEU 서문은 '유럽의 문화적, 종교적 및 휴머니즘의 유산'이라는 표현을 사용함으로써 '특정 문화' 내지는 '특정 종교'를 언급하고 있지 않다. 이 점은 특히 후자와 관련하여 의미를 가진다. 예를 들어, 프랑스에서는 대통령 선거 과정에서 '정교분리원칙(la laïcité)'에 관해 치열한 논쟁이 벌어졌다. 이러한 경우를 상정하여 리스본조약은 일부 회원국들이 종교 혹은 정교분리원칙에 대해 생각하는 것보

---

[1] 리프킨이 말한 '문서'는 유럽헌법조약을 지칭하고 있으나 그 취지를 살펴보면, 이를 리스본조약으로 이해해도 무방하다.
[2] J. Rifkin, *The Euroepan Dream*(New York: Jeremy P. Tarcher/Penguin, 2004)(제러미 리프킨, 유러피언 드림, 민음사, 2009), p.212.

다 상당히 완화된 형태의 표현을 하고 있다.

셋째, 유럽의 문화적, 종교적 및 휴머니즘의 '유산(heritage)'이라는 표현에서 보듯이 리스본조약은 유럽의 보편적 가치를 발전시킨 것이 '법(the law; le droit)'이 아니라 유럽의 문화적 종교적 및 휴머니즘의 '유산'이라는 점을 강조하고 있다. 따라서 문언의 규정 형태를 보면, 유럽의 보편적 가치는 유럽의 유산의 토대 위에서 발전되고 그 영향을 받았다는 논리구조를 취하고 있다.

2. 유럽연합의 가치

TEU 제2조는 EU 설립의 기초가 되는 가치(The Union's Values)에 대해 다음과 같이 규정하고 있다.

> "연합은 인간의 존엄성의 존중, 자유, 민주주의, 평등, 법의 지배 및 소수자의 권리를 포함한 인권 존중의 가치 위에 설립된다. 이 가치들은 다원주의, 비차별, 관용, 정의, 연대 및 남녀평등을 특징으로 하는 사회에 있어 회원국에 공통하는 것이다."

연합의 가치에 관한 제2조는 정치적 의미만이 아니라 상징적 의미도 다분히 포함하고 있다. 하지만 무엇보다 중요한 것은 동조가 법적 효과를 발생한다는 것이다. 그 주요 쟁점에 대해 검토한다.

첫째, 동조는 EU 가입을 희망하는 유럽국가들에게 일종의 '가입조건'이 된다. 이에 대해 TEU 제49조는 "제2조에 언급된 가치를 존중하고, 그 촉진을 위하여 노력하는 어느 유럽국가라도 연합에 가입을 신청할 수 있다."고 명확하게 밝히고 있다.

둘째, 만일 TEU 제2조에 규정된 제가치가 회원국들에 의해 침해될 경우, 당해 회원국(들)에 대해서는 어떤 조치가 취해질 수 있는가? 이에 대해 TEU 제7조 2항 및 3항은 "당해 회원국의 특정 권리를 정지할 수 있다."고 규정하고 있다. 제2조 위반에 따른 회원국의 권리를 정지하기 위해서는, 유럽이사회와 이사회 차원에서 각각 절차가 진행된다.

우선, 유럽이사회는, ① 회원국의 3분의 1 또는 유럽위원회의 제안에 의거하여, 동시에 유럽의회의 동의를 얻어야 하며, 또한 ② 제2조에 언급된 가치에 대해 특정 회원국에 의한 중대하고도 지속적인 침해가 존재한다는 것에 대해 그 회원국의 의견 표명을 요구한 후 전원일치로 침해 여부에 대해 결정할 수 있다.[3]

유럽이사회에 의해 위와 같은 결정이 내려지면, 다음으로 이사회에 의한 권리의 정지절차가 개시된다. 위 결정에 의거하여, 이사회는 당해 회원국에 대한 TEU·TFEU의 적용에서 유래하는 특정 권리의

---

[3] TEU 제7조 2항.

정지를 당해 회원국 정부대표의 의결권을 포함하는 가중다수결로 결정할 수 있다.[4] 셋째, TEU 제2조는 연합의 모든 활동에 있어 '남성과 여성의 불평등 제거와 평등 촉진'에 대해 정하고 있는 TFEU 제8조와 밀접한 관계가 있다. 동조와 관련하여, 리스본조약은 'TFEU 제8조에 관한 선언(No. 19. Declaration on Article 8 of the Treaty on the Functioning of the European Union)'에서 연합으로 하여금 "남녀불평등을 제거하고 평등을 촉진하기 위한 정책을 실시함에 있어 가정에서 행해지는 모든 종류의 폭력에 대응하기 위한" 조치를 취할 의무를 부과하고 있다. 회원국도 이러한 범죄행위를 방지하고 처벌하기 위하여, 또한 피해자를 지원하고 보호하기 위하여 필요한 모든 조치를 취해야 한다. 이 규정에서 알 수 있는 바와 같이, 리스본조약 체제에서 남녀평등의 원칙은 사회조직 또는 직장 내에서 뿐만 아니라 가정 내에서도 준수되어야 한다. 더욱이 제19호 선언의 내용을 검토해보면, 리스본조약은 가정 내에서 행해지는 '모든 종류의 폭력(all kinds of domestic violence)'을 '범죄행위(criminal acts)'로 간주하고 있다. 향후 회원국들은 이러한 범죄행위를 방지·처벌하고, 그 피해자를 지원·보호하기 위한 '필요한 모든 조치(all necessary measures)'를 취할 의무를 지게 됨으로써 남녀평등이 보다 확고히 보장되게 되었다.

넷째, TEU 제2조는 기본적 가치 속에 '소수자의 권리(the rights of persons belonging to minorities)'를 포함하고 있다. 이 내용은 헝가리의 요구를 수용한 것인데, 크로아티아, 루마니아, 세르비아, 슬로바키아, 슬로베니아 및 우크라이나 등 헝가리의 인근 국가에는 약 350만 명의 헝가리 출신 소수자가 거주하고 있는 것으로 알려져 있다. 하지만 최근 일어난 '로마(집시)' 강제추방의 예[5]에서 볼 수 있듯이 소수자의 권리 보호의 문제는 앞으로 EU 차원에서도 '뜨거운 감자'로 대두될 가능성이 높다.

다섯째, EU 설립의 기본이 되는 '인권존중의 가치들(the values for human dignity)'은 다음의 두 인권문서를 통하여 한층 강화된 형태로 이행되게 되었다. 즉, TEU 제6조 1항은 2000년 12월 7일 채택된 '유럽연합 기본권헌장(Charter of Fundamental Rights of the European Union)'이 TEU 및 TFEU와 동등한 법적 가치가 있다는 것을 인정하고 있으며, TEU 제6조 2항은 EU로 하여금 '유럽인권협약(European Convention for the Protection of Human Rights and Fundamental Freedoms; European Convention of Human Rights(ECHR))'에 가입할 의무를 지우고 있다. 리스본조약에 있어 기본적 인권 보장에 대해서는 별도의 항목을 통해 상세하게 검토하기로 한다.[6]

---

[4] TEU 제7조 3항.
[5] 2010년 9월, 프랑스 정부는 루마니아, 헝가리 등으로부터 유입된 '로마(집시)'들에 대해 강제출국조치를 단행하였다. 뒤를 이어 이탈리아 정부도 로마들의 캠프를 강제 철거하고 역시 강제출국시켰다. 이러한 예에서 보듯이 EU의 일부 회원국에 있어 '로마'는 차별 혹은 추방의 대상이 되고 있고, 범유럽 차원의 문제로 대두하고 있는 실정이다.
[6] 본서 제3장 제2절 '유럽연합의 기본권 보장' 부분 참고.

3. 유럽연합의 목적

TEU 제3조는 EU의 목적(The Objectives of the Union)에 대해 규정하고 있다. 동조에서 열거하고 있는 EU의 목적은 모든 국제조약 혹은 국제기구설립문서에서 공통적으로 제시되어 있는 것이다. 다만, TEU는 이를 바탕으로 EU의 성질에 부합하도록 그 세부적인 내용을 제시하고 있다. 그 구체적인 내용에 대해서는 본문의 관련 항목에서 분석하기로 하고, 여기에서는 개괄적으로 소개하기로 한다.

첫째, EU가 지향하는 본질적인 목표는 '평화, 그 가치 및 인민의 복지 촉진'이다.[7] 역사적 경험을 통해 볼 때, 유럽대륙은 분단과 분열로 인하여 수많은 전쟁을 겪지 않을 수 없었다. 그 가운데서도 20세기에 경험한 제1·2차 세계대전이 모두 유럽대륙에서 촉발되어 나치의 유대인 대량학살로 이어지는 등 대규모의 인권침해를 겪었다. 그러므로 ECSC·EEC·Euratom의 유럽통합을 위한 공동체 결성은 본질적으로 유럽대륙, 나아가 범세계적인 평화질서를 수립함으로써 그 가치를 전파하고 확산시키는 것이라고 할 수 있다. 이와 같은 평화적 가치에 기반을 둔 유럽적·세계적 질서의 수립을 통하여 EU는 인민들의 복지를 촉진하고자 의도하고 있다.

둘째, EU는 역외국경의 통제, 망명, 이민 및 범죄의 예방과 대응에 관한 적절한 조치를 취함으로써 사람의 자유이동이 보장되는 시민들에게 역내국경이 없는 자유, 안전 및 사법지대(an area of freedom, security and justice without internal frontiers)를 제공하고자 한다.[8] 자유, 안전 및 사법지대는 마스트리히트조약에서 처음으로 도입된 이래 꾸준히 그 내·외연을 확대하여 왔다. 리스본조약은 TFEU 제3부 '연합의 대내정책 및 행동(Part Three: Union Policies and Internal Actions)' 제5편 '자유, 안전 및 사법지대(Title V: Area of Freedom, Security and Justice)'에서 다섯 개의 장(Chapter)을 두고 있다. EU는 국경검사, 망명 및 이민에 대한 유럽적 차원의 통일된 기준과 정책을 수립하고, 또한 민사 및 형사사건에서 사법협력의 강화를 목표로 하고 있다.

셋째, EU는 역내시장(an internal market)의 설립을 그 주된 목표로 삼고 있다.[9] 원활한 역내시장을 운영하기 위하여, EU는 다음과 같은 핵심적인 정책 분야를 설정하고 있다.

① EU는 균형 잡힌 경제성장 및 물가안정을 기초로 하는 유럽의 지속가능한 발전, 완전고용 및 사회진보를 목표로 하는 고도의 경쟁력을 가지는 사회적 시장 경제, 또한 고도의 환경보호 및 환경의 질적 수준의 개선을 목표로 노력한다.

② EU는 과학기술의 진보를 촉진한다.

③ EU는 사회적 배제와 차별에 대항하고, 사회적 정의와 보호, 남녀평등, 세대간 연대 및 아동의 권리 보호를 촉진한다.

---

[7] TEU 제3조 1항.
[8] TEU 제3조 2항.
[9] TEU 제3조 3항.

④ EU는 경제적, 사회적·영토적 결속 및 회원국간 연대를 촉진한다.
⑤ EU는 그 풍부한 문화적 및 언어적 다양성을 존중하고, 유럽의 문화유산의 보호와 발전을 확보한다.

위 내용은 기존의 제조약이 추구한 목적과 대동소이하다. 다만, 두 가지 사항에 대해서는 언급이 필요하다.

먼저, 현행 TEU 제3조 3항 1문은 "연합은 역내시장을 설립한다(The Union shall establish an internal market)."고 규정하고 있다. 리스본조약의 초안에서는 "경쟁이 자유롭고 왜곡되지 않은 역내시장(an internal market that competition is free and not distorted; un marché intérieur où la concurrence est libre et non faussée)"이라는 표현을 사용하고 있었다. 그러나 최종 성안 단계에서 '경쟁이 자유롭고 왜곡되지 않은'이란 표현은 삭제되고 수식어가 붙지 않은 채로 '연합은 역내시장을 설립한다'고 규정되었다. 그러나 비록 본문에서는 삭제되었지만, 리스본조약에 부속된 '역내시장 및 경쟁에 관한 의정서(Protocol (No. 27) on the Internal Market and Competition)'는 "회원국은 유럽연합조약 제3조에 규정된 바와 같이 역내시장은 경쟁이 왜곡되지 않도록 보장하는 제도를 포함"할 것을 고려해야 한다고 하면서, "이 목적을 위하여, 연합은, 필요한 경우, 유럽연합의 기능에 관한 조약 제352조를 포함하는 조약의 규정 하에서 행동할" 것을 합의했다고 언급하고 있다. 이렇게 함으로써 EU는 역내시장에서 경쟁이 왜곡되는 것을 방지하기 위한 제도를 마련하고, 필요한 경우, 적절한 조치를 취할 수 있게 되었다.

다음, TEU 제3조 3항 2문은 노동, 특히 완전고용 및 사회진보를 목표로 하는 '고도의 경쟁력을 가지는 사회적 시장경제'라는 표현을 추가하고 있다. 이 표현은 제8편 '경제통화정책(Title VIII: Economic and Monetary Policy)'이라는 제목 아래 TFEU 제119조(舊TEC 제4조)에 규정되어 있는 '개방시장경제'란 표현과 비교하여 상당히 중요한 의미를 내포하고 있다. 다시 말하여, 후자가 자국산업을 보호하기 위한 일체의 장벽을 철폐함으로써 외국과의 거래가 자유로운 국민경제체제를 지향하는 반면, 전자는 경쟁원리의 우위를 강조하여 모든 계획경제에 반대하고, 생산·소비·직업선택 등에 대해서는 시장경제에 있어서의 자유경쟁을 완전히 보장하는 경제 형태를 지향하고 있다. 물론 사회적 시장경제에서도 국가는 시장형태 등을 포함한 사회적 질서의 형성·유지에 대해서는 경제·사회 정책을 통하여 책임을 져야 한다. 그럼에도 불구하고, 후자는 다분히 신자유주의의 입장에서 제창된 경제정책이다. 이 점에서 보면, 사회적 시장경제는 그동안 EU가 추구해온 개방시장경체체제와 양립하기 어려운 듯이 보인다.

하지만 관련 조문의 내용을 살펴보면, 리스본조약은 위 두 가지 형태의 시장경제를 '적어도' 그 정책 분야별로 나누어 시행할 것이라고 판단된다. 즉, TEU 제3조는 '완전고용 및 사회진보'를 목표로 하여 '사회적 시장경제'정책의 실시를 예정하고 있다. 이에 반해, TFEU 제119조는 1항에서 "유럽연합조약 제3조에 명시되어 있는 명시된 목적을 달성하기 위하여 … 각 회원국의 경제정책, 역내시장 및 공동 목표 등에 기초하여 경제정책을 채택하고, 자유경쟁의 개방시장경제 원리에 따라 이를 추진한다."고 규정하고 있다. 그러므로 개방시장경제는 EU가 역내시장을 운영하는 경제정책의 일반적 원칙이고, 사회적 시장경제는 노동과 사회정책에 한하여 적용되는 제한적(혹은 보충적) 원칙이라고 할 수 있다.

넷째, 유로를 통화로 하는 경제통화동맹(an economic and monetary union)의 설립은 EU의 또 다른 하나의 목표이다.[10] 이에 대해서는 TFEU 제8편 '경제통화정책(Title VIII: Economic and Monetary Policy)'에서 상세하게 규정하고 있다.

다섯째, EU는 제3국과 함께, 또는 국제사회에서 협력하고 연대하고자 한다.[11] 이를 위하여, EU는 다음과 같이 기여한다.

① 다른 세계와의 관계에 있어 EU는 EU의 가치와 이익을 유지·촉진하고, 연합 시민들의 보호에 기여한다.
② EU는 평화, 안전, 지구의 지속가능한 발전, 인민들간 연대와 상호 존중, 자유롭고 공정한 무역, 빈곤의 근절 및 특히 아동의 권리를 포함한 인권의 보호에 기여한다.
③ EU는 국제연합헌장의 제원칙의 준수를 포함한 국제법의 엄격한 존중과 발전에도 기여한다.

마지막으로, EU는 TEU·TFEU에서 EU에게 양도된 권한을 행사함으로써 적절한 수단에 의해 그 목표를 추구한다. TFEU 제1조는 "… 연합의 권한의 분야, 구분 및 행사에 관한 세칙을 정한다."(1항)고 규정하고, 제1편 '연합의 권한의 종류 및 분야(Title I: Categories and Areas of Union Competences)'에서 EU의 권한은 ① 배타적 권한(exclusive competence), ② 공유권한(shared competence) 및 ③ 조정권한(supporting competence)의 세 가지 유형으로 나누고 있다. 이 권한을 사용하여 EU는 위에서 제시된 목표를 달성하기 위한 수단을 채택하게 된다. 하지만 EU가 행사하는 권한의 한계는 '권한배분의 원칙(the principle of conferral)'에 의해, 그리고 그 권한의 행사는 보충성원칙 및 비례원칙(the principles of subsidiarity and proportionality)에 의해 규율된다.[12]

4. 리스본조약 하에서의 회원국의 평등

TEU 제4조 2항은 "연합은 제조약 하에서 회원국의 평등을 존중한다."고 규정하고 있다. 이 규정은 2004년 정부간회의에서 포르투갈의 제안을 수용한 것인데, 이를테면, 유럽위원회를 구성함에 있어 회

---

[10] TEU 제3조 4항.
[11] TEU 제3조 5항.
[12] TEU 제5조 1항.

원국간 동등한 윤번제에 관한 규칙 또는 EU 이사회에서 실시되고 있는 의장직 배정 방식 등 이미 TEU·TFEU의 다수의 조문에서 그 법적 전통을 발견할 수 있다.

또한 EU는 지역·지방자치정부를 포함한 개별 회원국의 민족적 정체성을 존중해야 하고,[13] 영토보전, 법과 질서 및 국내치안의 유지를 포함한 국가의 본질적인 기능을 존중해야 한다.[14] 이 가운데서도 특히 리스본조약은 "국내치안은 계속하여 개별 회원국이 단독으로 책임을 진다."는 점에 대해서도 주의를 기울이고 있다.[15]

리스본조약은 회원국 간 평등의 원칙을 인정하면서도, 다른 한편으로는 EU와 회원국으로 하여금 '성실한 협력의 원칙(the principle of sincere cooperation)'을 준수하도록 의무를 부과하고 있다. 이 원칙에 따라, EU와 회원국은 "제조약에서 유래하는 임무의 수행시 전적으로 상호 존중하고, 지원해야" 할 의무가 있다.[16] 이를 위하여, 회원국은 그 의무를 이행하기 위하여 "일반적 또는 특별한 성질을 가지는 모든 적절한 조치를 취"하고,[17] 또한 그 임무 수행을 쉽게 하도록 EU를 지원하고, EU의 목표 실현을 위험에 빠트릴 가능성이 있는 어떠한 조치를 취하는 것도 삼가야 한다.[18]

제2절 유럽연합의 법적 성질

1. EU의 법적 성격

(1) 서론

1958년 1월 1일자로 설립된 유럽경제공동체의 법적 성격에 대해서는 여러 가지 해석이 제기되었다. 이 가운데 1963년 사법재판소(Court of Justice)[19]가 내린 van Gend en Loos 사건 판결은 EEC의 법적 성격에 대해 중요한 의미가 있다. 이 판결에서 사법재판소는 EEC는 "국제법상 하나의 새로운 법질

---

[13] TEU 제5조 2항 1문.
[14] TEU 제5조 2항 2문.
[15] TEU 제5조 2항 3문.
[16] TEU 제5조 3항 1단.
[17] TEU 제5조 3항 2단.
[18] TEU 제5조 3항 3단.
[19] 리스본조약에 의하면, 유럽연합사법재판소(Court of Justice of the European Union)는 사법재판소(Court of Justice), 보통재판소(General Court) 및 전문재판소들(Specialised Courts)로 구성된다. 1989년 9월 1일자로 보통재판소의 전신(前身)인 일심재판소(Court of First Instance: CFI)가 설치되기 전까지 당시 EC는 사법재판소만을 두고 있었다. 이를 통상 '유럽사법재판소(European Court of Justice: ECJ)'라고 불렀다. 이에 대한 상세한 내용은 본서 제4장 제6절 '유럽연합사법재판소' 부분 참고.

서(a new legal order in international order)"20)라고 선언하였다. 사법재판소는 비록 '국제법상'이라는 수식어를 사용하고 있지만 EEC가 기존의 국제법 관계에서는 찾아볼 수 없는 '하나의 새로운 법질서'라는 점을 분명하게 밝히고 있다. 하지만 이 판결 이후 사법재판소는 더 이상 '국제법상'이라는 수식어를 사용하지 않고 단순히 '하나의 새로운 법질서' 혹은 '그 자신의 법질서(a own legal system)'라고 표현함으로써 EEC 혹은 그 법제도의 독자성을 강조하고 있다.21)

EU가 회원국 사이에서 체결된 국제조약에 의해 설립된 이상 EU법에 국제법적 요소가 포함되어 있는 것은 당연하다. 그러나 EU법22)은 독립적 기관에 의한 입법·EU법의 회원국법에 대한 우위·사법재판소에 의한 EU 기관 및 회원국의 행위에 대한 사법심사 등 연방법적 요소를 포함하고 있다.23)

프랑스, 이탈리아, 독일, 벨기에, 룩셈부르크 및 네덜란드의 여섯 개 원회원국(original members)으로 출범한 EEC는 그동안 지속적으로 확대되어 현재 28개 회원국으로 구성된 거대한 지역주의를 형성하고 있다. 이처럼 EU가 지속적으로 역외지역으로 그 영역을 확대하려는 이유가 무엇일까?

EU의 확대와 관련하여 자주 인용되는 표현이 바로 '유럽합중국(United States of Europe; Etats Unis d'Europe)'이다. 이 표현은 빅토르 위고 이래 유럽통합론자들에 의해 자주 사용되었으며, 오늘날에도 EU가 종국적으로 지향하고자 하는 지역주의의 최종 형태로 인식되고 있다. 다시 말하여, 미국의 연방주의를 모델로 한 '유럽정치공동체(European Political Community: EPC)'의 건설이 바로 유럽통합론자의 이상이자 최종 목표라고 할 수 있다.

지금까지 EU법의 발전 경위에 비추어 보면, EU는 국제법의 개념을 사용하여 성립해 나가면서 그 실질적 내용의 발전과 더불어 원래의 국제법의 개념을 독자적으로 변용시켜 전체적으로 연방법체계를 구축하는 방향으로 EU법의 성격을 점차적으로 변화시켜 왔다. 그러나 아직까지 EU법은 완전한 의미의 연방법의 수준에는 도달하지 못했다고 보는 것이 일반적인 시각이다.

---

20) Case 26/62 *van Gend en Loos v. Nederlande Administraitie der Belastingen* [1963] ECR 1, at 12.
21) Case 6/64 *Costa v. ENEL* [1964] ECR 585, at 593; Case 14/68 *Wilhelm v. Bundeskartellant* [1969] ECR 1, at 14. 이 사건 판결들에서 사법재판소는 EEC설립조약은 통상의 국제조약과는 달리 '독자적인 법제도(its own legal system, its own system of law)'를 창출한 것으로 본다는 취지의 판결을 하였다.
22) EEC는 로마조약에 의해 1958년 1월 1일자로 설립되었다. 그 후 1993년 11월 1일자로 발효한 마스트리히트조약(일명 '유럽연합조약(Treaty on the European Union)')에 의해 EEC설립조약이 개정되면서 그 용어도 EEC에서 EC로 변경되었다. 이 시기부터 2009년 12월 1일 리스본조약이 발효하기 이전까지 EC와 EU라는 용어가 서로 혼용되어 사용되어 왔다. 그러나 리스본조약에 의해 EU가 기존의 EC를 대체·계승함에 따라 EC는 더 이상 사용될 여지가 없게 되었다. 물론 엄밀하게 말하면, 위에서 살펴본 조약의 발효 시기별로 해당 규정 혹은 내용에 따라 EEC·EC·EU 혹은 EC(EU)로 나누어 사용하는 것이 가장 정확할 것이다. 그러나 그 법적인 성격이 다르다고 할지라도 1993년 11월 1일을 기점으로 볼 때 이미 EU가 설립된 지 이십 년 이상의 세월이 경과하였고, 이제는 확고하게 EU만이 설립·운영되고 있으므로 EU와 EC라는 용어의 엄밀한 구별은 그리 '의미'가 없다고 본다. 따라서 본고에서는 EEC 혹은 EC(법)에 고유한 내용이 아닌 한 원칙적으로 EU(법)이란 용어를 사용하기로 한다.
23) Case 26/62, at 12.

2009년 12월 1일자로 발효한 리스본조약은 비록 유럽헌법조약에 비하여 약화된 측면은 있지만[24] EU의 법적 성격과 지위에 대해 적지 않은 변경을 가하고 있다. 그 전형적인 예가 '법인격을 가진' EU의 설립이다. 이를 통해 EU 회원국의 정치적 결속력은 더욱 강화될 것이며, EU는 한층 연방국가의 형태를 띠는 방향으로 운영되게 될 것이다.

(2) EU의 연방제적 성격과 요소의 발전

1951년과 1957년의 파리조약과 로마조약에 의해 각각 설립된 ECSC와 EEC 및 Euratom을 중심으로 한 유럽에서의 지역통합의 이론적 토대는 '기능주의(functionalism)'였으며, 연방주의는 적극적으로 반영되지 못했다. 하지만 1992년 2월 7일자로 채택된 마스트리히트조약을 계기로 연방주의자들의 이상이 조약 속에서 명문의 규정으로 구체적으로 반영되기 시작했다. 이 조약에 의거하여 EU가 창설되었으며, EU를 구성하는 세 개의 기둥, 즉 EC(제1기둥), 공동외교안보정책(제2기둥) 및 사법내무협력(CJHA, 제3기둥)의 '삼주체제(three pillars system)'가 설립되었다. 이 삼주체제의 도입으로 인하여 1950년대 이래 유지되어 온 '공동체방식(Community Method; méthode communautaire)'은 종언을 고하게 되었다.[25] 그러나 경제정책 중심의 공동체적 협력뿐만 아니라 외교안보와 사법내부 분야의 국내적 협력 요소가 포함되어 '연방제적 유럽정치공동체'로 나아가기 위한 법적 기초가 마련되었다고 볼 수 있다. 또한 이 외에도 마스트리히트조약에서는 유럽연방주의로 나아가기 위한 여러 법제도적 장치를 도입하고 있다. 그 전형적인 예로 유럽시민권(Citizenship of the Union), 보충성원칙 및 비례원칙 등을 들 수 있다.

하지만 연방제로서의 EU의 법적 성격과 EU에서의 입헌주의로서의 유럽헌법조약의 우위와 관련하여 중대한 변혁의 계기는 2004년 10월 29일 로마 유럽이사회에서 유럽정상들에 의한 유럽헌법조약의 서명을 통해 마련되었다. 그러나 그 제목이 암시하듯이 유럽헌법조약은 "헌법인가 혹은 조약인가(a Constitution or a Treaty?)"라는 조약의 성격에 관한 격렬한 논쟁이 동조약의 채택 및 프랑스와 네덜란드에서의 국민투표를 즈음하여 있었다.[26]

---

[24] 유럽헌법조약의 법적 성격에 대해서는 국내에서도 다수의 논문이 발표되었다. 예를 들어, 정문식, "유럽헌법은 '조약'인가 '헌법'인가?", 공법연구(한국공법학회, 제34집 제3호, 2006.2), pp.293-310; 정문식, "유럽헌법의 개정 내용과 현황", 헌법학연구(한국헌법학회, 제12권 제1호, 2006.3), pp.133-155; 이상해, "유럽헌법조약과 유럽연합 위기의 실제", 토지공법연구(한국토지공법학회, 제34집, 2006.12), pp.293-317; 박인수, "유럽헌법의 과제와 전망", 세계헌법연구(국제헌법학회 한국학회, 제11권 제2호, 2005.12), pp.1-18; 박진완, "유럽헌법조약상의 기본권 보장", 공법연구(한국공법학회, 제33집 제5호, 2005 6), pp.349-378; 졸고, "유럽헌법과 연합기관의 법적 지위와 역할", 세계헌법연구(국제헌법학회 한국학회, 제11권 제2호, 2005.12), pp.19-38.

[25] Louis Cartou, Jean-Louis Clergerie, Annie Gruger et Patrick Rabaud, *L'Union européenne*, 3e éd., Dalloz, 2000, p.55.

유럽헌법조약은 예정대로 회원국의 비준 절차를 경료하게 되면, 2006년 11월 1일자로 발효될 예정이었으나 프랑스와 네덜란드에서 비준이 부결됨으로써 '무기한 비준 연기', 즉 모라토리움이 선언되고 말았다. 그 결과, 유럽헌법조약은 사실상 폐기 처분되었으며, 이를 대체하여 '단순화된 조약(simplified treaty)' 혹은 '미니조약(mini treaty)'의 형태로 현행 리스본조약이 제정되었다.

리스본조약은 기존의 EC를 폐지하고, 이를 대체·계승하는 '새로운 EU'를 설립하였다. 리스본조약은 EU법체계 내에서 EU만을 '단일한 법인격(a single legal personality)'을 가지는 실체로 인정하고 있다. 이처럼 리스본조약은 EU에게 법인격을 부여함으로써 EU로 하여금 국제법질서에서의 권리와 의무의 주체로 활동할 수 있는 법적 지위를 인정하고 있다. 이와 같은 노력에도 불구하고, EU의 법적 지위와 성격에 대해서는 여전히 논의되고 규명되어야 할 사항이 적지 않다. 이와 관련하여, 특히 TEU 제1조를 검토하고자 한다.

TEU 제1조는 "본 조약에 의해 체약국은 상호간 유럽연합(이하 '연합')을 설립하고, 회원국은 자신의 공동의 목표를 실현하기 위하여 권한을 양도한다."(1단)고 규정하고 있다. 이 규정의 형태와 내용을 보면, EU의 법적 지위에 대해 리스본조약이 당면하고 있는 고민의 실체를 파악할 수 있다.

문언의 규정 형태를 살펴보면, EU는 기존의 설립조약과 마찬가지로 '체약국'(엄밀하게는, 고등체약국(the HIGH CONTRACTING PARTIES))에 의해 설립된다. 이 점은 유럽헌법조약과는 사뭇 다르다. 유럽헌법조약은 제I-1조에서 "헌법은 유럽연합을 설립한다(the Constitution establishes the European Union)"고 규정하여, EU는 '체약국'에 의해 설립되는 것이 아니라 유럽헌법조약에 의해 직접 설립된다. 그 규정의 형식에서도 알 수 있듯이 동조약 제I-1조는 그 성질상 '헌법적(constitutional)'이다.[27] 그러나 리스본조약은 '헌법적 성질을 가지는 일체의 규정을 둘 수 없다'는 원칙 아래 제정되었으므로 기존의 설립조약과 마찬가지로 EU를 설립한 것은 '고등체약국'이다.

---

[26] 정문식, "유럽헌법은 '조약'인가 '헌법'인가?", 공법연구(한국공법학회, 제34집 제3호, 2006.2), pp.293-310; Qvotrup, M., The Three Referendums on the European Constitution Treaty in 2005, Political Quarterly, London Then Oxford; Macmillan then Blackwell, Vol.77, No.1, [2006], pp.89-97; Hable, A., Reflections on the Reform of Competences in the Treaty Establishing a Constitution for Europe, Regional and Federal Studies, Vol.15 No.2, [2005], pp.145-162; Schwarze, The Treaty establishing a Constitution for Europe - Some General Reflections on its Character and its Chances of Realisation, European Public Law, Vol.12, No.2, [2006], pp.199-212; Closa, C., Constitution and Democracy in the Treaty Establishing a Constitution for Europe, European Public Law, Vol.11, No.1, [2005], pp.145-164; Krajewski, M., External trade law and the Constitution Treaty Towards a federal and more democratic common commercial policy?, Common market law review, Vol.42, No.1, [2005], pp.91-127; Zoller, E., The Treaty Establishing a Constitution for Europe and the Democratic Legitimacy of the European Union, Indiana Journal of Global Legal Studies, Vol.12, No.2, [2005], pp.391-408.

[27] 이처럼 유럽헌법조약의 경우, 국제조약에 특수한 문언 형식이 새로운 조약의 헌법적 성질을 강조하는 새로운 형식으로 대체되어 있다. 졸저, 유럽헌법론(높이깊이, 2006), p.62.

(3) EU의 지위: '연합' 혹은 '연방'?

비록 리스본조약이 EU에게 단일한 법인격을 부여하고 있다고 할지라도 EU의 법적 지위에 대해서는 여전히 적지 않은 의문이 있다. EU는 '연합'인가, 아니면 '연방'인가의 문제, 즉, EU의 지위와 그 성격을 어떻게 규정할 것인가의 문제는 여전히 남아있는 것이다.

일찍이 EC 혹은 EU가 '초국가적 국제기구(supernational organization)'라는 '초국가성(super-nationality)'에 대해서는 별다른 이견이 제시되지 않았다. 그러나 리스본조약의 TEU 제1조에 따르면, EU는 현재 국제법상 인정되고 있는 국가결합형태 가운데 국가연합(Confederation)도 아니고, 또한 연방국가(federal state)도 아니다. 그렇다면 국가결합 형태로서 EU를 어떻게 성격지울 수 있는가?

국제법상 국가결합은 크게 종속적 결합과 대등적 결합으로 나뉜다. 전자는 국가가 종속적 관계에서 결합하는 형태로서 피보호국과 종속국이 있다. 후자는 대등한 자격으로 결합하는 형태로서 身上聯合(personal union), 物上聯合(real union), 국가연합(confederation of states) 및 연방국가(federal state)로 나뉜다. EU와 관련하여, 특히 중요성을 가지는 것은 국가연합과 연방국가이다.

먼저, 국가연합(confederation or confederation of states)이란 복수의 국가가 국제법상 국가의 자격을 보유하면서 상호대등한 지위에서 공통의 이익을 위하여 조약에 의해 결합하고 공동의 기구를 통해 외교 기타 일정한 사항을 협의하여 그에 관한 기능을 공동으로 행사하는 국가결합을 말한다. 이는 둘 이상의 국가가 평등한 자격으로 조약을 체결하여 일정 범위의 외교적 사항 등을 공동으로 행사하는 국가결합이다. 국가연합 자체는 주권적 국가가 아니며 조약의 한도 내에서 제한된 능력을 가질 뿐이다. 연합국가의 구성국은 독립된 주권을 지니며, 그 상호간의 관계는 국제법적 관계이다. 이러한 점에서 국가연합은 그 결합근거를 국제조약으로 하는 국제법상의 국가결합이며, 결합주체는 완전한 국제법적 법인격을 갖는 국가와 국가간의 결합이고, 구성국 상호간의 지위는 상호대등한 병렬적 관계에 있다.

다음, 연방제(federalism) 혹은 연방국가(federation or federal state)란 복수의 支分國으로 구성된 국가지만 중앙정부(연방정부)만이 완전한 국제법적 주체성을 향유하고 국제법적 법인격을 가지며, 구성국들은 극히 제한된 특정사항(예: 문화적 사항)에 관해서만 국제법적 법인격을 갖거나 전혀 갖지 않는 복합적인 국제법적 인격체(composite international persons)를 말한다.

그리고 연방국가의 대내적 문제에 관한 권한은 연방헌법 규정에 의해 연방당국과 연방구성국에 각각 분담되나 대외적 문제에 관한 권한은 연방당국이 보유하는 것이 원칙이다. 연방과 구성국은 병존하기 때문에 연방은 분화된 권한의 범위 내에서 입법·행정·사법의 기능을 행사하며, 그 구성국도 국가로서 자체의 입법, 행정, 그리고 사법기관을 갖는다.

연방국가에서 대외정책은 연방정부에 의해 수립·수행되며, 연방의 구성국은 이러한 권한을 갖지 않는다. 연방국가만이 전쟁을 수행하고 강화하며, 정치적·군사적 국제조약을 체결하고, 그 구성국은 이러한 행위에 참여할 수 없다. 그러므로 연방국가만이 국제법의 관점에서 볼 때 '진정한 국가(real state)'이고, 구성국은 국제법상 국가는 아니고 다만 연방헌법에 의해서만 국내적으로 국가로 인정되는 것이다.[28]

그렇다면 위의 이론의 내용에 비춰볼 때, 유럽연합에 적용가능한 이론의 모색은 가능할 것인가? 리스본조약이 예정 혹은 지향하고 있는 EU의 모습은 '유럽연방(European Federation)'이라고 할 수 있다. 그러나 EU가 실질적으로 연방국가로 기능하기 위해서는 법제도적 및 현실적으로 많은 한계가 있다. 연방국가의 경우, 연방정부만이 국제법상의 법인격을 향유하며, 그 자체의 정부기관을 보유한다. 또한 연방국가는 구성국의 주민들에게 직접적인 통치권을 행사하는 국가 형태이다. 연방국가의 특징은 중앙정부와 구성국간의 권한 배분, 헌법상 그러한 배분을 제도적으로 보장하는 일정한 수단의 존재, 중앙정부와 구성국간 일정한 정도의 독자성 인정, 중앙정부 및 구성국 주민에 대한 연방의 직접적인 권력행사, 중앙정부의 외교 및 군사권 행사, 그리고 구성국의 국내문제에 대한 독립적 권한 등이다. 이 점에 비추어 보면, 리스본조약은 유럽연방으로서의 'EU'를 상정하고 EU가 실질적으로 연방국가로 기능할 수 있는 여러 가지 법제도적 장치를 도입하고 있다. 하지만 그럼에도 불구하고 EU는 완전히 연방국가화되지는 못하고 국가연합과 연방국가의 중간 단계에 위치해 있다. 이를 어떻게 이해하고 규정할 것인가?

EU는 'European Union'의 약자로서 일반적으로 '유럽연합'으로 불리고 있다. 하지만 혹자에 따라서는 '유럽동맹'으로 부르기도 한다.[29] 이처럼 EU를 지칭하는 명칭이 다른 것은 EU가 가지는 독특한 법적 성격과 그 지위에서 파생된다. 즉, EU는 '초국가적 혹은 연방적 기구(supranational or federal organization)'의 성격을 가지고 있다[30]는 점에 대해서는 의문의 여지가 없다. 하지만 국제법상 국가

---

[28] 국가연합 및 연방국가에 대해서는, 김정균, "분단국의 통일형태에 관한 연구", 국제법학회논총(대한국제법학회, 제28권 제1호, 1983), p.94; 양현모·이준모, "남북연합의 정부·행정체제 구축방안", 인문사회연구회 협동연구총서 2001-11, 통일연구원, p.4; 이영진·최민경, "통일방안으로서의 국가결합에 관한 국제법적 연구", 법학연구(충북대학교 법과대학 법학연구소, 제3권, 1991), p.129; 최진, "통일한국의 전단계로서 국가결합에 관한 연구", 박사학위논문, 전북대학교, 2003, p.8; Felix Ermacora, "Confederatin and Other Unions of States", Encyclopedia of Public International Law, Vol. 10. States·Responsibility of states·International Law and Municipal Law, Amsterdam: North-Holland Pub., 1987, p.62.

[29] 특히 김대순 교수는 "주관적인 느낌이긴 하지만 European Union을 유럽연방으로 번역하면 아직은 법적으로 지나친 느낌이 들고 유럽연합으로 번역하면 부족한 느낌이 든다. 그리고 EC 체제 하의 economic and monetary union을 경제·화폐'동맹'으로 번역한다면 European Union도 역시 유럽'동맹'으로 번역하는 것이 일관성이 있을 것으로 생각된다."고 기술하고 있다. 김대순, EU법론(삼영사, 1995), p.36.

[30] 이 문제에 대한 국내문헌을 찾기는 쉽지 않다. 다만 "유럽공동체, 얼마나 '연방적'인가?"란 제하의 논문에서 김대순 교수는 다음과 같이 결론을 내리고 있다. "본 논문의 전체 결론으로서 다음과 같이 말할 수 있다: 유럽공동체법은 일단 완성된 법질서가 아니라 계속 형성과정에 있는 독특한 법질서이다; 따라서 공동체와 회원국간의 권한배분 혹은 공동체법질서의 연방적 측면도 계속해서 유동적이고 가변적인 것으로 남는다; 공동체의 계속적인 발전은 곧 회원국으로부터 공동체로 그 주관적 권한이 필요한 일정 범위 내에서 계속 이전됨을 의미한다." 김대순, "유럽공동

결합형태에 의하면, EU는 여전히 국가연합도 아니고, 연방도 아닌 상태에 있다고 볼 수 있다. 이 문제는 리스본조약에 있어서도 완전하게 해결되어 있지 않다. 동 조약이 '유럽합중국(United States of Europe)'을 모델로 하여 연방국가를 지향하는 점은 분명하지만 미국과 같은 형태의 연방국가의 수준에 이르고 있지는 않은 것이다. 따라서 비록 리스본조약이 EU에게 연방국가에 준하는 정도의 권한을 배분하고 있으며, 제도적 장치를 제공하고 있다고 할지라도 EU를 완전한 형태의 연방국가라고 단정하기에는 여전히 해결해야 할 많은 문제가 남아 있다.[31] 리스본조약이 예정하고 있는 EU의 형태는 '準연방국가(Quasi-Federation)'라고 부르는 것이 합당할 것이다.[32]

체, 얼마나 '연방적'인가?", 법학연구(전북대학교 법학연구소, 제16권, 1989), p.25. 즉, 그는 유럽공동체가 '초국가적 기구(supranational organization)'임에는 분명하다고 하면서도 자신의 고유한 영토가 없고, 주관적 혹은 연방적 권한을 행사할 수 있는 분야가 경제에 국한되어 있다는 점을 들어 유럽공동체가 '연방적' 성질을 갖고 있으나 연방국가의 수준에는 이르지 못하다는 견해를 갖고 있는 것으로 이해된다. Ibid.

[31] 김대순 교수는, "공동체법은 국제법 및 회원국의 국내법과 별개의 것이긴 하지만 그들로부터 독립된 것은 아니라는 결론에 이른다."는 입장을 취하고 있다. 그 이유로 "공동체회원국들은 원한다면 설립조약의 규정에 따라 공동체의 문을 닫는 내용의 조약도 체결할 수 있고, 또 이것이 공동체법이 요구하는 절차를 완료한다면, 공동체는 소멸하지 않을 수 없다. 만일 회원국들이 이 같은 조약을 체결한다면 회원국의 국내법과 국내재판소들은 이것을 실천에 옮길 것이다. 유럽재판소에게는 이것을 막을 수 있는 장치도 힘도 없다."는 것을 들고 있다. 김대순, "유럽공동체법은 국제법 및 회원국의 국내법과는 별개의 법체계인가?", EU연구(한국외국어대학교 외국학종합연구센터 EU연구소, 제6호, 2000), p.134. 하지만 김대순 교수도 밝히고 있는 것처럼, 이 같은 견해는 유럽공동체(특히 유럽사법재판소) 및 회원국의 국내적 차원에서는 더 이상 용인되고 있지 않다. 문제는 국제법 차원에서 EU법을 바라볼 것인가, 혹은 EU 차원에서 EU법 '그 자체' 혹은 EU법과 회원국의 국내법의 관계 '그 자체'를 바라볼 것인가에 따라 EU법체계의 독자성에 대한 이해가 달라질 수 있을 것이다.

[32] 같은 견해로는, 윤종설·정창화·김정해·방민석, 동북아공동체의 행정조직 구축에 관한 연구: 유럽연합의 행정부인 집행위원회조직의 비교 분석을 중심으로, 인문사회연구회 협동연구총서 04-17, 통일연구원, 2004, p.16. 한편 유럽공동체는 초국가적 기구들에 의한 '유럽공동체의 이익'의 보호와 '유럽공동체적 질서'의 계승과 발전이라는 측면과 회원국들의 다양한 이해관계의 조율이라는 정부간 협력기구의 특성을 공유하는 '준연방적 국가연합'으로 보아야 한다는 주장도 있다. 손희만, "유럽연합(EU)에서의 초국가적 공동체헌법의 발전에 관한 연구", 국제지역연구(서울대학교 국제학연구소, 제8권 제1호, 1999년 봄호), p.82. 또한 그에 의하면 유럽공동체의 최종 지향점은 '다원주의적 유럽연방'이어야 한다. "유럽공동체의 구체적 형태와 속성은 유럽시민들의 정치적 의사와 회원국 정치지도자들의 정치적 의지에 따라 구체화될 것이지만, 향후 21세기의 그 어느 시점에선가 구체적으로 모습을 드러낼 미래의 유럽공동체는 유럽 국가들이 근대민족국가를 형성한 이래로 가장 중요한 가치로 보존하여 온 법치주의와 민주주의적 정치제도와 이념이라는 두 가지의 이념적 기반에 근거한 유럽공동체의 고유한 제도여야 한다. 그리고 이러한 원칙은 '초국가성의 강화와 정부간 협력의 존속'을 통하여 상호보완적으로 유럽통합과정에 작용함으로서 유럽연합 회원국들 간의 '연대성(solidarity)의 강화와 다양성(diversity)의 존중'이라고 하는 독특한 이원주의적 요소를 동시에 추구하는 유럽통합을 심화시켜 나갈 것이므로 이는 단순히 유럽연방(the United States of Europe)의 형성이 아니라 모든 회원국들의 다양성이 잘 반영되고 상호 조화될 수 있는 다원주의적 유럽연방을 지향하는 것이 바람직할 것이다." Ibid. 그가 주장하는 '다원주의'적 유럽연방의 개념이 명확하게 제시되어 있는 것은 아니지만 EU의 모토로 사용되고 있는 '다양성 속의 통합(United in diversity)'이 나타내고 있는 의미와 같은 맥락으로 파악된다. 결국 개별 회원국이 가지고 있는 '다양한 정체성'을 EU가 설정한 제목표에 부합될 수 있도록 통합을 유도할 수 있을 것인가의 문제는 고도의 정치적·법제도적 결단과 장치를 필요로 하는 일이다.

2. EU의 법적 지위

TEU 제47조는 "연합은 법인격을 가진다."고 규정하고 있다. 그러나 리스본조약 이전의 EU법체계에 의하면, EC와는 달리 EU는 법인격을 가지지 못하였다. 즉, 舊TEC 제281조는 명시적으로 '공동체는 법인격을 가진다.'고 규정하고 있는 반면, EU는 EC, ECSC, Euratom 등 기존의 세공동체에 기초하여 설립된 일종의 '정치적 실체'의 성격을 가지고 있을 뿐이었다. 따라서 기존의 EU가 처한 입장은 '모호성, 불분명한 정체성, 제한적 법적 권한(ambiguity, vague identity, limited legal capacity)'으로 표현할 수 있다. 하지만 이러한 EU의 법적 지위는 조약 체결권 및 가입권과 관련하여 적지 않은 문제점을 안고 있었다. EC의 경우, 단독으로 타국제법주체와 조약을 체결하거나 가입할 수도 있었으나, 명확한 법인격을 가지지 못한 EU는 그 권한을 행사할 수 없거나 혹은 제한적으로만 행사할 수 있었던 것이다. 이와 같은 상황은 종종 역외국(제3국) 및 회원국 상호간의 관계에 있어 혼동을 야기하였다.

[그림 2-1] 리스본조약 이전/이후 EC/EU의 관계

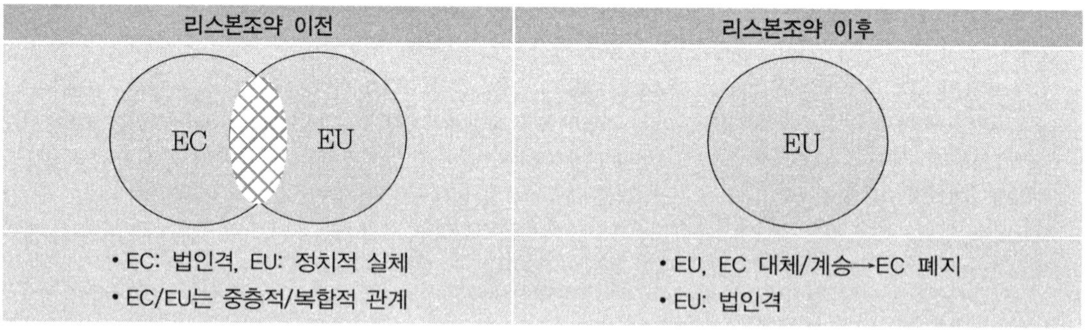

리스본조약 이전	리스본조약 이후
EC ∩ EU	EU
• EC: 법인격, EU: 정치적 실체 • EC/EU는 중층적/복합적 관계	• EU, EC 대체/계승→EC 폐지 • EU: 법인격

하지만 리스본조약에서는 "연합은 본 조약(TEU) 및 유럽연합의 기능에 관한 조약(TFEU)에 기초하여 설립된다. 이 두 조약은 동일한 법적 가치를 가진다. 연합은 유럽공동체(EC)를 대체·계승한다."고 규정함으로써 이 문제를 명확하게 해결하고 있다.[33] 이 규정에 의거하여 기존의 '舊TEC'은 'TFEU'에 의해 대체되며, '유럽공동체(EC)'는 '유럽연합(EU)'에 의해 대체되어 'EC'라는 용어의 사용도 폐지되었다. 이와 같은 측면에서 볼 때, 리스본조약의 EU는 현재와는 다른 '법적으로 완전히 새로운 EU(a legally quite new European Union)'로서 '초국가적 유럽국가의 헌법적 형태(the constitutional form of a supranational European State)'라고 볼 수 있다.[34] 따라서 리스본조약 체제 하에서는 EU만이 '단일

---

[33] TEU 제1조 3단.
[34] Anthony Coughlan, "These Boots Are Gonna Walk All Over You", in 〈The Brussels Journal〉 on Thu, 2007. 12.13. http://www.brusselsjournal.com/node/ 2773

한 법인격(a single legal personality)'을 갖게 되어 조약에 서명하고, 법원에 소송을 제기 혹은 출석하며, 또한 국제조직에 가입할 수 있게 되었다. 더욱이 제3국과의 관계 유지가 보다 명확해지고, 그 유효성과 법적 확실성이 강화되어 보다 효과적인 행동이 가능하게 되었다.[35] 이로써 EU의 성격은 '정치적 실체(political entity)'에서 '법적 실체(legal entity)'로 전환되었다고 볼 수 있다.[36]

위의 내용에서 알 수 있는 바와 같이, EU의 법인격은 EU의 '국제법인격(international legal personality; la personnalité juridique)'의 문제와 직결되어 있다. 다시 말하여, EU가 '국제법인격'을 가진다는 것은 EU가 국제법질서에서 권리와 의무의 주체가 된다는 의미이다.

이와 같은 EU의 국제법인격에 대응하여 舊TEC는 제282조에서 회원국의 국내법에 있어 공동체의 법적 능력을 인정하고 있다. 동조는 현행 TFEU 제335조로 그대로 수용되었다. 동조는, "연합은 각 회원국 내에서 회원국이 국내법에 따라 법인에 부여하는 가장 광범위한 능력을 향유한다. 연합은 특히 동산 및 부동산을 취득 처분할 수 있으며, 소송 당사자 능력을 가진다. 이를 위해 유럽위원회가 연합을 대리한다. 그러나 각 기관의 활동에 관한 문제에 있어서는 그 행정적 가치에 의거하여 당해 기관이 연합을 대리한다."고 규정하고 있다. 동조에 의하면, 각 회원국은 국내 법인에게 부여하는 능력을 EU에게도 인정해야 하므로, EU의 법적 능력은 모든 회원국에서 국내 법인과 차별없이 행사되어야 한다.

EC가 국제법인격을 가진다는 것은 리스본조약 이전의 공동체법 하에서도 동일하게 인정되고 있었다. 이에 대해 사법재판소는 일찍이 A.E.T.R 사건 판결에서 舊TEC 제201조(TEU 제47조)를 원용하면서, 공동체는 제3국과 계약관계를 창설할 능력이 있다는 것을 인정하였다. 특히 사법재판소는, 공동체의 이 능력은 "(EEC)조약상 정의된 목적의 전 범위에서 행사될 수 있다."고 판시하였다.[37] 사법재판소의 이 판시 태도는 이후 공동체의 국제적 능력에 관한 거의 모든 이론의 기초를 형성하게 되었다.

A.E.T.R 사건 판결에서 드러난 바와 같이, 공동체가 국제법인격을 향유한다는 것은 분명하지만 이 것은 '공동체 영역 내'에서 인정되는 것일 뿐 국제기구, 이를테면, 국제연합(UN)을 자동적으로 구속할 수는 없다. 즉, 공동체는 '객관적 국제법인격(la personnalite juridique internationale objective)'을 가질 수 없고, 그에 의거한 행위는 '대세적(erga omnes)' 효력을 가질 수 없는 것이다.[38] 그러나 이와 같은 입장을 둘러싸고 그동안 적지 않은 논의가 행해졌는데, 그 주된 요지는 공동체 혹은 EU의

---

[35] 졸저, 유럽헌법론(높이깊이, 2006), pp.33-34.
[36] 하지만 리스본조약에 부속된 'EU의 법인격과 관련한 선언(Declaration concerning the legal personality of the European Union)'에 의하면, EU가 법인격을 가졌다고 하여 TEU 및 TFEU에서 회원국들에 의해 부여된 권한을 넘어 법률을 제정하고 행동할 수는 없다고 규정하여 EU의 법인격에 의거한 권한 행사에 일정한 제한을 가하고 있다.
[37] Case 22-70 Commission of the European Communities v. Council of the European Communities [1971] ECR 263. EEC가 국제법인격을 가진다는 것에 대해 사법재판소는 다음 사건 판결에서도 반복하여 확인했다. Case 6/76 Kramer [1976] ECR 1279, at. 17 & 18.
[38] 구 소연방국가 및 바르샤바조약기구 회원국들도 대부분 상당기간 동안 공동체의 국제법인격을 인정하지 않았다.

국제법인격에 의거한 행위는 국제기구 내지는 국제관계에서 대세적 효력을 가지는가 여부였다. 위에서 언급한 바와 같이, 리스본조약 이전에는 EC와 EU 관계의 모호성으로 인하여 상당한 혼란이 있었으나 이제는 EC를 대체·계승한 EU만이 '단일한 법인격'을 가지므로 EU는 '객관적 국제법인격'을 향유한다고 보아야 한다. 따라서 아래에서는 EU의 국제법인격의 행사에 관한 구체적 내용에 대해 검토하기로 한다.

일반적으로 국가는 보편적 물적 권한(une compétence ratione materiae universelle)을 향유하는 반면, EU는 조약에 의해 부여된 권한만을 행사한다. 따라서 EU의 국제적 권한은 조약에 의해 위임된 권한의 범위 내에서 제한적으로 행사될 뿐이다. 이를 다음과 같이 두 가지로 나누어 살펴본다.

(1) 국제법인격의 행사 방법

EU의 '국제(법)인격'이란 용어를 사용하는 경우, 가장 핵심적인 내용은, 첫째, EU가 국제조약의 체결권을 향유하는가 여부일 것이다. 이에 대해 사법재판소는 상기 A.E.T.R 사건 판결에서 공동체는 "(EEC)조약상 정의된 목적의 전 범위에서" 제3국과 계약관계를 창설할 능력을 향유한다고 판시하였다. 실제로 기존의 舊TEC과 현행 리스본조약은 이 능력에 관한 명시적인 규정을 두고 있다. 여기에서 문제가 되는 것은 EU가 그 능력을 행사할 때-즉, 국제조약을 체결할 때-, 조약상 정의된 목적 혹은 규정의 범위를 벗어나는 경우이다. 이 경우에는 EU와 회원국이 공동으로 조약을 체결하는, 소위 '혼합협정(mixed agreement)'이 체결된다.[39] 이에 관한 예로는, WTO협정 체결 권한을 누가 가지는가에 대한 사법재판소의 의견을 들 수 있다. 즉, WTO협정의 체결 권한을 EC 혹은 회원국 가운데 누가 가지는가란 유럽위원회의 요청에 대하여 사법재판소는 "상품 무역에 대해서는 EC가 조약의 체결권을 가지지만 서비스무역(GATS)과 무역관련 지적재산권(TRIPs)에 대해서는 EC와 회원국이 함께 그 체결권한을 가진다."고 판시함으로써 WTO협정, 특히 GATS 및 TRIPs협정은 '혼합협정'이라는 견해를 제시하였다.[40]

국제법인격과 관련한 두 번째 문제는, EU가 국제기구의 회원이 될 수 있는가란 것이다. 이 질문과 관련하여 가장 빈번하게 드는 예로는, EU가 WTO의 회원국이란 것이다. '세계무역기구 설립을 위한 마라케쉬협정(WTO설립협정)' 제11조는 '원회원국(Original Membership)'으로 "1947년도 GATT 체약당사자와 유럽공동체(The contracting parties to GATT 1947 ... and the European Communities)"를 명시하고 있다. 현재 EU와는 별도로 각 회원국들은 개별적으로 국제기구에 가입하여 회원국의 지위를 가지고 있다. 이는 주권을 가진 회원국들의 합의에 의하여 설립된 지역공동체인 EU 체제로서는 불가피한 현상이다. 따라서 EU와 회원국은 각자 또는 독자적으로 국제기구에 가입하여 회원국으로 활동할

---

[39] Cf. 舊TEC 제300조. 동조는 현행 TFEU 제218조에 의해 대체되었다.
[40] Opinion 1/94 of 15 November 1994.

수 있다.

두 번째 문제와 아울러, 셋째, EU가 모든 국제기구와 관계를 맺을 수 있는가에 대해서도 질문이 제기될 수 있다. 그러나 리스본조약은 이에 대해서는 다음과 같은 명문의 규정을 두고 있다. 즉, TFEU 제220조는, "연합은 국제연합(UN)의 기관과 그 특별기관, 유럽평의회(Council of Europe), 유럽안전보장협력기구(Organization for Security and Cooperation in Europe: OSCE) 및 경제협력개발기구(Organization for Economic Cooperation and Development: OECD)와 적절한 협력 형태를 정"하고(1항), 또한 "연합은 기타 국제기구와도 적절한 관계를 유지 한다."(2항)고 규정하고 있다. TFEU는 UN를 비롯한 주요 국제기구에 대해서는 적절한 협력 형태를 '정한다'는 의미인 'establish', 그리고 기타 국제기구(other international organization)와는 적절한 관계를 '유지한다'는 의미인 'maintain'이라는 용어를 사용하고 있다. 그러나 두 용어의 실질적인 의미에는 큰 차이점이 없으므로 EU는 사실상 모든 국제기구와 관계를 맺을 수 있다고 보아야 한다.

넷째, EU는 국가를 승인할 능력을 가지고 있는가가 문제된다. 국가승인(recognition of state)이란 신생국가가 성립하는 경우, 타국에 의해 행해지는 국제법상의 행위이다. 국가승인은 일반적으로 '국가적 실체'에 대한 '국가'에 의한 행위이다. 이와 관련하여 문제로 대두되는 것은, 과연 'EU가 국가적 실체인가'하는 점이다. 이에 대해서는 의견이 나뉘어져 있으나 일반적으로는 EU는 '準연방주의(quasi-federalism)' 혹은 '초국가성(super-nationality)'의 단계에 있다고 간주된다. 그러므로 '해석론상으로는' '국가가 아닌' EU는 국가승인을 할 능력이 없다고 보아야 할 것이다. 하지만 'EU의 국제기구·제3국과의 관계'에 대해 정하고 있는 TFEU 제220조 2항은 "연합 외교안보고위대표 및 유럽위원회는 본조를 실시함에 있어 책임을 진다."고 명시하고 있다. 위에서 살펴본 바와 같이, 동조는 1항에서 EU의 국제기구와의 관계 설정 능력을 인정하고, 연이어 2항에서는, 그 관계를 설정하고 유지함에 있어 EU의 기관인 '고위대표 및 유럽위원회'를 책임기관으로 정하고 있다. 이 점에서 리스본조약은 이 두 기관으로 하여금 국가승인을 할 수 있는 여지를 제공하고 있다. 이에 대한 예로, 팔레스타인에 의한 국가승인 요청을 들 수 있다. 2010년 12월, 팔레스타인은 이스라엘과의 평화교섭이 좌절되자 EU에게 '독립국가로 승인해 달라'고 요청했다. 이에 대해 EU는, 같은 달 13일, 고위대표가 이끄는 '외교위원회'의 성명을 통해 "EU는 미래 독립 국가의 공공기관 건설에 힘을 쏟고 있는 팔레스타인 자치정부(PA)의 노력에 찬사를 보내고 '파야드 플랜(살람 파야드 팔레스타인 총리의 국가 건설 계획)'을 전폭적으로 지지 한다."고 하면서, "외교위원회는 적절한 시기에 팔레스타인을 국가로 인정할 용의가 있음"을 밝혔다.[41] 이 예에서 볼 수 있듯이, EU는 국가승인에 대한 명백한 능력이 있다고 보아야 한다.

다섯째, EU는 국제관계에서 면책특권을 가지는가에 관한 것이다. 이에 대해 TFEU 제343조는 "연

---
[41] 2010년 12월 14일자 '한국경제신문' 기사: "EU, 팔레스타인 국가 인정 일단 보류"

합은 유럽연합의 특권 및 면제에 관한 1965년 4월 8일자 의정서에 따라 회원국 영토에서 그 임무 수행에 필요한 특권 및 면제를 향유한다. 이는 유럽중앙은행 및 유럽투자은행에도 동일하게 적용된다."고 규정하고 있다. 하지만 동조의 1965년 4월 8일자 의정서는 유럽역내영역, 즉 회원국 영토 내에서 적용될 뿐 제3국에 대해서는 적용되지 아니한다. 하지만 EU의 외교관계는 주로 제3국 내에서 설치·운영되고 있는 'EU 대표부(EU delegations)'를 통하여 행해지고 있고, 또 필요에 따라서는 EU의 정치지도자 혹은 특사가 파견되기도 한다. 이들에 대해서는 국제법상 인정되는 외교특권 및 면책, 특히 1961년 '외교관계에 관한 비엔나협약(Vienna Convention on Diplomatic Relations)'에 의거한 면책특권이 인정되어야 할 것이다.

마지막으로, EU는 국제법 위반 국가에 대하여 제재조치(sanctions)를 취할 수 있다. 이에 대해서는 TFEU 제215조에서 규정하고 있다. 동조에 의하면, EU는 '일국 또는 복수의 제3국에 대한 경제·재정관계의 일부 또는 완전한 중지 또는 제한(the interruption or reduction, in part or completely, of economic and financial relations with on or more third countries)' 조치를 취할 수 있다(1항). 이 조치는 고위대표 및 유럽위원회의 공동제안에 의거하여 이사회가 가중다수결로 채택한다. 여기에서 알 수 있는 바와 같이, EU가 채택하는 조치는 '경제·재정', 즉 일반적인 경제관계의 중지 또는 제한이다. 그리고 이 조치는 국가뿐 아니라 '자연인 또는 법인, 그룹 또는 비정부단체(natural or legal persons and groups or non-State entities)'를 대상으로 하여 채택된다(2항).

(2) 국제관계에서 EU의 대표성

TEU 제47조는 EU의 국제적 대표성(international representation)을 규율하고 있지 않다. 오히려 리스본조약의 기타 규정 혹은 정치적·외교적 합의에 의해 규율되고 있다. 이에 대한 예를 들면 다음과 같다.

먼저, 전자에 대해 살펴본다. EU의 제3국 및 국제조직간 국제협정 체결에 대해 정하고 있는 TFEU 제218조에 의하면, 지침을 통한 이사회의 지시로 유럽위원회가 국제협정을 교섭하고, 종국적으로는 이사회가 그 협정을 체결한다. 또한 TFEU 제220조는, 유럽위원회 및 고위대표에게 EU와 국제연합의 기관과 그 특별기관, 유럽평의회, 유럽안전보장협력기구 및 경제협력개발기구는 물론, 기타 국제기구와 적절한 협력 관계의 책임을 지우고 있다.

다음, 정치적·외교적 합의에 의거한 대표성의 예로서는, 1966년 '룩셈부르크합의(Luxembourg Compromise; Compromis de Luxembourg)'[42]를 들 수 있다. 이 합의 과정에서 EC에게 파견된

---

[42] 룩셈부르크 합의(또는 타협)은 프랑스가 자국 농업시장을 보호하기 위하여 EEC의 공동농업정책(CAP)의 반발하여 각료이사회와 상주대표위원회(COREPER)에서 자국 대표들을 7개월간 철수시킨 소위 '빈의자위기(혹은 공석위기)(Empty Chair Crisis)'를 수습하기 위해 당시 6개 회원국 간 타결된 합의를 말한다. 이 합의로 이사회에서 만장일치

제3국 대표들은 각료이사회 의장 및 유럽위원회 위원장에게 신임장을 제출하였다.

EU의 국제적 대표성과 관련하여, 최근 UN 차원에서 논의된 EU의 업저버(observer) 회원국 지위에 관한 아래의 내용은 향후 EU의 지위와 관련하여 시사하는 바가 적지 않다.

리스본조약이 발효하자 2010년 7월 14일 27개 회원국들은 UN 총회에서 EU의 업저버 지위(observer status)를 인정할 것을 요청했다. EU와 그 회원국들은, UN 차원에서 제공하는 저개발국 원조 시 가장 많은 기금을 제공하면서도 유럽이사회 의장과 고위대표는 UN 회원국 정상들과 동등한 자리가 아니라, 오히려 바티칸시국, 국제적십자사(the Red Cross) 및 아랍연맹(the Arab League)과 같은 기구와 같은 자리를 배치 받고 있다고 주장했다.

이와 같은 요청에 대해 2010년 9월 14일 열린 제65차 UN 총회는 EU에게 업저버 회원국으로서의 특별지위를 인정하는 결의를 채택하였다. 이리하여 EU는 UN 회원국에게 인정되는 권리의 일부를 행사하게 되었다. 향후 EU는 UN 총회에서 토론에 참가하고, 제안을 제출하거나 제안된 사안에 대한 수정안을 제출할 수 있게 되었다. 또한 총회의 의제를 제안하고 또 그에 대한 답변을 제출하며, 문서를 회람할 수 있는 권리를 행사할 수도 있게 되었다. 이처럼 EU가 상당한 권리를 행사할 수 있게 되었고, 추가적으로 좌석도 배정되었으나 문제는 UN 총회는 EU에게 투표권을 부여하지는 않았다는 점이다. 당초 EU 회원국들은 27개 회원국들이 하나의 '블록'을 형성하여 UN 총회에서 EU의 이익을 위하여 '하나의 목소리'를 낼 수 있도록 투표권을 인정할 것을 요구했다.[43] 위에서 살펴본 바와 같이, UN 총회는 EU에게 업저버 지위를 부여함으로써 일반 회원국에게 준하는 권리를 인정하였다. 그러나 투표권은 부여하지 않았으므로 이 문제는 UN을 비롯한 기타 국제기구에서의 EU의 대표성과 관련하여 지속적으로 논란이 될 것이다.

3. EU 회원국 자격기준과 가입

제3국의 EU 회원국이 되기 위한 자격기준 및 가입에 대해서는 TEU 제49조에서 다음과 같이 규정하고 있다.

> "제2조에 언급된 가치를 존중하고, 그 촉진을 위하여 노력하는 어느 유럽국가라도 연합에 가입을 신청할 수 있다. 유럽의회 및 회원국 국내의회는 가입 신청에 관한 사항을 통보받는다. 가입신청국

제가 상당 기간 존속되게 되었지만, 결국은 점차적으로 가중다수결제가 확대되는 계기가 되었다. 이에 대해서는, 한국유럽학회 유럽연합(EU) 학술용어사전 편찬위원회, 유럽연합(EU) 학술용어사전(높이깊이, 2007), pp.275-276.

[43] euobserver.com, "EU bid for more rights at UN suffers surprise defeat", 16.09.2010(http://euobserver.com/9/30807); "UN set to ditch EU's observer status but fails short of granting it a vote, 21.09.2010 (http://andrewjburgess-eu.blogspot.com/2010/08/un-set-to-ditch-eus-observer-status-but.html)

은 이사회에 그 가입을 신청한다. 이사회는 유럽위원회와 협의 후, 동시에 재적의원의 과반수로 결정하는 유럽의회의 동의를 얻은 후 전원일치로 결정한다. 유럽이사회에 의해 합의된 가입조건은 고려된다.

가입조건 및 가입에 필요한 연합의 토대가 되는 제조약에 대한 조정은 회원국 및 가입신청국 간 협정에 기속된다. 이 협정은 모든 체약국의 헌법상의 요청에 따라 비준되어야 한다."

이에 대해서는 이미 기존의 E(E)C조약에서도 별도의 조항을 두고 있었다. 이를 통하여 원회원국들(Original Member States)이 '폐쇄된 공동체(une Communauté fermée)'가 아니라 '개방된 공동체(une Communauté ouverte)'를 설립하고자 의도했다는 것을 알 수 있다. 이러한 취지는 EEC설립조약의 전문(Preamble)에도 그대로 나타나 있다. 즉, 원회원국들은 "유럽인민들 간 가장 긴밀한 중단 없는 연합체의 기초를 확립할 것을 확인하고",[44] 또한 "보유자원을 공동 출자함으로써 평화와 자유를 보호할 것을 결의하고",[45] "회원국들의 이상을 공유하는 기타 유럽국가의 시민들에게 회원국들의 활동에 동참할 것을 요구하기로 결의"했다.[46] 하지만 원회원국들은 '기타 유럽국들'에게 공동체 가입을 완전히 개방한 것이 아니라 일정한 자격기준을 요구함으로써 '제한적으로 개방(semi-ouverture)'하고 있다. 이처럼 확대 혹은 가입과 관련하여 EU는 '이중의 잣대'를 적용하고 있는 것이다. 이를 객관적 가입조건과 가입절차로 나누어 설명하기로 한다.

(1) 객관적 가입조건

1) 명시적 조건

첫째, TEU 제49조는 'any State'라는 영어 표현을 사용함으로써 '국가'에게만 EU 가입을 허용하고 있다. 따라서 이 문언에 의하면, 국제기구는 원칙적으로 가입이 허용되지 않는다. 물론 이 입장은 오로지 규정을 문언적으로 좁게 해석한 것이므로 만일 국제기구가 조약상 규정된 회원국으로서의 의무를 다할 것을 조건으로 가입을 신청하는 경우 어떻게 할 것인가란 문제가 있다. 또한 'any State'란 표현을 '국가'로 이해하는 경우, 국제법상 일반적으로 성립·승인된 '주권국가'만을 의미하는지, 아니면 '지방적 사실상의 정부(local de facto government)'인 교전단체 등도 포함되는가 하는 것이 문제될 수 있다. 하지만 TEU 제49조의 문언이 의미하는 바는 '주권국가'만을 의미하고 것이므로 국제기구라든가 교전단체 등은 포함되지 않는다고 보아야 한다.

둘째, EU에 가입하고자 하는 후보국(즉, 가입후보국)은 '유럽국가(a European State)'여야 한다.

---

[44] EEC설립조약 전문 2문.
[45] EEC설립조약 전문 9문 전단.
[46] EEC설립조약 전문 9문 후단.

물론 리스본조약은 '유럽'의 지리적 범위에 대해서는 특정하고 있지는 않다. 하지만 이 조건에서 제시하고 있는 '유럽'국가란 일반적으로 "유럽대륙에 그 국가 영역의 대부분이 속해있는 국가"를 지칭하는 것으로 이해해야 할 것이다. 이와 같은 맥락에서 만일 EU의 어느 회원국이 지리적으로 유럽대륙의 밖에 있는 영역에 대해 그 주권을 행사하고 있다고 할지라도 이는 문제가 되지 않는다. 또한 프랑스의 해외영토지역인 D.O.M-T.O.M의 예에서 볼 수 있는 바와 같이, 회원국과 해외영토간 특수한 정치제체의 경우에는 비록 유럽대륙의 영역 밖에 있다고 할지라도 EU법이 적용될 수 있다.[47]

셋째, TEU 제49조에 제시된 객관적 조건은 '필요조건'일뿐 '충분조건'은 아니다. 다시 말하면, '어느 유럽국가(any European State)', 즉 '모든 유럽국가'는 EU 가입후보국이 될 수 있다. 하지만 그렇다고 하여 반드시 EU에 가입할 수 있는 것은 아니다. 또 가입후보국의 자격이 있다고 하여 EU 당국이 반드시 그 국가(들)을 대상으로 하여 가입협상을 개시해야 하는 것도 아니다. 이 조건과 관련한 EU의

---

[47] EU의 영역에 대해 TEU 제52조는 다음과 같이 규정하고 있다. 동조는 리스본조약은 "벨기에왕국, 불가리아공화국, 체코공화국, 덴마크왕국, 독일연방공화국, 에스토니아공화국, 아일랜드, 그리스공화국, 스페인왕국, 프랑스공화국, 이탈리아공화국, 사이프러스공화국, 라트비아공화국, 리투아니아공화국, 룩셈부르크공국, 헝가리공화국, 몰타공화국, 네덜란드왕국, 오스트리아공화국, 폴란드공화국, 포르투갈공화국, 루마니아, 슬로베니아공화국, 슬로바키아공화국, 핀란드공화국, 스웨덴왕국 및 영국·북아일랜드에 적용된다."고 하면서, TFEU 제355조에서 그 적용영역에 대해 다음과 같이 상세하고 규정하고 있다.
제조약의 영토 범위에 관한 유럽연합조약 제52조의 규정에 덧붙여 아래의 규정이 적용된다.
"1. 제조약의 규정은 제349조에 따라 과다루프, 프랑스령 기이아나, 마르티니크, 레위옹, 생 바르테레미, 생 마르텡, 아조레스제도, 마데이라 및 카나리제도에 적용된다.
2. 부속서 Ⅱ에 열거되는 해외지역·영토에는 제4부에서 정한 특별협력협정이 적용된다.
  제조약은 상기 부속서 Ⅱ에는 열거되어 있지 않은 대영제국 및 북아일랜드와 특별관계가 있는 해외지역·영토에는 적용되지 않는다.
3. 제조약의 규정은 대외관계를 회원국이 대리하는 유럽의 영토에는 적용된다.
4. 제조약의 규정은 오트리아공화국, 핀란드공화국 및 스웨덴왕국의 가입 조건에 관한 협정에 대한 제2의정서상의 예외규정에 따라 올랜드제도(Åland Islands)에 적용된다.
5. 유럽연합조약 제52조 및 본 조 제1항 내지 제4항과는 달리
  (a) 제조약은 패로에제도(Faeroe Islands)에는 적용되지 않는다.
  (b) 제조약은 사이프러스에 있어 영국의 주권영역인 아크로티리(Akrotiri) 및 데켈리아(Dhekelia)에 적용된다. 단, 이는 체코공화국, 에스토니아공화국, 사이프러스공화국, 라트비아공화국, 리투아니아공화국, 헝가리공화국, 말타공화국, 폴란드공화국, 슬로베니아공화국 및 슬로바키아공화국의 유럽연합에 대한 가입 조건과 관련한 협정에 부속된 사이프러스에 있어 영국·북아일랜드의 주권 영역에 관한 의정서에 규정된 협정을 동 의정서에 따라 실시하는데 필요한 때에 한하여 적용된다.
  (c) 제조약은 카나리아제도 및 만섬(Channel Islands and the Isle of Man)에 적용된다. 단 이는 1972년 1월 22일자로 서명된 유럽경제공동체 및 유럽원자력공동체에 대한 신입 회원국의 가입과 관련한 조약에 규정된 상기 카나리아제도 및 만섬을 위한 협정을 실시하는데 필요한 때에 한하여 적용된다.
6. 유럽이사회는 해당 회원국의 발의에 의거하여 제1항 및 제2항에 언급된 덴마크, 프랑스, 네덜란드 지역 또는 영토의 연합에 대한 지위를 변경하는 결정을 제정할 수 있다. 유럽이사회는 유럽위원회와 협의 후 전원일치로 결정한다."

입장은 이미 영국과 터키 등의 EU 가입 과정과 협상 시에 확인된 바 있다.

2) 보충적 조건

위에서 검토한 것은 조약상 규정된 명시적 가입 조건이지만, 가입후보국이 EU에 가입하기 위해서는 다음과 같은 보충적 조건도 아울러 충족되어야 한다.

첫째, 정치적 조건이다. TEU 제49조는 "제2조에 언급된 가치를 존중하고"라고 규정하여 EU 가입희망국은 EU에 가입하기 위하여 동조약 제2조에 규정된 다음의 제가치, 즉 "인간의 존엄성의 존중, 자유, 민주주의, 평등, 법의 지배 및 소수자의 권리를 포함한 인권 존중의 가치"를 존중해야 한다. TEU 제49조가 이 가치들을 존중할 것을 요구하는 이유는, 이 가치들은 "다원주의, 비차별, 관용, 정의, 연대 및 남녀평등을 특징으로 하는 사회에 있어 회원국에 공통하는 것"이기 때문이다.

TEU 제49조가 동조약 제2조에 열거된 '제가치'를 원용하고 있지만 이 정치적 조건은 1978년 4월 8일 행해진 코펜하겐 유럽이사회 선언에 그 기원을 두고 있다. 이 선언에 따라 EU당국은 1983년 6월 19일 스튜트가르트(Stuttgart)에서 "대의민주주의 및 인권의 존중에 관한 엄숙한 선언(Déclaration solennelle du respect de la démocratie représentative et des Droits de l'Homme)"을 채택하였다. 이 선언을 통해 EU당국은 EU 가입을 위한 핵심적인 정치적 조건을 제시하였다.

위에 제시된 정치적 조건은 이미 기존의 공동체 설립조약 내지는 사법질서 내에서 유럽통합의 주요한 가치로 확립된 것들이다. TEU는 제49조를 통하여 이를 명문으로 규정함으로써 가입후보국의 EU 가입을 위한 이론의 여지가 없는 조건이라는 것을 재확인하고 있다.

둘째, 경제적 조건으로서 가입희망국은 시장경제(the market economy)를 채택하고 있어야 한다. 리스본조약이 '시장경제'를 가입조건으로 제시한 것은 기본적으로 EU는 자유경쟁원리에 기반한 시장질서에 입각한 통합을 추구하고 있고, 리스본조약이 이 원칙을 반영한 다수의 규정을 두고 있기 때문이다. 따라서 EU에 가입하고자 희망하는 후보국은 국내시장에 인위적으로 개입하여서는 아니 되고, 또 이를 조장하는 시장통제기구를 설치해서도 아니 된다.

셋째, 법적 기준으로서, 가입후보국은 *acquis* communautaire(아키 코뮈노테르 Community *acquis*)를 수용해야 한다. 아키 코뮈노테르란 'EU(EC 혹은 공동체)의 축적된 법체계', 즉 '지금까지 달성한 EU(공동체) 업적의 합계' 혹은 '기존의 모든 EU(공동체)법'을 말한다. 이는 결국 'EU의 범위 내에서 모든 회원국을 구속하는 권리와 의무의 실체'를 의미한다. 이 개념은 그동안 부단한 발전과정을 거쳐 다음과 같은 내용을 포함하고 있다.

- 제 조약의 내용, 원칙 및 정책적 목적
- 제 조약을 적용하는 과정에서 채택된 법률 및 유럽연합사법재판소의 판례

- EU 차원에서 채택된 선언 및 결의
- 공동외교안보정책의 영역에 속하는 입법 행위
- 사법 및 내무의 영역에 속하는 입법 행위
- EU에 의해 체결되거나 그 활동의 범위 내에서 회원국에 의해 체결된 국제협약

EU에 가입하고자 하는 후보국은 그 가입 전에 EU(공동체)의 축적된 법체계인 아키 코뮈노테르를 수락하여야 한다. EU 당국은 가입후보국에 대한 아키 코뮈노테르의 적용 예외를 매우 제한적인 범위에서만 인정하고 있을 뿐이다. 그러므로 가입후보국의 아키 코뮈노테르의 국내법 체계로의 수용은 절대적이라 거의 예외 없이 적용되는 조건이라고 할 수 있다.[48]

(2) 가입절차

EU에 대한 가입 절차에 대해서는 TEU 제49조에서 규정하고 있다. 그 내용을 EU 차원과 가입신청국의 국내차원으로 나누어 단계별로 살펴보면 다음과 같다.

먼저, EU 차원에서 진행되는 가입절차는 세 단계에 걸쳐 그 절차가 진행된다.

[1단계] 가입신청국, 이사회에 가입 신청

[2단계] 이사회, 가입 신청 사항에 대해 유럽의회 및 국내의회에 통보

[3단계] 이사회, 유럽위원회와 협의함과 동시에 이사회, 재적의원의 과반수로 결정하는 유럽의회의 동의를 얻은 후 전원일치로 가입 여부 결정

이 과정에서 알 수 있는 바와 같이, 제3국의 EU 가입 요청 시 가장 중요한 역할을 하는 것은 이사회이다. 가입 절차의 개시-교섭-마무리 단계까지 이사회의 의사가 결정적으로 작용한다. 하지만 유의해야 할 사항은 비록 가입의 모든 단계에서 이사회가 주도적 역할을 하는 것은 분명하나 가입 조건에 관한 교섭과 그 내용의 리스본조약과의 합치 여부에 대한 검토 과정에서 EU의 여러 기관들은 그들의 의견을 제시하거나 또는 그 과정에 개입하기도 한다는 점이다. 이사회는 1980년 6월 8일~9일 회기 시 가입절차 가이드라인을 마련했다. 이에 의거하여 유럽위원회, 상주대표위원회(COREPER), 이사회 의장 및 이사회 그 자신이 교섭 과정에서 상당한 역할을 담당하게 되었다.[49]

그리고 위 단계별 절차에서 눈에 두드러지는 사항의 하나는, 바로 '유럽의회 및 국내의회'의 권한이 강화되었다는 것이다. 제3국의 가입 신청이 행해지면, 이사회는 유럽의회 및 국내의회에 통보해야 한다. 또 가입 여부에 대한 최종 결정 시에도 이사회는 반드시 유럽의회의 동의를 얻지 않으면 안된다.

---

[48] 한국유럽학회 유럽연합(EU) 학술용어사전 편찬위원회, 유럽연합(EU) 학술용어사전(높이깊이, 2007), p.14.
[49] 가입 교섭 과정에 대한 상세한 내용은, J.V. Louis in J. Mégret, M. Waelbroek, J.V. Louis, D. Vignes, J.L. Dezost, Le Droit de la C.E.E., vol. 15, U.L.B., 1987, spéc. pp. 551; J.P. Puissochet, L'élargissement des Communautés européennes, Paris, 1974, spéc. pp.25 et s.

이 때 유럽의회는 가입 여부에 대해 재적의원 과반수로 자신의 의사를 표명한다.[50] 따라서 만일 유럽의회의 재적의원 과반수 미만의 의원들이 가입에 대해 반대 의견을 표명하면, 제3국의 EU 가입은 불가능하게 된다.

다음, EU 차원에서 가입 절차가 마무리되면, EU와 가입신청국간 가입조약(Accession Treaty)이 채택된다. 일단 가입조약에 대해 서명이 이루어지면, 가입후보국(Candidate Country)은 사실상 회원국으로 간주되는 '준회원국(Acceding State)'이 되어 정식 회원국이 될 때까지 회원국이 누리는 특권을 잠정적으로 향유한다. 이를 '잠정특권(interim privileges)'이라 하는데, 그 특권의 주요한 내용으로는, EU의 제안, 통보, 권고 또는 입법발의에 대해 그(들)의 견해(comment)를 제시할 수 있고, EU의 부속 기구(EU bodies and agencies)에서 '업저버 지위(active observer status)'를 갖게 되어 발언권을 행사할 수 있다. 그러나 투표권은 부여되지 아니한다.[51]

가입조약은 국내 차원에서 헌법상 규정된 절차에 따라 비준 절차를 거친 후 확정적으로 효력을 발생한다. 신입회원국에 대한 가입조건은 리스본조약에 부합하여야 하므로 양자 간 조정되어야 하는데, 필요 시 이 조정을 위해 EU 회원국과 가입신청국 사이에 협정이 체결된다. 그 조정 내용은 그 체결된 협정에 기속된다. 이 협정을 체결한 모든 체약국이 자국의 헌법상 규정된 국제협정 체결 절차에 따라 비준한 후 비로소 가입절차는 종료된다.[52]

이처럼 비준 절차가 완전히 경료 되면, 가입조약은 규정된 일정에 따라 발효한다. 그런 연후에 비로소 가입신청국은 공식적으로 EU의 회원국(Member State)이 된다.

---

[50] 유럽의회가 가입 절차에서 그 권한을 행사하게 된 것은 단일유럽협정이 채택된 이후의 일이다. 유럽의회의 많은 노력에도 불구하고, 그 이전에는 가입 절차에 참가할 수 없었다. Résolution du 17 avril 1980 sur les aspects institutionnels de l'adhésion de la Gréce, JOCE no C117 du 12 mai 1980, p. 55; Résolution du 18 février 1982, JOCE no C66 du 15 mars 1982, p. 68(rapport Blumenfeld).
EU의 확대 과정에서 유럽의회의 역할에 대해 제기된 질문에 대해서는, J.V. Louis, Le rôle du Parlement européen dans l'élaboration et la conclusion des accords internationaux et des Traités d'adhésion, Liber Amicorum F. Dumon, Anvers, 1983, pp.1153 et s.
[51] 가입절차에 관한 세부적 내용은, "European Commission Enlargement", http://ec.europa.eu/enlargement/index_en.htm
[52] TEU 제49조 2단.

[표 2-1] EU의 확대와 영역

	Official Name	Date	Community Countries and OMR	Associated territories	Excluded territories
1	ECSC Foundation	23.7.1952	Belgium, Netherlands, Luxembourg, France, Saarland, Italy, West Germany, West Berlin		Cambodia, Laos, Vietnam, Tunis, Morocco, Guinea, French Cameroon, Togo, Mali, Senegal, Madagascar, DR Congo, Italian Somaliland, Benin, Niger, Upper Volta, Ivory Coast, Chad, Central African Republic, Congo, Gabon, Mauritania, Burundi, Rwanda, Netherlands New Guinea, Algeria, Comoros, Suriname, French Somaliland, French-administration of Vanuatu, West Berlin], Réunion, French Guiana, Martinique, Guadeloupe, Mayotte, St.Pierre and Miquelon, Wallis and Futuna, French Polynesia, New Caledonia, French Southern and Antarctic Lands, Scattered islands in the Indian Ocean, Netherlands Antilles
		1953-1957	the above, Saarland joined West Germany		the above without the newly independent: Cambodia, Laos, Vietnam, Tunis, Morocco
2	EEC and EURATOM Foundation	1.1.1958	the above, Algeria, Réunion, French Guiana, Martinique, Guadeloupe	Guinea, French Cameroon, Togo, Mali, Senegal, Madagascar, DR Congo, Italian Somaliland, Benin, Niger, Upper Volta, Ivory Coast, Chad, Central African Republic, Congo, Gabon, Mauritania, Burundi, Rwanda, Netherlands New Guinea, Comoros, French Somaliland, Mayotte, St. Pierre and Miquelon, Wallis and Futuna, French Polynesia, New Caledonia, French Southern and Antarctic Lands, Scattered islands in the Indian Ocean	Suriname, Netherlands Antilles, West Berlin
		1958-1962	the above	the above, without the newly independent: Guinea, French Cameroon, Togo, Mali, Senegal, Madagascar, DR Congo, Italian Somaliland, Benin, Niger, Upper Volta, Ivory Coast, Chad, Central African Republic, Congo, Gabon, Mauritania, Burundi, Rwanda, Netherlands New Guinea	the above

3		3.7.1962	the above, without the newly independent: Algeria	the above	the above
		1.9.1962	the above	the above, with Suriname[26]	the above, without Suriname
	Netherlands Antilles Association Convention	1.10.1964	the above	the above, with the Netherlands Antilles	the above, without the Netherlands Antilles
	First Enlargement	1.1.1973	the above, Ireland, United Kingdom, Gibraltar, Denmark, Greenland	the above, Bahamas, Grenada, Seychelles, Solomon Islands, Tuvalu, Dominica, St. Lucia, Kiribati, St. Vincent and the Grenadines, Vanuatu, Belize, Antigua and Barbuda, St.Kitts and Nevis, Brunei, St. Helena, Pitcairn Islands, Falkland Islands, South Georgia and South Sandwich Islands, British Antarctic Territory, British Indian Ocean Territory, Anguilla, Montserrat, British Virgin Islands, Turks and Caicos Islands, Cayman Islands, Bermuda	the above, Faroe Islands, Akrotiri and Dhekelia, Isle of Man, Jersey, Guernsey, Zimbabwe, Hong Kong
		1973-1980	the above	the above without the newly independent: Bahamas, Grenada, Seychelles, Solomon Islands, Suriname, Tuvalu, Dominica, St. Lucia, Kiribati, St. Vincent and the Grenadines, Vanuatu, Comoros, French Somaliland	the above without the newly independent: Zimbabwe
4	Second Enlargement	1.1.1981	the above, Greece	the above	the above
		1981-1984	the above	the above without the newly independent: Belize, Antigua and Barbuda, St. Kitts and Nevis, Brunei	the above
		1.1.1985	the above without Greenland	the above, Greenland	the above
5	Third Enlargement	1.1.1986	the above, Spain, Portugal, Azores, Madeira, Plazas de soberanía	the above, with Aruba, formerly part of the Netherlands Antilles	the above, Macau, East Timor
		3.10.1990	the above, East Germany and West Berlin join into Germany	the above	the above without West Berlin

6	Fourth Enlargement	1.1.1995	the above, Austria, Sweden, Finland	the above	the above
		1.7.1997	the above	the above	the above, without Hong Kong, transferred to China
7		1.5.1999	the above, Scattered islands in the Indian Ocean	the above, without Scattered islands in the Indian Ocean	the above
		20.12.1999	the above	the above	the above, without Macau, transferred to China
		20.5.2002	the above	the above	the above, without the newly independent East Timor
8	Fifth Enlargement	1.5.2004	the above, Malta, Cyprus, Estonia, Latvia, Lithuania, Poland, Czech Republic, Slovakia, Slovenia, Hungary, Akrotiri and Dhekelia	the above	the above without Akrotiri and Dhekelia
9		1.1.2007	the above, Bulgaria, Romania	the above	the above
10		22.2.2007	the above, Clipperton, without Scattered islands in the Indian Ocean	the above, Scattered islands in the Indian Ocean, without Clipperton	the above
		10.10.10	the above, Bonaire, Sint Eustatius, Saba	the above, without the now-dissolved Netherlands Antilles, with Curaçao, Sint Maarten, Bonaire, Sint Eustatius, Saba	the above

출전: http://en.wikipedia.org/wiki/Enlargement_of_the_European_Union

4. 권리정지

리스본조약은 특정한 사유가 있는 경우에 회원국의 권리를 정지할 수 있다고 규정하고 있다. 이를 그 실체적 조건과 권리정지 절차로 나누어 살펴본다.

(1) 실체적 조건

리스본조약은 회원국의 권리정지 사유로 다음의 두 가지를 들고 있다.

첫째, 회원국에 의한 중대한 침해가 야기될 명백한 위험(a clear risk of a serious breach by a Member State)이 있는 경우이다(이를 '침해의 위험'이라 한다). 즉, TEU 제2조에 규정된 "인간의 존엄성의 존중, 자유, 민주주의, 평등, 법의 지배 및 소수자의 권리를 포함한 인권 존중의 가치"가 회원국에 의해 중대한 침해가 야기될 명백한 위험이 있는 경우, TEU 및 TFEU에 근거한 일정한 권리가 정지한다.[53]

둘째, 상기 TEU 제2조에 규정된 가치가 회원국에 의한 중대하고도 지속적인 침해가 존재(the existence of a serious and persistent breach by a Member State)하는 경우이다(이를 '침해의 존재'라고 한다).[54]

위에서 알 수 있는 바와 같이, 회원국의 권리가 정지될 수 있는 사유는 회원국에 의한 '중대한 침해(a serious breach)'의 유무이다. 또한 그 침해는 야기될 '위험'이 존재하는 경우만 아니라 '지속적으로' 존재하는 경우에도 권리 정지의 사유가 된다. 다만, 전자의 경우, 위험이 단순하게 존재해서는 안 되고, 위험이 야기될 개연성이 명확하여야(clear) 한다.

조약상 규정된 기본적 가치를 존중하지 않음으로써 특정 회원국(국가)에 대해 권리정지와 같은 제제를 가하는 것은 국제법질서에서는 아직 일반적으로 인정되지 않고 있다. 하지만 국제연맹규약(Covenant of the League of Nations)은 이를 규율하는 규정을 두고 있었다. 동규약 제16조는 "연맹규약에 위반한 연맹 회원국에 대해서는 ... 연맹에서 당해 회원국을 제명할 것을 선언할 수 있다(4단)"고 규정하고 있다.

이러한 취지는 현행 국제연합헌장(Charter of the United Nations)에서도 발견할 수 있다. 동헌장 제6조는 "이 헌장에 규정된 원칙에 지속적으로 위반하는 국제연합 회원국은 총회가 안전보장이사회의 권고에 따라 이 기구로부터 제명할 수 있다."고 규정하고 있다. 또한 유럽평의회규정(Statute of the Council of Europe)(런던, 1949년 5월 5일) 제8조도 동일한 취지를 규정하고 있다. 동조에 따르면, "제3조를 중대하게 위반한 유럽평의회 회원국은 그 대표권이 정지될 수 있고, 또 제7조에 따라 각료이사회에 의해 탈퇴를 요청받을 수 있다. 만일 당해 회원국이 이 요청에 따르지 않는 경우, 각료이사회는 동이사회가 결정을 내린 날부터 유럽평의회에서의 동 회원국의 권리정지를 결정할 수 있다."

위에서 알 수 있는 바와 같이, TEU 제7조는 유엔헌장의 '지속적 위반(persistent violation)'과 유럽평의회규정의 '중대한 위반(serious violation)'을 모두 수용하고 있다. 이처럼 TEU 제7조는 '인간의 존엄성, 자유, 민주주의, 평등, 법의 지배 및 인권 존중'의 여섯 가지 원칙을 제시하고, 이를 '중대하고도 지속적으로 위반'하는 회원국에 대한 권리정지에 대해 규정하고 있다.

(2) 권리정지 절차

리스본조약은 첫 번째 사유인 '침해의 위험'과 두 번째 사유인 '침해의 존재'의 경우로 나누어 개별 사유에 따른 당해 회원국에 대한 권리정지 절차를 별도로 정하고 있다.

---

[53] TEU 제7조; TFEU 제354조.
[54] TEU 제7조 2항.

첫 번째 사유인 '침해의 위험'에 따른 당해 회원국에 대한 권리의 정지는 ① 회원국의 3분의 1, 유럽의회 또는 유럽위원회의 적절한 제안에 의거해야 하고, ② 유럽의회의 동의를 얻은 후 ③ 이사회는 당해 회원국의 의견을 들은 후 ④ 이사회 위원의 5분의 4의 다수로 결정한다.[55]

두 번째 사유인 '침해의 존재'에 따른 당해 회원국에 대한 권리의 정지는 ① 회원국의 3분의 1, 유럽위원회의 적절한 제안에 의거해야 하고, ② 유럽의회의 동의를 얻은 후 ③ 이사회는 당해 회원국의 의견을 들은 후 ④ 유럽이사회 위원의 전원일치로 결정한다.[56]

이 절차에 의거하여 행해지는 회원국에 대한 권리정지는 특정 회원국에 대한 배제를 의미하는 것은 아니다. 다만, 당해 회원국의 EU 통합 과정에 대한 참가권을 제한(이 경우, 권리의 정지)함으로써 조약상 규정된 의무를 준수할 것을 강제하는 것이다. TEU 제7조에 규정된 회원국에 대한 권리정지는 '의결권 제한'과 '특정권리의 정지'의 형태로 실시된다. 다시 말하여, 위 두 가지 사유에 의거한 회원국에 대한 권리정지의 일반적 형태는 주로 유럽이사회 또는 이사회에서의 의결권 제한이다.[57] 특히 두 번째 사유와 관련하여, 특정 회원국에 대한 권리정지 결정이 내려진 경우, 이사회는 당해 회원국 정부대표의 의결권을 포함하여 당해 회원국에 대한 TEU·TFEU의 적용에서 유래하는 특정권리의 정지를 결정할 수 있다. 이때, 권리의 정지는 가중다수결에 의한다.[58]

5. 제명 및 탈퇴

조약상의 의무를 준수하지 않는 회원국에 대한 권리정지와 관련하여 명문의 규정을 두고 규율하는 것과는 달리, 조약상 의무를 위반한 회원국을 제명할 수 있을 것인가에 대해 리스본조약은 어떠한 명시적 규정도 두고 있지 않다. 이제까지 그에 관한 사례도 찾아볼 수 없다. 다만, 이와는 달리 회원국의 자발적 탈퇴에 대해서는 규정을 신설하였다.

TEU 제50조 1항은, "모든 회원국은 그 헌법상의 요청에 따라 연합으로부터의 탈퇴를 결정할 수 있다."고 규정하여 기존의 조약과는 달리 '자발적 탈퇴(voluntary withdrawal)'의 길을 열어두고 있다. 이는 연합으로부터 탈퇴하기를 원하는 회원국을 위한 어떠한 조항도 두고 있지 않았던 기존의 제조약과 비교해볼 때 상당히 의미 있는 개선이라고 할 수 있다.

탈퇴 절차는 비교적 간단하다. ① 탈퇴를 원하는 회원국이 유럽이사회에 그 의도를 통지하면, ② 유럽이사회는 당해 회원국과 탈퇴협정을 교섭하고 체결하게 된다.[59] 이 협정은 유럽의회의 동의를 얻

---

[55] TEU 제7조 1항.
[56] TEU 제7조 2항.
[57] TFEU 제354조 1항.
[58] TEU 제7조 3항.
[59] 탈퇴협정은 당해 회원국에 대한 탈퇴 조건이나 당해국과 EU와의 향후 관계 등이 주된 내용이 될 것이다.

은 후 '연합의 이름으로(on behalf of the Union)' 유럽이사회에 의해 가중다수결로 체결된다.[60] 만일 탈퇴협정이 체결되면, TEU·TFEU는 탈퇴회원국에 대해 ① 탈퇴협정의 발효일로부터, 또는 ② 그 외의 경우에는 탈퇴를 원하는 회원국이 유럽이사회에 그 의도를 통지한 날로부터 2년째 되는 해부터 적용되지 않는다.[61] 다만, 유럽이사회가 당해 회원국과 합의하여 전원일치로 기간의 연장을 결정할 수 있다.[62] 탈퇴의 효력과 관련하여 다음과 같은 해석이 가능하다.

첫째, 탈퇴는 회원국이 원하는 어느 때라도 행해질 수 있다. '공식적으로는' 탈퇴 협정의 발표일로부터, 또는 탈퇴 의사를 통지한 날로부터 2년째 되는 해부터 리스본조약상 의무에 기속되지 않는다. 그러나 '사실상' 탈퇴의 의사를 통지한 때부터 조약상의 의무에 기속되지 않는다고 보아야 한다. 설령 탈퇴를 원하는 회원국이 조약상의 의무를 준수하지 않는다고 하여도 현실적으로 이를 강제할 수 있는 조치를 취하는 것이 여의치 않을 것이기 때문이다.

둘째, 유럽이사회는 전원일치로, 또는 관련 회원국과의 합의로 탈퇴의 효력 발생의 기간을 연장할 수 있다. 이는 비록 EU가 당해 회원국의 탈퇴에 동의하지 않는다고 할지라도 탈퇴는 효력을 발생할 수 있다는 것을 의미한다.

셋째, 다만 리스본조약은 탈퇴를 원하는 회원국의 유럽이사회 및 이사회의 대표권에 대해서는 제한을 가하고 있다. 즉, 탈퇴하는 회원국을 대표하는 유럽이사회 및 이사회의 위원은 유럽이사회 또는 이사회의 심의 또는 의사결정 절차에 참가할 수 없다.[63] 이렇게 함으로써 유럽이사회 및 이사회 위원은 회의에 참가할 수는 있으나 그 심의·의결권은 행사할 수 없게 되어 사실상 유럽이사회 및 이사회에서 회원국 대표로서의 대표성은 행사할 수 없게 되는 것이다.

만일 탈퇴한 회원국이 그 후 다시 재가입을 요청하는 경우에는 어떻게 처리될까. 그 경우에는 위에서 검토한 신규 가입 절차에 따라 다시 가입절차를 거쳐야 한다.[64]

6. EU의 예산

TFEU는 제6부 '기구 및 재정규정(PART SIX Institutional and Financial Provisions)'이란 제목 아래 제2편 '재정규정(TITLE II Financial Provisions)'을 두고 있다. 제2편은 모두 6개의 장(Six Chapters)으로 구성되어 있는데, 특히 제1장 '연합의 독자재원(The Unions's Own Resources)', 제2장 '다년간 재정계획(The Multiannual Financial Framework)', 제3장 '연합의 연간예산(The

---

[60] TEU 제50조 2항.
[61] TEU 제50조 3항 전단.
[62] TEU 제50조 3항 후단.
[63] TEU 제50조 4항.
[64] TEU 제50조 5항.

Union's Annual Budget)'이 핵심적인 내용에 해당한다. 이 규정들을 바탕으로 EU의 예산 확보와 예산절차, 그리고 그 집행 내역에 대해 간략하게 설명하면 아래와 같다.

첫째, 예산의 확보 방법이다. EU의 연간 예산은 유럽의회 및 이사회가 정하며,[65] 모든 수입과 지출은 각 회계연도(1월 1일~12월 31일)[66]마다 작성하는 개산서(槪算書) 및 예산에 명기해야 한다.[67] EU의 예산은 '완전하게 독자적인 재원으로부터(... the budget shall be financed wholly from own resources)' 조달되어야 한다.[68] [그림 2-2]에서 보는 바와 같이, 2010년도의 경우, EU의 예산은 ① 전통적인 독자재원(Traditional own resources: TOR): 12% ② 부가가치세(VAT)에 의거한 재원: 11% ③ 국민총소득(Gross National Income: GNI)에 의거한 재원(국민총소득 분담금): 76% 및 ④ 기타: 1%로 구성되었다.

[그림 2-2] EU의 예산(2000년 대비 2010년)

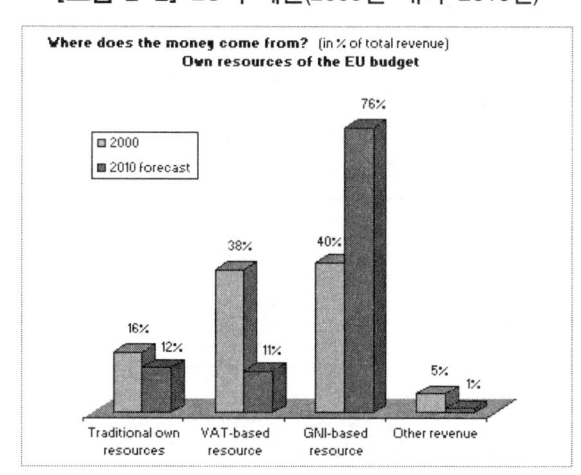

이를 좀 더 설명하면, ① TOR은 EU의 비회원국(제3국)으로부터 수입되는 농산품에 부과되는 과징금과 공산품에 부과되는 수입관세에서 충당되는 재원을 말하고, ② VAT에 의거한 재원은 각 회원국에서 징수하는 VAT의 1%를 납부하도록 하고 있다. ③ 예산 가운데 여전히 가장 많은 부분을 차지하고 있는 것은 GNI에 의거하여 각 회원국이 납부하는 분담금이다. 그리고 ④ 기타 재원은 직원 급여에 대한 과세, EU 차원의 실행계획에 대한 EU 비회원국의 지원금 및 EU 경쟁규칙 등 법위반 기업에 대한 벌금 등에서 확보된다.

---

[65] TFEU 제310조 1항 2단.
[66] TFEU 제313조.
[67] TFEU 제310조 1항 1단.
[68] TFEU 제311조 2단.

둘째, 예산절차이다. [표 2-2]에서 알 수 있는 바와 같이, 유럽의회 및 이사회는 특별입법절차에 따라 EU의 연간 예산을 정하고, 규정된 절차에 따라 예산을 채택한다.[69]

[표 2-2] 예산 절차

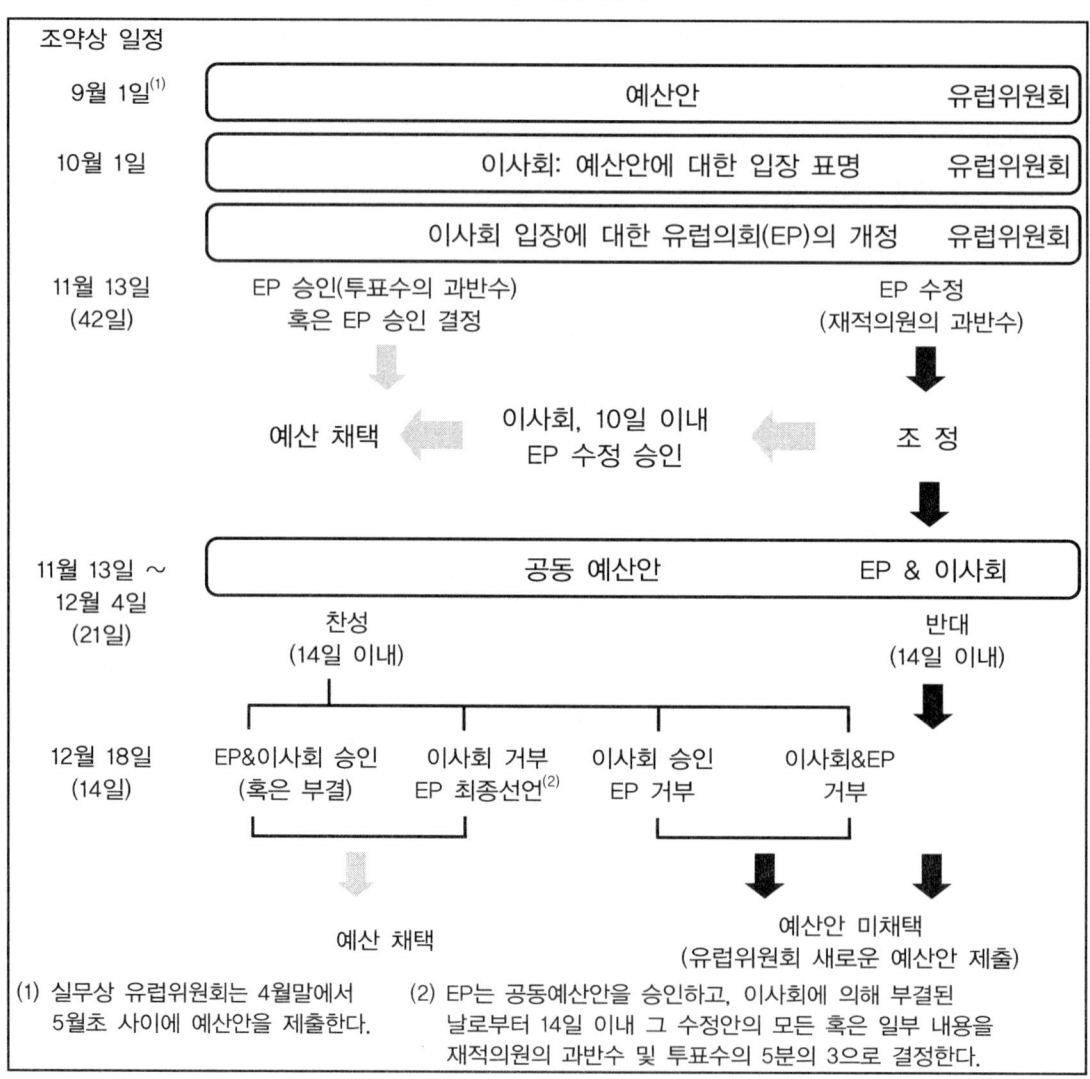

셋째, 예산의 집행 내역이다. EU는 최소 5년의 기간에 대해 소위 '다년간 재정계획(the Multiannual Finalcial Framework: MFF)'을 수립한다.[70] MFF를 수립하는 목적은 "EU의 세출을 그 독자재원의

---

[69] EU의 예산절차에 대한 상세한 내용은 TFEU 제314조 참고.
[70] TFEU 제312조 1항 2단.

한도 내에서 정당하게 집행하는 것을 보장하기 위함"이다.[71] 현재 EU는 2013년까지의 MFF를 수립하여 예산을 편성하고 있고, 이에 의거하여 2010년 예산을 편성하고 있다. 그 구체적 내용을 항목별로 정리하면 다음과 같다.

[표 2-3] 다년간 재정계획(MFF) 2007~2013에 의거한 2010년 예산

MFF(2007~2013)	2010년 예산
• 성장과 고용정책 　a. 경쟁력 강화: 9% 　b. 결속: 35.6%	• 지속가능한 성장: 고용, 경쟁력, 지역개발: 45%
• 자연자원 관리와 보존(환경보존과 공동농업정책): 42.5%	• 자연자원: 농업, 환경: 41%
• 자유, 안전 및 사법/EU 시민권 　a. 자유, 안전 및 사법: 0.8% 　b. 시민권: 0.5%	• 시민/자유, 안전 및 사법: 2%
• 국제/대외정책: 5.7%	• 국제/대외정책(개발원조 포함): 6%
• 기타 행정비: 0.1%	• 기타 행정비: 6%

위의 내용에서 알 수 있는 바와 같이, EU 예산의 대부분은 성장과 고용정책 및 자연자원, 특히 공동농업정책 분야에 사용되고 있다는 것을 알 수 있다. 공동농업정책은 EU가 도입한 공동정책 가운데 가장 먼저 실시한 것이고, 또한 농업을 중시하는 프랑스의 입장이 강하게 반영되어 있어 당분간은 이 분야에 대한 지출 규모는 유지될 전망이다.

제3절 유럽연합의 권한

1. 서론

EC설립조약에 의하여 EC에게 부여된 권한은 EC법질서에 있어 주춧돌(pierres angulaires) 역할을 담당해왔다. 사법재판소는 공동체 권한의 불가침성을 보장[72]하는 한편, 이를 발전시키기 위해서도 많은 노력을 했는데,[73] 특히 1963년 2월 5일자 Van Gend en Loos 판결에서 "EC는 국제법의 새로운 질서를 구성한다. 따라서 회원국들은 그들의 주권적 권리를 제한해야 한다…"는 점을 강조했다.[74] 이처

---

[71] TFEU 제31조 1항 1단.
[72] Arrêt de la Cour du 14 décembre 1971, Commission c. République française, aff. 7/71, Rec. p.1003.
[73] Arrêt de la Cour du 31 mars 1971, *Commission c. Conseil*, "*AETR*", aff. 22/70, Rec. p.263.
[74] Arrêt de la Cour du 5 février 1963, *Van Gend en Loos*, aff. 26/62, Rec. p.3.

럼 EC에게 부여된 권한은 EC법과 회원국 국내법과의 관계에 있어 EC법 우위와 직접효과의 원칙을 확립하는데 실질적인 기여를 했다.[75]

EC법상 권한의 문제는 크게 네 분야로 나누어 검토할 수 있다. 즉, 舊TEC에 의해 공동체에게 부여된 배타적 권한으로서 명시적·묵시적 권한, 舊TEC 제308조에 의거한 보충적 권한, 공동체와 회원국 간 권한의 경합, 그리고 보충성 원칙에 의거한 권한의 행사의 문제가 이에 해당한다. 그러나 리스본조약에 의하여 기존에 확립된 권한의 개념과 그 유형은 대폭 수정되었다.

리스본조약의 TEU는 제1편 '공통규정'에서 EU의 권한에 대해 정하고 있는데, 특히 제5조에서 EU의 권한의 일반적 성질과 그 행사에 대해 규율하고 있다.

리스본조약에 있어 EU의 권한의 문제는 EU의 법인격과 직접적인 관련을 가진다. 그러나 그동안 EC와 EU의 상호 관계는 상당히 모호하고 불분명한 부분이 있었다. 舊TEC 제281조는 명시적으로 "공동체는 법인격을 가진다."고 규정하고 있는 반면, EU의 법인격 보유 유무에 대해 舊TEU는 어떠한 조항도 두고 있지 않았다. 따라서 조약체결권과 국제기구에서의 대표성과 관련하여 국제사회에서는 적지 않은 혼동을 초래하고 있었다.

이와 같은 문제점을 해결하기 위해, 리스본조약은 TEU 제1조에서 "본 조약에 의해 체약국은 상호간 '유럽연합(the European Union)'을 설립하고"(1단 전단), "회원국은 자신의 공동의 목표를 실현하기 위하여 (연합에게) 권한을 양도한다."라고 규정하고 있다. 또한 TEU는 제47조에서 "연합은 '법인격'을 가진다(The Union shall have legal personality)."는 점을 천명하고 있다. 이리하여 EU는 EC를 비롯한 기존의 법인격들을 대체하게 되고, EU만이 유일한 법인격을 가지게 되었다. 이로써 EC와 EU 간 권한의 행사에 있어서의 '모호성'이 사라지고, EU만이 대·내외적인 권한의 주체가 되었다.[76]

EU가 단일한 법인격을 가지게 됨으로써 국제법의 일 주체가 됨으로써 EU는 유럽을 대표하고, 조약에 서명하며, 법원에 소송을 제기 혹은 출석하며, 또한 국제조직의 회원이 될 수 있다. 더욱이 제3국과의 관계 유지가 보다 명확해지고, 그 유효성과 법적 확실성이 강화되며, 보다 효과적인 행동이 가능하다. 하지만 법인격에 관한 이와 같은 여러 가능성은 대외적 행동의 내용과 아울러 고려되어야 한다. 또한 유럽을 위한 단일한 법인격의 창설은 다양한 기본조약의 병합을 가능하게 할 것이다. 이와 같은 조약의 병합은 유럽의 정체성을 강화시키고, 유럽시민들을 위한 유럽체제를 보다 명확하게 하는데 기여할 것이다.

본 장에서는 TEU에 규정된 EU의 권한의 개념에 대해 중점적으로 분석 한다. 이를 위하여, EU의 권한이 가지는 의의에 대해 검토한 후 개별 권한의 개념에 의거하여 그 주요 내용을 쟁점별로 살펴보기로 한다.

---

[75] Arrêt de la Cour du 15 juillet 1964, *Costa c. Enel*, aff. 6/64, Rec. p.1141.
[76] 이에 대해서는, 졸고, "유럽헌법에 있어 '유럽연합(EU)의 권한'의 개념", 한국유럽학회(유럽연구, 제19권, 2004년 여름), pp.227-244. 상세한 내용은 본서 제2장 제2절 2. 'EU의 법적 지위' 부분 참고.

2. EU 권한의 기본원칙

TEU는 EU가 행사할 수 있는 권한에 대한 기본원칙을 두고 있다.

첫째, EU의 권한은 리스본조약에서 나오므로 그 권한의 한계는 일종의 '권한 배분의 원칙(the principle of conferral)'에 의해 규율된다.[77] 리스본조약은 '권한 배분의 원칙'에 대한 구체적인 정의 규정은 두고 있지 않지만, 이 원칙은 "설정된 제목적을 달성하기 위하여 제조약에서 회원국이 연합에게 양도한 권한"으로 볼 수 있다.[78] 따라서 EU는 이 원칙에 의거하여 양도된 권한의 범위 내에서 행동해야 하고, 조약에 의거하여 EU에게 양도되지 않은 권한은 회원국들에게 남아 있게 되어[79] EU와 회원국이 공유하게 된다. 전자를 '배타적 권한(compétence exclusive)', 후자를 '공유권한(shared competence; compétence partagée)'이라 한다.

리스본조약은 舊TEC과는 달리 보다 직접적이고 명확하게 EU의 권한의 權原에 대해 규정하고 있다. 양자의 관련 규정을 비교해보면, 그 차이점은 확연히 드러난다.

[舊TEC 제5조]
"공동체는 본 조약에서 부여하고 있는 권한과 조약에서 위임하고 있는 목표의 범위 내에서 활동한다(The Community shall act within the limits of the powers conferred upon it by this Treaty and of the objectives assigned to it therein)."

[TEU 제5조]
"연합의 권한의 한계는 권한 부여 원칙에 의해 규율된다(The limits of Union competences are governed by the principle of conferral)."

그동안 EC를 설립하는 제 조약에는 권한을 행사할 수 있는 제 조건을 규율하는 일반원칙이 없다는 비판이 제기되었다. 권한의 부여에 대한 일반조항이 없는 이유는 공동체에 위임된 통합의 목적에 의해 설명되곤 하였다. 이에 대해 Vlad Constantinesco 교수는 "사실, 설립조약의 기초자들에 의해 선택된 경제통합은 공동체의 개입 분야에 따라 그 수준이 달라질 수 있는 개념이다."고 말하면서, "권한의 배분에 대한 일반조항의 도입은 설립조약의 경제적 목적과는 양립할 수 없는 것이었다. 그 조항의 도입은 '너무 엄격'하여 틀림없이 통합을 이유로 모든 회원국들을 망설이게 만들 것이다."고 주장하였다.[80] 이러한 관점에서 볼 때, 舊TEC 제5조의 내용이 갖는 그 내재적 한계를 이해할 수 있다. 동조에

---

[77] TEU 제5조 1항 전단.
[78] TEU 제5조 2항.
[79] *Ibid*.
[80] Constantinesco, Vlad, *Compétence et pouvoirs dans les Communautés européennes*, Paris: L.G.D.J.,

의하면, 막연히 '공동체는 舊TEC에서 부여하고 있는 권한과 조약에서 위임하고 있는 목표의 범위 내에서 활동한다'고 규정함으로써 과연 舊TEC가 부여하고 있는 권한이 무엇인지, 또 위임하고 있는 목표와 그 범위가 무엇인지에 대한 별도의 해석이 필요하다. 결국 권한 배분에 대한 일반조항의 부재로 인해 '정책 대 정책' 혹은 '분야 대 분야'별로 공동체에 부여된 권한의 기준을 개별적으로 마련하지 않을 수 없었다.[81]

이에 반해, TEU 제5조는 보다 분명한 태도를 취하고 있다. 즉, '연합의 권한의 한계는 권한 배분의 원칙에 의해 규율된다.'고 함으로써 EU의 권한은 리스본조약에 의거하여 행사될 수 있으며, 그 한계는 '권한 배분의 원칙'에 의해서만 규율될 수 있다고 규정함으로써 EC를 설립하는 제 조약에는 권한을 행사할 수 있는 제 조건을 규율하는 일반원칙이 없다는 기존의 비판을 수용하고 있다. 물론 과연 동조에서 규정한 '권한 배분의 원칙'이 구체적으로 의미하는 바가 무엇인가에 대한 논란은 여전히 남을 것이고, 이에 대해서는 아래에서 살펴보는 EU의 권한의 제유형에 대한 개념과 그 해석을 통해 규명해야 한다고 생각된다.

둘째, EU에 의한 권한의 사용은 보충성 및 비례원칙에 의해 규율된다.[82] 아래에서 살펴보는 바와 같이, 보충성의 원칙에 의거하여, 배타적 권한에 포함되지 않은 영역에서 EU는 오직 만약 의도된 행동의 제목적이 중앙 혹은 지역 및 지방적 차원에서 회원국에 의해 충분히 달성될 수 없고, 반면 제안된 행동의 규모 혹은 효과를 이유로 유럽 차원에서 보다 더 달성될 수 있는 경우에 행동하게 된다.[83] 또한 EU의 제 기관은 리스본조약에 부속된 '보충성 및 비례원칙의 적용에 관한 의정서'에 규정된 비례원칙을 적용하여야 한다.[84] 이처럼 TEU는 아래의 '권한의 유형'에 열거된 권한의 행사를 규율하기 위한 장치로 '보충성 원칙'과 '비례원칙'을 두고 있다. 이에 관한 내용에 대해서는 관련 항에서 상세하게 분석하기로 한다.

3. EU의 권한의 유형

TEU는 EU의 권한을 크게 다섯 가지의 유형으로 분류하고 있다. 이는 유럽당국과 회원국간의 권한의 행사라는 측면에서 볼 때, 유럽당국에 의한 배타적 권한, 유럽당국과 회원국간 권한이 상호 공유되는 공유권한, 지원권한, 공동외교안보정책을 이행할 권한 및 조정권한으로 나눌 수 있다. 그리고 TEU는 이와 같은 권한을 보충하기 위한 유연성조항을 두고 있다. 아래에서는 그 유형별 권한의 주요 내용

1974, pp.89-90.
[81] Dony, Marianne, *Droit de la Communauté et de l'Union européenne*, Bruxelles: Institut d'Etudes Européennes, 2001, p.93.
[82] TEU 제5조 3항 및 4항.
[83] TEU 제5조 3항.
[84] TEU 제5조 3항 2단.

에 대해 검토하기로 한다.

(1) 배타적 권한

권한의 첫 번째 유형은 회원국들의 이익을 위하여 EU가 독자적으로 행동하는 것이 허용되는 배타적 권한이다. '배타적 권한'이란 개념은 사법재판소의 판례를 통해 처음으로 사용되었는데, 이 권한이 적용되는 분야에 대해서는 오직 EU만이 법적으로 구속력 있는 행위를 제정하고 채택할 수 있다. 반면, 회원국은 EU로부터 수권을 받을 때 혹은 EU의 행위를 실시하기 위해서만 행동할 수 있을 뿐이다.[85] 이러한 측면에서, '배타적 권한'은 '생득적 배타적 권한(compétences exclusives par nature)'으로 불리기도 한다.[86]

배타적 권한이 적용되는 분야는 관세동맹, 역내시장의 운영에 필요한 경쟁규칙의 확립, 유로를 통화로 하는 회원국을 위한 통화정책, 공동어업정책에 있어 해양생물자원의 보전 및 공동통상정책(Common Commercial Policy: CCP)이다.[87] 이를 분설하면 다음과 같다.

① 1967년 7월 1일부터 유럽역내관세가 폐지되고 제3국에 대한 대외공동관세정책이 실시되게 되었다. 그 결과 공동체 당국만이 관세정책에 관한 배타적 권한을 행사할 수 있게 되었다.[88]

② EEC의 설립 이래 역내시장에서의 공정한 거래질서를 확보하기 위한 경쟁규칙이 마련되었으며, TFEU도 제3부 제7편 제1장에서 경쟁규칙에 대해 규정하고 있다. 이는 역내단일시장을 구성하고 운영하기 위한 기본적 내용에 해당하는 것이므로 유럽당국의 배타적 권한 아래 두게 된 것이다.

③ 1999년 1월 1일부터 통화정책을 수립하고 실시할 권한은 유럽중앙은행이 배타적으로 행사할 수 있을 뿐이다.

④ 1978년 이후부터 공동어업정책의 차원에서 해양생물자원의 보전정책은 회원국으로부터 공동체 당국으로 전적으로 귀속되게 되었다.[89]

⑤ EU의 일반적 통상이익을 방어하기 위할 목적으로 채택한 공동통상정책에 있어서는 자국의 이익을 보호하기 위하여 회원국들은 일방적 및 독자적으로 조치를 취할 권한을 행사할 수 없고, 오직 EU 당국만이 배타적 권한을 행사할 수 있다.[90]

---

[85] TFEU 제2조 1항.
[86] Dony, Marianne, *Droit de la Communauté et de l'Union européenne*, Bruxelles: Institut d'Etudes Européennes, 2001, p.97.
[87] TFEU 제3조 1항.
[88] Voy. Arrêt de la Cour du 10 décembre 1968, *Commission v. Italie*, aff. 7/68, Rec. p.423.
[89] Arrêt de la Cour du 14 juillet 1976, *Kramer*, aff. jtes 3, 4 & 6/76, Rec. p.1279.
[90] Avis de la Cour du 11 novembre 1975, avis 1/75, Rec. p.1355; arrêt de la Cour du 15 décembre 1976, *Donckerwolcke*, aff. 41/76, Rec. p.1937.

그러나 EU에 의한 배타적 권한의 행사는 EU가 그 임무를 해태하는 경우에는 규범적 흠결을 초래할 가능성이 있다. 이와 같은 상황이 야기되는 경우, 회원국들은 EU를 배제하고 독자적인 조치를 취할 권한을 행사할 수 있는가? 이에 대한 사법재판소의 입장은 명확하다. 사법재판소는 만일 EU 당국이 행동하지 않는 경우, 회원국은 적절한 조치를 취할 수 있으나 유럽위원회와 반드시 협의해야 할 의무가 있다고 판단하였다.[91] 반면, EU의 권한의 배타적 성격은 EU가 그 특정권한의 일부를 회원국에게 위임하는 것을 방해하지는 않는다. 이때, 회원국은 EU의 대리인으로 특정 분야에 개입할 권한을 행사하게 된다. 단, 개입의 조건은 명확하게 한정되어야 한다.[92]

(2) 공유권한

두 번째 유형은 공유권한으로서 EU가 회원국과 함께 그 권한을 공유하게 된다.[93] 따라서 EU와 회원국은 법적으로 구속력 있는 행위를 제정하고 채택할 권한을 가진다. 또한 회원국은 EU가 그 권한을 행사하지 않은 경우에 한하여 자신의 권한을 행사하고, EU가 자신의 권한을 행사하지 않는다고 결정한 경우에 한하여 자신의 권한을 새롭게 행사하게 된다.[94] 이러한 측면에서, '공유권한'은 '실행적 배타적 권한(compétences exclusives par exercice)'으로 불리기도 한다.[95]

공유권한은 ① 역내시장, ② 사회정책, ③ 경제적·사회적 및 지역적 통합, ④ 해양생물자원의 보전을 제외한 농어업, ⑤ 환경, ⑥ 소비자보호, ⑦ 운송, ⑧ 범유럽운송네트워크, ⑨ 에너지, ⑩ 자유, 안전 및 사법지대 및 ⑪ 공중보건과 관련된 공동안전에 대해 적용된다.[96]

(3) 지원권한

EU는 회원국의 조치를 지원하고 조정하거나 혹은 보충하기 위한 행동을 수행할 권한을 가진다. 이를 '지원·조정 및 보충행동권한(actions to support, coordinate or supplement the actions of the Member States; compétence pour mener des actions pour appuyer, coordoner ou compléter l'action des Etats members)'이라 하는데, 약칭하여 '지원권한(supported competence; compétence

---

[91] Voy. Arrêt de la Cour du 5 mai 1981, AFF. 804/79, *Commission c. Royaume-Uni*, Rec. p. 1045.
[92] Voy. Arrêt de la Cour du 15 décembre 1976 précité; arrêt du 18 février 1986; aff. 174/84, *Bulk Oil*, Rec. p.559.
[93] 그동안 이 권한은 일반적으로 '경합적 권한(compétences concurrentes)'이란 용어로 지칭되었으나 그 용어의 부적절함은 여러 학자들에 의해 지적되어 왔다(Kovar, Robert, "Comtétences des Communautés européennes", *Juris-Classeures: Europe*, Fasc. 420, p.11). 리스본조약은 이를 '공유권한'으로 지칭하고 있다.
[94] TFEU 제2조 2항.
[95] Dony, Marianne, *op. cit.*, p.98.
[96] TFEU 제4조 2항 (a)~(k).

supportée)'이라 불러도 무방하다고 판단된다. 이는 舊TEC상 '보충권한(complementary competence; compétence complémentaire)'을 대체한 것이다.

舊TEC의 보충권한은 제308조에 그 근거를 두고 있다. 즉, 동조는 "공동시장을 운영하는 과정에서 공동체의 행동이 공동체의 목적을 달성하는데 필요하고, 뿐만 아니라 본조약이 이를 위하여 필요한 권한을 정하고 있지 않은 경우에 이사회는 유럽위원회의 제안에 대해 유럽의회와의 협의를 거친 후 전원일치로 의결함으로써 적절한 조치를 취해야 한다."고 규정하고 있다. 동조에 의거하여 유럽당국은 조약상 설정된 목표를 달성하기 위해 회원국의 협력 하에 일정한 지원과 조치를 취해왔던 것이다. 보충적 권한은 조약상 정해진 제목적을 달성하기 위하여 공동체기관에게 부여된 권한을 행사하는 과정에서 나타난 흠결사항을 보완하기 위한 제도적 장치 가운데 하나였다. 舊TEC 제308조에 의거하여 보충적 권한을 행사하기 위해서는 다음과 같은 조건이 충족될 필요가 있었다.

첫째, 채택되어야 할 행동은 '공동체의 목적을 달성'하기 위한 것이어야 한다. 舊TEC 제2조 및 제3조는 공동체가 달성해야 할 제반 목적에 대해 규정하고 있는데, 제308조는 이를 보다 명확하게 한정시키고 있다고 보아야 한다. 즉, 채택되어야 할 행동은 '공동시장의 기능 수행에 있어(dans le fonctionnement du marché commun)'[97] 필요한 것이어야 한다.

둘째, 예정된 행동은 추구하는 목적을 달성하는데 필요한 것이어야 한다. 그 필요성 유무를 판단하는 데 있어서는 정치·경제적 및 기술적 기준뿐만 아니라 법적 기준을 고려하여 공동체기관이 광범위한 권한을 행사하게 된다. 그러나 유의할 사항은 비록 공동체기관이 이와 같은 재량권을 행사한다고 하여 사법적 통제를 받지 않는다는 것은 아니라는 점이다.

셋째, 舊TEC 제308조에 규정된 권한은 상당히 제한적이라는 사실을 염두에 두어야 한다. 다시 말해서, 제308조는 새로운 목적을 추가하거나 기존의 목적을 변경할 수도 없고, 또 제도 혹은 규정을 변경하거나 폐지할 수도 없다. 이에 대한 전형적인 예로 '공동체의 유럽인권협약 가입'에 관한 1996년 3월 28일자 사법재판소의 견해 2/94[98]를 들 수 있다. 사법재판소는 공동체의 유럽인권협약 가입 유무에 대한 법적 근거로 舊TEC 제308조를 원용할 수 없다고 판단하였다. 공동체의 동 협약에의 가입은 기본적 인권 보장 체제에 관한 본질적 변경을 초래하기 때문이라는 것이 그 주된 이유였다.

그러나 동 권한의 개념 및 그 적용 범위를 둘러싸고 유럽당국과 회원국 정부는 자주 이견을 보여왔다.[99] 이 문제점을 해결하기 위한 논의는 특히 유럽헌법조약 제정 과정에서 활발하게 이루어졌다.

---

[97] Cf. 舊TEC 제2조: '공동시장을 설립함으로써(par l'établissement d'un marché commun)' 및 제3조 h): '공동시장의 기능 수행에 필요한 조치에 있어(dans la mesure nécessaire au fonctionnement du marché commun)'.
[98] Avis de la Cour du 28 mars 1996. *Adhésion de la Communauté à la convention de sauvegarde des droits de l'homme et des liberté fondamentales.* Avis 2/94. Rec. 1996. p. I-1759.
[99] 이에 관한 논의는 유럽헌법조약 제정 과정에서 활발하게 논의되었다. 즉, 유럽미래회의에 의해 구성된 '보충적 권한에 관한 실무단(Working Group V: Complementary Competencies)'은 '보충적 권한'의 개념, 특히 보충적 권한과 기타

이 논의를 바탕으로 舊TEC상 보충적 권한에 관한 사항은 유럽헌법조약에 수용되었고, 리스본조약도 별다른 내용의 수정 없이 다음과 같이 규정하고 있다.

리스본조약에서는 '보충적 권한'이란 용어가 '지원(행동)권한'이란 용어로 대체되었다. 이 때, '지원권한'이란 'EU가 회원국의 행동을 지원하고, 조정하며 또는 보충하기 위한 조치를 실시할 권한'의 의미로 해석된다.[100] 따라서 이 권한의 행사의 범위 내에서는 유럽당국은 어떠한 경우라 하더라도 회원국들이 가진 고유한 권한을 대체할 수 없고,[101] 또한 조정권한의 범위 내에서 유럽당국이 채택한 법적으로 구속력 있는 행위는 회원국의 법률 혹은 규정의 조화에 관한 내용을 포함할 수 없다.[102] 하지만 이는 회원국들이 전적으로 자유로이 이 권한을 행사할 수 있다는 것을 의미하는 것은 아니다. 이를테면, 회원국들은 어떠한 경우에도 리스본조약상 보장된 국적에 의거한 차별의 금지 및 상품, 사람, 서비스 및 자본의 자유이동에 관한 원칙 등 리스본조약상 보장된 기본원칙은 준수해야 한다.

지원행동은 EU 및 회원국이 공동의 이해를 가지는 분야, 이를테면, ① 사람의 건강보호 및 증진, ② 산업, ③ 문화, ④ 관광, ⑤ 교육, 직업훈련, 청소년 및 스포츠, ⑥ 시민보호 및 ⑦ 행정협력에 대해 취해진다.[103]

(4) 공동외교안보정책을 이행할 권한

EU은 TEU에 따라 공동방위정책(Common Defense Policy: CDP)의 점진적 구상을 포함한 공동외교안보정책을 정의하고 이행할 권한이 있다.[104] 이 규정에 의거하여, 공동외교안보정책에 대한 유럽당국의 권한의 행사의 여지가 보다 확대되었다고 볼 수 있다. 그러나 공동외교안보정책에 관한 리스본조

유형의 권한간의 관계를 재정의함으로써 그 모호성을 제거하는데 중점을 두었다.
실무단의 견해에 의하면, 보충적 권한은 배타적인 EU의 권한과 동일한 성격을 가지는 것이 아니다. 보충적 권한의 경우, 유럽수준에서의 지원 및 조정조치의 도입 유무를 결정함에 있어 회원국이 전권을 가지고 있다(예: 학생교환의 확대를 위한 에라스무스프로그램).
위와 같은 제측면을 고려하여 실무단은 아래와 같은 몇 가지 견해를 표명하였다.
첫째, 그 의미를 보다 명확히 하기 위하여 '보충적 권한' 대신 '지원조치(supporting measures)'란 용어를 사용한다.
둘째, 동조치를 위하여 회원국의 국내법률은 EU법률을 대체할 수 없다.
셋째, 동조치는 오직 EU 및 회원국의 공동의 이해를 가지는 분야에만 적용할 수 있다.
넷째, 헌법조약은 동권한에 관한 별도의 타이틀을 포함해야 하며, 또한 동권한이 적용되는 개별 정책을 확정하여야 한다.
다섯째, 헌법조약상 회원국과 EU간 권한의 배분은 유연성의 정도를 방해해서는 안 된다. 이는 舊TEC 제308조를 계속 유지함으로써 보장될 수 있다. 하지만 이는 어떠한 상황 하에서라도 EU의 권한을 확대하는데 사용되어서는 아니 된다.

[100] TFEU 제2조 5항 1단 1문.
[101] TFEU 제2조 5항 1단 2문.
[102] TFEU 제2조 5항 2단.
[103] TFEU 제6조 (a)~(g).
[104] TFEU 제2조 4항.

약의 관련 규정을 살펴보면, 공동외교안보정책에 관한 한 여전히 회원국의 결정권이 강하게 작용하고, 유럽당국의 이에 대한 권한은 제한적으로 밖에 행사될 수밖에 없다는 것을 알 수 있다. '공동외교안보정책에 관한 특별규정'에 관한 TEU 제5편 제2장의 제24조 2단은 "공동외교안보정책에는 특별 규정 및 절차가 적용된다."(1문)고 하면서, 공동외교안보정책은 "제조약에서 달리 정하고 있지 않다면, 유럽이사회 및 이사회가 전원일치로 결정하고 실시한다."고 규정하고 있다. 이 점에서 볼 때, 공동외교안보정책 분야의 의결방식에 관한 한 리스본조약은 어떠한 진전도 이끌어내지 못한 셈이다. 만일 EU의 추가적인 확대가 행해지는 경우, 과연 향후 28개 이상의 모든 회원국들의 '전원일치'를 이끌어 내는 것이 현실적으로 용이할 것인가란 점에 대해서는 의구심을 떨칠 수 없다.

(5) 조정권한

EU는 경제 및 고용 분야에 있어 TFEU에 따라 EU이 가지는 결정의 범위 내에서 정책을 조정(coordination of national policies)할 수 있는 권한을 행사한다.[105] 이 권한에 의거하여, EU는 경제 및 고용정책을 위한 EU 차원의 가이드라인을 채택함으로써 회원국들의 정책을 조정하게 된다.

(6) 유연성조항

권한의 유형과는 별도로 리스본조약상 그 권한이 정해져 있지 않은 경우에 적용되는 '유연성조항(flexibility clause)'[106]은 그 권한의 분류를 보충하는 역할을 한다.

EU의 권한을 행사할 수 있는 범위와 방식은 개별 분야에 대한 리스본조약의 규정에 의해 정해지게 된다.[107] 그런데 제조약에 규정된 목표의 하나를 실현하기 위해 제조약에 규정된 정책 분야의 범위 내에서 EU의 행동이 필요하지만 제조약에는 이에 대한 필요한 권한이 정해져 있지 않은 경우, 이사회는 유럽의회의 동의를 얻은 유럽위원회의 제안에 의거하여 전원일치로 적절한 조치를 취해야 한다. 이 조치가 이사회에 의해 특별입법절차에 따라 채택되는 경우, 이사회는 마찬가지로 유럽의회의 동의를 얻은 유럽위원회의 제안에 의거하여 전원일치로 결정한다.[108] 또한 TEU 제5조 3항에 언급된 보충성원칙의 준수를 위한 감독절차를 사용하는 유연성조항에 의거한 제안에 대하여, 유럽위원회는 회원국 국내의회에게 주의를 환기시켜야 한다.[109] 지원권한에 대해 적용되는 것과 마찬가지로, 유연성조항에 의거한 조치는 제조약이 회원국의 법과 규정의 조화를 배제하고 있는 경우에는 이를 조화시

---

[105] TFEU 제2조 3항.
[106] '유연성조항'은 일명 '고무(줄)조항(rubber clause)'이라는 별명으로 불리고 있다.
[107] TFEU 제2조 6항.
[108] TFEU 제352조 1항.
[109] TFEU 제352조 2항.

키는 작업을 포함할 수 없다.[110] 그리고 유연성조항은 공동외교안보정책에 대해서는 일정한 제한이 있다. 즉, 유연성조항은 공동외교안보정책의 목표의 실현을 위한 기초로서 사용될 수 없고, 또 유연성조항에 따라 제정되는 행위는 공동외교안보정책에 대해 적용되는 리스본조약상의 제한[111]을 존중해야 한다.[112]

[표 2-4] EU 권한의 원칙과 유형

유형	적용 범위
원칙	권한 배분의 원칙
배타적 권한	① 관세동맹 ② 역내시장의 운영에 필요한 경쟁규칙의 확립 ③ 유로를 채택하고 있는 회원국을 위한 통화정책 ④ 공동어업정책에 있어 해양생물자원의 보전 ⑤ 공동통상정책
공유권한	① 역내시장 ② 사회정책 ③ 경제적·사회적 및 지역적 통합 ④ 해양생물자원의 보전을 제외한 농어업 ⑤ 환경 ⑥ 소비자보호 ⑦ 운송 ⑧ 범유럽운송네트워크 ⑨ 에너지 ⑩ 자유, 안전 및 사법지대 ⑪ 공중보건과 관련된 공동안전
지원권한	① 사람의 건강보호 및 증진 ② 산업 ③ 문화 ④ 관광 ⑤ 교육, 직업훈련, 청소년 및 스포츠 ⑥ 시민보호 ⑦ 행정협력
공동외교안보정책을 이행할 권한	① 공동방위정책 ② 공동외교안보정책
조정권한	① 경제정책 ② 고용정책

---

[110] TFEU 제305조 3항.
[111] CF. TEU 제40조.
[112] TFEU 제305조 4항.

4. EU의 권한과 보충성 및 비례원칙

(1) 권한과 보충성원칙의 관계

보충성의 원칙은 회원국과 EU 간 권한이 상호 공유될 수 있는 분야(예 : 환경)에 있어 가장 적절한 조치를 취할 수 있도록 보장하기 위하여 마스트리히트조약에 의하여 개정된 EC설립조약 제3B조(舊 TEC 제5조)에서 처음으로 도입되었다. 이 원칙은 조약상 제안된 행동 목표를 회원국들이 충분히 달성할 수 없고, 또한 그 제안된 행동의 규모나 효과로 인하여 EU가 더 잘 달성할 수 있는 경우에 EU가 자신의 배타적 권한의 범위에 속하지 아니하는 영역에서 그 부여받은 권한과 할당받은 목표의 범위 내에서 회원국의 국내적·지역적 차원의 문제를 해결하기 위해 적용된다. 즉, 동 원칙에 관한 규정은 만약 회원국이 개별적으로 조치를 취하는 것보다 EU 차원의 조치가 현실적으로 보다 효과적인 경우에 한하여 적용될 수 있었다. 이후, 동 원칙의 적용은 추가적인 입법에 의해 보완되었다. 하지만 오늘날 동 원칙의 적절한 적용 여부에 대한 법적 감시는 사법재판소에 의해서만 행해질 수 있을 뿐이다. 더욱이 입법 행위의 채택 이후에 행해짐으로써 그 적용 과정에서 나타나는 문제점에 대해서는 효과적인 대응이 용이하지 않다는 비판이 제기되었다.

이와 같은 비판을 수용하여, 리스본조약에서는 '보충성 원칙'은 '연합의 권한'에 관한 TEU 제1편 '공통규정' 제5조 3항에서 '비례원칙'과 더불어 권한 행사의 기본원칙의 하나로서 규정되어 있다. 보충성원칙이 문제되는 것은 EU의 '배타적 권한'보다는 주로 '공유권한'에 관한 분야이다.

TEU 제5조 3항은 위에서 언급한 보충성원칙의 적용에 대한 舊TEC 제5조의 내용을 그대로 수용하고 있다. 따라서 보충성원칙은 제안된 조치의 목표가 회원국에 의해서는 중앙, 지역 및 지방의 어떤 차원에서도 충분하게 달성될 수 없고, 오히려 제안된 조치의 규모 혹은 효과를 이유로 EU 차원에서 보다 효과적으로 달성될 수 있는 경우에는 적용된다.[113] 다시 말하여, 보충성원칙은 회원국들이 제안된 조치의 목표를 충분히 달성할 수 없고, 또한 그 제안된 조치의 규모나 효과로 인하여 EU가 더 잘 달성할 수 있는 경우에 EU가 자신의 배타적 권한의 범위에 속하지 아니하는 영역에서 그 부여받은 권한과 할당받은 목표의 범위 내에서 회원국의 국내적·지역적 차원의 문제를 해결하기 위해 적용된다. 또한 연합의 기관들(the Institutions of the Union)은 리스본조약에 부속된 '보충성 및 비례원칙의 적용에 관한 의정서(Protocol on the application of the principles of subsidiarity and proportionality)'에 규정된 바에 따라 보충성의 원칙을 적용해야 한다.[114] 이는 국내의회의 경우에도 동일하다. 즉, 국내의회는 동 의정서에 규정된 절차에 부합하여 보충성의 원칙을 적용해야 한다.[115]

---

[113] TEU 제5조 3항 1단.
[114] TEU 제5조 3항 2단 1문.
[115] TEU 제5조 3항 2단 2문.

(2) 권한과 비례원칙의 관계

비례원칙은 EU법의 법원으로 인정되는 '법의 일반원칙(general principles of law)'의 핵심적인 목록의 하나로 자리매김하고 있다.

EU법상 비례원칙은 공동농업정책에 관해서 규정하고 있는 EEC설립조약 제40조 제3항에서 직접적으로 유래한다. 즉, 동조에 의하면, 농업시장의 공동조직은 "(EEC)조약 제39조에 정의된 제 목적을 달성하기 위하여 모든 필요한 조치를 취할 수 있다."고 규정하고 있다.[116] 사법재판소도 다수의 판례를 통하여 이 원칙을 확인하고 있는데, Forges de Thy-Marcinelle et Monceu c. Commission 판결[117]에서, "제 기관은 그들의 권한을 행사하는데 있어 경제주체들에게 부과한 책임이 당국이 실현하고자 하는 목적을 달성하는데 필요한 범위를 초과하지 않도록 주의하여야 한다."고 판시하였다. 또한 Denkavit Nederland c. Hoofdproduktschap voor Akkerbouwprodukten 판결[118]에서도, "비례원칙은 공동체 제 기관의 행위는 추구하는 목적을 달성하기 위하여 적절하고 필요한 범위를 벗어나서는 안 된다."고 그 태도를 분명히 하였다.

위의 판례 등을 통하여 볼 때, 비례원칙은 유럽당국의 과도한 개입에 대하여 개인의 권리를 보호하는 역할을 한다는 것을 알 수 있다.[119] 물론 비례원칙을 적용하기 위해서는, 우선 개인적 이익 및 공공이익과 유럽당국의 자유재량권 행사 간의 갈등이 야기되어야 하며, 또 이들 간에 상관관계가 있어야 한다.[120] 이와 같은 조건을 충족하는 범위 내에서, 유럽의 일반적 이익에 비추어보아 추구하는 목적을 달성하기 위하여 필요한 조치를 제외하고는 유럽당국은 사인에게 의무를 부과할 수 없다고 할 것이다.

이와 같은 취지는 리스본조약에서도 명확하게 드러나 있다. 즉, TEU 제5조 4항은 "비례원칙에 따라 연합 조치의 내용 및 형식은 제조약의 목적을 달성하는데 필요한 한도를 넘을 수 없다."(1단)고 규정하여 리스본조약에 있어 비례원칙은 보충성원칙과 더불어 EU의 권한의 행사에 대한 가장 적절한 통제장치로서의 역할을 하게 될 것임을 알 수 있다. 또한 보충성의 원칙에서와 마찬가지로, 연합의 기관들은 리스본조약에 부속된 '보충성 및 비례원칙의 적용에 관한 의정서'에 규정된 바에 따라 비례원칙을 적용해야 한다.[121]

---

[116] Voy. Spitzer, J.-P., "Les principes généraux de droit communautaire dégagés par la Cour de justice des Communautés européennes," *Gazette du Palis, Doctrine* (1986(2e sem.)), pp.734-735.

[117] Arrêt de la Cour du 18 mars 1980, *Forges de Thy-Marcinelle et Monceu c. Commission*aff. jtes 26 et 86/79, Rec. p.1093.

[118] Arrêt de la Cour du 17 mai 1984, *Denkavit Nederland c. Hoofdproduktschap voor Akkerbouwprodukten*, aff. 15/83, Rec. p.2171 et s.

[119] Hartley, T.C., *European Community Law*, Second Ed., Clarendon Law Series, London : Oxford, Clarendon Press, 1989, p.146.

[120] Neri, S., "Le principe de proportionnalité dans la jurisprudence de la Cour relative au droit communautaire agricole," *RTDE* 17(1981), p.654.

제4절 유럽시민권

1. 서론

유럽'경제'공동체에서 볼 수 있는 바와 같이, 유럽의 통합은 정치·사회문화적 측면보다는 경제적 측면에 중점을 두고 진행되었다. 로마조약은 일찍이 사람의 자유로운 이동의 보장에 관한 규정을 두고 있었지만, 엄밀한 의미에서는 '정치·사회문화적 주체'로서의 시민에 대해서가 아니라 '경제주체'로서의 노동자와 법인의 자유로운 이동에 대해 규율하고 있었던 것이다. 이러한 맥락에서 본다면, 회원국(혹은 유럽공동체)의 시민들은 자유롭게 이동할 권리만이 아니라 정치·사회문화적 권리를 행사하는데 있어서는 일정한 제약 하에 놓여 있었던 셈이다.

유럽시민권(European Citizenship; citoyenneté européenne)의 개념은 1984년 퐁텐블로(Fontainebleau) 유럽이사회에서 처음 공식적으로 사용되었지만, 그에 관한 규정은 마스트리히트조약에 의해 처음으로 도입되었다. 마스트리히트조약에 의해 개정된 EC설립조약 제8조는 "연합시민권(citizenship of the Union)을 창설한다. 회원국의 국적을 가진 모든 사람은 연합의 시민이 된다."(1항)고 함으로써 비로소 '유럽시민권'에 대해 명시적으로 규정하였다. 이 후 암스테르담조약에 의해 일부 내용이 수정·보완되었다. 이를테면, 마스트리히트조약에서는 '연합시민권'과 '국가적 시민권'간의 상호관계에 관한 명시적 규정을 두고 있지 않았다. 그러나 암스테르담조약은 "연합시민권은 국가적 시민권을 보충하는 것이고, 이를 대체할 수 없다."[122]고 하여 양자의 상호관계를 명확히 하였다.[123]

舊TEC는 제17조에 의거하여 제18조~제22조에서 연합시민권의 구체적 목록을 제시하였으며, 리스본조약도 이를 수용하고 있다. 리스본조약도 기존 조약상 인정되고 있는 유럽시민권의 권리 내용을 거의 그대로 수용하고 있을 뿐 별다른 차이는 없다. 하지만 유럽헌법조약을 거쳐 리스본조약에 관한 논의가 진행되면서 기존의 유럽시민권의 권리로서의 법적 성격에 많은 변화가 있었다. 그 가운데 특히 유럽시민권의 부여 조건으로서의 국적에 대한 문제와 유럽시민권의 구체적 목록에 대해 분석할 필요가 있다.

2. 유럽시민권의 부여 조건: 회원국의 국적

유럽시민권을 부여하기 위한 선결조건은 유럽의 시민이라고 할지라도 하나 이상의 회원국의 국적을

---

[121] TEU 제5조 4항 2단.
[122] 암스테르담조약에 의해 개정된 EC설립조약 제17조 1항 후단.
[123] 유럽시민권의 개념과 그 상세한 내용에 대해서는, 김은경, "유럽연합시민권의 법적 개념과 그 의미", 유럽연구(한국유럽학회, 제17권, 2003년 여름), pp.305-326. 그리고 유럽통합 과정에서 유럽시민권을 둘러싸고 전개되는 다양한 논의에 대해서는, 한국유럽학회 유럽시민권연구단, 다양성과 정체성의 모색: 통합유럽과 유럽시민권(높이깊이, 2004), 463p.

취득하고 있어야 한다는 것이다. 리스본조약 제9조 2문은 "회원국의 모든 국민은 연합의 시민이다."고 규정함으로써 이를 명확히 하고 있다. 이 점은 유럽시민권에 대해 최초로 규정한 마스트리히트조약에 의해 개정된 EC설립조약도 동일한 입장을 취하고 있었다. 하지만 동조약 제8조 1항 2문은 단순히 "어느 회원국의 국적을 가진 모든 사람은 연합의 시민이 된다."고만 규정하여 '연합시민권'과 '국가적 시민권'간의 상호관계에 관한 명시적 규정을 두고 있지 않았다. 이 문제는 암스테르담조약에 의해 비로소 해결되게 되었다.

암스테르담조약에 의해 개정된 EC설립조약은 비로소 "연합시민권은 국가적 시민권을 보충하는 것이고, 이를 대체할 수 없다."[124]고 하여 양자의 상호관계를 명확히 하였다. 리스본조약도 이를 그대로 수용하고 있다. 하지만 리스본조약은 TEU 제9조 2문에서 "연합시민권은 국가적 시민권에 부가되며, 이를 대체할 수 없다."고 규정하고 있다. TEU는, 연합시민권은 국가적 시민권에 '부가된다(be additional)'에 함으로써 연합시민권은 국가적 시민권을 '보충한다(complement)'고 규정한 암스테르담조약보다도 양자의 관계를 한층 명확히 하고 있다.

위와 같이 연합시민권과 국가적 시민권과의 상호 관계를 명확하게 정립하려는 시도는 마스트리히트조약에서 리스본조약에 이르기까지 계속되고 있다. 그러나 여전히 소위 '이중시민권(double citizenship; la double citoyenneté)'의 문제, 즉 어느 회원국에 소속된 자는 유럽시민권과 국가적 시민권이란 두 개의 시민권을 소유하게 되어 이로 인해 양자의 상호관계는 어떠한가에 대한 문제는 해결되지 못한 채로 남아 있다. 舊TEC상 연합시민권에 관한 규정에 의하면, 관련 조항들은 국적과 시민권 개념의 분리를 의도하고 있다고 평가할 수 있다.[125] 그러나 상기 TEU 제9조 3문에서는 연합시민권은 국가적 시민권에 '부가'되고, 이를 '대체할 수 없다'고 규정하고 있다. 이에 따르면, 연합시민권은 회원국의 국적에 의거하여 부여되는 국가적 시민권에 부가되어 취득될 수 있을 뿐 이를 대체할 수 없다고 함으로써 양자의 관계와 그 한계를 명확하게 한정하고 있다. 결국 리스본조약도 유럽시민권의 취득을 위한 법적 연결점으로 '국적'을 전제조건으로 하고 있는 셈이다.

그렇다면 국적을 전제로 한 유럽시민권의 취득이란 문제는 리스본조약상 "국적을 이유로 한 모든 차별은 금지된다(any discrimination on grounds of nationality shall be prohibited)"고 규정한 TFEU 제18조의 '비차별주의(non-discrimination)'와 양립가능한가?

TEU 제2조는 "연합은 인간의 존엄성의 존중, 자유, 민주주의, 평등, 법의 지배 및 소수자의 권리를 포함한 인권 존중의 가치 위에 설립된다. 이 가치들은 다원주의, 비차별, 관용, 정의, 연대 및 남녀평등을 특징으로 하는 사회에 있어 회원국에 공통하는 것이다."고 하면서, TFEU 제18조는 "제조약의

---

[124] 암스테르담조약에 의하여 개정된 EC설립조약 제17조 1항 후단.
[125] Vlad Constantinesco, Robert Kovar & Denys Simon(sous la direction de), *Traité sur l'Union européenne (signé à maastricht le 7 février 1992) Commentaire article par article*(Economica, 1995), p.130.

적용 범위 내에서, 또한 제조약의 특정 규정을 침해하지 않는 범위 내에서 국적을 사유로 한 차별은 금지된다."(1단)고 규정하여 기본적 자유와 비차별주의의 상호관계에 대한 명확한 기준을 제시하고 있다. 더욱이 TFEU는 제2부 '비차별과 연합시민권(Part Two: Non-Discrimination and Citizenship of the Union)'이란 제하에 제18조~제25조를 두어 보다 구체적으로 시민권과 비차별주의의 상호관계에 대해 규정하고 있다. 즉, 유럽의회 및 이사회는 보통입법절차에 따라 '국적을 이유로 한 차별의 금지'를 규율할 수 있고,[126] 이사회는 특별입법절차를 이용하여 성, 인종 또는 민족의 기원, 종교 또는 신념, 장애, 나이 혹은 성적 지향에 의거한 모든 차별에 대항하기 위하여 적절한 조치(apppropriate action)를 취할 수 있다.[127] 또한 유럽의회 및 이사회는 회원국들에 의해 취해진 조치를 지원하기 위하여 보통입법절차에 따라 연합의 장려조치를 위한 기본원칙(the basic principles of Union incentive measures)을 수립할 수도 있다.[128]

그러나 위 규정들을 살펴보아도 국가적 시민권과 유럽시민권을 둘러싼 '이중시민권'에 대해 직접적으로 규율하고 있는 내용은 발견할 수 없다. 유럽시민권을 취득하기 위해서는 여전히 회원국의 국적이 그 전제조건이다. 다만 '그 국적에 따른 차별적 대우는 금지된다'고 하는 원칙적 기준만을 제시하고 있을 뿐이다. 결국은 유럽시민권의 취득에 있어 국적에 따른 차별적 대우의 금지의 문제는 유럽의회 및 이사회, 특히 후자의 광범한 재량범위 아래 놓인 셈이다. 아래에서 살펴보는 바와 같이, 연합시민권은 주로 유럽시민들의 정치적 권리의 행사와 그 보장을 주된 내용으로 하고 있으므로 회원국들의 동의와 협조 없이는 사실 그 원활한 실시와 보장이 어려운 것이 현실이다. 더욱이 TFEU 제19조 1항에 의하면, 이사회에 의한 상기 '적절한 조치'는 유럽의회의 동의를 얻은 후 '특별입법절차'에 의하여 채택되게 된다. 시민권의 보장 영역에 있어 유럽의회의 동의 절차를 둔 것은 환영할 만한 일이지만 '보통입법절차'가 아니라 이사회의 '특별입법절차'에 의한 의사결정절차를 둔 것은 여전히 아쉬움으로 남는다. 이사회에 의한 입법절차를 거쳐야 하지만 회원국의 의사가 강하게 반영될 수 있는 여지를 남겨둔 셈이다.

3. 유럽시민권의 내용과 문제점

TFEU 제20조 2항은 연합시민권의 구체적 내용에 대해 규정하고 있다. 동조 동조에 의하면, 연합의 모든 시민은 리스본조약에 의해 규정된 권리를 향유하고, 또 의무의 구속을 받게 된다. 보다 구체적으로는, 연합의 모든 시민들은 자유롭게 이동하고 거주할 권리, 선거권과 피선거권, 제3국에서 외교적 보호를 받을 권리 및 유럽의회 청원권, 유럽옴부즈맨 요청권과 리스본조약상 모든 언어로 연합의 기관·기구에

---

[126] TFEU 제18조 2단.
[127] TFEU 제19조 1항.
[128] TFEU 제19조 2항.

대한 질의권·회신권 등을 향유하게 되고, 그에 상응하는 의무의 구속을 받는다.[129] 리스본조약상 보장된 이 권리는 리스본조약과 그 적용을 위해 채택된 제 규칙에 의해 정의된 제 조건과 한계의 범위 내에서 행사된다.[130] 아래에서는 보다 상세하게 유럽시민권의 구체적 내용과 문제점에 대해 검토하기로 한다.

(1) 자유롭게 이동하고 거주할 권리

TFEU 제20조 2항 2단에 의해 보장되는 연합시민권의 첫 번째 목록은 '회원국의 영토 내에서 자유롭게 이동하고 거주할 권리'이다.[131]

이 권리는 연합시민권의 고유한 권리로서 처음 인정된 것은 아니다. TFEU 제26조 1항은 "연합은 … 역내시장을 설립하고, 그 운영을 확보하기 위한 조치를 취해야 한다."고 하면서, 내부국경이 없는 지역인 역내시장에서 "상품, 사람, 서비스 및 자본의 자유로운 이동을 보장"하고 있다.[132] 하지만 소위 '4대요소의 자유이동' 가운데 자유이동의 대상인 '사람'은 원칙적으로 노동자,[133] 자영업자[134] 및 그 가족들에 한정된다. 이와 관련하여 아래와 같이 수혜의 대상이 되는 직업별로 개별 2차입법이 채택되어 TFEU 관련 규정이 가지고 있는 흠결사항을 보완함과 아울러 자유롭게 이동하고 거주할 권리로서의 유럽시민권을 보충하고 있다.

① 유급 노동자(les travilleurs salariés)
- 공동체 역내에서의 노동자들의 자유로운 이동과 관련한 1968년 10월 15일자 이사회 규칙 1612/68[135]
- 고용 이후 일회원국의 영역에 체류할 노동자들의 권리와 관련한 1970년 6월 29일자 유럽위원회 규칙 1251/70[136]
- 회원국들의 노동자들과 그 가족들이 공동체 역내에 이동하고 체류하는데 있어 제한의 철폐와

---

[129] Cf. 유럽위원회가 유럽시민권에 대해 발표한 다음의 보고서를 참고하라. 유럽위원회 제1차 보고서(Premier rapport sur la citoyenneté de l'Union: COM (93) 702 final du 21 décembre 1993) & 제2차 보고서(Deuxième rapport de la Commission européenne sur la citoyenneté de l'Union) http://europa.eu.int/comm/internal_market/fr/update/report/citfr.htm#2
[130] TFEU 제20조 2항 2단.
[131] Cf. 유럽연합 기본권헌장 제45조.
 "1. 연합의 모든 시민은 회원국의 영토 내에서 자유롭게 이동하고 거주할 권리가 있다.
 2. 이동과 거주의 자유는 제조약에 따라 합법적으로 회원국의 영역에 거주하는 제3국 국민에게도 보장된다."
[132] TFEU 제26조 2항.
[133] TFEU 제45조~제48조.
[134] TFEU 제49조~제55조.
[135] JOCE L 257, p.2.
[136] JOCE L 142, p.24.

관련한 1968년 10월 15일자 이사회 지침 68/360[137]

② 비유급 노동자(les travailleurs non salariés)
- 비유급 경제활동이 종료된 이후 기타 회원국의 영역에 체류할 일 회원국의 시민의 권리와 관련한 1974년 12월 17일자 이사회 지침 75/34[138]

③ 설립(개업)의 자유를 향유하는 서비스 수령자
- 개업 및 서비스 제공에 있어 공동체 역내에서 회원국 국민들의 이동과 체류의 제한 철폐와 관련한 1973년 5월 21일자 이사회 지침 731/148[139]

④ 공공질서·공공안전·공중보건을 이유로 한 서비스공급의 자유 제한
- 공공질서·공공안전·공중보건을 이유로 외국인들의 이동과 체류의 제한이 정당화되는 특별조치의 조정에 관한 1964년 2월 25일자 이사회 지침 54/221[140]
- 상기 지침 54/221을 적용함에 있어 고용 종료 후 일 회원국 영역에 체류하고자 하는 노동자의 권리에 관한 1972년 5월 18일자 이사회 지침 72/194[141]
- 비유급 노동의 종료 후 기타 회원국의 영역에 체류하고자 하는 일 회원국 국민의 권리에 대한 상기 지침 64/221의 적용을 확대하는 1974년 12월 17일자 이사회 지침 75/35[142]

⑤ 아래의 세 가지 지침도 채택되었다.
- 직업활동이 종료된 후 유급 및 비유급 노동자의 체류권에 관한 1990년 6월 28일자 이사회 지침 90/364[143] 및 90/365[144]
- 학생의 체류권에 관한 1993년 10월 29일자 이사회 지침 93/96[145]

하지만 위와 같은 2차입법에도 불구하고, 현실적으로 연합시민의 입국 및 체류권은 여전히 상당히 복잡한 법률에 의해 규율되고 있는 실정이다. 즉, 입국과 체류에 필요한 충분한 자료를 제출할 수 없는 연합의 시민들은 자유롭게 이동하고 거주할 권리를 향유할 수 없다. 이와 같은 제한의 법적 근거는 TFEU 제21조 1항에서 발견할 수 있다. 동조 동항에 의하면, "모든 연합시민은 본 조약에서 규정하고 있는 한계 및 조건에 기속되어, 또한 이를 시행하기 위해 채택하는 조치의 범위 내에서 회원국 영토

---

[137] JOCE L 257, p.13.
[138] JOCE L 14, p.10.
[139] JOCE L 172, p.14.
[140] JOCE L 56, p.850.
[141] JOCE L 121, p.32.
[142] JOCE L 14, p.14.
[143] JOCE L 180, p.26.
[144] JOCE L 180, p.28.
[145] JOCE L 317, p.59.

안에서 자유롭게 이동·거주할 수 있는 권리가 있다."고 규정하고 있다. 다시 말하면, TFEU에 있어 유럽시민들의 자유로운 이동과 거주의 자유는 동 조약이 규정하고 있는 한계 및 조건, 이를 시행하기 위해 채택하는 조치 등의 범위 내에서 향유될 수 있으므로 불완전하고 제한적인 자유라고 볼 수 있다.

그러나 이와 같은 TFEU 제21조 1항에 의한 제한은 자유로운 이동에 대한 별다른 제한을 두지 않고, 오히려 상당히 폭넓은 자유를 인정하고 있는 아래의 동조약의 일부 조항의 내용과 배치된다.

먼저, TFEU 제20조 2항은 "모든 연합 시민은 제조약에 규정된 권리와 의무가 있다."(전단)고 규정하면서, 그 향유할 수 있는 권리로서 '회원국의 영토 내에서 자유롭게 이동하고 거주할 권리'((a)호)를 들고 있다. 이로서 '자유롭게 이동하고 거주할 권리'는 리스본조약에 의거하여 보장되는 연합시민들이 누리는 당연한 기본적 권리로 자리매김하게 되었다고 판단된다.

다음, TFEU 제21조 2항 및 3항은 연합시민들의 자유롭게 이동하고 거주할 권리에 대해 보다 구체적으로 규정하고 있다. 모든 연합 시민들을 위하여 자유이동과 거주권의 실행을 보다 용이하게 할 필요가 있다면, 유럽의회 및 이사회는 보통입법절차를 통하여 이 목적을 달성하기 위한 규정을 채택할 수 있다. 단, 이 때, 리스본조약이 이에 대한 조치를 채택할 권한을 부여하고 있는 경우에는 예외로 한다.[146] 마찬가지로 리스본조약이 달리 규정하고 있지 않다면, 이사회는 특별입법절차를 통해 사회보장 또는 사회적 보호에 관한 조치를 채택할 수 있다. 이 경우, 이사회는 유럽의회와 협의를 거친 후 전원일치로 결정해야 한다.[147]

이처럼 리스본조약은 자유롭게 이동하고 거주할 자유를 조약상 보장된 유럽시민의 당연한 기본적 권리로 인정하고 있다. 물론 사회보장 또는 사회적 보호에 대해서는 이사회가 특별입법절차를 통하여 이 목적을 달성하기 위한 조치를 채택할 수 있고, 그 채택을 위해서는 '전원일치'에 의해야 한다. 이 점은 당해 분야에 대한 조치를 채택하는 과정에서 여전히 회원국들의 입장이 강하게 반영되리라는 것을 보여준다. 다만 관련 조치를 채택하기 위해서는 반드시 유럽의회와의 협의를 거쳐야 한다. 이 절차를 둠으로써 그나마 리스본조약은 유럽의회를 통해 이사회의 권한 남용과 자의적 판단을 제어하기 위한 최소한의 장치를 마련하고 있다고 볼 수 있다.

(2) 선거권과 피선거권

TFEU 제20조 2항에 의해 보장되는 연합시민권의 두 번째 목록은 '유럽시민들의 선거권과 피선거권'이다. 다른 회원국에 거주하고 있는 유럽시민들은 회원국의 국민과 동동한 조건 하에 유럽의회 및 그들이 거주하고 있는 회원국의 지방선거에서의 선거권과 피선거권을 갖는다.[148]

---

[146] TFEU 제21조 2항.
[147] TFEU 제21조 3항.

유럽시민에 대한 유럽의회 및 지방선거에서의 선거권과 피선거권의 부여 여부는 국가주권과 불가분리의 관계에 있었으므로 연합의 시민의 지위와 관련하여 가장 민감한 문제 중의 하나였다. 이동의 자유를 향유하는 연합시민들에 대한 선거권 및 피선거권이 오직 지방 및 유럽의회선거에 대해서만 부여된 것만 보아도 알 수 있다.

TFEU 제22조 1항 및 2항 1문은 "국적 소유 국가 이외의 다른 국가에서 거주하는 모든 연합시민은 거주 국가의 국내 선거에 관하여 해당국의 국민들과 동일한 조건으로 선거권과 피선거권을 향유한다."[149]고 규정하고 있다. 그러나 동조 동항 2문에서 그 선거권과 피선거권은 "이사회가 특별입법절차에 따라 유럽의회와 협의를 거친 후 전원일치로 정하는 세칙에 따라 행사된다."고 하면서, 또한 동조 동항 3문에서는, 그 세칙에는 "회원국의 특별한 문제를 위하여 정당하다고 인정될 때는 적용유보조항을 둘 수 있다."고 규정하고 있다.

결국 이사회는 '전원일치'에 의해 이 권리에 대한 세부절차를 의결할 수 있을 뿐만 아니라 회원국들은 자국의 특유한 문제와 결부되는 경우에는 '적용유보조항'을 둘 수도 있게 됨으로써 '이중안전장치'를 마련하고 있는 셈이다. 다만, 이사회-유럽위원회-유럽의회 세기관간의 관계에 대해 TFEU 제22조에서는 이사회가 유럽위원회의 제안을 요함이 없이 당해 사안에 대해 단지 유럽의회와의 협의 후 전원일치로 의결한다고 규정하고 있다. 이 규정이 적용되는 분야가 유럽의회 및 유럽시민들이 거주하고 있는 회원국의 지방선거에서의 선거권과 피선거권에 관한 것이므로 반드시 유럽의회와 협의를 거치도록 하고 있다고 판단된다.

상기 TFEU 제20조 (b)호에 의해 부여된 권리의 실행을 위해 이사회는 이미 아래의 두 가지 지침을 채택하고 있다.

① 국적국이 아닌 다른 회원국에서 거주하는 연합 시민을 위하여 유럽의회의 선거권 및 피선거권의 이행방법을 정하는 1993년 12월 6일자 이사회 지침 93/109[150]
② 국적국이 아닌 다른 회원국에서 거주하는 연합 시민을 위하여 지방 선거권 및 피선거권의 이행방법을 정하는 1994년 12월 19일자 이사회 지침 94/80[151]

이 지침들은 선거권과 피선거권에 관한 공통원칙을 정하고 있는 반면, 다수의 문제점도 안고 있다. 첫째, 지침은 회원국들간 상이한 선거제도를 유럽차원에서 조화시키려는 시도를 하고 있다. 그 전형

---

[148] TFEU 제20조 2항 (b).
[149] 다만 유럽의회 선거에 대한 TFEU 제20조 2항은 동조 1항과 동일한 취지의 내용을 규정하고 있으나 '제22조 1항 및 그 실시규정을 침해하지 않는 범위 내에서' 모든 연합시민은 거주 국가의 유럽의회 선거에 관하여 해당국의 국민들과 동일한 조건으로 선거권과 피선거권을 향유한다고 정하고 있다.
[150] JOCE L 329, p.34.
[151] JOCE L 368, p.38. 이 지침은 오스트리아, 핀란드 및 스웨덴의 가입으로 1996년 5월 13일자 이사회 지침 96/30으로 개정되었음. JOCE L 122, p.14.

적인 예가 자국 국민과 다른 회원국 국민 간에 존재하는 국적에 의거한 차별의 금지이다. 위에서 살펴본 바와 같이, 비록 지방 및 유럽의회 선거권과 피선거권에 한정되고 있지만 이 권리를 행사하는데 있어 국적에 의거한 권리의 행사는 제한되지 않는다.

둘째, 지침은 다른 회원국에 거주하고 있는 시민들에게 그 회원국의 국민들과 동등한 조건 하에 선거권과 피선거권을 부여하고 있다. 하지만 유럽의회 선거의 경우, 이중 투표는 금지된다.[152] 즉, 다른 회원국에 거주하고 있는 시민들은 거주국 혹은 본국 가운데 어디서 선거권과 피선거권을 행사할 것인지를 선택해야 하는 것이다. 그 후 이 선택의 의무는 지침 94/80에 의해 일부 개정되어 다른 회원국에 거주하는 국민들이 선거권을 행사할 수 있는가의 여부에 대해 자율적으로 그 조건을 정할 수 있게 되었다.

셋째, 지침은 연합 시민들이 거주국의 국적을 가지고 있는가에 상관없이 동일한 대우를 요구하고 있다. 즉, 선거권은 그들의 거주기간을 고려하여 결정하며, 또 선거인명부의 등재도 차별적으로 취급되어서는 안 된다. 그러나 만일 본국에서 유럽의회 선거권이 박탈된 경우, 거주국에서도 그 권리는 당연히 박탈된다. 이 점에서 본다면, 유럽시민들의 선거권과 피선거권의 선택의 자유는 회원국들에게 맡겨져 있다고 볼 수 있다.

(3) 제3국에서 외교적 보호를 받을 권리

TFEU 제20조 2항에 의해 보장되는 연합시민권의 세 번째 목록은 '제3국에서 외교적 보호를 받을 권리'이다. 즉, 연합시민은 본인의 국가가 대표되고 있지 않는 제3국에서 다른 회원국의 외교·영사에 관하여 다른 회원국의 국민들과 동일한 조건 하에서 보호받을 권리를 가진다.[153] 이사회는 이 보호를 용이하게 하기 위하여 필요한 조정과 협력조치를 정하는 지침을 특별입법절차에 따라 유럽의회와 협의를 거친 후 채택할 수 있다.[154] 이 경우, 위에서 살펴본 자유롭게 이동하고 거주할 권리와 선거권 및 피선거권에서와는 달리 그 의사결정에 있어 반드시 '전원일치'를 요구하고 있지 않다. 이 권리는 제3국에서 자국민이 다른 회원국에 의해 외교적 보호를 받는 것이기 때문에 회원국들로서도 구태여 전원일치에 의한 의사결정제도에 의지할 필요가 적은 까닭이다.

하지만 이처럼 이 권리가 가지는 그 실용적 의미가 상당함에도 불구하고, 현실적으로는 여전히 이론적인 수준에 머물러 있는 실정이다. 현재까지도 회원국들은 연합시민들의 외교적·영사적 보호권에 관한 최소한의 공동기준에 대해 합의하지 못하고 있다. 따라서 사고, 중대질병, 체포, 구금 및 폭력 등에 의한 피해 등의 경우, 연합시민들이 영사적 보호를 받는 것은 현실적으로 많은 어려움이 따르게 된다.

---

[152] 이 금지는 1976년 9월 20일자 이사회 결정 76/787에 부속된 '직접보통선거에서 유럽의회의 대표를 선출하기 위한 협정'(JOCE L 278, p.1, 1983년 2월 1일자 이사회 결정으로 개정됨, JOCE L 33, p.15)에서 유래한다.
[153] TFEU 제20조 2항 (c).
[154] TFEU 제23조 2단.

이와 같은 문제점을 해결하기 위해 두 가지 결정이 채택되었는데, 외교적·영사적 대표에 의한 연합시민들의 보호에 관한 1995년 12월 19일자 결정 95/533[155]과 영사업무에 의해 채택되어야 할 실시 방법에 관한 결정이 바로 그것이다. 하지만 이 두 결정 역시 모든 회원국들이 그 적용에 필요한 절차를 채택해야만 효력을 발생하게 된다. 마찬가지로 1996년 6월 25일자 결정에 의해 '임시여행증의 교부에 관한 규칙(les régles d'établissement d'un titre de voyage provisoire)'[156]이 채택되었다.

(4) 유럽의회 청원권, 유럽옴부즈맨 요청권 및 연합의 기관·기구에 대한 질의권·회신권

TFEU 제20조 2항에 의해 보장되는 연합시민권의 네 번째 목록은 '유럽의회 청원권, 유럽옴부즈맨 요청권 및 연합의 기관·기구에 대한 질의권·회신권'이다. 즉, 연합시민은 유럽의회 청원권, 유럽옴부즈맨 요청권 및 헌법상 모든 언어로 연합의 기관 및 기구에 질의하고, 같은 언어로 회신 받을 권리를 가진다.[157]

이 권리는 TFEU 제15조에 규정된 일반 대중의 문서이용권(접근권)과 아울러 연합시민들의 유럽통합 과정 참가를 보장하기 위한 것이다.[158] 또한 이 권리는 유럽의 역할과 기능에 대한 일반 대중의 견해를 수용하기 위한 것이기도 하다. 특히 TFEU 제20조 2항 (d)호는 "… 시민에 대하여 가능한 한 공개적으로, 또 밀접하게 결정을 내림으로써 유럽인민들 사이에서 보다 긴밀한 연합을 창설"하겠다는 TEU 제1조의 '긴밀성의 원칙(principe de proximité)'의 취지를 반영하고 있다.

따라서 연합시민들은 유럽연합사법재판소를 비롯한 사법기구로의 접근과 더불어 비사법기구에 대한

---

[155] JOCE L 314, p.73.
[156] 96/409/PESC, JOCE L168, p.4.
[157] TFEU 제20조 2항 (d).
[158] TFEU 제15조
"1. 선량한 거버넌스를 추진하는 동시에 시민사회의 참가를 보장하기 위하여 연합의 기관, 조직 및 기타 부서는 공개의 원칙을 최대한 존중하며 행동한다.
2. 유럽의회는 공개로 회의를 개최한다. 이는 이사회가 입법행위안에 대하여 심의 또는 표결할 때는 이사회에게도 적용된다.
3. 연합시민, 나아가 회원국에 거소 또는 정관상의 소재지를 가지는 자연인 또는 법인은 누구든지 본항에 따라 정해진 원칙 및 조건의 유보 하에 연합의 기관, 조직 및 기타 부서의 문서는 그 형태를 묻지 않고 그에 대한 접근권이 있다.
문서에 대한 접근권의 행사를 위한 일반원칙 및 공적 또는 사적 이익에 기하여 적용되는 제한은 유럽의회 및 이사회가 보통입법절차에 따라 규칙으로 정한다.
기관, 조직 또는 기타 부서는 자신의 활동의 투명성을 보장하고, 제2단에 언급된 규칙에 따라 자신의 문서의 접근에 관한 특별규정을 각각 의사규칙에 정한다.
본항은 유럽연합사법재판소, 유럽중앙은행 및 유럽투자은행에 대해서는 행정적 임무를 수행하는 경우 한하여 적용된다. 유럽의회 및 이사회는 입법절차에 관한 문서가 제2단에서 언급한 규칙에 의해 정해진 조건에 따라 공개되도록 보장한다."

청원절차로서 유럽의회에 대해 제기하는 청원권과 옴부즈맨, 그리고 유럽연합 기관과 기구에 대한 질의권 및 회신권을 향유할 수 있는 것이다.

1) 유럽의회에 대한 청원권

유럽의회에 대한 청원권은 "모든 연합시민은 … 유럽의회에 청원할 수 있는 권리를 가진다."고 규정하고 있는 마스트리히트조약에 의해 개정된 EC설립조약 제8d조에 의해 명확하게 알려졌지만 사실 1953년부터 현실적으로 존재하고 있던 제도였다. 유럽석탄철강공동체 의회는 내부규칙 제156조~제158조에서 청원에 관한 규정을 두고 있었다.

TFEU 제24조 2단은 "모든 연합시민은 … 유럽의회에 청원할 수 있는 권리가 있다."[159]고 규정하고, 청원을 제기할 수 있는 자와 그 요건에 대해서는 동조약 제227조에서 구체적으로 명시하고 있다. 즉, 청원을 제기할 수 있는 자는 연합의 시민, 회원국에 거주하거나 사무소를 등록하고 있는 자연인 및 법인이다. 청원의 요건은 '연합의 활동 범위에 속하는 문제'여야 한다. 또한 청원의 주체는 당해 청원과 '직접적으로 관련이 있어야'한다.

리스본조약은 청원의 절차와 형식에 대해서는 별다른 규정을 두고 있지 않다. 반면 이에 대해 '유럽의회절차규칙(règlement de procédure du Parlement européen)' 제156조 2항은 청원자의 이름, 직업, 국적 및 주소를 적도록 요구하고 있다.

유럽의회 '청원위원회(Commission des pétitions)'가 발간하는 연례보고서에 따르면, 대다수의 청원이 사회·환경문제와 관련되어 있음을 알 수 있다. 청원자들의 국적에 의한 청원 비율은 유동적이나 독일국적을 가진 청원자가 상대적으로 많다.[160]

2) 유럽옴부즈맨 요청권

유럽차원에서 처음으로 옴부즈맨이 임명된 것은 1995년 7월 12일이었으며, 그 법적 근거는 "모든 연합시민은 … 옴부즈맨제도를 이용할 수 있다."고 규정한 마스트리히트조약에 의해 개정된 EC설립조약 제8d조였다.

TFEU 제24조 3단은 "모든 연합시민은 … 옴부즈맨을 요청할 수 있다."[161]고 규정하고, 청원을 제기

---

[159] Cf. 유럽연합기본권헌장 제44조: "회원국 내에 거주하거나 주소를 둔 연합의 모든 시민이나 자연인 또는 법인은 유럽의회에 청원할 권리가 있다."

[160] 청원위원회의 활동에 대한 상세한 내용은 다음 사이트를 참고할 것.
http://www.europarl.eu.int/committees/peti_home.htm

[161] Cf. 유럽연합기본권헌장 제43조: "회원국 내에 거주하거나 주소를 둔 연합의 모든 시민이나 자연인 또는 법인은 유럽연합사법재판소의 사법적 기능을 수행하는 경우를 제외한 연합의 기구나 기관의 행위가 부당한 경우 유럽옴부즈맨에 신고할 권리가 있다."

할 수 있는 자와 그 요건에 대해서는 동조약 제228조에서 구체적으로 명시하고 있다. 위의 청원권과 마찬가지로 옴부즈맨제도를 이용할 수 있는 자는 연합의 시민, 회원국에 거주하거나 사무소를 등록하고 있는 자연인 및 법인이다. 이 제도의 이용요건은 '연합의 기관, 기구 혹은 부속 기구의 잘못된 활동(maladministration in the activities of the Union institutions, bodies, offices or agencies)'과 관련된 문제여야 한다. 단, 유럽연합사법재판소가 심사하고 있는 사항에 대해서는 옴부즈맨제도를 이용할 수 없다.[162]

옴부즈맨은 혐의사실에 대하여 자발적으로 또는 자신에게 직접 제출되거나 유럽의회 의원을 통해 제출된 민원에 기초하여 근거가 있다고 판단되는 조사활동을 자신의 직무수행 조건에 따라 수행할 수 있다. 다만, 혐의사실이 소송절차의 대상이거나 소송절차에 계류 중인 경우는 조사활동에서 제외된다. 옴부즈맨이 공동체의 기관, 기구 혹은 부속기구가 잘못된 활동을 수행했다고 확정하는 경우에 이 문제를 해당 기관에 회부해야 하며, 해당 기관은 3개월 기간 이내에 자신의 의견을 옴부즈맨에게 통지해야 한다. 다음에 옴부즈맨은 유럽의회 및 해당 기관에 보고서를 제출해야 한다. 민원을 제기한 사람에게도 조사결과를 통지해야 한다.[163] 그리고 옴부즈맨은 연례 조사결과 보고서를 유럽의회에 제출해야 한다.[164]

옴부즈맨은 유럽의회의 선거가 있은 후에 의회의 임기와 동일한 임기로 선임되고, 연임할 수 있다.[165] 옴부즈맨은 그 직무수행에 필요한 조건을 더 이상 이행하지 않거나 중대한 위법행위를 범한 경우에 한하여 유럽의회의 요청에 따라 사법재판소의 사법적 판단에 의해서 해임될 수 있다.[166]

또한 옴부즈맨은 완전히 독립적인 지위에서 직무를 수행한다. 따라서 옴부즈맨은 직무수행과 관련하여 다른 기관으로부터 지시를 구하거나 받을 수 없을 뿐만 아니라 유급 여부를 불문하고 임기 중에 다른 직업에 종사할 수 없다.[167]

민원이 제기되게 되면, 옴부즈맨들은 독립적으로 조사절차를 진행하게 된다. 하지만 옴부즈맨들은 과연 공동체의 기관과 기구들이 '잘못된 행동'을 했는가에 대해 조사만 할 수 있을 뿐 그 시정을 강제할 수 있는 권한은 가지고 있지 못하다. 다만, 관련 기관과 기구들이 시정조치를 취하지 않을 때에는 EU법 차원의 사법절차를 이용하여 소송을 제기할 수 있다.

3) 본인이 선택한 언어로 연합의 기관·기구에 대한 질의권·회신권

연합시민들은 헌법상 모든 언어 중 하나를 사용하여 연합의 기관 및 기구에 질의하고, 같은 언어로

---

162) TFEU 제228조 1항 1단.
163) TFEU 제228조 1항 2단.
164) TFEU 제228조 1항 3단.
165) TFEU 제228조 2항 1단.
166) TFEU 제228조 2항 2단.
167) TFEU 제228조 3항.

회신 받을 권리를 가진다.168) 다시 말하여, 연합시민들은 누구나 본인이 선택한 언어로 연합의 모든 기관·기구에 대해 질의하고, 또 같은 언어로 회신을 받을 권리를 향유할 수 있다.

이 권리는 '연합 기관의 업무의 투명성'에 관한 TFEU 제15조와 직접적인 관련을 맺고 있다. 동조에 의하면, "선량한 거버넌스(une bonne governance; good governance)를 증진하는 동시에 시민사회의 참가를 보장하기 위하여 연합의 기관, 조직 및 기타 부서는 공개의 원칙을 최대한 존중하며 행동한다."(1항)고 규정하여 연합의 제기관이 그 업무를 수행하는데 있어서 견지해야 할 투명성원칙에 관해 선언하고 있다. 이 원칙에 의거하여 "연합시민, 나아가 회원국에 거소 또는 정관상의 소재지를 가지는 자연인 또는 법인은 누구든지 본항에 따라 정해진 원칙 및 조건의 유보 하에 연합의 기관, 조직 및 기타 부서의 문서는 그 형태를 묻지 않고 그에 대한 접근권이 있다."(3항 1단)169)고 함으로써 연합시민들의 문서이용권을 보장하고 있다.170) 문서이용에 관한 일반원칙과 그 한계는 유럽의회 및 이사회가 보통입법절차에 따라 제정하는 규칙에 의해 정해지게 되며(3항 2단), 각 기관, 기구 및 부속기구는 그 이용에 관한 특별규정을 의사규칙에 정해야 한다(3항 3단).

문서에 대한 접근권은 보다 넓은 의미에서 모든 연합시민들이 그 자신이 선택한 언어를 사용하여 질의하고, 회신을 받을 권리와도 밀접한 관련을 갖고 있다.171) 청원권 및 옴부즈맨 요청권과 마찬가지로 질의권 및 회신권에 있어서도 이 권리의 주체는 '모든 연합시민'으로서 '연합의 모든 기관(예, 유럽의회, 유럽이사회, 이사회, 유럽위원회, 유럽연합사법재판소, 회계감사원) 및 기타 기구(예: 경제사회이사회, 지역위원회, 유럽투자은행)'에 대해 이 권리를 행사할 수 있다.172)

마지막으로 연합시민들은 'TEU 제55조 1항에 명시된 언어'173)로 질의권 및 회신권을 행사할 수 있다. TEU 제55조는 총 23개의 언어를 들고 있으나 이것은 단지 '예시(un exemplaire unique)'에 불과하다고 볼 수 있다. 따라서 동조에 열거된 이외의 소수민족의 언어를 사용하여 질의하고 회신을 받는 것도 가능하다고 보아야 한다. 그러나 과연 현실적으로 이에 대해 얼마나 적절한 회신을 해줄 수 있을 것인가에 대해서는 여전히 의문이 남는다.

---

168) TFEU 2항 d).
169) 연합시민들이 이용할 수 있는 문서는 유럽연합사법재판소와 유럽중앙은행에서 발행한 것도 포함된다. 단, 이들 기관이 행정적 기능(fonctions administratives)을 수행한 문서에 한한다. 유럽헌법조약 제Ⅲ-399조 1항 2문. 이에 반해, 유럽의회와 각료이사회는 입법절차와 관련된 문서의 공표를 보장함으로써 시민들이 자유롭게 문서에 접근할 수 있도록 해야 한다. 유럽헌법조약 제Ⅲ-399조 2항.
170) 관련 사례로서 다음의 사건 참고. 1998년 6월 17일자 일심재판소 판결, T-174/95, *Svenska Journalistförbundets c. Conseil*, Rec., p. II-2289; 1998년 3월 3일자 명령, T-610/97, *Carlsen e.a. c. Conseil*, Rec., p. II-485.
171) Cf. 유럽연합기본권헌장 제 42조: "회원국 내에 거주하거나 주소를 둔 연합의 모든 시민이나 자연인 또는 법인은 유럽의회, 이사회 및 유럽위원회의 문서에 접근할 수 있는 권리가 있다."
172) TFEU 제24조 4단.
173) *Ibid*.

제3장

유럽연합의 사법질서

제1절 유럽연합법의 기본원칙

1. 서론

EU법이란 "28개 회원국으로 구성된 EU 영역에 적용되는 독자적인 법질서"를 말한다. EU법을 이렇게 개념 정의하는 경우, EU법의 적용 범위와 '독자적 법질서'의 의미에 대한 설명이 필요하다.

먼저, EU법의 적용 범위는 어디까지인가의 문제를 검토할 필요가 있다. 다만, EU법의 적용 범위를 검토하기 위해서는 그 대상이 되는 EU법의 내용이 우선 확정되어야 한다.

리스본조약은 EU법에 대한 명시적 개념 정의를 두지 않고 있다. 따라서 EU법의 체계는 법해석론 내지는 유럽연합사법재판소의 판례에 의거하여 그 존재형식으로서의 법원(sources of law)의 목록을 구성할 수밖에 없다.

EU법은 존재형식으로 나누면 1차법원과 2차법원으로 나눌 수 있다. EU법의 1차법원은 EU(EC)의 설립문서에 해당하는 기본조약으로 구성된 성문법원과 유럽연합사법재판소 판례에 의해 형성된 불문법원으로 이루어져 있다.

1차법원은 ECSC·EEC(EC)·Euratom의 세 공동체를 설립하는 조약, 기관통합조약(Merger Treaty)·예산조약(Budgetary Treaties)·단일유럽협정·마스트리히트조약·암스테르담조약·니스조약 및 리스본조약 등으로 주로 EU법의 '헌법적 문서'로 이루어져 있다. 그리고 불문법원으로서 판례에 의해 확립된 '법의 일반원칙'도 1차법원에 포함된다. 조약상으로는 회원국법에 공통한 '법의 일반원칙'으로 두 가지, 즉 EU의 비계약책임과 유럽중앙은행 및 그 직원의 직무상 손해배상책임에 대해서만 규정되고 있다.[1] 그 외의 경우는 판례에 의해 확립된 것으로 기본적 인권의 보호,[2] 법적 안정성의 원칙[3] 및 비례원칙[4] 등이 법의 일반원칙에 해당한다.

---

[1] TFEU 제340조.
[2] Case 29/69 *Stauder v. Ulm* [1969] ECR 419, at 425.
[3] Case 43/75 *Defrenne v. Sabena* [1976] ECR 455, at 481.
[4] Case 5/73 *Balkan-Import-Export v. Hauptzollampt Berlin-Packhof* [1973] ECR 1091, at 1110.

2차법원은 기본조약을 근거로 하여 제정된 2차입법으로서 TFEU 제288조에서 그 형태와 성질에 대해 규정하고 있다. 법적 구속력을 가진 것은 규칙(regulation), 지침(directive), 결정(decision)의 3종류이고, 권고(recommendation)와 의견(opinion)의 2종류는 원칙적으로 법적 구속력이 없다. 2차입법은 당해 입법형식에서 정한 날부터 발효된다. 만일 발효일이 정해져 있지 않는 경우에는 관보에 게재된 날로부터 20일 후에 발효된다.[5] 1차법원에 해당하는 기본조약이 규정하고 있는 EU의 목적을 달성하기 위해 각 정책 분야에서 막대한 수의 2차입법이 제정되어 EU법의 실질적 내용을 구성하고 있다. 또한 이 외에도 EU와 제3국 사이에 체결한 국제조약도 2차법원으로서 EU법의 법원이다.

이처럼 리스본조약은 EU법의 개념 정의에 관한 규정은 두지 않고 있으나, 제조약(TEU와 TFEU)이 적용되는 영역(territorial scope of the treaties)에 대해서는 구체적으로 명시하고 있다.

TEU 제52조에 의하면, 제조약은 "벨기에왕국, 불가리아공화국, 체코공화국, 덴마크왕국, 독일연방공화국, 에스토니아공화국, 아일랜드, 그리스공화국, 스페인왕국, 프랑스공화국, 이탈리아공화국, 사이프러스공화국, 라트비아공화국, 리투아니아공화국, 룩셈부르크공국, 헝가리공화국, 몰타공화국, 네덜란드왕국, 오스트리아공화국, 폴란드공화국, 포르투갈공화국, 루마니아, 슬로베니아공화국, 슬로바키아공화국, 핀란드공화국, 스웨덴왕국 및 영국·북아일랜드에 적용"된다(1항). 그리고 그 구체적인 적용 영역에 대해서는 TFEU 제355조에서 상세하게 정하고 있다(2항).[6]

---

[5] TFEU 제297조.
[6] TFEU 제355조: "제조약의 영토 범위에 관한 유럽연합조약 제52조의 규정에 덧붙여 아래의 규정이 적용된다.
  1. 제조약의 규정은 제349조에 따라 과다루프, 프랑스령 기아나, 마르티니크, 레위니옹, 셍 바르테레미, 셍 마르텡, 아조레스제도, 마데이라 및 카나리제도에 적용된다.
  2. 부속서 II에 열거되는 해외지역·영토에는 제4부에서 정한 특별협력협정이 적용된다.
     제조약은 상기 부속서 II에는 열거되어 있지 않은 대영제국 및 북아일랜드와 특별관계가 있는 해외지역·영토에는 적용되지 않는다.
  3. 제조약의 규정은 대외관계를 회원국이 대리하는 유럽의 영토에는 적용된다.
  4. 제조약의 규정은 오트리아공화국, 핀란드공화국 및 스웨덴왕국의 가입 조건에 관한 협정에 대한 제2의정서상의 예외규정에 따라 올랜드제도(Åland Islands)에 적용된다.
  5. 유럽연합조약 제52조 및 본 조 제1항 내지 제4항과는 달리
     (a) 제조약은 패로에제도(Faeroe Islands)에는 적용되지 않는다.
     (b) 제조약은 사이프러스에 있어 영국의 주권영역인 아크로티리(Akrotiri) 및 데켈리아(Dhekelia)에 적용된다. 단, 이는 체코공화국, 에스토니아공화국, 사이프러스공화국, 라트비아공화국, 리투아니아공화국, 헝가리공화국, 말타공화국, 폴란드공화국, 슬로베니아공화국 및 슬로바키아공화국의 유럽연합에 대한 가입 조건과 관련한 협정에 부속된 사이프러스에 있어 영국·북아일랜드의 주권 영역에 관한 의정서에 규정된 협정을 동 의정서에 따라 실시하는데 필요한 때에 한하여 적용된다.
     (c) 제조약은 카나리아제도 및 만섬(Channel Islands and the Isle of Man)에 적용된다. 단 이는 1972년 1월 22일자로 서명된 유럽경제공동체 및 유럽원자력공동체에 대한 신입 회원국의 가입과 관련한 조약에 규정된 상기 카나리아제도 및 만섬을 위한 협정을 실시하는데 필요한 때에 한하여 적용된다.
  6. 유럽이사회는 해당 회원국의 발의에 의거하여 제1항 및 제2항에 언급된 덴마크, 프랑스, 네덜란드 지역

TEU 제52조와 TFEU 355조에 명시된 리스본조약의 적용 범위는 별다른 상황의 변경이 없는 한 EU법이 적용되는 영역이라고 할 수 있다. 따라서 EU법이란 이 영역에 적용되는 '독자적 법질서'인 것이다.

다음은, '독자적인 법질서(its own legal order)'로서의 EU법의 성격을 어떻게 이해할 것인가의 문제이다. EU법질서의 성격에 대해 처음으로 명확한 입장이 표명된 것은 1963년 사법재판소에 의한 van Gend en Loos 사건 판결이다. 이 판결에서 사법재판소는 "공동체는 국제법의 새로운 법질서로서 회원국은 한정된 영역에 관한 것만 언급할 수 있으며, 공동체를 위해서 주권을 제한하므로 공동체의 대상은 회원국과 그 국민의 쌍방에 의해 성립한다."고 판시하였다.[7] '공동체는 국제법의 새로운 법질서'라는 문언에서 보듯이 EU(EC)법질서의 성격에 대하여 초기 유럽사법재판소의 입장은 적어도 EU법을 국제법의 일부라고 이해하고 있었다. 그러나 그 이듬해인 1964년 Costa v. ENEL 사건 판결부터 사법재판소는 '국제법의'라는 표현을 더 이상 사용하지 않고 EU법질서의 독자성을 강조하고 있다. 즉, 사법재판소는 "EEC설립조약은 통상의 국제조약과 달리 독자적인 법제도(its own legal system, its own system of law)를 창출한 것으로 본다."는 입장을 취하고 있다.[8]

그러나 이처럼 EU법의 '독자성'을 인정한다고 하더라도 EU와 그 법질서가 연방 또는 연방법이 아닌 이상 EU법 가운데에는 국제법적 요소가 포함되어 있을 수밖에 없다. 보다 정확하게 말한다면, EU법은 연방법의 수준에는 이르지 못하고, '연방법적 요소'(예: EU 독자의 기관에 의한 입법·EU법의 회원국법에 대한 우위·유럽연합사법재판소에 의한 EU 기관 및 회원국의 행위에 대한 사법심사 등)를 포함한 '독자적 법질서'라고 표현하는 것이 정확할 것이다. EU의 권한행사 측면에서 보아도 회원국의 주권이 EU에게 이양되고 배타적 권한이 행사되는 분야를 제외한다면, EU와 회원국, 또는 회원국이 여전히 독자적 권한을 행사하는 정책이 상호 공존하고 있다. 따라서 EU법서를 이해하기 위해서는 'EU법'과 '회원국의 국내법' 양자의 관계를 명확하게 이해할 필요가 있다.

EU법은 그 자체가 독립된 하나의 법질서라는 점은 이미 언급한 바와 같다. 그러나 EU법은 회원국 국내법질서와 별개로 또는 관계없이 성립할 수 없다.[9] EU법은 회원국법질서의 불가결한 일부를 구성하며, 회원국의 국내법원에 의하여 적용된다. 그 결과, EU법과 회원국법의 내용이 상호 모순 또는

또는 영토의 연합에 대한 지위를 변경하는 결정을 제정할 수 있다. 유럽이사회는 유럽위원회와 협의 후 전원일치로 결정한다."

[7] Case 26/62 *van Gend en Loos v. Nederlandse Administratie der Belastingen* [1963] ECR 1, at 12.
[8] Case 6/64 Costa v. ENEL [1964] ECR 585, at 593; Case 14/68 *Wilhelm v. Bundeskartellant* [1969] ECR1, at 14.
[9] Costa v. ENEL 사건 판결은, EU법은 "(EC)조약 발효 시부터 회원국의 법제도의 불가결한 일부가 되며, 회원국법원은 그것을 적용할 의무를 진다."라고 판시하여, EU법이 회원국법의 불가결한 일부를 구성하여 회원국의 국내법원에 의해 적용되는 것을 명확히 하고 있다. Case 6/64 *Costa v. ENEL* [1964] ECR 585, at 593.

저촉하는 일이 발생하게 된다.

　유럽연합(EU)법과 회원국 국내법과의 관계를 검토해보면, EU법의 특징이 여실히 드러남을 알 수 있다. 그 특징을 크게 두 가지로 대별해보면, 첫째, EU법은 회원국에서 직접 적용되며, 또한 국내법과 저촉하는 경우에 EU법은 우위에 선다고 하는 것이다. 이것이 바로 EU법의 직접적용성(direct applicability)과 회원국 국내법에 대한 우위의 원칙(principle of primacy)으로서 종종 EU의 '초국가성(supranationality)' 혹은 그 법적 성격으로서 EU법의 '초국가법(supranational law)' 논의를 불러 일으키는 주된 이유이기도 하다. 그리고 두 번째 특징은 소위 직접효과(또는 효력)(direct effect)로서 회원국 내의 개인은 국내법원에서 소송 중에 자신의 권리보호를 위해 EU법을 원용할 수 있다. 이 두 가지 특징은 모두 유럽연합사법재판소의 판례에 의해 확립된 것이다. 양자는 상호 영향을 미치고 있고, 회원국에서 EU법의 집행을 강화하는데 공헌하였다. 게다가 사법재판소는 지침의 간접효과·EU법의 유효성 등의 제이론을 확립하여 왔다.[10]

　그런데 EU법을 특징짓는 직접적용성과 우위의 원칙 및 직접효과는 회원국의 국내법의 존재를 전제로 하고 있다. EU법은 그 자체가 하나의 독립된 법질서이지만 이는 회원국의 국내법질서와 무관계하게 존재하는 것은 아니다.[11] EU법은 회원국법질서의 불가결한 일부를 구성하며, 회원국의 국내법원에 의하여 적용된다. 그 결과, EU법과 회원국법의 내용이 상호 모순 또는 저촉하는 일이 발생하게 된다. EU법의 회원국법에 대한 우위를 그 내용으로 하는 EU법 우위의 원칙은 양법의 상호 모순 또는 저촉을 해결하는 역할을 하게 되는 것이다.[12]

　이러한 점은 사법재판소의 판례를 통해 확립된 직접효과이론에 있어서도 그대로 적용된다. 만일 일정 요건을 만족시킨다면, EU법은 국내법원(즉, 국내법질서)에서도 직접적인 법적 효력을 발생하게 되는 것이다. 그리고 여기에서 더 나아가 직접효과를 발생시키지 않는 EU법에 대해서도 그 간접효과(indirect effect)를 긍정함으로써 EU법의 국내법 해석에 대한 영향력을 인정하고 있기도 하다.[13]

　이처럼 EU법의 회원국의 국내법에 대한 우위원칙과 직접효과는 EU법의 성격을 특징지우는 2대원칙이라고 할 수 있다. 양자는 상호 밀접한 관계를 가지면서 회원국에서 EU법의 집행을 강화하는데 공헌하였으며, EU법이 명실 공히 회원국법에 우위하는 법질서로서 기능하는데 지대한 역할을 하고 있다.

---

[10] 졸저, 유럽연합법(한국학술정보, 2005), pp.65-66.
[11] Case 6/64 *Costa v. ENEL* [1964] ECR 585, at 593.
[12] 졸저, 유럽연합법, 상게서, p.66.
[13] *Ibid.*, p.67.

2. 독립적 법질서로서의 EU법: 국제법상 의의

국제법상 EU법은 어떠한 의미를 가질까? 다시 말해서, 흔히 EU법은 '독립적 법질서'라고 간주되는데, 국제법상 그 의의는 무엇일까?

1963년 Van Gend en Loos 사건 판결에서 사법재판소는, "공동체는 국제법의 새로운 법질서로서 회원국은 한정된 영역에 관한 것만 언급할 수 있으며, 공동체를 위해서 주권을 제한하므로 공동체의 대상은 회원국과 그 국민의 쌍방에 의해 성립한다."고 판시하여, EU법질서의 성격을 명확히 하였다.[14] 이 판결에서 "공동체는 국제법의 새로운 법질서이다(The Community constitutes a new legal order of international law)."라는 표현을 사용함으로써 사법재판소가 EU법을 국제법의 일부인 것으로 이해하고 있다는 해석을 할 수 있다. 그러나 그 이후의 판결에서는 이 '국제법의'라고 하는 부분은 언급되지 않음으로써 EU 법제도의 독자성에 그 중점이 옮겨지게 되었다. 이를테면, 1964년에 내려진 Costa v. ENEL 사건 판결에서 사법재판소는 "통상의 국제조약과 달리 EEC설립조약은 그 발효 때부터 회원국의 법체계를 통합하고, 회원국의 법원에게 그 적용 의무를 부과하고 있는 독자적인 법질서를 창설하였다."고 판시하였다.[15] 이 판결 이후부터 사법재판소는 EEC설립조약은 통상의 국제조약과는 달리 그 자신의 고유의 혹은 독자적인 법제도(its own legal system, its own system of law)를 창출한 것으로 본다는 입장을 견지하고 있다.[16]

그렇다면 위와 같은 특징을 가지는 EU법은 일반적인 측면에서 국제법과 어떠한 차이가 있을까? 다음과 같이 세 가지 측면에서 국제법과 구별된다.

첫째, EU법은 그 자체의 입법, 행정 및 사법기관에 의해 운영되는 법체계를 형성하고 있다. EU는 입법, 행정 및 사법을 담당하는 4대 기관이 있는데, 바로 유럽이사회, 유럽위원회, 유럽의회 및 유럽연합사법재판소이다. 먼저, 입법과 관련하여, 리스본조약상 정해진 입법절차에 따라 보통입법절차, 특별입법절차 및 개별입법절차의 세 가지로 나뉘어 입법행위가 진행된다. 이 가운데 가장 핵심적인 것은 기존의 공동결정절차에 해당하는 보통입법절차로서 주로 유럽위원회-유럽이사회-유럽의회 세 기관의 배분된 역할에 따라 입법행위가 채택된다. 다음은 행정으로서 주로 유럽위원회가 담당한다. 유럽위원회는 1명의 위원장과 27명의 위원으로 구성되어 있으며,[17] 1명의 위원이 하나 이상의 총국(Directorate General: DG)을 맡고 있다. 유럽위원회의 1차적 임무는 '유럽공동체의 일반적 이익'을

---

[14] Case 26/62 *van Gend en Loos v. Nederlandse Administratie der Belastingen* [1963] ECR 1, at 12.
[15] Case 6/64 *Costa v. ENEL* [1964] ECR 585, at. 593.
[16] 예를 들어, Case 14/68 *Wilhelm v. Bundeskartellant* [1969] ECR1, at 14
[17] 그러나 2014년 11월 1일부터 유럽위원회의 구성에는 중대한 변경이 있게 되는데, "전원일치로 행동하는 유럽이사회가 그 수를 변경하는 결정을 하지 않는 한" 현재보다 3분의 2에 해당하는 수의 위원으로 줄어들게 된다. TEU 제17조 5항 1단. 이에 대한 상세한 내용은 본서 제4장 제4절 2. '유럽위원회의 조직과 기능' 부분 참고.

수호하는 것이고, 이를 위하여 제설립조약을 수호하는 동시에 집행부 및 정책제안자로서의 역할을 수행하고 있다. 마지막 세 번째는 사법으로서 28명의 재판관과 8명의 법무관(Advocate General: AG)으로 구성되는 유럽연합사법재판소와 역시 28명의 재판관으로 구성된 보통재판소(General Court: GC)가 있다. 이 외에도 2005년 업무를 시작한 EU공무재판소(EU Civil Service Tribunal: CST)가 운영되고 있다.

둘째, EU법은 통상의 국가와 같은 입법, 행정 및 사법이라고 하는 소위 三部體制의 바탕 위에서 운영되고 있다. 이와 같은 측면에서 EU의 법적 형태 혹은 성격을 '초국가적 체제(supranational regime)' 혹은 '준연방주의(quasi-federalism)'라고 지칭하고 있으나 아직까지는 완전한 형태의 연방국가(federal state)의 수준에는 이르지 못하고 있다. 하지만 이 문제는 아래에서 고찰하는 EU법의 직접적용성 혹은 우위의 원칙과 밀접한 관련을 맺고 있다. 하지만 EU법의 특징과 관련하여 중요한 것은 EU법은 직접적으로 효력을 가진다는 점이다. 즉, EU법이 회원국에서 적용되는 경우에 국내법으로의 변형(transformation)을 필요로 하지 않고, 회원국의 국내법과 동일한 방법으로 국가기관 및 개인을 구속한다.

셋째, EU가 EU법의 해석 및 적용을 담당하는 독립적인 법원(재판소)인 유럽연합사법재판소가 설치·운영되고 있다. 유럽연합사법재판소는 국제법상 재판제도에는 없는 여러 특징을 가지고 있는데, 그 가운데서도 유럽연합사법재판소는 강제관할권을 갖고 있다는 점이 언급되어야 한다. 유럽연합사법재판소의 강제관할권은 회원국뿐만 아니라 EU의 각 기관 및 개인(법인 포함)에게도 미치는 것이다. 이를테면, EU 제기관의 불법행위에 대한 개인의 제소권, 혹은 회원국의 조약상 의무불이행에 대한 유럽위원회의 제소권 등이 인정되고 있다.[18] 이와 같은 권리는 통상의 국제재판제도와는 본질적인 차이를 보이고 있다.

3. EU법의 회원국법에 대한 우위의 원칙

EU법이 독립적인 법질서를 구축하고 있다고 가정하더라도 만일 EU법과 회원국의 국내법이 충돌할 때 과연 어느 법이 우선하여 적용되어야 하는가? EU법상 이 문제는 '우위의 원칙' 이론에 의거하여 해결하고 있다.

EU법의 우위의 원칙에 관한 이론은 주로 유럽연합사법재판소의 판례에 의해 확립되었고,[19] 제설립

---

[18] EU의 사법제도에 대해서는, 김대순, EU법론, 상게서, pp. 421-588.
[19] 이 때문에 사법재판소는 1964년의 Costa v. ENEL 사건 판결에서 조약의 정신과 목적에 비추어 해석함으로써 이 원칙을 도출했다. 동 판결이 조문상의 근거로 지적한 것은 EEC설립조약 제10조 및 제249조이다. 제10조는 회원국이 공동체의 목적달성을 위태롭게 하는 조치를 취하는 것을 금지하고 있다. EC는 공동시장의 설립을 그 중심에 두고 여러 가지 목적달성을 그 임무로 하고 있지만 이들의 목적달성은 EC법이 각 회원국에서 일률로 적용됨으로써 비로소

조약은 이에 대한 명확한 명문의 규정을 두고 있지 않다. 하지만 EU법의 우위(의 원칙)에 의하여 만일 EU법의 일 규정이 EU 시민에 대해 직접적 권리와 의무를 부여하면 어떤 일이 발생하는가, 즉, EU법상 특정 규정이 회원국의 국내법 규칙과 충돌하는 경우 어떻게 할 것인가의 문제이다.[20]

이와 같은 측면에서 우위의 원칙은 크게 두 가지 의미로 사용되고 있다. 첫째, 좁은 의미로는 우선적용원칙을 의미한다. EU법의 회원국 국내법에 대한 우위란 EU법이 발효한 시점에 존재하는 모순된 내용을 가진 회원국의 국내법의 적용을 자동적으로 배제할 뿐만 아니라, 그 후에 EU법과 모순하는 회원국의 국내법이 유효하게 제정되는 것도 불가능하게 하는 것을 의미한다.[21] 따라서 직접효과가 있는 EU법과 국내법이 저촉할 때 EU법이 우선하여 적용되게 되는 것이다. 둘째, 넓은 의미로는 우위의 원칙은 헌법적 의미를 가진다. EU법은 회원국의 국내법과 별개로 존재하는 법질서가 아니라 양자는 밀접한 관련을 맺고 있다. 하지만 각 회원국의 국내법보다는 EU법은 상위의 법체계를 구성하고 있다. Costa v. ENEL 사건 판결에 의하면, EU법은 "(EC)조약 발효 시부터 회원국의 법제도의 불가결한 일부가 되며, 회원국 법원은 그것을 적용할 의무를 진다."라고 판시하여, EU법이 회원국법의 불가결한 일부를 구성하여 회원국의 국내법원에 의해 적용된다는 것을 명확히 하고 있다.[22] 비록 이 사건에서 "회원국 법원은 그것을 적용할 의무를 진다."라는 소극적 표현을 사용하고 있지만 EC조약을 포함한 EU법이 국내법에 대해서는 헌법적 최고규범성을 가진다는 점을 인정하고 있다고 볼 수 있다.

그렇다면 EU법의 우위의 원칙은 전통 국제법에서는 어떻게 취급되고 있을까? 전통국제법의 관점에서 본다면, 조약의 국내법상 수용과 그 이행은 당해 국가의 재량에 속하는 사항이다. 따라서 일반적으로 국가는 일원론(Monism) 혹은 이원론(Dualism)에 의거하여 이 문제를 해결하고 있다. 하지만 직접적용성 혹은 우위의 원칙을 채택하게 되면, EU법과 회원국 국내법의 관계는 이원론은 무시되고, 사실상 일원론의 입장에 서게 된다. 따라서 EU법이 회원국법 속으로 별도의 변형의 절차 없이 수용되게 된다.[23] 사실상 EU법상 이 문제는 전통 국제법에서는 사례를 거의 찾아볼 수 없는 파격적인 방식인데, 회원국들이 공동체 설립조약을 통하여 자발적으로 그들의 주권의 일부를 공동체로 '양도함

실현가능하게 된다. 만약 회원국이 사후에 제정하는 국내법에 따라 EC법을 뒤집어 버릴 수 있다면, 회원국마다 다른 사태가 발생하여 공동체의 목적달성은 불가능하게 되어버리고 만다. 이 의미에서, 공동체의 목적달성에는 EC법의 우위가 인정되는 것이 불가결하다. 또한 제249조는 규칙이 그 전체에 있어서 구속력을 가지며, 전회원국에 있어서 직접으로 적용된다고 규정하지만, 회원국법이 EC법에 우선할 수 있다고 하면 이 규정은 의미를 잃어버리고 말 것이다 (Case 6/64 Costa v. ENEL [1964] ECR 585, at 594). 졸저, 유럽연합법, 상게서, pp.73-74.

[20] *Ibid.*, p.100.
[21] *Ibid.*, p.73.
[22] *Costa v. ENEL*, at 8.
[23] V. R. Kovar, "*L'intégrité de l'effet direct du droit communautaire selon la jurisprudence de la Cour de la Communauté*", in Der Europq des zweiten Generation, Mélanges Sasse(Baden-Baden: Nomos, 1981), p.151.

(transferred)'으로써 해결하고 있다. 사법재판소는 상기 Costa v. ENEL 사건 판결에서 "동조약(EEC 설립조약)에 의거하여 회원국들이 국내법제도로부터 공동체법제도로 그 권리의무를 양도한 것은 회원국들의 주권적 권리의 영구적인 제한을 수반한다. 공동체의 개념에 합치하지 않는 사후적인 일방적 행위는 공동체법제도에 우위할 수 없다."24)고 판시함으로써 국내법의 어떤 규정도 일단 양도한 주권을 무효화하기 위해 원용될 수 없다는 점을 강조하고 있다.25)

이 사건에서 우리가 눈여겨볼 것은 사법재판소가 EU법의 우위를 주장하면서도 그 근거를 국제법 혹은 헌법론에 의거하지 않고 공동체라고 하는 특수한 성격에 두고 있다는 점이다. 위에서 검토한 바와 같이, 사법재판소는 공동체를 '하나의 새로운 법질서(a new legal order)'로 간주하고 있고, 그 독자성의 바탕 위에서 우위성의 개념을 도출하고 있는 것이다. 따라서 EU법에서 우위의 개념이 결정적인 중요성을 가지고 있다는 것은 명확하다. 이를테면, EU 기관에 의해서 입법된 규칙이 그 후에 채택된 일 회원국의 입법에 의해 효과를 잃어버릴 가능성이 있다면, EU법이 회원국에서 통일적인 효과를 가진다는 것은 불가능하게 되어 버리고 말 것이다. 만일 이런 사태가 발생하게 된다면, 유럽역내시장통합이라고 하는 목적은 달성될 수가 없다. 더욱이 EU법의 통일적인 해석도 불가능하게 되어 각 회원국마다 상이한 해석과 적용으로 법적 안정성을 확보할 수 없을 것이다. 이와 같은 이유에서 회원국법에 대한 EU법의 우위 관계를 명확히 하는 것은 EU법이 존재하기 위한 전제조건인 동시에 EU법으로서는 사활이 걸린 문제인 셈이다.

그렇다면 EU법의 우위의 원칙이 적용되는 국내법의 규범의 범위는 어디까지일까? 다시 말해서 회원국의 국내법률 뿐만 아니라 헌법까지도 포함하는 것일까? 이 문제에 대해서는 Costa v. ENEL 판결 이후 다수의 사건에서 다루어졌다. 이 가운데 특히 Simmenthal 사건26)은 중요한 의미가 있다.

이 사건에서 사법재판소는 헌법을 포함하는 모든 회원국법에 대해 제정의 전후를 불문하고 EU법이 절대적으로 우위에 있다는 것을 확인했다: "… 공동체설립조약 및 공동체기관의 직접적용 가능한 조치와 회원국의 국내법과의 관계에 있어서는 공동체법의 우위의 원칙에 의해 당해 조약 및 조치는 저촉하는 모든 현행 국내법을 자동적으로 적용하지 않는 것뿐만 아니라 이들과 저촉하는 국내입법조치를 새롭게 유효하게 채택하는 것까지, 즉 공동체법이 각 회원국의 영토 내에서 적용되는 법질서의 불가결한 일부가 되고, 동시에 그것에 우위하는 범위에서 배제한다."27) 이 판결에서 말하는 EU법은 EC설립조약만이 아니라 EU 기관이 제정한 규칙과 지침 등 2차입법도 포함한다.

---

24) *Costa v. ENEL*, at 14.
25) 김대순, "유럽공동체법 우위의 원칙에 대한 회원국 재판소의 반응에 관한 소고-서독의 경우를 중심으로-", 법학연구(전남대학교 법학연구소, Vol. 12, 1985), p.59.
26) Case 106/77 *Amministrazione delle Finanze dello Stato v. Simmenthal* [1978] ECR 629.
27) *Simmenthal*, at 17.

그리고 회원국의 법원이 직접효과가 있는 EU법에 반하는 국내법을 EU법이 적용되는 범위에서 적용하지 않을 의무가 있다는 것을 명확하게 선언하고 있기도 하다: "... 모든 국내법원은 그 관할 내의 사건에서 공동체법을 완전하게 적용하고, 공동체법이 개인에게 부여하는 권리를 보호할 의무가 있다. 그 때문에 공동체법에 저촉할 수 있는 국내법의 모든 규정은 공동체법의 전후를 불문하고 부적용하지 않으면 안 된다."[28] 이 판시 내용도 상당히 중요한데, EU법은 회원국의 모든 법에 앞서서 최종적으로는 우선적으로 적용되어야 한다는 것을 의미한다. 각 회원국의 법질서에서 국제조약이 헌법보다 하위에 위치하고 있다고 하여도 EU법은 '하나의 새로운 법질서'로서 특별하고 독립적인 법질서이므로 각 회원국법의 위계와는 무관하게 EU법이 모든 회원국의 국내법에 우위하게 되는 것이다.

Simmenthal 판결에서의 이와 같은 사법재판소의 판시 태도는 한마디로 "회원국의 '모든' 국내법에 대한 EU법 우위의 원칙은 절대적이다."라고 요약할 수 있다. 하지만 '모든 국내법'이라고 하는 경우, 헌법에 대한 우위의 문제는 어떻게 취급되어야 할까? 다시 말해서 위의 판결 제17단에서 적시하고 있는 바와 같이 EU법과 저촉하는 '모든 현행 국내법'은 자동적으로 '적용되지 아니 한다'는 문언을 어떻게 해석할 것인가라는 점이다. 판시의 내용을 문언 그대로 해석한다면, '모든 현행 국내법' 속에는 국내법률 만이 아니라 헌법도 포함하는 것으로 보아야 한다. 그렇게 해석한다면, EU법에 저촉하는 국내 최고 규범인 헌법도 '저촉의 범위 내에서' 무효가 되어야 할 것이다. 또한 시간적으로 보아도 제정의 전후를 불문하고 EU법에 저촉하는 경우에는 결국 EU법이 우위에 있다는 결론이 도출된다. 이 사건에서 사법재판소는 각 회원국 헌법보다도 상위법으로서 EU법의 위계를 설정하고자 의도하고 있는 것이다.

그렇다면 Simmenthal 판결 제18단에서 볼 수 있는 바와 같이, EU법 우위가 현실적으로 관철되기 위해서는 각 회원국의 법원이 사법재판소가 인정한 EU법의 우위를 받아들일 필요가 있다. EU법의 법리에 따르면, 회원국의 법원은 사법재판소의 판단에 따르지 않으면 안 된다. 그러나 국내법원이 현실적으로 사법재판소의 판결을 따르는가 하는 것은 별개의 문제이다. 실제로 모든 국내법원이 처음부터 EU법의 우위를 반드시 다 받아들인 것은 아니었다. 하지만 1980년대 말에는 이들 국내법원에 있어서도 이 원칙은 기본적으로 승인되기에 이르렀고 현재 EU법의 우위는 EU전역에서 승인되고 있다고 할 수 있다.[29]

이처럼 EU 전역에서 일반적으로는 EU법 우위의 원칙이 인정되고 있다. 하지만 EU는 아직까지도 완전한 연방의 형태가 아닌 소위 '준연방주의(quasi-federalism)'의 상태에 머무르고 있으므로 EU법 역시 연방법적 성격을 가질 뿐이므로 현실적으로 일정한 한계가 있음을 부인할 수 없다. 이것은 기본적으로는 EU라는 조직의 구조적 한계에서 유래하는 것이지만 EU법체계의 불완전성에서 기인하고 있기

---

[28] *Simmenthal*, at 21.
[29] 졸저, 유럽연합법, 상게서, p.75.

도 한데, 이것은 곧 EU법 우위의 원칙의 한계와 직결된다.

첫째, 비록 EU법이 회원국법에 비해 우위에 있다고는 하나 전자가 회원국내에서 실행되기 위해서는 국내적 차원의 실시조치가 필요하다. 먼저, 규칙과 관련하여, TFEU 제288조는 "규칙은 … 모든 회원국에서 직접 적용된다."고 규정하고 있다. 동조에 의하면, 규칙은 국내적 차원의 별도의 실시조치 없이 곧바로 국내법을 구속하게 된다. 하지만 비록 규칙이 법적 구속력을 가진다고는 하나 그 적용 과정에서 국내법과 충돌할 수 있다. 그리고 국내법과의 저촉 문제는 리스본조약의 적지 않은 조문과 지침의 경우에도 흔히 야기될 수 있다. 왜냐하면, 이들의 경우에 회원국들에게 일정한 결과 달성을 위한 의무를 부과하기 때문이다. 결국 이 경우에도 국내적 차원의 실시조치를 통해서 회원국의 국내법 질서로 편입되지 않을 수 없으므로 EU법 우위의 원칙의 한계에 해당하는 것이다.[30]

둘째, 또 다른 EU법 우위의 한계는 회원국 의무 위반에 대한 소송과 그 결과에 대한 강제의 문제이다. TFEU 제258조 및 제257조에 의하여, EU법상의 의무를 위반한 회원국에 대하여 유럽위원회 내지 다른 회원국은 사법재판소에 의무위반소송을 제기할 수 있다. 만일 의무위반이 인정된 경우, 사법재판소 판결에 따라 당해 회원국은 적절한 조치를 취해야 한다. 이 제도는 EU법 우위를 나타내는 대표적인 예에 해당한다. 문제는 사법재판소의 판결에 의한 이행명령에도 불구하고 당해 회원국이 이에 불복하는 경우에는 어떻게 할 것인가? 이를 해결하기 위하여 TFEU 제260조는 판결에 따르지 않은 회원국에 대한 금전적 제재제도를 도입하고 있다. 하지만 이 제도에도 여전히 불명확한 문제는 남아 있다. 만일 회원국이 의무위반에 대한 금전적 배상을 지연하거나 거부하는 경우에 이를 최종적으로 강제할만한 수단이 마련되어 있지 않은 것이다. 완전한 연방국가가 아닌 EU법체제의 한계를 여실히 드러내는 전형적인 예가 아닌가 생각된다.[31]

4. EU법의 직접적용과 직접효과

EU법의 우위의 원칙이 국내법적으로 실시되는데 있어 일정한 한계가 있다는 점에 대해서는 이미 살펴본 바와 같다. 다만 이와 같은 한계는 직접효과이론에 의해 보완될 수 있다. 그런데 직접효과는 EU법의 직접적용성(direct applicability)을 전제로 하여 논해질 수 있다. EU법이 별도의 변형조치 없이 자동적으로 국내법의 일부를 형성할 때 EU법은 직접적용성이 있다고 한다. 그 직접적용성 있는 조약 규정이 개인에게 국내법원에서 그것을 원용할 수 있는 권리를 부여하거나 또는 의무를 부과할 수 있는 것은 바로 그 규정은 직접효력이 있기 때문이다.[32]

---

[30] *Ibid.*, p.77.
[31] 졸저, 유럽연합법, 상게서, pp.77-78.
[32] 김대순, EU법론, 상게서, p.296.

이와 같은 측면에서 볼 때, 직접적용성과 직접효과는 구분되는 별도의 개념이다.[33]

먼저, 직접적용이란 EU법이 회원국의 국내법질서에 어떻게 편입되는가의 문제이다. 다시 말해서, EU법이 직접적용 된다는 것은 "EU법이 EU기관과 회원국들뿐만 아니라 EU시민들에게도 직접적으로 (directly) 권리를 부여하고 의무를 부과하는 것"이라고 할 수 있다.[34] 더 나아가 이를 보다 적극적으로 정의하면, 직접적용성이란 "공동체법규범은 회원국의 국내법질서에서 자동적으로 실정법적 지위를 취득한다."가 될 것이다.[35] 다만, EU법의 직접적용성은 2차입법의 형태에 따라 달리 판단된다. TFEU 제288조에 의하면, "규칙은 … 모든 회원국에서 직접 적용된다."고 함으로써 비록 규칙에 제한된 것이지만 직접적용에 대해 명확한 규정을 두고 있다. 또한 舊TEC의 일부 조문도 직접적용 되는 것이 적지 않다. 이에 반해 지침의 경우에는 회원국 차원의 별도의 실시조치를 필요로 하므로 반드시 직접적용 되지는 않는다. 그런데 결정의 경우는 수범자가 특정 회원국 혹은 개인이므로 사안에 따라 직접적용 여부를 판단해야 한다.

다음으로, 직접효과(혹은 효력 direct effect)란 자연인 및 법인(이하 '개인(individual)'이라 한다)이 국내법원에서 자신의 권리 구제를 위하여 EU법을 원용하는 것을 말한다. 보다 구체적으로 말하면, 직접효과란 EU법이 회원국법에 상관없이 그 자체로서 개인에게 국내법원 앞에서 주장하여 실현할 수 있는 권리를 부여하는 것을 의미한다.[36] 직접적용의 경우와는 달리, 직접효과의 유무는 EU법의 형태에 따라서가 아니라 개개의 규정마다 그 내용이 후술하는 일정의 조건을 만족시키는가의 유무에 의하여 판단된다. 그리고 직접효과를 발생하게 하는 것은 당해 규정이 반드시 국내법 질서의 일부로 편입되었다고 볼 수는 없다.[37]

요컨대 어떤 유형의 EU법이 직접적용된다는 것이 반드시 직접효과를 발생하는 것을 의미하는 것은 아니다. 또한 어떤 유형의 EU법이 직접적용 되지 않는다고 하여 그것이 직접효과를 발생하지 않는 것은 아니다. 예를 들면, 규칙은 직접적용 되지만 그 직접효과는 규칙 규정의 내용에 의한다.[38] 또한

---

[33] 하지만 초기의 사법재판소 판례에서는 양자의 개념은 그리 명확하지 않다. 이 점에 대해 Robert Kovar 교수는 "공동체법의 즉시적 효과, 직접효과, 직접적용성, 즉시적 적용성은 사법재판소의 이론에 의하면 종종 다르지 않은 방식으로 사용되는 표현이다."고 밝히고 있다. Robert Kovar, "Ordre Juridiaue Communautaire: Immédiateté du droit communautaire", Juris-Classeurs: Europe Fasc. 432, p.2.
[34] Klaus-Dieter Borchardt, The ABC of Community Law(Brussels: European Commission, 2000), p. 97.
[35] G. Issac, Droit communautaire général(Paris: Masson, 1989), p.157.
[36] 졸저, 유럽연합법, 상게서, p.80; 김두수 박사에 의하면, EU법의 직접효력이란 "개인이 자신에게 부여된 EU법상의 권리·의무의 규정을 근거로 하여 회원국 국내법원에 직접 제소할 수 있는 것을 말한다."고 한다. 김두수, EU법론(한국학술정보, 2007), p.134.
[37] 졸저, 유럽연합법, 상게서, p.80.
[38] 규칙은 직접적용되기 때문에 그 규정은 직접효과를 발생시키지 않는 경우에도 회원국의 국내법원에서 적용된다. 그 결과, 사법재판소는 국내법이 규칙의 규정에 적합한가 여부를 심사할 수 있다. Case 128/78 *Commission v. United Kingdom* [1979] ECR 419, at 429.

지침은 직접적용되지 않지만, 지침이 직접효과를 가지는가의 유무는 결국 그 규정의 내용에 따르게 되는 것이다.39)

직접적용성과는 달리 직접효과는 조약상 명문의 규정은 없고, 사법재판소의 판례에 의해 확립된 것이다. 그리고 사법제도면에서 사법재판소가 직접효과이론을 확립하는데 지대한 공헌을 한 것은 바로 舊TEC 제234조에 의거한 선결적 부탁절차(preliminary rulings procedure)이다. 이 절차를 통해 EU법의 직접효과가 사법재판소에 의해 처음으로 인정된 것은 1963년의 Van Gend en Loos 사건 판결40)이다. 동판결에서 사법재판소는 "이상으로부터 도출된 결론은, 이 공동체는 국제법의 새로운 법질서를 구축하고 있으므로(the Community constitutes a new legal order of international law) 회원국은 그 주권적 권리를 한정된 분야에서만이 아니라 공동체와의 관계에서 제한한 것이고, 공동체의 통치는 회원국만이 아니라 그 국민에게도 미친다. 따라서 공동체법은 회원국의 입법과는 별개로 또한 독립적으로 개개인에게 의무를 부과할 뿐만 아니라 권리도 부여하고 있으므로 이 권리는 개개인의 법적 유산(legal heritage)이다. 이와 같은 권리는 본조약이 명문으로 규정한 경우만이 아니라 본조약이 회원국, 개인 및 공동체의 기관에게 명확하게 부과한 의무로부터도 발생한다."라고 판시하였다.41) 이 판결에서 사법재판소는 "공동체법은 회원국의 입법과는 별개로 또한 독립적으로 개개인에게 의무를 부과할 뿐만 아니라 권리도 부여하고 있다."고 명시적으로 선언하고 있다. 그 결과, 사법재판소는 EEC설립조약 제12조(신규관세의 도입 및 관세증액의 금지)의 직접효과를 승인하고, 그와 같은 종류의 권리는 조약에 의하여 명확하게 주어진 경우만이 아니라 조약이 개인·회원국·공동체기관에 부과하는 의무로부터도 발생한다는 것을 인정했다.

동 판결 이후, 다수의 판결에 의하여 조약뿐만 아니라 규칙42)·지침43)·결정44) 등 2차입법의 규정에 대하여 직접효과가 인정되어 직접효과의 이론은 EU법의 근본규칙으로 확립되게 되었다. 이리하여 EU 역내의 개인은 국내소송을 통하여 직접효과가 있는 EU법규의 실시를 각국에서 강제할 수 있게 되었고,

---

39) 졸저, 유럽연합법, 상게서, pp.80-81.
40) Case 26/62 *Van Gend en Loos v. Nederlandse Administratie der Belastingen* [1963] ECR 1.
이 사건에서는 네덜란드가 1958년의 EEC설립조약 발효 후에 관세분류를 변경한 결과, 특정의 제품에 부과된 관세액이 증가했던 것이 관세의 증액을 금지하는 EEC설립조약 제12조를 위반하는 것으로서 다투어졌다. 본건에서의 국내법원에 해당하는 관세위원회(Tarief-commissie)는 문제가 된 제품을 네덜란드에 수입했던 회사가 동조를 근거로 관세의 부과처분의 위법성을 국내법원에서 다투는 것이 가능한가에 대해서, EEC설립조약 제177조의 선결적 판단절차에 따라 사안을 사법재판소에 송부하여 그 판단을 구했다. 복수의 회원국은 사법재판소에 의견을 제출하고, 특히 네덜란드는 EEC설립조약은 통상의 국제조약과 다르지 않으므로 그 직접효과를 인정하는 것은 조약기초자의 의견에 반한다고 주장했지만 판결은 이 주장을 배척하였다.
41) *Van Gend en Loos*, at 12.
42) Case 43/71 *Politi* [1971] ECR 1039.
43) Case 41/74 Van *Duyn* [1974] ECR 1337.
44) Case 9/70 *Grad* [1970] ECR 825.

EU법규의 실효성은 비약적으로 인정되게 되었다. 그 결과, EU의 장기목표인 공동시장의 형성이 한층 확실하게 추진되어 EU와 회원국의 양대 법질서의 통합도 서서히 이루어지게 되었다.

그러나 모든 EU법에 대해 직접효과가 인정되는 것은 아니다. 직접효과를 발생하는 것은 일정한 조건을 만족하는 EU법 규정이며, 또한 직접효과를 발생하기 위해서는 우선 문제가 된 규정이 개인에게 권리를 부여하는 내용이어야 한다. 따라서 조약 중의 공동체기관의 구성·권한에 관한 것과 같은 규정에는 직접효과를 생각할 여지가 없다. 그리고 개인에게 권리를 부여하는 규정도 일정의 요건을 만족하는 것이 필요하다. 직접효과의 요건은 Reyners v. Belgium 사건 판결에서 법무관 Mayras가 이하와 같이 세 가지로 정리하였다.[45]

첫째, EU법의 규정은 충분히 명확해야(clear and precise) 한다(명확성).

둘째, 규정은 그 실시(implementation)에 조건과 제한이 붙어있어서는 안 된다(무조건성). 조건이 붙어 있는 경우에는 그 조건이 성취되어야 한다.

셋째, 규정의 실시가 재량권을 가진 공동체기관 내지 회원국의 행위에 의존하고 있지 않아야 한다(추가조치의 불필요성).[46]

이와 같은 조건을 충족하게 되면, 舊TEC만이 아니라 규칙·지침·결정 및 국제협정도 직접효과를 발생하게 된다. 물론 위 조건에 대한 적합성은 비교적 유연하게 해석되고 EU법의 많은 규정에 대해 직접효과가 발생하는 것이 인정된다. 하지만 개개 입법에 따라 직접효과의 적용과 해석에 대해서는 다수의 이론이 제기되었다. 즉, 1970년대부터는 직접효과에도 개인 대 국가 간의 직접관계에서 생기는 '수직적 직접효과(vertical direct effect)'와 개인 대 개인 간의 수평적 관계에서 생기는 '수평적 직접효과(horizontal direct effect)'를 구별해야 한다는 논의가 행해졌지만 사법재판소는 지침의 수평적 직접효과를 부정했다. 이로 인하여 발생한 실효성의 흠결을 보완하기 위하여 소위 '간접효과'라고 하는 판례이론이 사법재판소의 판결을 통하여 전개되기도 했다. 아래에서는 이 두 가지 이론에 대해 검토하기로 한다.

먼저, 지침의 수직적 효과와 수평적 효과에 대해서는 Marshall I 사건 판결[47]에서 다뤄졌다. 이미 위에서 살펴본 바와 같이, 1963년의 Van Gend en Loos 사건 판결에서 사법재판소는 EEC설립조약의 규정은 직접효과가 발생한다는 것을 인정하고, 1970년대의 판결에서도 결정과 지침에도 수직관계에서 직접효과가 생긴다는 것을 인정했다. 그리고 Marshall I 사건에서 지침의 직접효과는 수직관계에 한정

---

[45] AG Opinion, Case 2/74 *Reyners v. Belgium* [1974] ECR 631, at 659-661; AG Opinion, Case 41/74 *Van Duyn v Home Office* [1974] ECR 1337, at 1354.
[46] 이 세 가지 조건에 대한 상세한 설명은, 김대순, EU법론, 상게서, pp.300-312; 졸저, 유럽연합법, 상게서, pp.84-85.
[47] Case 152/84 *Marshall* [1986] ECR 723.

된다는 점을 명확히 했다. 그렇다면 사법재판소는 어떤 이유에서 지침의 직접효과는 수직관계에 한정된다는 입장을 취한 것일까? 사법재판소는 "지침은 … 모든 회원국을 구속한다."와 "… 수범자는 모든 회원국이다."는 舊TEC 제189조(TFEU 제249조) 제3단의 문언[48]과 의무의 이행을 약속한 이상 이행하지 않고 그 불이행으로부터 이익을 취하는 것은 정의에 반하므로 인정되어서는 안 된다는 커먼 로(Common Law)상의 금반언(estoppel)의 원칙에서 구하고 있다.[49] 하지만 이 사건 이후에도 지침의 수평적 직접효과를 인정할 수 있고, 또 인정해야 한다는 견해가 제시되었다. 이와 같은 견해를 대표하는 이로 법무관 Lenz를 들 수 있다. Lenz는 Dori 사건에서 "규칙과 지침은 실질적으로 차이가 거의 없고, 양자 모두 회원국을 수범자로 하고 있으며, 또한 상세한 권리와 의무를 정하는 것이 많다. 게다가 규칙 혹은 지침이든 법의 형식적 명칭의 차이가 있는 것이 대부분이다. 따라서 지침이라는 형식만으로 수평적 관계에서 직접효과를 인정하지 않는다면, EU법의 실효적인 실현에 이바지하지 않는 결과를 낳게 될 것이다."라고 주장하였다.[50] 그러나 사법재판소는 Dori 사건에서도 Marshall I 사건과 동일한 입장을 취하고 있으며, 그 이후에도 지침의 수평적 직접효과를 인정하고 있지 않다.[51]

다음은 지침의 간접효과의 문제이다. 위에서 검토한 바와 같이, 사법재판소는 현재까지 지침의 수평적 직접효과는 인정하고 있지 않다. 그런데 문제는 현실적으로 지침의 직접효과를 주장할 수 없는 개인 간의 수평적 관계가 야기되는 것을 피할 수 없다는 점이다. 다시 말해서 비록 지침이 수평적 관계에는 직접효과를 발생할 수 없다고 할지라도 국내법을 해석함에 있어 상당한 영향을 미치고 있으므로 이에 관한 별도의 해석 원리가 필요한 것이다. 이에 대해 사법재판소는 1984년의 von Colson 사건 판결에서 "국내법원은 지침이 요구하는 결과달성을 위해 지침의 목적·문언에 비추어 회원국법을 해석하는 의무를 지는 것은 명백하다."고 판시하였다.[52] 이와 같이 지침의 국내법의 해석에 대한 효과, 즉 지침을 국내법에 적합하도록 해석할 의무를 지침의 간접효과(indirect effect)라고 부른다.[53] 결국 간접효과는 지침의 수평적 직접효과를 부정하는 결과를 낳는 불합리를 어떻게 감소시킬 것인가에 중점을 두고 도출된 이론이다. 간접효과가 구체적으로 다뤄진 것은 Marleasing 사건 판결[54]에서였다. 본건에서는 지침의 결과 달성 의무와 舊TEC 제10조[55]에 근거하여 도출하고 있다. 그러나 간접효과는 EU법 일반,

---

[48] *Marshall*, at 48.
[49] *Marshall*, at 49.
[50] AG Opinion, Case C-91/92 *Dori* [1994] ECR I-3325.
[51] Case C-201/02 *Wells* [2004] ECR I-723, at 56; Jointed Cases C-397/01 and C-403/01 *Pfeiffer* [2004] ECR I-8835, at 108; Jointed Cases C-387/02, C-391/02 and C-403/02 *Berlusconi* [2005] ECR I-3565, at 73.
[52] Case 14/83 *von Colson and Kamann/Land Nordrhein Westfalen* [1984] ECR 1891, at 1909.
[53] 졸저, 유럽연합법, 상게서, p.94.
[54] Case C-106/89 *Marleasing* [1990] ECR I-4135.
[55] 舊TEC 제10조(이전의 제 5조): "회원국은 본 조약에 따른 의무 또는 공동체의 기관이 취한 조치로 인한 의무를

즉 지침 등의 2차법원뿐 아니라 舊TEC 규정 등 1차법원에 대해서도 인정되고 있다.[56] 더욱이 간접효과의 근거에는 舊TEC 제10조 외에 상기 Van Gend en Loos 사건 및 Simmenthal 사건에서 살펴본 바와 같이, 발효시부터 EU법 전반이 각국에서 실효적으로 실현되어야 한다는 실효성 확보 의무와 이 의무의 근거인 EU법의 우위의 원칙이 포함된다고 보아야 할 것이다.[57] 하지만 이처럼 지침의 간접효과를 인정하게 되면, 그것을 주장하는 상대방의 이익을 부당하게 손상시킬 가능성이 있다. 상대방이 국내법에 따라 그 시점에서는 적법하게 행동한 것임에도 불구하고, 사후에 지침에 의거한 해석에 따라 그것이 위법으로 평가될 위험성이 있기 때문이다. 이 때문에 지침의 간접효과는 EU법의 법원의 하나인 '법의 일반원칙'에 의해 제한된다.[58] 이처럼 간접효과는 아직은 EU법상 확고한 판례이론으로 정립된 것은 아니고 반대의견도 적지 않다. 결국 간접효과는 사법재판소가 지침의 수평적 직접효과를 정면으로 인정하지 않음으로써 논의되는 것이므로 후자의 승인 여부에 따라 전자에 대한 인정여부도 달라질 가능성이 있다고 판단된다.

5. 리스본조약 이후의 EU법 기본 원칙에 대한 재해석 가능성

EU법과 회원국 국내법과의 관계에서 전자의 절대적 우위는 확립된 법원칙으로 간주되고 있다. 이 원칙은 독자적 법질서로서의 EU법의 성질에서 자연스럽게 도출되는 것이다. 하지만 완전한 연방법의 수준에 이르지 못한 EU법에 있어서 비록 일반적 의미에서는 국내 헌법보다도 EU법이 우위에 있다고는 하나 현실적으로 그 효력과 적용에는 일정한 제한이 따르지 않을 수 없다. 이와 관련하여 우위의 원칙과 간접효과를 중심으로 살펴보자.

첫째, 우위의 원칙과 관련하여 EU는 조약에 명문의 규정을 둠으로써 이 문제를 해결하기 위한 시도를 하고 있다. 그 시발점이 된 것은 바로 유럽헌법조약이다. 유럽헌법조약은 제I-6조에서, '연합법(Union law)'이란 제하에 EU법 우위에 관하여 명문의 규정을 두고 있다. 즉, "… 연합의 제 기관에

이행하는데 필요한 모든 일반적 특정적 조치를 취해야 한다. 회원국은 공동체의 임무 달성을 촉진해야 한다. 회원국은 본 조약의 목표 달성을 위태롭게 할 수 있는 어떤 조치도 수행해서는 안 된다."

[56] Case 157/86 *Murphy v. Bord Telecom Eireann* [1988] ECR 673, at 11; Case C-165/91, *Van Munster* [1994] ECR I-4661, at 34.
[57] 간접효과와 관련하여 한 가지 언급되어야 할 것이 있다. 간접효과는 직접효과의 흠결을 보완하기 위해서 도출된 이론이므로 사실 직접과 간접 '효과'라는 표현을 사용하고 있지만 직접효과와는 별도의 이론이다. 또한 간접효과가 발생하기 위해서는 당해 지침의 규정이 반드시 직접효과의 요건을 충족시킬 필요도 없다. *von Colson*, at 1909.
[58] 졸저, 유럽연합법, 상게서, p.96. 예컨대, 1987년의 Kolpinghuls Nijmegen 사건 판결은 회원국의 검찰관이 형사절차에 있어서 실시되어 있지 않은 지침의 효과를 개인에 대하여 주장한 사안이지만, 판결은 지침의 간접효과가 EU법의 일부분인 법의 일반원칙(특히, 법적안정성·소급효 금지의 원칙)에 의해서 제약된다는 것을 지적하여, 국내법과 관계없이 지침 자체가 개인의 형사책임을 변경하는 것을 부정하였다(Case C-80/86 *Kolplnghuis Nijmegen* [1987] ECR 3969, at 3986).

의해 채택된 헌법과 법은 회원국법을 넘어선 우위에 있다."고 규정하고 있다.

EU법 우위의 원칙과 직접효과 등 EU법상 인정되고 있는 기본원칙은 대부분 판례법에 의해 발전되어왔다. 이에 반하여 유럽헌법조약은 명문으로 EU법 우위의 원칙을 주요한 일원칙으로 인정하고 있다. 이를 통해 유럽헌법조약은 EU법 우위의 원칙을 동조약을 지배하는 기본원칙으로 자리매김하고자 의도하고 있다.[59]

그러나 유럽헌법조약과는 달리 리스본조약은 우위성과 관련하여 제조약 본문 속에 어떠한 규정도 두고 있지 않다. 그 이유는 여러 가지가 있겠지만 이미 정부간회의에서 논의된 바와 같이, 유럽헌법조약과 달리 리스본조약은 일체의 '헌법적 성질'을 가지는 규정을 둘 수 없기 때문이다.[60] 이로써 외견상으로는 EU법 우위의 원칙은 또다시 실정법의 규율에서 벗어나 여전히 판례법의 적용 영역에 머물게 되었다.

그런데 한 가지 주목할 만한 사항은 리스본조약은 우위성에 관한 내용을 조약 본문에는 포함시키지 않고 있지만, 부속 선언에서 상당히 의미 있는 내용을 규정하고 있다는 점이다. 즉, 리스본조약은 '우위(성)에 관한 선언(17. Declaration concerning primacy)'에서 다음과 같이 선언하고 있다.

> "(정부간) 회의는 유럽연합사법재판소에 의해 충분하게 확립된 판례법에 따라 제조약 및 그에 의거하여 연합에 의해 채택된 법이 상기 판례법에 의해 정해진 제조건 아래 회원국의 법에 대하여 우위성을 가진다는 점을 상기한다."

비록 "(정부간) 회의는 상기 한다(The Conference recalls …)." 라는 완곡한 표현을 사용하고 있지만, "제조약 및 그에 의거하여 연합에 의해 채택된 법이 … 회원국의 법에 대하여 우위성을 가진다."는 입장을 명확하게 밝히고 있다. 동선언은 '우위성'에 관한 근거로 EU법의 우위성에 관한 '이사회 법무국의 2007년 6월 22일자 의견(Opinion of the Council Legal Service of 22 June 2007)'을 제시하고 있는데, 그 내용은 다음과 같다.

> "EC법의 우위성이 연합법의 근본 원칙의 하나라는 것은 사법재판소의 판례법에서 유래하고 있다. 사법재판소에 의하면, 이 원칙은 EC의 특수한 성격에 내재하는 것이다. 이 확립된 판례법의 최초의 결정(Costa/ENEL,15 July 1964, Case 6/641)[61]이 내려진 때에 우위성은 조약에 명기되어 있지

---

[59] 졸저, 유럽연합법, 상게서, pp.65-66.
[60] 이에 대한 상세한 내용은, 졸고, "EU 리스본조약의 주요 법적 쟁점", 한국프랑스학논집(한국프랑스학회, 제62집, 2008.5), pp.275-298. 그리고 리스본조약을 채택하기 위하여 정부간회의에서의 논의 사항에 대해서는, 졸고, "유럽개혁조약을 둘러싼 법적 쟁점: 브뤼셀 유럽이사회의 IGC 위임 사항을 중심으로", 유럽연구(한국유럽학회, 제25권 3호, 2007년 겨울), pp.297-320.

않았다. 현재에도 아직 명시되어 있지 않고 있다. 우위의 원칙이 이후의 조약에서 명시되어 있지 않다는 사실이 이 원칙의 존재 및 사법재판소의 기존의 판례법이 가지는 의미를 변경하는 것은 아니다."

조약의 제규정을 해석함에 있어 조약 본문과 그 부속문서는 동일한 가치를 가지는 것으로 해석하는 것이 일반적이다. 구태여 이 해석원칙을 원용하지 않더라도 동선언은 "우위의 원칙이 조약에 명시되어 있지 않다고 할지라도 판례법에 의해 확립된 이 원칙의 존재 및 그 의미가 변경되는 것은 아니다."라는 확고한 입장을 표명하고 있다.

둘째, 우위의 원칙이 가지는 존재성과 그 의미와는 별도로 현실적으로 적용하는 과정에서 EU법과 국내법의 충돌의 문제는 여전히 피할 수 없는 난제이다. 다만, 우위의 원칙이 가지는 이와 같은 한계는 EU법의 직접적용성 및 직접효과에 의해 보완될 수 있다.

비록 규칙에 한하여 명문의 규정을 두고 있지만 TFEU는 명시적으로 규칙의 직접적용성을 인정하고 있다. 이를 통하여, EU법은 일원론과 이원론의 유무를 떠나 회원국의 국내법 속으로 별도의 변형 절차 없이 수용될 수 있는 법적 장치를 마련하고 있는 셈이다.

또한 직접적용성과 밀접한 관련성을 맺고 있지만 그 적용의 측면에서 볼 때 상이한 내용을 가지는 것이 바로 직접효과이다. 전자와는 달리 후자는 조약상 어떠한 언급도 되어 있지 않고, 사법재판소의 판례에 의해 확립된 이론이다. 물론 EU법의 모든 규정에 대해 직접효과가 인정되는 것은 아니지만 일정한 조건을 갖춘 경우에는 조약을 포함한 규칙, 결정, 지침 및 국제협정 등 2차입법도 효력을 발생하게 된다. 여기에서 문제가 되는 것이 지침의 수평적 직접효과의 인정여부인데, 위에서 검토한 바와 같이, 이는 간접효과와도 직접 결부되어 있다. 하지만 오늘날까지 사법재판소는 지침의 수평적 효과는 부정하고 있다. 이 문제는 여전히 논의 중에 있지만 EU법의 실효성 확보라는 측면에서 본다면 수평적 효과를 인정하는 것이 타당하고, 사법재판소도 이를 수용하는 판시 태도를 취할 가능성이 높다고 판단된다.

---

61) 동선언은 Costa/ENEL 사건 판결 가운데 아래의 내용을 각주에서 인용하고 있다.
"따라서 ... 독립적 법원(an independent source of law)인 조약으로부터 생긴 법은 그 특별하고 고유한 성격을 가지므로 공동체법의 성격이 결여되어 있어도 공동체 자체의 법적 기초에 대한 의문이 제기됨이 없이 국내의 법규정에 의해 법적으로 무효가 된다고 할 수 없다."

제2절 유럽연합의 기본권 보장

1. 서론

　1958년 발효된 EEC설립조약은 그 명칭에서 알 수 있는 바와 같이 유럽지역의 '경제'공동체 설립에 중점을 두고 있었다. 따라서 '기본권' 혹은 '인권'에 대해서는 큰 관심을 가지지 않았다. 다만, 경제활동의 주체 또는 자유로운 이동을 향유하는 주체(사람, 人)로서 주로 노동자의 권리 보장에 중점을 두고 있었다. 이와 같은 기조는 그 이후에도 별다른 변화를 보이지 않았다. 이를테면, 회원국 법원들은 국내법에 대한 EU법의 우위는 인정하면서도 EU가 기본적 인권의 보호를 위한 충분한 체계를 갖추고 있지 않다는 이유로 인권 분야에 대한 EU법의 우위를 인정하지 않았다.[62]

　이러한 상황 속에서 EU에서 기본적 인권 보장을 위한 중대한 계기가 된 것은 1977년 유럽의회·이사회·유럽위원회에 의해 행해진 "기본권 보호 및 인권·기본적 자유의 보호에 관한 유럽협약과 관련한 유럽의회, 이사회 및 유럽위원회에 의한 공동선언(Joint Declaration by the European Parliament, the Council and the Commission Concerning the Protection of Fundamental Rights and the European Convention for the Protection of Human Rights and Fundamental Freedoms), 즉 "인권에 관한 공동선언"(이하 '공동선언')"[63]이라고 할 수 있다. E(E)C는 기본조약에

---

[62] 예를 들면, 독일연방헌법재판소는 1974년에 그러한 취지의 판결을 내리고 있다(Internationale Handelsgesellschaft mbH v. Einfuhr-Und Vorratsstelle Fur Getreide Und Futtermittel(Case 2 BvL 52/71)(Solange I) [1974] 2 CMLR 540 at 551-552). 그러나 연방헌법재판소는 1986년에 종래의 판례를 사실상 변경하여 사법재판소가 기본권을 효과적으로 보호하는 한 EU법의 독일헌법에의 적합성에 대하여 판단하지 않는다고 판시했다(Re the Application of Wunsche Handelsgesellschaft(Case 2 BvR 197/83) (Solange II) [1987] 3 CMLR 225, at 265).

[63] OJ C 103, 27.4.1977, p.1.
이 선언의 본문은 아주 간략한데, 그 내용을 소개하면 아래와 같다.
THE EUROPEAN PARLIAMENT, THE COUNCIL AND THE COMMISSION,
Whereas the Treaties establishing the European Communities are based on the principle of respect for the law;
Whereas, as the Court of Justice has recognized, that law comprises, over and above the rules embodied in the treaties and secondary Community legislation, the general principles of law and in particular the fundamental rights, principles and rights on which the constitutional law of the Member States is based;
Whereas, in particular, all the Member States are Contracting Parties to the European Convention for the Protection of Human Rights and Fundamental Freedoms signed in Rome on 4 November 1950,
HAVE ADOPTED THE FOLLOWING DECLARATION:
1. The European Parliament, the Council and the Commission stress the prime importance they attach to the protection of fundamental rights, as derived in particular from the constitutions of the Member States and the European Convention for the Protection of Human Rights and Fundamental Freedoms.

기본적 인권에 관한 명시적 규정을 두고 있지는 않았다. 그러나 그동안 EU는 기본적 인권 보호를 유럽통합의 기본적 가치로서 적극적으로 인정하여 왔으며, 사법재판소도 유럽인권협약과 그 판례법 등 기본적 인권을 법의 일반원칙의 핵심적 목록으로 간주하고 있었다.[64] '공동선언'은 이와 같은 배경 아래 행해진 것이다. 그리하여 이 선언은 회원국 법원으로 하여금 기본적 인권 분야에 대한 EU법의 우위를 인정하도록 판례 변경을 이끈 결정적 계기가 되었다.

EU의 기본조약 체계 속에 기본적 인권에 관한 명시적 조항이 포함된 것은 1993년 11월 1일자로 발효된 마스트리히트조약이라고 할 수 있다. TEU는 제F조 2항에서 "EU가 유럽인권협약에 보장되고 있는 동시에 회원국헌법에 공통하는 기본권을 EU법의 일반원칙으로서 존중해야 한다."는 규정을 신설하였다.

그 후 2000년 12월 7일, EU는 '기본권헌장(Charter of Fundamental Rights of the European Union)'을 채택하였다. 이 헌장은 비록 법적 구속력을 갖지 않는 '헌장'의 형태로 채택되었지만, EU는 더 이상 기본조약에 기본적 인권에 관한 목록이 결여되어 있다는 비판을 받지 않게 되었다.

EU기본권헌장은 유럽미래회의에서의 논의 결과 채택된 유럽헌법조약 본문 제2편에 포함되어 법적 구속력을 가지는 것으로 의도되었다. 하지만 유럽헌법조약은 '무기한 비준유예선언(모라토리엄)'으로 사실상 폐기 처분되고 말았고, 그 후 '단순화된 조약' 혹은 '미니조약'의 형태로 리스본조약이 채택되었다. 리스본조약은 기본적 인권의 보장과 관련하여 다음과 같은 의미 있는 내용을 담고 있다. 첫째, 리스본조약에서 기본권헌장은 본문 속에 포함되지 못하고, 부속서의 형태로 규정되고 있다. 그러나 리스본조약은 기본권헌장에 법적 구속력을 부여하고 있다. 둘째, 리스본조약은, EU가 유럽인권협약에 가입해야 한다고 정하고, 그것이 의무적임을 분명히 밝히고 있다. 셋째, 리스본조약과 직접적으로 관계하는 것은 아니지만, 2007년 이사회의 결정에 의거하여 독립기관으로 'EU기본권청(European Union Agency for Fundamental Rights: FRA)'이 설립되어 활동하고 있다.

위에서 살펴본 바와 같이, EU는 다양한 형태로 기본적 인권의 보장을 위한 규정과 조치를 마련하고 있다. 따라서 EU에서 기본적 인권의 보장이 가지는 의미와 그 구체적 보장, 그리고 리스본조약이 예정하고 있는 EU의 유럽인권협약 가입에 관한 논의에 대해 검토해볼 필요가 있다.

---

2. In the exercise of their powers and in pursuance of the aims of the European Communities they respect and will continue to respect these rights.
   Done at Luxembourg on the fifth day of April in the year one thousand nine hundred and seventy-seven.

[64] Case 29/69 Stauder v. Ulm [1969] ECR 419, at 425.

2. EU에서의 기본적 인권 보장: EEC설립조약에서 니스조약까지

　기본권헌장이 채택되기 이전 EU의 기본조약, 특히 로마조약과 파리조약이 기본적 인권에 대한 명시적인 규정을 두고 있지 않다는 점에 대해서는 위에서 언급한 바와 같다. 로마조약의 경우, 공동체 설립자들의 주된 관심사는 유럽에서의 시장통합이었다. 따라서 EEC설립조약을 살펴보면, 경제주체로서의 노동자의 이동과 관련된 기본적 권리의 보장에 관한 필요최소한의 조항만을 담고 있다. 이를테면, '국적에 따른 차별' 및 '남성과 여성의 차별' 금지에 관한 조항을 그 대표적인 예로 들 수 있다. 이 조항들이 지향하는 바는 통합시장에서 경제주체로서의 '역내' 노동자의 자유로운 이동의 보장이다. 이 관점에서, EEC설립조약은 어느 회원국이 다른 회원국의 노동자를 국적에 의거하여 차별적으로 대우하거나, 또는 고용에 있어 고용주가 남성노동자와 여성노동자를 차별하여 대우하는 것을 금지하고 있는 것이다. 하지만 EEC설립조약이 이와 같은 차별금지조항은 둔 본질적 목적은 '경제적인 목적'에 있다고 보아야 한다. 다시 말해서, 이 조항은 노동자의 기본적 인권을 보호하기 위한 것이라기보다는 시장의 통합을 촉진하기 위함이고, 나아가서는 '사람'으로서 '노동자'의 자유이동을 보장하기 위한 것이라고 할 수 있다.

　이와 같은 EEC설립조약의 문제점을 인식하고, 이를 해소하기 위하여 적극적인 역할을 한 것은 다름 아닌 사법재판소였다. 사법재판소는 역내시장의 통합을 위한 경제적인 주체인 '좁은 의미의 사람'인 노동자로부터 권리와 의무의 향유주체로서의 '사람(人)'에 대한 기본적 인권의 보장에 관한 다수의 판결을 내렸다. 사법재판소의 판례는 일종의 '불문권리헌장(an unwritten charter of rights)'[65]으로 간주되었다.

　사법재판소가 공동체법 질서에 있어서 기본권을 보장해야 한다고 입장을 본격적으로 밝힌 것은 Internationale Handelsgesselschaft 사건 판결부터이다.[66] 이 사건에서 독일의 수출입회사인 원고는 만약 일정 기한 내 상품이 수출되지 않으면 예탁금을 몰수할 수 있다고 규정하고 있는 공동체 규칙이 독일헌법원칙에 위배된다고 주장하였다. 이 주장에 대해 사법재판소는 공동체의 조치가 회원국의 국내헌법원칙에 비추어 판단되어야 한다는 점에 대해 강하게 부정했다. 사법재판소는 기본권의 존중은 "사법재판소에 의해 보호되는 공동체법의 일반원칙의 완전한 부분(an integral part of the general principles of Community law protected by the ECJ)"을 형성한다고 간주했다. 다만, 사법재판소는 공동체규칙이 정하고 있는 예탁금제도(the deposit system)가 기본권을 침해하고 있는가 여부에 대해 판단해야 했다. 이후의 일련의 판결에서 이에 대해 판단하면서 사법재판소는 회원국의

---

[65] B de Witte, "The Past and Future Role of the European Court of Justice in the Protection of Human Rights" in Alston(n 1) ch 27.

[66] Case 11/70 *Internationale Handelsgesellschaft v. Einfuhr-und Vorratstelle für Getreide une Futtermittel* [1970] ECR 1125.

헌법적 전통과 국제인권조약,[67] 그리고 유럽인권협약[68]에 의거하여 그 논거를 이끌어내고 있다. 초기의 사법재판소 판례법은 공동체규범의 기본권과의 양립성 여부와 주로 관련을 맺고 있다. 그러나 그 후의 판례를 보면, 사법재판소는 점차 공동체법의 영역 내에서 행동하는 회원국에 대해 기본권이 구속력을 가질 수 있다는 것을 확인하고 있다.[69] 그러나 사법재판소는 EU법과 실제적인 관련이 없는 경우에는 기본권 침해를 이유로 회원국을 대상으로 한 제소는 여전히 인정하고 있지는 않다.[70]

또한 회원국의 국내법원 가운데는 EU법상 기본적 인권 보호 체계의 미흡을 이유로 EU법의 우위를 인정하지 않는 경우도 있었다. 그 전형적인 예로, 독일연방헌법재판소를 들 수 있는데, 1974년 독일연방헌법재판소는 회원국의 국내법에 대한 EU법의 우위원칙의 적용에 관하여 이와 같은 취지의 판결을 내리고 있다.[71] 동재판소가 EU법의 우위를 인정하지 않았던 주된 이유는 다음 두 가지, 즉 ① EU는 유럽인권협약에 가입하지 않고 있으며, ② EC/EU의 기본조약도 회원국 헌법이 통상 갖추고 있는 포괄적 인권목록을 가지고 있지 않기 때문이라고 할 수 있다.

이와 같은 이유로 국내법원 중에는 회원국 헌법의 기본권규정에 위반하는 EU법의 적용을 반드시 해야만 하는 것은 아니라는 생각에 기본적 인권분야에서의 EU법의 우위를 인정하지 않았다.[72][73] 그러나 그 후 독일연방헌법재판소는 1986년 사법재판소가 기본권을 효과적으로 보호하는 한 EU법의 독일헌법에의 적합성에 대하여 판단하지 않는다고 판시함으로써 종래의 입장을 변경했다.[74] 회원국

---

[67] Case 149/77 *Defrenne v. Sabena* [1978] ECR 1465.

[68] Case 4/73 *Nold v. Commission* [1974] ECR 491; Case 44/79 *Hauer v. Land Rheenland-Pfilz* [1979] ECR 372/27; Case C-235/99 *The Queen v. Secretary of State for the Home Department, exp Kondova* [2001] ECR I-6427; Case C-25/02 *Rinke v. Arztekammer Hamburg* [2003] ECR I-8349; Case C-465/00, 138 and 139/01 *Rechsnungshofv Osterrechischer Rundfunk and others* [2003] ECR I-4989.

[69] Case 222/84 *Johnston v. Chief Constable of the Royal Ulster Constabulary* [1986] ECR 1651; Case 5/88 *Wachauf v. Germany* [1980] ECR 2609; Case C-74/95 and 129/95, *Criminal Proceedings against X* [1996] CER I-6609.

[70] Case C-144/95 *Maurin* [1996] ECR I-2909; Case C-299/95 *Kremzow v. Austria* [1997] ECR I-2629; Case C-309/96 *Annibaldi v. Sindaco del Commune di Guidonia and Presidente Regione Lazio* [1997] ECR I-7493.

[71] *Internationale Handelsgesellschaft mbH v. Einfuhr-Und Vorratsstelle Fur Getreide Und Futtermittel (Case 2 BvL 52/71)(Solange I)* [1974] 2 CMLR 540 at 551-552.

[72] 예를 들어, 프랑스에서도 破棄院(最高裁判所)(Cour de Cassation)은 EU법의 우위를 조기에 승인했지만 행정최고재판소(Conseil d'Etat)은 1968년에 EU법이 사후에 제정된 국내법에 우위한다는 것을 부정하는 판결을 내렸다. 그러나 행정최고재판소도 1989년의 Nicolo 사건 판결에 따라 종래의 판례를 실질적으로 변경하였다(Nicolo [1990] 1 CMLR 173, at 191-192). Manin, The Nicolo case of Conseil d'Etat: French Constitutional Law and the Supreme Administrative Court's Acceptance of the Primacy of Community Law over Subsequent National Law, 28 CMLRev. 499, at 506-508 (1991); P. Craig and G. de Burca, 252-254; 그 후 행정최고재판소는 지침이 사후에 제정된 모순하는 국내법을 배제하는 것을 승인하였다(Roseren, The Application of Community Law by French Courts from 1982 to 1993, 31 CMLRev. 315, at 336 (1994)).

[73] 졸저, 유럽연합법, 상게서, pp.76-77.

법원이 판시태도를 변경한 배경에는 아래와 같은 두 가지 주된 이유가 있다고 판단된다.

첫째, 사법재판소가 기본적 인권의 보호에 관한 다수의 지도적 판결을 내린 것이 회원국의 법원의 판례에 실질적인 영향을 미쳤다.

둘째, 회원국 법원의 판례 변경에는 1979년 EU의 주요 기관인 유럽의회, 유럽위원회 및 각료이사회에 의해 채택된 공동선언도 중요한 역할을 하였다. 이 선언은 그 이듬해인 1980년 유럽이사회에 의해 승인되었으며, 그 후 각 기관에 의한 기본권 보호의 기준으로 적용되었다. 이처럼 EU 차원에서 기본적 인권의 보호를 EU의 기본적 가치로서 적극적으로 승인하게 된 것이다.

이처럼 EU에서 기본권은 주로 사법재판소와 EU당국에 의해 보장되어 왔으나 1986년 단일유럽협정의 전문(前文)에서 처음으로 기본권 존중에 대해 언급함으로써 기본조약에서 기본권에 관한 내용이 규율되게 되었다. 즉, 단일유럽협정은 그 전문에서 "회원국의 헌법과 법 및 인권 및 기본적 자유의 보호에 관한 협약 …에서 인정된 기본권의 기초 위에서 다함께 민주주의를 증진할" 것으로 규정하고 있다. 이리하여 비록 조약의 본문이 아닌 전문이라는 제약이 있지만 EU는 비로소 기본조약을 통하여 기본권을 보호할 수 있는 법적 근거를 마련하게 되었다.[75]

EU가 기본조약의 본문에서 명문의 규정을 통하여 처음으로 기본권에 대해 규정한 것은 1992년 채택된 마스트리히트조약이다. TEU 제F조 2항은, "연합은 1950년 11월 4일 로마에서 서명된 인권 및 기본적 자유의 보호에 관한 유럽협약에 의해 보장되고 있고, 또한 공동체법의 일반원칙으로서 회원국에 공통하는 헌법적 전통에서 유래하는 기본권을 존중한다."고 규정하고 있다.

이와 함께 마스트리히트조약은 기본권과 관련하여 하나의 주요한 개념을 도입하고 있는데, 바로 '유럽시민권'이다. TEU는 제2부(Part Two) 제8조~제8e조에서 이에 대해 규정하고 있다. 회원국의 모든 국민에게는 연합시민권이 부여된다. 연합시민권은 회원국의 국적을 가진 자에게만 부여된다. 그 내용 가운데 기본권에 관련되는 것으로는 다음 사항을 들 수 있다. 즉, EU시민은 ① 국적국 이외의 회원국에 거주하더라도 일정 조건 아래 거주국에서 유럽의회 및 지방의회 선거에서 참정권을 행사할 수 있고, ② 외교적 보호를 받을 권리를 가지고 있다. 또한 ③ 유럽의회에 청원권 및 옴부즈맨에게 진정할 수 있는 권리를 가진다. 다만, ③의 권리는 회원국의 국적을 가지고 있지 않은 제3국 출신의 거주자도

---

[74] *Re the Application of Wunsche Handelsgesellschaft(Case 2 BvR 197/83) (Solange II)* [1987] 3 CMLR 225, at 265. 그러나 동 재판소의 이 입장은 마스트리히트조약에 관한 헌법적 해석에서도 기본적으로 답습되어 EU에서 기본권 보호 체제는 여전히 충분하지 않다는 비판을 제기하고 있다.

[75] EU의 기본조약은 아니지만 유럽평의회(Council of Europe)에 의해 채택된 '유럽사회헌장(European Social Charter: ESC)'에 대해서도 언급되어야 한다. ESC는 개인의 일상에서 향유해야 할 권리와 자유에 관한 목록을 가지고 있는데, 회원국은 이를 존중하고 보장해야 할 의무가 있다. ESC는 최초 1961년 10월 18일 튜린(Turin)에서 서명되어 1996년 개정되었다. 개정된 ESC는 1999년 발효하였으며, 1961년 헌장을 대체하였다.
유럽사회헌장의 공식 웹사이트: http://www.coe.int/t/dghl/monitoring/socialcharter/default_en.asp

행사할 수 있다. 유럽시민권은 주로 시민들의 정치적 권리에 국한되어 있지만, 기본조약에서 기본권의 적용 영역이 확대될 수 있는 여지를 확보했다는 점에서는 중요한 의의가 있다.

그리고 1999년 채택된 암스테르담조약은 기본권 보호를 EU의 원칙의 하나로 명시하고 있고, 기본권 침해에 대한 구체적인 조치를 도입하였다. 즉, 암스테르담조약에 의해 개정된 EU조약 제6조 2항은 기존의 유럽연합조약 제F조 2항과 동일한 내용을 담고 있다. 하지만 특히 주목해야 할 조항은 암스테르담조약에 의해 개정된 EU조약 제7조이다. 동조는 EU의 설립 기본원칙인 '자유·민주주의·인권과 기본적 자유의 존중 및 법의 지배'에 대한 위반이 어느 회원국에 의해 심각하게 또 지속적으로(serious and persistent breach) 행해지는 경우(1항), 가중다수결(a general principle)로 행동하는 이사회는 당해 회원국 정부의 대표의 투표권을 포함하는 권리의 정지를 결정할 수 있다(2항).

2001년 채택된 니스조약은 기본권 침해에 대한 예방조치에 관한 내용을 새롭게 도입하였다. 니스조약에 의해 개정된 EU조약 제7조 1항에 의하면, 동조약 제6조에 규정된 기본권이 어느 회원국에 의해 '심각한 위반이 발생할 명백한 위험이 있다는 것을 확인할 수 있을 때' 그 위원의 5분의 4의 다수결로 행동하는 이사회는 당해 회원국에게 '적절한 권고'를 행할 수 있다. 비록 동조에 의거하여 이사회가 취하는 조치는 '권고'에 불과하지만, 회원국에 의한 기본권 침해에 대하여 EU 차원에서 일정한 조치를 취할 수 있는 절차가 도입되었다는데 중요한 의미가 있다. 그만큼 EU에게 기본조약에 의한 정치적 책임을 부과할 수 있는 법적 근거가 확보된 것이다.

3. 기본권헌장

(1) 제정 배경과 경과

기본조약에서 기본적 인권에 관한 명문의 조항을 두고 있었지만 회원국의 국내 헌법과 같은 포괄적 기본권 목록의 작성 필요성은 EEC 발족 이후 지속적으로 제기되어 왔다. 또한 EU가 기본권 문제에 대해 보다 적극적으로 개입하게 되면서부터 독립적인 기본권헌장을 제정할 필요성이 증대되었다. 그리하여 1990년대에 접어들면서 본격적으로 기본권헌장을 제정하기 위한 작업에 착수하였다.

EU의 기관 가운데 가장 먼저 구체적인 검토 작업에 착수한 것은 유럽위원회였다. 유럽위원회는 1996년 '현자위원회(Comité des Sages)'를 구성하여 기본권 문제에 관해 토론하였다.[76] 1999년에는 '기본권에 관한 전문가단(the Expert Group on Fundamental Rights)'을 설치하고, EU기본권헌장의 제정 필요성에 대해 검토하게 하였다.[77] 그리고 같은 해부터 인권에 관한 최초의 연례보고서

---

[76] 유럽위원회는 '현자위원회'로 하여금 1996년 3월 '제1회 사회정책포럼(the 1st Social Policy Forum)'에 보고서를 제출하게 하여 EU에서의 기본권 문제에 관해 토론하게 하였다.

[77] 1999년 2월, 유럽위원회는 '기본권에 관한 전문가단'으로 하여금 "EU에서 기본권 확립: 지금은 행동할 때(Affirming

(Annual Report on Human Rights 1998~1999)를 작성·발간하기 시작함으로써 EU가 인권정책에 본격적으로 개입할 것임을 분명히 밝혔다.

유럽위원회의 이와 같은 작업에 힘을 실어준 것은 유럽의회였다. 유럽의회는 EU 차원의 독자적인 기본권헌장의 제정 필요성에 대해 인식하고, 1999년 9월 16일에는 '기본권헌장의 제정에 관한 유럽의회 결의(European Parliament resolution on the establishment of the Charter of Fundamental Rights)'를 채택하였다. 동결의에서 유럽의회는 2000년 12월에 EU기본권헌장을 채택할 적기임을 확인하고, 동헌장의 초안 작성을 개시하고자 결정한 콜론(Cologne) 유럽이사회의 결정을 환영하면서, 헌장의 제정이 EU의 헌법적 발전에 요구에 부응하는 것이라는 입장을 피력하였다.

하지만 기본권헌장 제정을 위한 최종적인 결정은 1999년 6월 3일~4일 열린 콜론 유럽이사회에서 내려졌다. 의장(국)성명서에서 유럽이사회는 "EU의 현 발전 단계에서 연합 수준에서 적용 가능한 기본권은 '하나의 헌장에서(in a Charter)' 구체화되어야 한다."고 하면서,[78] "1999년 10월 15일~16일 열리는 탐페르(Tampere) 유럽이사회의 특별회의에서 이 결정이 이행되기 위한 제조건을 정할 것"을 요청하였다.[79] 이 결정에 의하여, 탐페르 유럽이사회는 의장성명서의 부속서(Annex)에서 기본권헌장 기초 작업반(the Body to Elaborate a Draft EU Charter of Fundamental Rights)(이하 '기초 작업반')을 구성하고, 그 작업을 위한 구체적인 방식을 정하였다.[80]

기초작업반은 각계각층의 다양한 의견을 수렴하여 EU기본권헌장 초안을 작성하여 2000년 10월 13일~14일 양일간 열린 비아리츠(Biarritz) 유럽이사회에 제출하였고, 전원일치로 법적 구속력은 가지지 않는 문서로 채택하였다. 그리고 같은 해 12월 7일, 'EU기본권헌장'은 니스에서 유럽의회 의장, 유럽이사회 의장 및 유럽위원회 위원장에 의해 서명, 선언되었다.[81]

Fundamental Rights in the European Union: Time to Act)"란 제목의 보고서를 제출하게 하였다. 이 보고서에서 전문가단은 EU 차원의 독자적인 기본권헌장을 제정할 필요가 있다고 주장하였다.

[78] Conclusions of the Presidency, para. 44.
[79] Conclusions of the Presidency, para. 45.
[80] 기초작업반은 헌장의 제정 작업을 하면서 기존의 기본작업의 제·개정 작업방식과는 다른 'convention'이라 불리는 독자적인 방식을 사용하였다. 이 방식은 그 후 유럽헌법조약의 제정 방식으로도 활용되었는데, EU의 회원국 대표뿐 아니라 주요 기관의 대표들로 구성되어 다양한 의견이 교환되고 토론될 수 있는 일종의 '회의체' 방식이었다. 이 방식에 따라 탐페르 유럽이사회에서 결정된 기초작업반은 ① 회원국 국가원수 혹은 정부수반, ② 유럽위원회, ③ 유럽의회, ④ 국내의회로 구성되었다. 하지만 실제로는 아래와 같이 그 대표자들이 참가하였다. 각 회원국 대표 15명; 유럽위원회 위원장 대리 1명(사법내무담당 A. Vitorino); 유럽의회 대표 16명; 각 회원국 국내의회 대표 30명(각국 2명). 총 62명
[81] 상세한 내용은 공식 홈페이지를 참고하라. http://www.europarl.europa.eu/charter/default_en.htm

(2) EU기본권헌장의 주요 내용과 특징

EU기본권헌장은 전문(Preamble)과 제7부 54개조로 구성되어 있다. 이 가운데 마지막 "헌장의 해석 및 적용에 관한 일반규정"에 관한 제7부(Title VII: General Provisions Governing the Interpretation and Application of the Charter)를 제외하고, 나머지 제1부~제6부 50개 조문은 권리에 관한 것이다 ([표 3-1]).

[표 3-1] EU기본권헌장의 구성

전 문		
제1부 존엄성	제1조	인간의 존엄성
	제2조	생명권
	제3조	사람의 완전성에 대한 권리
	제4조	고문과 비인간적이고 굴욕적인 대우나 처벌의 금지
	제5조	노예 및 강제노동의 권리
제2부 자유	제6조	자유와 안전에 대한 권리
	제7조	사생활 및 가족생활의 존중
	제8조	개인정보의 보호
	제9조	결혼하고 가정을 꾸밀 권리
	제10조	사상, 양심, 종교의 자유
	제11조	표현 및 정보의 자유
	제12조	집회 및 결사의 자유
	제13조	예술과 학문의 자유
	제14조	교육을 받을 권리
	제15조	직업선택의 자유와 노동할 권리
	제16조	영업의 자유
	제17조	재산권
	제18조	망명권
	제19조	격리, 추방 및 인도에 대한 보호
제3부 평등	제20조	법 앞의 평등
	제21조	차별금지
	제22조	문화적, 종교적 및 언어적 다양성
	제23조	남녀평등
	제24조	아동의 권리
	제25조	노인의 권리
	제26조	장애인에 대한 차별 철폐
제4부 연대	제27조	기업 내에서 노동자들의 정보 수집 및 열람권
	제28조	단체교섭 및 행동권
	제29조	직업소개기관 이용권

	제30조	부당해고에 대한 보호
	제31조	공정하고 적정한 노동조건
	제32조	아동노동의 금지와 직장에서의 연소자 보호
	제33조	가정생활 및 직업생활
	제34조	사회보장 및 사회부조
	제35조	건강보호
	제36조	일반적 경제 이익 서비스에 대한 접근
	제37조	환경보호
	제38조	소비자 보호
제5부 시민의 권리	제39조	유럽의회 선거에서의 선거권 및 피선거권
	제40조	지방자치선거에서의 선거권 및 피선거권
	제41조	바른 행정을 요구할 권리
	제42조	문서에 대한 접근권
	제43조	유럽옴부즈맨
	제44조	청원권
	제45조	이동 및 거주의 자유
	제46조	외교적 및 영사적 보호
제6부 사법적 권리	제47조	실효적 권리구제와 공정한 재판을 받을 권리
	제48조	무죄추정 및 변론권
	제49조	죄형법정주의 및 범죄행위와 형벌 사이의 비례원칙
	제50조	동일한 범죄 행위를 이유로 이중처벌을 받지 아니할 권리
제7부 헌장의 해석 및 적용에 관한 일반 규정	제51조	효력 범위
	제52조	권리 및 원칙의 범위 및 해석
	제53조	보호 수준
	제54조	권리남용의 금지

[표 3-1]을 바탕으로 EU기본권헌장의 주요 내용과 특징에 대해 검토하면 다음과 같다.

첫째, 전문은 헌장을 제정함에 있어 사상적 배경으로 삼고 있는 내용들에 대해 언급하고 있다. 그 가운데서도 특히 헌장은 "회원국에 공통된 헌법적 전통"뿐 아니라 "국제적 의무로부터 인권 및 기본권보호를 위한 유럽협약, 연합과 유럽이사회에 의해 채택된 사회헌장들"과 같은 성문법, 그리고 "유럽연합사법재판소 및 유럽인권재판소의 판례"와 같이 불문법으로부터 파생되는 권리들에 의거하여 제정되었다.[82] 이처럼 헌장에 포함된 권리는 처음으로 제정된 것이 아니라 기존의 법문서와 원칙에 의거하여 법의 일반원칙으로 EU 차원에서 법원으로 원용할 수 있다고 판단되는 기본적 권리를 목록으로 확정한 것이다.

둘째, 헌장은 국제인권규약과 같이 사회권과 자유권에 관한 별도의 문서로 분리하여 문서를 제정하

---

[82] EU기본권헌장 전문 5단.

지 않고 단일한 문서로 양대 권리의 목록을 집대성한 형태를 취하고 있다. 이에 대해 헌장은 그 전문에서 "하나의 헌장에 기본권을 보다 분명히 규정"한다는 점을 밝히고 있다.[83] 헌장이 '하나의 헌장(a Charter)'인 '단일문서'의 방식을 채택한 이유 중의 하나는 "사회의 변화, 사회적 진보, 과학·기술의 발전 추세에 맞추어 기본권보호를 강화할 필요"가 있기 때문이다.[84] 이와 같은 필요성에 부응하기 위하여, 헌장은 유전적 실험(특히, 사람의 선별을 위한 유전적 실험)[85] 및 인간복제의 금지[86], 그리고 개인정보보호권[87] 등 과학·기술의 발전에 따른 새로운 권리에 대해서도 규정하고 있다. 그리고 문화적 다양성[88]과 소수민족에 대한 차별금지에 관한 규정도 사회적 변화와 진보를 수용한 것으로 상당히 전향적이고 발전적인 내용이라고 평가할 수 있다.

셋째, 제5부 '시민의 권리(Title V: Citizens' Rights)'의 목록 가운데 '바른 행정을 요구할 권리(Right to good administration)'도 주목할 필요가 있다. '바른 행정을 요구할 권리'란 "모든 사람이 EU의 기관들과 기구들이 편파적이지 않고, 공정하며, 합리적 기간 내에 그 업무를 처리해 줄 것을 요구할 권리"를 말한다.[89] 이 권리는 특히 다음 세 가지의 권리와 의무, 즉 ① 자신에게 불리한 개별적 조치가 내려지기 전에 자신의 견해를 밝힐 수 있는 권리, ② 신용 및 직업적·영업적 비밀에 대한 정당한 이익을 존중하면서 그와 관련된 자료에 접근할 수 있는 권리, ③ 행정실정에 대한 이유를 명시할 의무를 포함한다.[90] 만일 개인이 EU 기관이나 그 직원의 직무수행으로 인하여 피해를 입는 경우, 당해 개인은 EU를 대상으로 보상을 청구할 권리를 행사하게 된다.[91] 이 권리는 이미 회원국과 EU의 행정관행뿐 아니라 사법재판소의 판례에 의해서도 인정되었고, 그 법리가 발전되어 온 것이다.

마스트리히트조약에서 처음으로 '유럽시민권'이 도입되어 행정에 대한 권리가 EU의 법질서에서 행사될 수 있는 법적 근거가 마련되었다. 그러나 유럽시민권은 기본적으로 '회원국의 국적을 가진 자', 즉 '유럽시민'이 행사할 수 있는 권리라는 한계가 있었다. 그러나 '바른 행정을 요구할 권리'는 국적을 매개로 한 '유럽시민'에 한정하지 않고, '모든 사람(every person)'에게 부여되는 권리이다. 그동안 유럽시민권이 가지는 배타적 성격에 대해 제기된 비판을 수용한 결과이고, 또한 헌장이 원칙적으로 '보편성'을 가지는 인권문서로서 일종의 '개방적 시민권'을 강조하고 있다고 판단된다.

---

[83] EU기본권헌장 전문 4단.
[84] EU기본권헌장 전문 4단.
[85] EU기본권헌장 제3조 3항 (b)호.
[86] EU기본권헌장 제3조 3항 (d)호.
[87] EU기본권헌장 제8조 1항.
[88] EU기본권헌장 제22조.
[89] EU기본권헌장 제41조 1항.
[90] EU기본권헌장 제41조 2항.
[91] EU기본권헌장 제41조 3항.

(3) 유럽미래회의(유럽헌법조약)에서의 기본권헌장

2002년 2월 28일 출범한 '유럽미래회의'는 '실무단 II: 기본권헌장/유럽인권협약(Charter/ECHR)'을 설치하고, 기본조약(즉, 유럽헌법조약) 속에서 기본권헌장의 지위와 역할에 대해 논의하였다.

실무단에서의 중심적인 의제는 기본권헌장에 법적 구속력을 부여할 것인가, 즉 '기본권헌장은 유럽헌법조약 속에 포함시킬 것인가'에 관한 것이었다. 이에 대해 다양한 논의가 이뤄졌는데, 이를테면, ① 법적 구속력을 부여하지 않고, 기본조약의 '전문(前文)' 속에서 인용하는 방법, ② '엄숙한 선언'으로서의 헌장의 성질을 유지한 채 조문에서 언급하는 방법, ③ 기본권헌장을 EU의 법원으로 보고, 이를 규정의 형태로 직간접으로 언급하는 방법, ④ 기본권헌장을 부속의정서로서 유럽헌법조약과 동등한 효력을 가지게 하는 방법, ⑤ 기본권헌장을 유럽헌법조약의 본문 조문으로 삽입하는 방법 등이다. 실무단은 기본권헌장을 유럽헌법조약 속에 포함시킴으로써 동헌장의 법적 구속력을 인정하는 방향으로 결론을 내리고, 아래와 같은 견해를 제시하였다.

① EU에게 어떠한 새로운 권한도 부여되지 아니 한다.
② 헌장의 실질적 내용은 변하지 않는다. 단, 舊TEC과의 정합성을 유지하기 위하여 기술적인 조정은 행해질 수 있다.
③ 헌장이 헌법조약에 포함되면, 헌장은 법적 구속력을 가지게 되고, 그로 인하여 관할권의 문제가 제기된다. 비록 일부 소송에 대해 사법재판소가 관할권을 가지게 될지라도 대다수의 소송에 대한 관할권은 원칙적으로 회원국의 국내법원이 가진다.[92]

위 결론에 따라 기본권헌장을 유럽헌법조약에 삽입하기 위하여 필요한 기술적인 수정을 가하였다.

첫째, 기본권헌장의 규정이 EU의 권한에 한정되고 있지 않다는 문제와 관련하여, 기본권헌장의 효력(적용)범위에 관한 규정을 수정하였다. 그리하여 유럽헌법조약 제II-111조는 "이 헌장의 규정들은 보충성원칙을 존중하면서 연합의 기관, 기구 및 부서에 적용되고, 만일 회원국이 연합법을 집행할 경우 그 회원국에게만 적용된다. 따라서 연합의 기관, 기구 및 부서와 회원국은 각자의 권한에 따라 이 헌장의 권리를 존중하고, 원칙을 준수하며, 그 적용을 촉진한다."(1항)고 규정하게 되었다. 또한 "이 헌장은 연합의 권한을 벗어나 연합법의 적용범위를 확대하지 않으며, 연합을 위한 어떤 새로운 권한이나 임무를 신설하거나 헌법에 규정된 권한과 임무를 변경하지 않는다."(2항)는 점을 확인하고 있다.

둘째, 만일 기본권헌장에 법적 효과를 부여하는 경우, 이제까지 법원으로서 원용되어 온 '회원국에 공통된 헌법적 전통'이나 유럽헌법조약에서 유럽인권협약에 대한 언급을 유지할까 여부에 대하여 논의가 행해졌다. 이에 대해 유럽헌법조약은 제I-9조는 "유럽인권협약에 의해 보장되고, 또 회원국의 공통된 헌법적 전통에서 유래하는 기본권은 연합법의 일반원칙을 구성 한다."고 명시함으로써 양자에 대해

---
[92] 졸저, 유럽헌법론(높이깊이, 2006), p.31.

언급하는 방식을 유지하고 있다. 그리고 회원국 헌법에 공통하는 헌법적 전통과 기본권헌장의 관계에 대해서는 유럽헌법조약 제II-112조 4항에서 "이 헌장에서 회원국에 공통하는 헌법적 전통으로부터 생기는 기본권이 인정되는 한 그 권리는 당해 전통에 따라 해석 된다."고 하는 규정이 삽입되었다.

셋째, 기본권헌장에 법적 효과가 인정되는 경우라도 기본권헌장의 모든 규정이 구체적인 '권리'를 인정하는 것은 아니고, 일부규정은 '원칙'을 규정하는 것으로 보아야 한다. 유럽헌법조약 제I-112조 4항은, "원칙을 포함하는 이 헌장의 규정은 연합의 기관, 조직 및 기타 부서에 의해 제정된 입법 및 집행행위, 그리고 연합법을 시행하기 위한 회원국의 행위에 의해 각자의 권한의 행사 속에서 시행할 수 있다. 헌장의 규정은 오직 그러한 행위의 해석 및 그 적법성의 판단에 한정되고, 사법심사의 대상이 될 수 있다."고 규정하고 있다.

마지막으로 개인 및 법인의 사법재판소에의 제소권에 관한 문제이다. 기본권헌장에 의거하여 개인 및 법인이 사법재판소에 제소할 권리를 가지는가의 문제는 동헌장에 대해 법적 효과를 인정하는 경우에 상당히 중요한 의미가 있다. EU법 체제에서는 EC(법적 주체)에 대한 개인의 제소는 상당히 제한적이다. 즉, 자연인 또는 법인은 원칙적으로 "직접적이고도 개별적으로 관련된 행위"에 대하여 유럽연합사법재판소에 제소할 권리를 행사할 수 있다.[93] 유럽미래회의와 실무단에서는 이 문제에 대해 심도 깊게 논의하지는 않았다. 다만, 유럽헌법조약의 최종안을 확정하는 과정에서 정부간회의는 "기본권헌장의 해석을 위한 수단으로 작성된 해설은 연합 및 회원국의 법원에 의해 충분히 고려 된다."는 조항[94]을 새롭게 추가하였다. 하지만 기본권헌장에 의거한 개인의 제소권 유무는 직접 명시되지 않고 다소 모호한 상태로 남아있어 논쟁의 여지를 남기고 있다.

4. 리스본조약에서의 기본적 인권의 보장

유럽헌법조약과 달리 리스본조약은 원칙적으로 헌법적 성질을 가지는 규정을 둘 수 없다. 이 원칙에 따라 리스본조약은 기본적 인권에 관한 보장 규정, 특히 기본권헌장은 본문 속에 포함되지 못하고, 부속서로 편입되어 있다. 리스본조약 체제 하의 기본적 인권에 관한 주요한 내용을 소개하면 다음과 같다.

첫째, TEU 제2조는 "연합은 인간의 존엄성의 존중, 자유, 민주주의, 평등, 법의 지배 및 소수자의 권리를 포함한 인권 존중의 가치 위에 설립된다. 이 가치들은 다원주의, 비차별, 관용, 정의, 연대 및 남녀평등을 특징으로 하는 사회에 있어 회원국에 공통하는 것이다."고 규정하여 EU가 지향하는 가치에 대해 밝히고 있다. 동조에 의하면, EU가 지향하는 가치로서 인권 존중의 목록으로 '인간의 존엄성, 자유, 민주주의, 평등, 법의 지배 및 소수자의 권리'를 들고 있다. 이 목록은 열거가 아니라 예시한

---
[93] 舊TEC 제230조 4단; TFEU 제263조 4단.
[94] 유럽헌법조약 제II-112조 7항.

것으로 보아야 한다. 리스본조약은 특히 '소수자의 권리'를 명시함으로써 그들의 권리 보장을 위해 노력하겠다는 의지를 분명히 하고 있다.

둘째, 기본권헌장과 관련하여, 동헌장은 유럽헌법조약 본문 속 제II편으로 삽입되어 있었다. 그러나 리스본조약은 본문과는 별개의 부속문서의 형태로 두고 있다.95) 문제는 기본헌장을 부속문서로 둠으로써 과연 동헌장이 법적 구속력을 가지는가 하는 것이다. 이에 대해 TEU 제6조 1항에서 다음과 같이 원칙적인 내용에 대해 규정하고 있다. 즉, 비록 기본권헌장의 텍스트 全文은 리스본조약에 포함되어 있지 않지만 "연합은 2007년 12월 12일자로 스트라스부르에서 개정된 2000년 12월 7일자 기본권헌장이 정하는 권리, 자유 및 원칙을 승인한다. 기본권헌장과 제조약은 법적으로 동등하다."(1단)고 함으로써 기본권헌장의 제규정은 EU 및 모든 회원국에 대해 법적 구속력을 가지게 되었다. 하지만 이에 대해서는 일정한 제한이 있는데, "(기본권)헌장의 규정은 어떠한 경우라도 제조약에 규정된 연합의 권한을 확대할 수 없고"(2단), 또한 "헌장이 정하는 권리, 자유 및 원칙은 헌장의 해석과 적용을 규율하는 헌장 제7편 및 동 규정의 전거(典據)를 이루는 헌장에 대한 해석을 충분히 고려하여 해석"되어야 한다(3단).

그동안 舊TEU과 舊TEC가 기본권에 관한 별도의 목록을 갖고 있지 못한 점에 대해서는 많은 비판이 있었다는 점에서 볼 때 유럽헌법조약과는 달리 EU기본권헌장이 리스본조약 본문 속에 포함되지 않은 것은 상당히 유감스런 일이다. 하지만 리스본조약이 '기본권헌장에 규정된 모든 권리, 자유 및 원칙이 제조약과 동등한 가치를 가진다'는 명시적인 규정을 둠으로써 형식적·법률적으로 기본권헌장은 리스본조약의 일부를 구성하고 있다고 볼 수 있다.96)

그리고 유럽헌법조약을 기초할 당시 수정된 기본권헌장의 조문은 리스본조약 하에서도 그대로 유지되고 있다.97)

셋째, 리스본조약은 EU의 유럽인권협약 가입에 대해 규정하고 있다. 이에 대해서는 아래에서 상세하게 검토한다.

넷째, TFEU에 대해서는 기존의 TEU의 규정을 그대로 답습하고, 절차에 대해서만 수정하고 있다.

---

95) 브뤼셀 유럽이사회 의장국 결론은 이 점에 대해 다음과 같이 밝히고 있다. "… the text of the Charter on fundamental rights will not be included in the Treaties." II. Amendments to the EU Treaty in *Presidency Conclusions*, para. 9, footnote 3.
96) EU기본권헌장은 일반적으로 법적 구속력을 가진다는 점은 분명하지만 EU의 전 영역에 대해 적용되지는 않는다. 다시 말해서 폴란드와 영국에 대해서는 별도의 의정서를 통해 그 적용에 대한 예외가 인정된다. Cf. "Protocol on the application of the Charter of Fundamental Right of the European Union to Poland and to the United Kingdom" in Protocols annexed to the Treaty on European Union, to the Treaty establishing the European Community, and/or the Treaty establishing the European Atomic Energy Community.
97) 다만, 유럽헌법조약 제2편 '기본권헌장'과 리스본조약 부속서 '기본권헌장'의 관련 조문의 번호는 변경되었다는 점은 주의를 요한다. 예를 들어, 유럽헌법조약 제II-111조는 기본권헌장 제51조로, 그리고 유럽헌법조약 제II-112조는 기본권헌장 제52조로 변경되었다.

TFEU 제18조는, "제조약의 적용 범위 내에서, 또한 제조약의 특정 규정을 침해하지 않는 범위 내에서 국적을 사유로 한 차별은 금지된다."(1단)는 '국적에 의한 차별금지'를 규정하고 있다. 그 입법절차에 대해, "유럽의회 및 이사회는 보통입법절차에 따라 차별을 금지하기 위한 법규를 채택할 수 있다."고 함으로써 국적에 의한 차별금지에 관한 법규는 '보통입법절차'에 의해 채택될 수 있음을 명시하고 있다. 그러나 TFEU 제19조에서 보는 바와 같이, "성, 인종 또는 민족적 기원, 종교 또는 신념, 장애, 연령 또는 성적 성향 등의 사유에 따른 차별", 즉 국적 이외의 사유로 인한 간접적 차별에 관한 '적절한 조치'는 '특별입법절차'를 적용한다(1항).

마지막으로, 기본권헌장의 적용과 관련하여 리스본조약에는 폴란드와 영국에 대한 별도의 의정서, 즉 '폴란드 및 영국에 대한 EU기본권헌장의 적용에 대한 의정서(Protocol(No. 30) on the Application of the Charter of Fundamental Rights of the European Union to Poland and to the United Kingdom)'가 첨부되어 있다. 이 의정서는 폴란드와 영국이 특별히 요구하여 리스본조약에 대한 해석상의 유보를 요구하여 첨부된 것이다.

의정서는 두 개의 조항을 두고 있다. 먼저, 제1조 1항에 의하면, "헌장은 유럽연합사법재판소 또는 폴란드 또는 영국의 모든 재판소가 폴란드 또는 영국의 법, 규정, 행정법규, 관습 또는 행위가 헌장에 의해 확인되는 기본권, 자유 및 원칙과는 일치하지 않는다고 판단할 능력을 확대하는 것은 아니다."고 규정하고 있다. 또한 제2조는, "헌장의 규정이 (폴란드 또는 영국의) 국내법 및 관습에 대해 언급하는 경우, 그 규정은 헌장에서의 권리 또는 원칙이 폴란드 또는 영국의 법 또는 관습에서 인정되고 있는 범위 내에서 (양국에) 적용 된다."고 명시하여 기본권헌장의 폴란드 및 영국에 대한 적용범위를 제한하고 있다.[98]

ECSC, EEC 및 Euratom설립조약 이래 EU의 관행을 보면, 기본조약에 대한 회원국들의 유보는 '원칙적으로' 인정되지 않았다. 그러나 마스트리히트조약을 채택하는 과정에서 특히 경제통화동맹과 관련하여 영국과 북아일랜드 및 덴마크가 적용 예외를 주장하면서 별도의 의정서를 첨부하기 시작하였다.[99] 그 후 셍겐협약과 단일통화인 유로의 채택 등에 대해서도 일부 회원국들에 대한 적용 제외 내지는 예외가 인정되고 있다.

---

98) 의정서는 제1조 2항에서 기본권헌장 제4부(Title IV) '연대(Solidarity)'의 적용에 대해서도 별도의 규정을 두고 있다. 즉, "특히, 그리고 우려를 불식시키기 위하여, 헌장 제4부는 폴란드 또는 영국이 그 국내법에서 당해 권리에 대해 별도로 규정하고 있지 않는 한 폴란드 또는 영국에게 적용되는 정당한 권리를 창설하지 않는다."고 규정하고 있다. 기본권헌장 제4부는 연대와 관련하여 제27조~38조의 12개 조문을 두고 있다. 그 내용을 보면, 제27조(기업 내에서 노동자들의 정보 수집 및 열람권), 제28조(단체교섭 및 행동권), 제29조(직업소개기관 이용권), 제30조(부당해고에 대한 보호), 제31조(공정하고 적정한 노동조건), 제32조(아동노동의 금지와 직장에서의 연소자 보호), 제33조(가정생활 및 직업생활), 제34조(사회보장 및 사회부조), 제35조(건강보호), 제36조(일반적 경제 이익 서비스에 대한 접근), 제37조(환경보호), 제38조(소비자보호)에 관한 권리에 관한 것이다.
99) Protocole sur certaines dispositions relatives au Royaume-Uni de Grande-Bretagne et d'Irlande du Nord; Protocole sur certaines dispositions relatives au Denemark

5. EU 기본권청의 설치

2007년 3월 1일, EU기본권청(European Union Agency for Fundamental Rights: 이하 'FRA'라고 한다)[100]이 설립되었다. FRA는 기존의 유럽인종차별 및 외국인혐오주의모니터링센터(European Monitoring Centre on Racism and Xenophobia: EUMC)[101]를 계승한 것으로 2007년 2월 15일자 이사회 규칙 167/2007[102] 제1조는 "이로써 유럽연합 기본권청이 설립 된다(The European Union

---

[100] 초기 논의 과정에서 '인권청(Human Rights Agency: HRA)'이란 용어가 사용되기도 하였다. 이를테면, 유럽이사회는 2003년 12월 13일 브뤼셀 유럽이사회 의장 성명서와 2004년 12월 4일~5일 유럽이사회 의장 성명서에 부속된 '자유, 안전 및 사법의 강화에 관한 헤이그 프로그램(Hague Programme on the strengthening of Freedom, Security and Justice)'에서 'HRA'를 언급한 바 있다. Olivier De Schutter and Valérie Van Goethem, *"The Fundamental Rights Agency: Towards an Active Fundamental Rights Policy of the Union"*, ERA Forum, 12.2006, Vol. 7, Issue 4, p.587, foot note 1). 그러나 이는 모두 FRA가 공식 발족하기 이전이고, 발족 이후에는 FRA가 공식 명칭으로 사용되고 있다.

[101] EUMC는 이사회 규칙 1035/97에 의거하여 1997년에 설립되었으며(Council Regulation (EC) No 1035/97 of 2 June 1997 *establishing a European Monitoring Centre on Racism and Xenophobia*, OJ L 151 of 10.06.1997, p.1), 2007년 3월 1일자로 FRA로 대체되었다. EUMC의 주된 설립 목적은 EU 및 회원국이 인종주의와 외국인혐오주의에 대해 적절한 조치를 취할 수 있도록 '유럽 수준에서 인종차별주의, 외국인혐오주의 및 반유대주의에 관한 객관적, 신뢰할 수 있는, 또한 비교할만한 자료(objective, reliable and comparable data at European level on the phenomena of racism, xenophobia and anti-Semitism)'를 제공하는 것이다(제2조 1항). EUMC는 인종주의와 외국인혐오주의와 관련하여, 주로 다음 분야, 즉 ① 유럽역내에서의 사람의 자유이동, ② 언론 및 기타 통신매체, ③ 교육, 직업훈련 및 청소년, ④ 고용을 포함한 사회정책, ⑤ 상품의 자유이동 및 ⑥ 문화에 관한 자료를 수집하여 EU와 회원국에게 제공하였다(Cf. 제2조 2항).
EUMC에 관한 관련 행위(Related Acts)도 참고하라.
- Communication from the Commission to the Council, the European Parliament, the European Economic and Social Committee and the Committee of the Regions *on the Activities of the European Monitoring Centre on Racism and Xenophobia, together with proposals to recast Council Regulation (EC) 1035/97* [COM (2003) 483 final – Not published in the Official Journal].
- Report from the Commission to the Council, the European Parliament, the Economic and Social Committee and the Committee of the Regions *on the activities of the European Monitoring Centre on Racism and Xenophobia* [COM(2000) 625 final – Not published in the Official Journal].
- Council Decision of 21 December 1998 relating to the conclusion of an Agreement between the European Community and the Council of Europe *for the purpose of establishing, in accordance with Article 7(3) of Council Regulation (EC) No 1035/97 of 2 June 1997 establishing a European Monitoring Centre on Racism and Xenophobia, close cooperation between the Centre and the Council of Europe* [OJ L 44 of 18.02.1999]
- Agreement between the European Community and the Council of Europe *for the purpose of establishing, in accordance with Article 7(3) of Council Regulation (EC) No 1035/97 of 2 June 1997 establishing a European Monitoring Centre on Racism and Xenophobia, close cooperation between the Centre and the Council of Europe* [OJ L 04 of 18.02.1999].

[102] COUNCIL REGULATION (EC) No 168/2007 of 15 February 2007 *establishing a European Union Agency for Fundamental Rights*, OJ L 53 of 22.2.2007, p.1.

Agency for Fundamental Rights (the Agency) is hereby established)."고 그 설립의 근거를 명확하게 밝히고 있다.

FRA는 EU가 처음으로 설립한 '기본적 인권' 분야의 공식전문기구이다. 따라서 FRA는 기본권 관련 현안 사안에 대해 EU 제기관 및 회원국들에게 전문적 조언의 역할을 하고 있다.

기본권 보호를 위하여 FRA가 수행하는 임무를 구체적으로 살펴보면 다음과 같다.[103]

① 기본권 보호에 관한 정보와 자료의 수집, 분석 및 보급
② 기본권에 관한 자료의 객관성 및 신뢰성을 높이기 위한 방법 및 표준의 개발
③ 연차작업계획을 포함한 과학적 연구와 조사 및 사전 연구
④ 특수주제에 관한 결론 및 견해의 공표
⑤ FRA 활동 분야에서 다뤄진 기본권에 관한 연례보고서 발간 및 모범 사례 강조
⑥ 분석, 연구 및 조사에 의거한 주제별 보고서 발간
⑦ FRA 활동에 관한 연례보고서 발간
⑧ 시민사회와의 의사소통 전략 개발 및 대화의 증진

위 임무를 유형별로 정리하면, 기본권 보호에 관한 연구·조사, 관련 자료 및 정보의 수집·분석 및 보급, 현안 주제 연구, 연례보고서 발간 및 시민사회와의 대화·협력의 다섯 가지로 정리할 수 있다. 실제 FRA가 수행했거나 혹은 수행 중인 이 다섯 가지 주요 임무를 중심으로 FRA의 활동 내용을 살펴보면 다음과 같다.

첫째, FRA는 기본권 보호에 관한 다양한 주제에 대해 연구·조사하는 임무를 수행한다.

FRA가 특정 주제에 대한 연구 프로젝트 수행과 관련하여 살펴보면, 2012년 10월 현재, 연구 프로젝트가 진행 중인 과제(Ongoing)는 9개이고, 16개의 과제(Findings available)는 이미 수행되었다. 그 과제의 목록을 살펴보면, 소수자들에 대한 차별금지에 관한 주제가 가장 많고, 최근에는 레즈비언, 게이, 양성애자 및 성전환자(LGBT)의 평등에 대한 조사를 비롯하여, 기본권지표(Fundamental rights indicators: FRI)[104]에 관한 연구 프로젝트도 시행하고 있다.

---

[103] 기본규칙 제4조 1항 (a)호~(h)호.
  FRA와 대한민국 국가인권위원회가 수행하는 임무(업무)의 내용을 비교해보면, '인권침해행위에 대한 조사와 구제' 및 '차별행위에 대한 조사와 구제'면에서 본질적 차이점이 있다. 다시 말하여, 전자는 후자와는 달리 '인권침해행위'와 '차별행위'에 대해 직접 조사할 수도 없고, 또 구제조치를 실시할 권한이 없다.
  Cf. 대한민국 '국가인권위원회법' 제19조(업무): "위원회는 다음 각 호의 업무를 수행한다. …
  2. 인권침해행위에 대한 조사와 구제
  3. 차별행위에 대한 조사와 구제 …"
[104] FRI에 대한 연구는 유엔 인권최고대표(UN High Commissioner for Human Rights)가 '인권(감수성)지표(Human Rights Indicators: HRI)'에 대해 경제사회이사회(ECOSOC)에 제출한 보고서(Report of the United Nations High Commissioner for Human Rights to the Economic and Social Council, Geneva 4-29

그리고 FRA는 특정 주제에 대한 설문 조사를 하고, 그 결과에 대한 보고서를 작성·공표하고 있다. 2008년 EU의 소수자 및 차별에 관한 설문 조사를 시작으로 5건의 조사 보고서가 제출되었다.

둘째, 기본권 관련 자료 및 정보의 수집·분석 및 보급과 관련하여 FRA는 홈페이지를 통하여 다양한 자료와 정보를 제공하고 있다. 'EU 기본권청' 홈페이지(http://fra.europa.eu/en) 상단의 'Publications & Resources'는 발간자료(Publications) 및 체약국 관련 자료(Country data)를 비롯한 아홉 개 세부 항목을 두고 있다. 이 개별 항목에서 FRA가 발간한 문헌과 수집, 분석한 정보를 공개하고 있을 뿐 아니라 시민들의 의견도 수렴하고 있다.

셋째, FRA는 기본권 관련 현안 주제를 선정하고, 연구를 진행한다. 현재 다음의 10개의 주제, 즉 ① 사법접근(Access to justice), ② 망명, 이민 및 국경통제(Asylum, migration & borders), ③ 데이터 보호 및 프라이버시(Data protection & privacy), ⑤ 젠더(Gender), ⑥ LGBT, ⑦ 장애인(Persons with disabilities), ⑧ 인종차별 및 불관용(Racism & related intolerances), ⑨ 아동의 권리(Rights of the child), ⑩ 로마(Roma)에 대한 연구를 진행하고 있다.[105]

넷째, FRA는 연례보고서를 발간하고 있다. 1998년 EUMC 연례보고서(EUMC Annual Report 1998)를 시작으로 매년 6월 보고서가 발간된다. 2012년 6월 발간한 '2011년 연례보고서(Fundamental rights; challenges and achievements in 2011)'를 살펴보면, 유럽역내시장에서 기본권과 관련된 핵심 주제를 열 가지[106]로 나누어 채택된 입법 및 조치 상황 등에 대한 상세하게 보고하고 있다.

다섯째, 시민사회와의 대화·협력으로서, FRA는 기본권과 관련된 이슈와 미래 과제를 중심으로 EU 차원의 다양한 주체들과 대화 및 협력관계를 유지하고 있다. 이를 통해 FRA는 기본권에 관한

July 2011 (E/2011/90))에 의거하여 진행되고 있다. HRI란 "인권의 실시를 증진하거나 또는 모니터링하기 위한 지표"를 말하는데, 다음과 같은 특수한 정보를 말한다. 즉, 첫째, 인권규범 및 표준과 관련될 수 있는 어떤 목적, 사건, 활동 혹은 결과의 상태에 관한 특수한 정보, 둘째, 인권의 제원칙 혹은 관련 원칙을 반영하는 특수한 정보, 셋째, 인권의 증진 및 실시를 평가하고 모니터링하는 특수한 정보가 이에 해당한다. See HRI/MC/2006/7, para. 7.

[105] 이에 대한 상세한 내용은, http://fra.europa.eu/en/themes
[106] 2011년도 보고서가 제시하고 있는 열 가지 주제를 예시하면 다음과 같다.
1. Asylum, Immigration, and Integration
2. Border Control and Visa Policy
3. Information Society and Data Protection
4. The Rights of the Child and Protection of Children
5. Equality and Non-Discrimination
6. Racism and Ethnic Discrimination
7. Participation of EU Citizens in the Union's Democratic Functioning
8. Access to Efficient and Independent Justice
9. Rights of Crime Victims
10. EU Member States and International Obligations

상이한 입장을 조정하고, 개별 주체들이 요구하는 현안에 대해 협의하고, 필요 시 연구, 조사를 진행한다. FRA가 협력관계를 맺고 있는 주체들을 유형화시켜 보면, EU기구(EU institutions, bodies & agencies),[107] EU 28개 회원국(Member States of the European Union),[108] 유럽평의회(Council of Europe),[109] 시민사회와 협력하여 기본권플랫폼(Fundamental Rights Platform: FRP) 구축,[110] 국내인권기구(National human rights bodies)[111] 및 유엔, 유럽안보협력기구 및 기타 국제기구(UN, OSCE(Organization for Security and Cooperation in Europe) & other international organizations)[112] 등이다.[113]

이처럼 FRA가 그 임무를 수행하면서 보호해야 하는 기본권의 범위는 광범위하다. 그러나 FRA는 그 권한을 행사함에 있어 다음과 같은 상당한 한계를 안고 있다.

첫째, EU의 다른 통상의 기구와 달리, FRA는 법인격을 가지고, 독립하여 임무를 수행하고 있는 등 기본권 보호를 위한 전문기구로서의 법적 지위를 확보하고 있다. 이 점은 특기할만한 사항이나 그 설립 목적에서 보듯이, FRA는 EU의 제기관과 부속기구 및 회원국이 기본권에 관한 조치와 행동을 채택할 때 기본권이 충분하게 보장될 수 있도록 '그에 관한 지원과 전문지식을 제공'하는데 중점을 두고 있다.

둘째, 통상의 '국가인권기구'(예: 우리나라의 '국가인권위원회')의 경우, 인권침해를 당한 개인은 당해 기구에 진정할 수 있다. 또한 당해 기구는 인권침해 및 차별행위에 대해 조사하고, 구제조치를 취할 수 있는 권한이 있다. 이에 반해 FRA의 경우, 개인의 진정 절차를 두지 않고 있으며,[114] 그에 따라 인권침해에 대한 조사는 물론 구제조치를 취할 수 있는 권한이 없다. 물론 이는 유럽연합사법재판소와 유럽인권재판소 등 별도의 사법절차를 통한 제소권을 인정하는 등 기본권 보장제도를 포함한 EU법의 고유한 법체계에서 기인하고 있다. 하지만 이러한 측면을 인정한다고 할지라도 FRA가 기본권 또는 인권의 감시자 혹은 수호자로 자리매김하기에는 좀 더 많은 시간과 논의가 필요하다고 본다.

---

107) 기본규칙 제7조.
108) 기본규칙 제8조 1항.
109) 기본규칙 제9조.
110) 기본규칙 제10조.
111) 기본규칙 제8조 1항.
112) 기본규칙 제8조 2항.
113) 구체적인 세부기구명에 대해서는, http://fra.europa.eu/en/cooperation
114) 이에 대해 기본규칙 전문(Preamble) 15항에서 FRA가 "개인진정은 다루지 않음(without, however, dealing itself with individual complaints)"을 명확하게 밝히고 있다.

6. EU의 유럽인권협약 가입 문제

(1) EU의 유럽인권협약 가입을 위한 법적 기초와 경과

TEU 제6조 2항은 "연합은 인권 및 기본적 자유의 보호를 위한 협약에 가입한다."(전단)고 규정함으로써 EU의 유럽인권협약 가입이 '의무적'임을 분명히 밝히고 있다. 다만, "연합은 … 가입한다."고만 명시하여 그 시기는 확정하지 않고 있다. 또한 만일 EU가 유럽인권협약에 가입한다고 할지라도 그 적용에는 일정한 제한이 있다. 이에 대해 리스본조약은 TEU 제6조 2항 후단에서 "이 가입은 제조약에서 정하는 연합의 권한에는 영향을 미치지 못한다."고 규정하고 있다.

이처럼 리스본조약은 EU의 유럽인권협약 가입에 관한 명문의 규정을 두고 있다. 그러나 유럽인권재판소와 유럽연합사법재판소가 소재한 도시로 상징되는 소위 '스트라스부르(Strasbourg)'와 '룩셈부르크(Luxembourg)' 사이에서 행해진 EU의 유럽인권협약 가입에 관한 논의는 그리 새로운 것이 아니다.[115]

EU의 유럽인권협약 가입을 처음으로 제안한 것은 1979년 유럽위원회가 '(유럽)공동체의 인권 및 기본적 자유의 보호를 위한 협약 가입에 관한 각서(Commission's Memorandum on the Accession to the European Convention for the Protection of Human Rights and Fundamental Freedoms (COM (79) 210 final, 2 May 1979)'[116]를 통해서이다. 그 후 1990년 유럽위원회는 각료이사회에 통보(Communication)를 행함으로써 이 제안을 반복했다.[117] 1994년 11월 30일, 각 회원국의 법무부장관들로 구성된 각료이사회는 이 제안에 대해 사법재판소에 견해를 구하기로 결정했다. 이에 대해 '공동체의 유럽인권협약 가입(Accession by the Community to the European Convention for the Protection of Human Rights and Fundamental Freedoms)'에 관한 견해 2/94[118]에서 사법재판소는 "공동체는 협약에 가입할 권한이 없다."[119]는 결론을 내림으로써 그 가입에 대해 반대하였다. 사법재판소의 반대 입장의 논거를 살펴보면 다음과 같다.

사법재판소는 마스트리히트조약에 의해 개정된 EC설립조약 제235조[120]를 EC의 유럽인권협약 가입

---

[115] 가입에 관한 논의에 대해서는, I. Canor, "*Primus inter pares*. Who is the ultimate guardian of fundamental rights in Europe?", in ELRev 2000, pp.3-21; J.-P. Puissochet, "La Cour européenne des Droits de l'homme", in P. Mahoney, F. Matshcer, H. Petzold & L. Wildhaber(eds.), Protecting Human Rights: The European Perspective-Studies in memory of Rolv Ryssdal, Colonge: Carl Heymanns Verlag, 2000, pp.1139-1152; and D. Spielmann, "Human rights case law in the Strabourg and Luxembourg courts: conflicts, inconsistencies, and complementarities", in P. Alston(ed.), The EU and Human Rights, Oxford: Oxford University Press, 1999, pp.757-780.

[116] Bull. EC Supp. 2.79, part I, para.7.

[117] Communication of the Council of 19 November 1990, Bull. EC 10-1990, p.76.

[118] Opinion 2/94 of the Court, 28 March 1996.

[119] Opinion 2/94, para. 30.

[120] 마스트리히트조약에 의해 개정된 EC설립조약 제235조: "공동시장을 운영하는 과정에서 공동체의 조치가 공동체

을 위한 '법적 기초'로 하여"121) 이 문제를 검토하고 있다.122) 이어서 사법재판소는, 유럽인권협약이 EC법상 가지는 지위와 가치, 그리고 중요성을 인정하고,123) "기본권이 법의 일반원칙의 완전한 한 부분을 형성하고 있"으므로124) "유럽인권협약은 특별한 의미를 가진다."125)고 판단하였다.126) 따라서 사법재판소는 "인권존중은 공동체행위의 합법성을 위한 하나의 조건이다."고 보고 있다. 그러나 만일 EC가 유럽인권협약에 가입하게 되면, "공동체법질서 속에 협약의 모든 규정이 통합"되어야 한다. 이 점을 고려하여 사법재판소는, EC가 유럽인권협약에 가입하기 위해서는 "인권보호를 위한 현행 공동체 체계에 실질적 변경이 수반되어야 한다."는 입장을 피력하였다.127)

이 견해의 결론을 살펴보면, 사법재판소는 EC의 유럽인권협약 가입으로 인해 수반되는 법적 문제점을 해결하기 위한 '원칙적 입장'을 표명하고 있을 뿐이다. 다만 사법재판소가 그 가입의 선결조건으로 '현행 공동체 체계의 실질적 변경'을 제시하고 있다는 점은 주목할 만하다. 그러나 이 문제를 해결하기 위한 주도권은 여전히 정치적 의지와 판단의 영역으로 넘어가게 되었다.128)

EU의 유럽인권협약 가입에 대한 본격적인 논의가 재개된 것은 '유럽미래회의'에서였다. '유럽미래회의'에 의해 설치된 '실무단 II: 기본권헌장/유럽인권협약(Charter/ECHR)'에서는 새로이 제정되는 조약(즉, 유럽헌법조약)에서 법주체성을 가진 EU의 유럽인권협약 가입에 대한 문제에 대해 논의하였다. 실무단에서는 아래의 세 가지 입장이 표명되었다.

첫째, 가입 찬성에 관한 입장이다. 이 입장에 따르면, EU가 유럽인권협약에 가입하게 되면, ① 유럽인권협약에 의한 EU의 사법적 통제가 가능하여, EU 전 영역에서 기본적 인권의 보호가 한층 강화될 수 있고, ② 사법재판소와 유럽인권재판소의 관계를 조화, 개선시킴으로써 EU 차원의 통일적인 기본적 인권 보호 체계를 마련할 수 있는 장점이 있다.

둘째, 이에 반해 일부에서는, EU의 유럽인권협약 가입은, ① EU법의 자율성을 해칠 우려가 있고, ② EU 회원국의 시민이 아닌 유럽인권재판소의 판사는 EU의 법의 특수성을 이해하지 못하여 그 사법적 판단에 문제가 있을 수 있다는 이유로 유보적 입장(반대)을 표명하였다.

의 목적을 달성하는데 필요하다는 사실이 밝혀진 경우, 이사회는 유럽의회와의 협의를 거친 유럽위원회의 제출안을 전원일치의 찬성으로 의결함으로써 적절한 조치를 취해야 한다."
121) Opinion 2/94, para. 28.
122) Opinion 2/94, para. 31.
123) Opinion 2/94, para. 32.
124) Opinion 2/94, para. 33.
125) See, in particular, the judgment in Case C-260/89 ERT [1991] ECR I-2925, para. 41.
126) Opinion 2/94, para. 33.
127) Opinion 2/94, para. 34.
128) Martin Kuijer, "The Accession of the European Union to the ECHR: A Gift for the ECHR's 60th Anniversary or an Unwelcome in Intruder at the Party?", Amsterdam Law Forum, Vol 3:4, p.20.

마지막으로, 가입 이외의 방법으로 유럽인권협약과의 협력을 모색하는 의견도 있었다. 그 방법으로는, ① 사법재판소가 유럽인권재판소에 유럽인권협약에 대해 질의하는 절차의 삽입, ② 사법재판소와 유럽인권재판소가 함께 공동의 재판부 설치, ③ 별도의 의정서를 채택하여, EU가 유럽인권재판소에 직접 제소할 수 있다는 규정을 두는 방법 등이 검토되었다.

이와 같은 입장에 대한 논의 결과, 실무단이 '유럽미래회의'에 제출한 보고서에서는 EU의 유럽인권협약 가입을 지지하는 내용이 포함되었다. 그리하여 2004년 10월 29일, 유럽이사회에서 서명된 '유럽헌법조약'은 제I-9조 2항에서, "연합은 인권 및 기본적 자유의 보호에 관한 유럽협약에 가입한다."는 규정을 삽입하였다. 그리고 위에서 검토한 바와 같이, EU의 유럽인권협약 가입에 관한 기본 입장은 리스본조약에서도 그대로 유지되었다.

TEU 제6조 2항은 유럽헌법조약 제I-9조와 동일하게 "연합은 인권 및 기본적 자유의 보호를 위한 유럽협약에 가입한다."(전단)고 규정하고 있다. 동조에 의하면, EU의 유럽인권협약 가입은 '의무적'이고, 단지 그 구체적 가입 시기는 확정되어 있지 않다. 다만, EU가 유럽인권협약에 가입한다고 할지라도 그 가입이 TEU 및 TFEU에서 정하고 있는 EU의 권리에는 영향을 미칠 수는 없다.[129]

그리고 리스본조약은 'EU의 인권 및 기본적 자유의 보호를 위한 유럽협약 가입에 관한 유럽연합조약 제6조 2항과 관련한 의정서(Protocol(No. 8) Relating to Article 6(2) of the Treaty on European Union on the Accession of the Union to the European Convention on the Protection of Human Rights and Fundamental Freedoms)' 및 '유럽연합조약 제6조 2항에 관한 선언(2. Declaration on the Article 6(2) of the Treaty on European Union)'[130]을 첨부하고 있다. 이 두 개의 부속문서 가운데 보다 중요한 것은 의정서이다.

의정서는 유럽인권협약 가입에 관하여 'EU 및 EU법의 특수한 성격을 수호하기 위한 규정'을 제정하기 위하여(make provision for preserving the specific characteristics of the Union and Union law) 채택되었다. 이 규정을 제정하면서 특히 다음 두 가지 사항, 즉 (a) EU가 유럽인권협약의 감시기관에 참가할 수 있도록 하는 특별협정(the specific arrangements) 및 (b) 비회원국에 의한 제소 및 개인의 신청(제소)이 회원국 및/혹은 EU을 대상으로 정확하게 행해질 수 있도록 보장하는데 필요한 제도를 고려하여야 한다(제1조).

그리고 위에 언급된 특별협정은 다음 사항을 보장해야 한다.

첫째, 특별협정은, (a) EU의 가입이 EU 혹은 그 기관의 권한에 영향을 미치지 않으며, 또한 (b) 가입을 위한 협정은 유럽인권협약 및 특히 그 부속의정서와 관련된 회원국의 상황 및 유럽인권협약 제15조

---

[129] TEU 제6조 2항 후단.
[130] 선언은 유럽연합사법재판소와 유럽인권재판소 간 정기대화가 있다는 것을 상기하면서, 그 대화는 EU의 유럽인권협약 가입을 강화시킬 수 있어야 한다는 점을 강조하고 있다.

에 따라 행해진 회원국들에 의해 채택된 예외조치와 제57조에 따라 회원국에 행해진 유보에도 영향을 미치지 않는다는 것을 보장해야 한다(제2조).

둘째, 특별협정은, "조약의 해석 또는 적용에 관한 분쟁을 조약에 정해진 이외의 해결방법에 호소하지 않을 것"을 규정한 TFEU 제344조의 규정에 영향을 미쳐서는 아니 된다(제3조).

TEU 제6조 2항과 부속의정서를 통해 리스본조약은 EU가 기구로서 유럽인권협약에 가입해야 한다는 그 방향성을 명확하게 설정하고 있다. 이와는 별도로, 유럽인권협약도 제14의정서(Protocol No. 14 to the Convention for the Protection of Human Rights and Fundamental Freedoms, amending the control system of the Convention Strasbourg, 13.V.2004)[131] 제17조 1항에 의해 개정된 제59조 2항에서 "유럽연합은 이 협약에 가입할 수 있다."고 규정함으로써 EU의 가입을 위한 법적 기초를 마련하고 있다.

(2) EU의 유럽인권협약 가입 필요성

현재 기본적 인권의 보장을 위한 EU법 체계에는 기본권헌장과 유럽인권협약을 중심으로 한 두 개의 법질서가 형성되어 있다. 그런데 만일 EU가 유럽인권협약에 가입하게 되면, 두 법질서의 관계에는 적지 않은 문제가 야기될 것이다. 사실 유럽지역에서 개인의 인권보장은 주로 유럽인권협약에 의해 설립된 유럽인권재판소에 의해 수행되어 왔다. 특히 유럽인권협약은 개인의 제소권을 인정함으로써 다양한 분야에서 막대한 양의 판례를 축적해오고 있다. 또한 인권에 국한된 것은 아니지만, 그동안 EU도 독자적 법질서를 구축하면서 아키 코뮈노테르를 형성해 왔다.

그러나 유럽인권재판소는 유럽인권협약에 의거하여 EU의 행위, 혹은 EU법을 실시하는 회원국의 행위가 유럽인권협약을 침해했는가 여부를 판단할 수밖에 없다. 유럽인권협약에 위반되는 EU법과 EU의 행위를 어떻게 개정할 것인가는 EU의 전속적 권한에 속하는 사항이다.

EU법과 유럽인권협약('유럽협약체제')이라는 두 법질서 간에는 위계관계가 없다. 또한 EU와 유럽평의회는 이 별개의 법질서 운영의 책임을 지고 있으나 그 설립 배경은 서로 상이하고, 결국 독립된 지역적 국제기구이다. 그러나 현재 47개 유럽평의회 회원국에는 EU 28개 회원국이 모두 포함되어 있어 유럽인권협약에 규정된 의무를 국내적으로 실시할 책임이 있다. 그 과정에서 유럽인권협약과 국내법뿐 아니라 EU법과도 중복 내지는 저촉되는 문제를 피할 수 없다. 결국 이러한 문제를 해결하는 최적의 방법은 EU가 유럽인권협약에 가입하는 것이다. 이로써 유럽인권재판소를 중심으로 한 독립적 외부기관에 의한 EU법에 대한 사법적 통제가 가능하게 되어 결국에는 유럽 지역에서 기본권 인권의 보호가 확대·강화되는 효과가 있을 것이다.[132]

---

[131] 제14의정서는 2010년 6월 1일자로 발효하였다.

(3) 가입 협상 경과와 가입협약초안의 채택

2010년 5월 26일, 유럽평의회 각료이사회(Committee of Ministers of the Council of Europe)는 산하 '인권운영위원회(Steering Committee for Human Rights: CDDH)'에 EU의 유럽인권협약 가입에 필요한 법문서를 작성할 임무를 부여하였다. 그리고 EU측에서도 2010년 6월 4일 EU법무이사회는 유럽위원회에게 그 가입 협상을 위한 권한을 위임하였다.

가입 협상을 위한 공식 협의는 2010년 7월 7일자로 개시되었다. 유럽평의회 사무총장(Secretary General of the Council of Europe) Thorbjørn Jagland와 유럽위원회 부위원장(Vice-President of the European Commission) Viviane Reding은 스트라스부르에서 공식회동을 가지고, EU의 유럽인권협약 가입을 위한 공식 협상 개시를 선언하였다.[133]

CDDH는 자신들이 확보하고 있는 전문가들 중에서 EU 회원국과 비회원국 출신의 대표 각 7명, 총 14명의 비공식위원을 임명하고, 가입협정을 제정하기 위한 작업을 시작하였다. 2010년 7월에서 2011년 6월 사이 비공식실무단(CDDH-UE)은 유럽위원회와 총 여덟 차례의 모임을 가졌으며, 그 논의 결과를 CDDH에 정기적으로 보고하였다. 또한 비공식실무단은 그 보고내용에 대해 시민단체 대표들과 의견을 교환하였다. 2011년 6월, CDDH-UE는 그 작업을 마무리하고, CDDH에 가입협정초안(Draft Agreement on EU Accession to ECHR)[134]을 제출하였다.[135]

2011년 11월 CDDH는 이 초안을 유럽평의회 각료위원회에 제출하였다. 이에 대하여 2012년 6월 13일 각료위원회는 CDDH로 하여금 '특별위원회 "47+1"(an *ad hoc* group "47+1")'에서 가입협정초안을 확정할 수 있도록 EU와 교섭할 것을 지시하였다. '특별위원회'는 2012년 6월 21일 첫 회의를

---

[132] http://hub.coe.int/what-we-do/human-rights/eu-accession-to-the-convention

[133] 이에 대한 상세한 내용은, "European Commission and Council of Europe kick off joint talks on EU's accession to the Convention on Human Rights", Council of Europe, Press release - 545(2010)

[134] Conseil de l'Europe, "Draft legal instruments on the accession of the European Union to the European Convention on Human Rights; Projet d'instruments juridiques pour l'adhésion de l'Union européenne à la Convention européenne des droits de l'homme", Strasbourg, 19 july 2011, CDDH-UE(2011)16. http://www.coe.int/t/dghl/standardsetting/hrpolicy/accession/Working_documents/CDDH-UE_2011_16_final_fr.pdf
가입협정초안은 다음 세 개의 문서로 구성되어 있다.
I. Draft Agreement on the Accession of the European Union to the Convention for the Protection of Human Rights and Fundamental Freedoms
II. Draft Rule to be added to the Rule of the Committee of Ministers for the supervision of the execution of judgments and the terms of friendly settlements
III. Draft Explanatory report to the Agreement on the Accession of the European Union to the Convention for the Protection of Human Rights and Fundamental Freedoms

[135] 다음 사이트를 방문하면 EU의 유럽인권협약 가입 관련 문서를 열람할 수 있다. http://www.coe.int/t/dghl/standardsetting/hrpolicy/accession/working_documents_EN.asp?

개시하여 여러 차례에 걸쳐 모임을 가졌다.[136] 특별위원회는 시민사회의 의견을 수렴함과 더불어 EU측 대표자인 유럽위원회와 다섯 차례에 걸쳐 협의하였다. 그 결과 2013년 4월 3일~5일 스트라스부르에서 '가입협정초안개정안(Draft revised agreement on EU Accession to ECHR)'에 대해 합의하고, 이를 최종보고서로 하여 CDDH에 제출하였다.[137]

(4) 가입협정초안개정안의 주요 내용

가입협정초안개정안을 중심으로 그 핵심적인 내용을 검토하면 다음과 같다.

개정안은 전문(Preamble)과 12개 조문[138]으로 구성되어 있다.

전문에서는 "연합은 이 협약(유럽인권협약)에 가입할 수 있다(The European Union may accede to this Convention)"는 유럽인권협약 제59조 2항에 근거하여 이 초안을 제정하는 목적으로 다음 네 가지를 들고 있다.

- EU는 인권 및 기본적 자유를 존중하는 기초 위에 설립되었고,
- EU의 유럽인권협약 가입은 유럽에서 인권보호를 함에 있어 결속을 강화시킬 것이며,
- 특히 개인의 EU의 행위, 조치 또는 부작위(the acts, measures or omissions to the European Union)에 대한 제소권을 인정함으로써 유럽인권재판소에 의한 외부적 통제가 가능하도록 하고,
- EU의 특수한 법질서(the specific legal order of the European Union)를 고려하여, 그 가입으

---

[136] 상세한 일정은 CDDH 홈페이지에서 확인할 수 있다. http://www.coe.int/t/dghl/standardsetting/hrpolicy/Accession/default_en.asp

[137] Fitth Negotiation Meeting between the CDDH ad hoc Negotiation Group and the European Commission on the Accession of the European Union to the European Convention on Human Rights, Final report to the CDDH, Strasbourg, 10 June 2013, 47+1(2013)008rev2. http://echr.coe.int/Documents/UE_Report_CDDH_ENG.pdf

[138] 12개 조문의 제목은 다음과 같다.
Article 1-Scope of the accession and amendments to Article 59 of the Convention
Article 2-Reservations to the Convention and its Protocols
Article 3-Co-respondent mechanism
Article 4-Inter-Party cases
Article 5-Interpretation of Articles 35 and 55 of the Convention
Article 6-Election of judges
Article 7-Participation of the European Union in the Committee of Ministers of the Council of Europe
Article 8-Participation of the European Union in the expenditure related to the Convention
Article 9-Relations with other Agreements
Article 10-Signature and entry into force
Article 11-Reservations
Article 12-Notifications

로 인하여 발생하는 EU법질서와 유럽인권협약 체제를 조정하기 위하여 공동협정을 제정할 필요가 있다.

이 목적을 바탕으로 본문이 규정하고 있는 주요 내용을 검토하고자 한다.

첫째, 가입의 범위와 관련하여, EU가 유럽인권협약에 가입한다고 하여 유럽인권협약에 부속된 모든 의정서에 가입하는 것은 아니다. 다시 말하여, EU가 가입하는 문서는 유럽인권협약, 재산의 보호 및 교육을 받을 권리를 포함하고 있는 제1의정서(Protocol to the Convention for the Protection of Human Rights and Fundamental Freedoms) 및 사형제 폐지에 관한 제6의정서(Protocol No. 6 to the Convention for the Protection of Human Rights and Fundamental Freedoms concerning the Abolition of the Death Penalty)로 한정된다.[139] 특히 제6의정서와 관련하여 주의할 사항이 있다. 동의정서는 사형제 폐지를 규정하고 있지만, 여전히 전시의 경우, 사형을 집행할 가능성을 열어두고 있다. 이 점은 '모든 상황에서의 사형제 폐지에 관한 제13의정서(Protocol No. 13 to the Convention for the Protection of Human Rights and Fundamental Freedoms concerning the abolition of the death penalty in all circumstances)'의 내용과 비교해보면 그 차이점이 확연히 드러난다. 제13의정서는 제1조에서 "사형은 폐지되어야 한다. 누구도 그와 같은 형을 선고받거나 집행당하지 아니 한다."고 규정함으로써 사형의 폐지는 '전면적'으로 실시되어야 한다는 점을 분명히 밝히고 있기 때문이다. 따라서 EU의 제6의정서 가입은 다분히 상징적 의미가 있다고 보아야 할 것이다. 가입협정이 발효되면, 그 날부터 EU는 유럽인권협약, 제1의정서 및 제6의정서의 '일 회원국'이 된다.[140]

둘째, 유보(reservation)의 문제이다. 가입협정초안개정안은 모든 규정에 대해서는 유보를 허용하고 있지 않다.[141] 그러나 이와는 달리 이 협정의 서명일에 '유보'에 관해 규정하는 유럽인권협약 제57조에 따라 유보할 수 있다. 즉, EU는 가입협정초안개정안에 대해 다음 두 가지 방식으로 서명할 수 있다. 즉, "비준, 수락 혹은 승인에 대해 유보 없이 서명"하거나 또는 "비준, 수락 혹은 승인함으로써 비준, 수락 혹은 승인에 대해 유보를 붙여 서명"함으로써 유럽인권협약에 대한 기속적 동의를 받겠다는 의사[142]를 표명할 수 있다.[143]

'조약법에 관한 비엔나조약(이하 '비엔나조약')' 제19조에 의하면, ① 조약에 유보가 금지된 경우,

---

[139] 가입협정초안개정안 제1조 1항.
[140] 가입협정초안개정안 제10조 4항.
[141] 가입협정초안개정안 제11조: "No reservation may be made in respect of the provisions of this Agreement."
[142] "조약법에 관한 비엔나조약" 제11조는 '조약에 대한 기속적 동의의 방법(Means of expressing consent to be bound by a treaty)'으로 '서명, 조약을 구성하는 문서의 교환, 비준·수락·승인 또는 가입 및 합의하는 경우 기타의 방법'을 인정하고 있다.
[143] 가입협정초안개정안 제10조 1항.

② 특정 유보만을 행할 수 있음을 그 조약이 규정하는 경우, ③ 유보가 그 조약의 대상 및 목적과 양립하지 아니하는 경우를 제외하고는 "조약에 서명·비준·수락·승인 또는 가입할 때에" 유보를 할 수 있다. 유보에 관한 절차와 관련하여 가입협정초안개정안 제10조에 규정된 내용을 중심으로 살펴보면, 비엔나조약은 "유보가 비준·수락 또는 승인에 따를 것을 조건을 하여 조약에 서명한 때에 형성된 경우에는 유보국이 그 조약에 대한 기속적 동의를 표시하는 때에 유보국에 의하여 정식으로 확인되어야 한다."고 규정하고 있다.144) 따라서 EU는 가입협정초안개정안을 서명할 때 유럽인권협약의 비준, 수락 혹은 승인에 대해 유보를 형성할 것인가 여부를 결정해야 한다. 그리고 일단 서명된 가입협정의 비준·수락 혹은 승인문서는 유럽평의회의 사무총장(Secretary General of the Council of Europe)에게 제출되어야 한다.145) 가입협정은 유럽인권협약의 모든 고등체약국 및 EU가 기속적 동의를 표명한 날부터 3개월이 지난 다음 달 첫째 날에 효력을 발생한다.146)

셋째, EU의 유럽인권협약 가입으로 어떤 효과가 발생할까. 상기 검토한 '리스본조약 부속 제8의정서' 제2조는, "EU의 가입은 EU 혹은 그 기관의 권한에 영향을 미치지 않는다."는 점을 명시하고 있다. 그러나 그 가입으로 인하여 EU의 제기관 및 하부기구 또는 EU의 이익을 위하여 행동하는 개인의 행위, 조치 혹은 부작위에 대해 EU가 의무를 져야 한다. 일반적으로 EU법질서의 경우, 이와 같은 행위, 조치 혹은 부작위에 대한 사법적 판단은 유럽연합사법재판소가 담당하고 있다. 그러나 EU가 유럽인권협약에 가입하게 되면 유럽인권재판소의 관할권이 확대될 수밖에 없다. 즉, 유럽인권재판소는 유럽협약체제 하에서 행사하고 있던 유럽인권협약 규정의 해석이나 개인 대 회원국 내지는 회원국 상호간 분쟁의 해결은 물론, 유럽인권협약과 관련한 유럽연합사법재판소의 결정과 EU 차원의 행위, 조치 혹은 부작위에 대해서도 판단하게 될 것이다.147) 따라서 EU의 유럽인권협약 가입으로 인한 유럽인권재판소의 관할권 확대로 인하여 유럽연합사법재판소와의 관할권 경합 내지는 충돌의 문제는 피할 수 없으리라 판단된다.

마지막으로, 소송참가와 관련하여, 가입협정초안개정안은 제3조에서 '공동피고제도(Co-respondent mechanism)'를 두고 있다. 이 제도는 EU가 유럽인권협약에 가입함에 따라 새롭게 도입된 것으로 유럽인권협약 관련 소송에서 EU 혹은 EU의 일 회원국이 공동피고로서 참가하는 것을 말한다.

현행 유럽인권협약 제36조는 '제3자 소송참가(Third party intervention)'에 대해 규정하고 있다. 동조는, 유럽인권재판소 재판부가 다루는 모든 사건에서 '원고의 출신 체약국', '소송의 당사국이 아닌

---

144) 비엔나조약 제23조 2항.
145) 가입협정초안개정안 제11조 2항.
146) 가입협정초안개정안 제10조 3항.
147) 가입협정초안개정안 부속 "Draft Explanatory report to the Agreement on the Accession of the European Union to the Convention for the Protection of Human Rights and Fundamental Freedoms", para. 21.

체약국' 혹은 '원고가 아닌 개인'의 소송참가를 인정하고 있다. 그러나 동조가 인정하고 있는 '제3자 소송참가'는 유럽인권재판소가 다루는 사건에서 '단지' 서면자료를 제출하거나 심리에 참가할 권리에 한한다. 따라서 이 경우 참가자는 '소송의 일 당사자'도 될 수 없고, 또한 판결의 기속을 받지도 않는다. 이에 반해 '공동피고'는 '소송의 일 당사자'[148]로서 소송에 참가하며, 또한 판결의 기속을 받는다.[149]

    솅겐협약이나 유럽경제지대(European Economic Area: EEA) 등 EU가 체결한 협정에서 만약 당해 협정의 참가한 일 회원국의 자격을 가졌다는 이유로 EU 혹은 회원국을 대상으로 소송이 제기되면, EU는 '제3자 소송참가자'의 자격으로 소송에 참가했다. 그러나 가입협정초안개정안은 유럽인권협약 제36조를 개정하여 공동피고에 관한 4항을 신설하여 소송에서의 EU의 참가권을 확대하고자 의도하고 있다. 가입협정초안개정안 제3조는 공동피고제도는 다음 두 가지 경우, 즉 ① 하나 혹은 복수의 EU 회원국을 대상으로 한 소송에서 EU가 공동피고가 되는 경우(2항) 및 ② EU를 대상으로 한 소송에서 EU 회원국이 공동피고가 되는 경우(3항)를 상정하고 있다.

---

[148] 가입협정초안개정안 제3조 1항 b호: "… A co-respondent is a party to the case. …"
[149] 가입협정초안개정안 부속 "Draft Explanatory report to the Agreement on the Accession of the European Union to the Convention for the Protection of Human Rights and Fundamental Freedoms", para. 39.

제4장

유럽연합 기관 및 의사결정제도

제1절 서론

1952년에 설립된 ECSC는 네 개의 주요 기관, 즉 이사회, 고등관청, 의회 및 재판소를 가지고 있었으며, EEC, 그리고 Euratom도 각각 위원회, 이사회, 의회 및 재판소를 설립하였다. 이처럼 공동체 초기에는 각각의 공동체설립조약은 개별 기관을 설립·운영하고 있었는데, 개별 공동체별로 위원회 및 이사회가 별도로 존재하는 것은 현실적으로 많은 어려움을 초래하였다. 그리하여 1967년 7월 1일자로 발효한 "유럽공동체의 단일 이사회와 단일 위원회를 설립하는 조약(Treaty establishing a Single Council and a Single Commission of the European Communities)", 일명 '통합조약(Merger Treaty)'은 고등관청(High Authority)과 두 위원회를 하나의 위원회로, 그리고 세 이사회를 하나의 이사회로 통합하였다. 그 결과 EU의 기구는 유럽위원회, 이사회, 유럽의회 및 사법재판소 등의 기관(institution)과 기타 기구 체제로 개편되었다([표 4-1]).

[표 4-1] 1967년 '통합조약'에 의한 기관의 단일화

ECSC	EEC/EURATOM	Merger Treaty
파리조약 1951년 4월 18일 서명 1952년 7월 25일 발효	로마조약 1957년 3월 26일 서명 1958년 1월 1일 발효	브뤼셀 1965년 4월 8일 서명 1967년 7월 1일 발효
고등관청(High Authority)	EEC위원회 (Commission of the EEC) EURATOM위원회 (Commission of EURATOM)	유럽위원회 (European Commission)
특별각료이사회 (Special Council of Ministers)	EEC이사회(Council of the EEC) EURATOM이사회 (Council of EURATOM)	유럽이사회 (European Council)
공동의회(Common Assembly)	유럽의회(European Parliament)	
사법재판소(Court of Justice)	사법재판소(Court of Justice)	

그 후 마스트리히트조약에 의해 감사원도 기관에 편입되어 5개 기관 체제로 전환되었다. 그리고

2009년 12월 1일자로 발효한 리스본조약은 기존의 유럽이사회를 유럽이사회와 이사회로 구분하였으며, 유럽중앙은행을 기관에 편입시켰다. 이리하여 리스본조약 체제에서는 유럽위원회, 유럽이사회, 이사회, 유럽의회, 유럽연합사법재판소, 감사원 및 유럽중앙은행의 모두 7개 기관이 운영되고 있다 ([그림 4-1][그림 4-2]).

[그림 4-1] EU 기구도(7대 기관)

행정	유럽위원회	행정부: 정책입안/집행
입법	유럽이사회	정책목표/우선순위결정
	(EU)이사회	정책조정/입법권
	유럽의회	민의대표/예산/입법참가
사법	사법재판소	EU법 해석/판단
감사	감사원	예산회계/감사
통화	유럽중앙은행	통화정책수립/감독

[그림 4-2] EU 주요 기관의 상호 관계

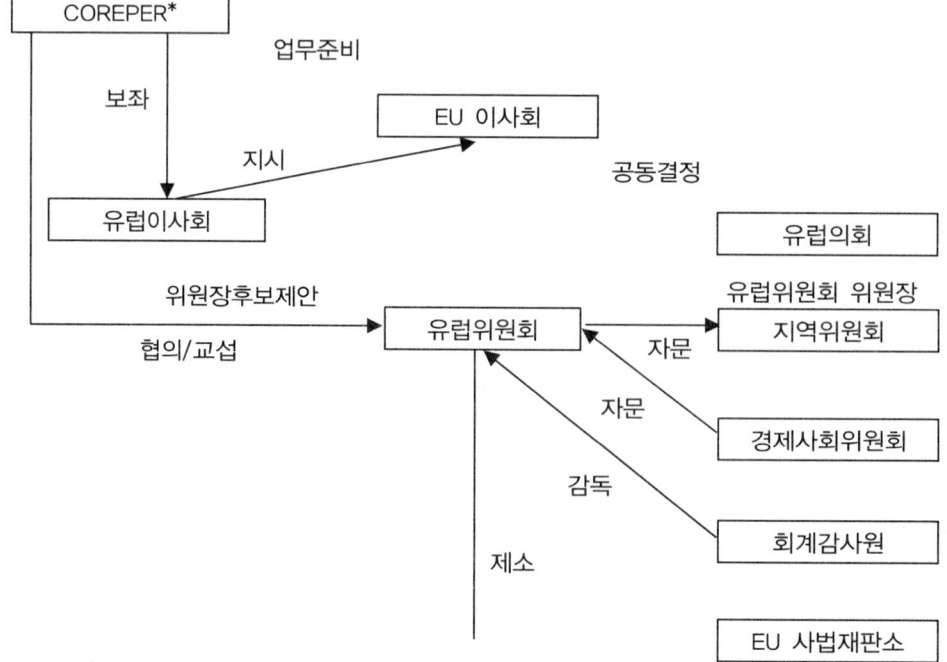

* 상주대표위원회(Committees of permanent representatives)

제2절 유럽의회

1. 유럽의회의 구성

(1) 유럽의회 의원의 총수(總數)

유럽의회는 '연합 시민들의 대표(representatives of the Union's citizens)'로 구성되며,[1] 그 수는 '750명'을 넘을 수 없다.[2] 그러나 상당기간 동안 의원 수는 가변적이다. 이를테면, 2004년~2009년 임기 동안 의원의 총수는 785명이고, 2009년~2014년 임기 동안 총수는 736명이다. 그러나 리스본조약 발효 당시 유럽의회 의원들의 임기는 동조약이 발효한 2009년 12월 1일 이전에 이미 개시되었으므로 니스조약에 의해 정해진 바에 따라 총 736명이 선출되어 활동 중이었다. 2014년 6월말 그들의 임기가 종료되어 리스본조약이 규정하는 바에 따라 회원국별로 선출되는 의원들의 수가 재조정되었다. 리스본조약 체제 하에서는 어떠한 경우라 할지라도 유럽의회 의원의 총수는 750명을 넘을 수 없다.

유럽의회 의원의 총수와 관련하여 한 가지 주의해야 할 사항이 있다. '750명' 가운데에는 유럽의회 의장은 포함되지 않는다. 유럽의회 의원의 총수는 사실상 '751명'이 되는 셈이다. 이를 '750+α (알파) 제도'라고 한다. 따라서 2014년 7월 1일자로 활동 중인 유럽의회 의원 수는 총 751명이다.

그리고 각 회원국별로 선출되는 의원의 수에도 변화가 있다. 기존에는 회원국의 인구 규모에 비례하여 의원의 총수가 배정되었으나 이제는 '체감적 비례(遞減的 比例, degressively proportional)'에 의한다. '체감적 비례'란 각 회원국별로 최소 및 최대 선출 의원의 수를 정함으로써 인구 규모가 큰 특정 회원국(들)에 의하여 의원들이 과도하게 선출되는 것을 방지하기 위하여 도입된 제도이다. 이에 따라, 인구 소국이라 할지라도 각 회원국별로 최소 6명의 의원은 배출할 수 있게 되었다. 반대로 인구 대국이라 할지라도 어떤 회원국의 의석도 96석을 넘을 수는 없다.[3] 리스본조약은 유럽의회 의원들의 의석에 관한 이와 같은 원칙을 정하고 있다. 다만, 이 원칙은 유럽이사회에 의해 변경될 수 있다. 다시 말하여, 유럽의회의 구성에 관하여 유럽의회의 발의와 동의가 있으면, 유럽이사회는 그 구성에 관한 결정을 채택하게 된다. 이 결정을 위해서는 유럽이사회에 의한 전원일치가 필요하다.[4]

---

[1] TEU 제14조 2항 1단 1문.
[2] TEU 제14조 2항 1단 2문.
[3] TEU 제14조 2항 1단 3문.
[4] TEU 제14조 2항 2단.

(2) 유럽의회 의원의 선출

유럽의회 의원(the Members of the European Parliament: MEPs)의 임기는 5년이고, '보통·직접·자유 및 비밀선거'에 의해 선출된다.[5]

1979년 직접보통선거가 실시되기 전까지 유럽의회 의원은 각 회원국 국내의회 의원(the Members of the national parliament: MNPs) 중에서 그 대표를 지명하여 유럽의회 의원으로 활동하게 하였다. ECSC설립조약 제21조 3항은 유럽의회 의원은 직접보통선거에 의해 선출된다는 규정을 두고 있었다. 그러나 1976년 9월 20일자 이사회 결정[6]과 부속 '직접선거법'[7]에 의하여, 1979년 6월 7일~10일 비로소 처음으로 직접선거에 의한 유럽의회 의원이 선출되었다.[8] '직접선거법'에 따르면, 직접보통선거는 모든 회원국에서 통일된 절차에 따라 실시되어야 한다.

이 원칙은 리스본조약에도 그대로 반영되어 있다. TFEU 제223조 1항은 "유럽의회는 모든 회원국에서 통일적인 절차 또는 모든 회원국에 공통된 원칙에 따라 직접보통선거로 유럽의회 의원을 선출하는데 필요한 규정안을 마련한다."고 정하고 있다. 또한 '유럽의회 의사규칙(the Rules of Procedure of the European Parliament)'[9]도 'Rule 1' 제1조에서 "유럽의회는 제조약, 직접보통선거에 의한 유럽의회 의원의 선거에 관한 1976년 9월 20일자 법 및 제조약에서 유래하는 국내법률에 따라 선출된 의회이다."라는 점을 분명하게 밝히고 있다.

유럽의회 의원 선출을 위한 선거는 1979년 이후 매 5년 마다(1979년, 1984년, 1989년, 1994년, 1999년, 2004년, 2009년, 2014년) 총 여덟 차례에 걸쳐 실시되었다. 하지만 유의할 사항은 비록 유럽의회 의원의 선출은 '통일된 선거절차(a uniform electoral procedure)' 및 '직접선거법'의 적용을 받지만, 전·후자가 적용되지 않는 부분에 대해서는 회원국의 국내규정의 적용을 받는다는 점이다. 이에 대해 '직접선거법'도 유럽의회 의원의 그 구체적인 선출 절차는 '국내규정에 의해 각 회원국의 규율을

---

[5] TFEU 제14조 3항.

[6] Council Decision 76/787/ECSC, EEC, Euratom: *Decision of the representatives of the Member States meeting in the council relating to the Act concerning the election of the representatives of the Assembly by direct universal suffrage*, OJ L 278, 8.10.1976, pp.1-4.

[7] *Act Concerning the Election of the Representatives of the Assembly by Direct Universal Suffrage*, OJ L 278 of 8.10.1976, pp.5-11. 그 후 동법은 개정되었다. Council Decision of 25 June and 23 September 2002 *amending the Act concerning direct election of representatives of the European Parliament by direct universal suffrage, annexed to Council Decision 76/787 of September 20, 1976*, OJ L 283 of 21.10.2002, p.1.

[8] 이 경우, 유럽의회 의원과 국내의회 의원(MEPs & MNPs)의 '이중대표(a double mandate)'의 문제가 발생한다. '직접선거법'도 양자(MEPs & MNPs)의 양립을 인정하고 있다('직접선거법' 제6조 1항·2항). 그러나 현실적으로 '이중대표'의 숫자는 그리 많지 않다.

[9] 유럽의회 의사규칙은 다음 사이트에서 구할 수 있다.
http://www.europarl.europa.eu/sides/getLastRules.do?language=EN&reference=TOC

받는다'고 명시하고 있다.10) 이에 대해 리스본조약은 회원국 차원에서 필요한 규정을 제정할 권한을 이사회에게 부여하고 있다. 즉, 이사회는 재적의원의 과반수로 결정하는 유럽의회의 동의를 얻은 후 특별입법절차에 따라 전원일치에 따라 필요한 규정을 제정한다. 이 규정은 각 회원국의 헌법상 정해진 요건에 따라 회원국의 동의를 얻은 후 발효된다.11)

(3) 유럽의회 의원의 임무

(가) 임무의 수행

MEPs의 임무 수행을 위한 규칙 및 일반적 조건은 유럽의회가 정한다. 즉, 유럽의회는 특별입법절차에 따라 그 자신의 발의로, 또한 유럽위원회의 의견과 이사회의 동의를 구한 후 규칙의 형태로 MEPs의 임무 수행을 위한 규칙 및 일반적 조건을 정한다. 그리고 이사회는 현직 또는 전직 의원의 조세와 관련한 일체의 규정 및 조건에 대해서는 전원일치로 결정한다.12)

2005년 '유럽의회 의원을 위한 규정(Statute for Members of the European Parliament)'13)이 채택되어 MEPs의 권한 행사에 적용되는 규정 및 일반조건을 규율하고 있다. 다만, 동규정은 MEPs의 급여에 대해서는 다루지 않는다.

(나) 특권과 면제

공동체를 위하여 활동하는 이들에 대한 특권 및 면제에 대해, EEC는 이미 1965년 4월 8일자로 '유럽공동체의 특권 및 면제에 관한 의정서(Protocol of 8 April 1965 on the privileges and immunities of the European Communities)'를 채택한 바 있다. 동 의정서는 현행 리스본조약에도 첨부되어 있고(Protocol(No. 7) on the privileges and immunities of the European Union), TFEU도, "이 의정서에 따라 연합은 … 회원국 영토에서 그 임무 수행에 필요한 특권 및 면제를 향유한다."고 규정하고 있다.14)

위 문서 및 규정에 의거하여, 유럽의회 회기 동안 MEPs는 자신이 속한 국가(즉, 회원국)에서 MEPs에게 부여되는 특권과 면제를 향유하고, 또 다른 회원국의 영역에서 형사구금 및 법적 소송에서도 면제된다.15)

---

10) '직접선거법' 제7조 2항.
11) TFEU 제223조 1항 2단.
12) TFEU 제223조 2항.
13) OJ L 262 [2005], p.1; Decision of the Bureau *concerning implementing measures for the Statute of the member of the European Parliament*, OJ C 159 [2009], p. 1; Decision of the Bureau of the European Parliament of 23 March and 14 November 2011 *amending the Implementing Measures for the Statute for Members of the European Parliament*, OJ C 335 of 16.11.2011, pp.12-13.
14) TFEU 제343조.

2. 유럽의회의 임무 및 권한

(1) 입법권

E(E)C의 초기에는 유럽의회의 입법권(legislative power)[16]은 인정되지 않았다. '단일유럽협정'에서 처음으로 입법행위의 채택 전 이사회로 하여금 유럽의회와 협의해야 한다고 규정한 이래, 마스트리히트조약, 암스테르담조약 및 니스조약은 점진적으로 유럽의회의 입법참가권 혹은 입법적 기능을 확대하여 왔다. 그리하여 리스본조약은 보통입법절차 및 특별입법절차에 의거한 입법절차에서 유럽의회의 입법참가권을 보장하고 있다.[17] 이 외에도 리스본조약은 특정한 경우에는 이사회가 입법행위를 채택하기 위해서는 유럽의회의 협의와 동의를 얻도록 규정하고 있다.

(가) 협의

이사회는 통상 유럽위원회의 제안에 의거하여, 또한 유럽의회와 협의 후 연합 행위(a Union act)를 채택한다.[18] 하지만 그 채택 과정에서, 만일 이사회가 제안을 의결하지 않고 있다면, 유럽위원회는 연합 행위의 채택에 관한 절차 중에 언제든지 유럽위원회의 제안을 변경할 수 있다.[19] 따라서 비록 유럽위원회의 제안에 대해 유럽의회가 의견을 표명했다고 하더라도 이사회에 의해 그 제안이 연합 행위로 최종 의결되기 전이라면, 유럽위원회는 언제든지 자신의 제안을 변경할 수 있다.

연합 행위의 채택 과정에서 표명된 유럽의회의 의견은 법적 구속력을 가지지 않는다. 하지만 이사회에서 최종적으로 채택된 법적 행위는 당해 행위를 채택하게 된 근거에 대한 이유를 설명해야 하고, TEU 및 TFEU에 의해 요구된 제안, 발의, 권고, 요청 또는 의견(proposals, initiatives, recommendations, requestes or opinions)에 대해 언급해야 한다.[20] 그러나 이를 언급해야 한다 하더라도 동조는 이사회로 하여금 법적 행위에 유럽의회에 의해 제출된 의견에 대한 찬반 여부의 내용까지 언급할 것을 요구하는 것은 아니다.[21] 따라서 이사회는 유럽의회의 의견의 요약 혹은 결과적 내용

---

[15] 'Protocol(No. 7) on the privileges and immunities of the European Union' 제9조.
[16] 유럽의회의 경우, '입법권'이란 용어의 사용에는 주의가 필요하다. EU법에 있어 사실상·종국적 입법권은 '이사회'가 가진다. 일련의 입법과정 혹은 절차에 있어 유럽의회에게 인정되는 권한은 '입법참가권'으로, 혹은 유럽의회는 '입법적 기능(legislative functions)'을 가진다는 표현이 더 적절하다. 리스본조약에 있어서도 유럽의회는 여전히 '완전한 의미'의 '입법기관'은 아니므로 이사회가 가지는 '입법권' 수준의 권한을 행사하고 있지는 못하다.
[17] TFEU 제289조 1항 및 2항.
[18] Cf. TFEU 제103조 1항: "이사회는 유럽위원회의 제안에 의거하여, 또한 유럽의회와 협의 후 … 적절한 규칙 또는 지침을 제정한다."
[19] TFEU 제293조 2항.
[20] TFEU 제296조 2단.
[21] Case 6/54, *Government of the Kingdom of the Netherlands v. High Authority*, [1954-56] ECR 103, at 111.

만을 언급해도 무방하다.

하지만 만일 이사회가 유럽위원회의 제안을 의결함에 있어 그 제안을 개정하는 경우에는 어떻게 하는가. 이사회가 법적 행위의 의결 단계에서 유럽위원회의 제안을 개정하고자 할 때는 TFEU에 정해진 일정한 경우[22]를 제외하고는 전원일치의 찬성으로 의결해야 한다.[23]

연합 행위의 채택 과정에서 유럽위원회는 광범위한 제안권(발의권)을 행사한다. 따라서 이사회에 의해 자신의 제안이 연합 행위로 최종 의결되기 전이라면, 유럽위원회는 언제든지 자신의 제안을 변경할 수 있다. 유럽위원회의 이 권한은 이사회에 의한 법적 행위의 의결 단계에서도 여실히 반영된다. 비록 일정한 예외가 있지만, 법적 행위의 채택 단계에서 유럽위원회의 제안을 개정하고자 하는 경우에는 이사회로 하여금 전원일치에 의한 의결을 요청함으로써 유럽위원회에 의해 제안된 내용의 개정을 어렵게 하는 장치를 두고 있는 것이다.

유럽위원회의 제안권(발의권)과 관련하여, 한 가지 강조되어야 할 사항이 있다. 법적 행위의 채택 절차에서 유럽위원회는 광범위한 제안권(발의권)을 가지고 있다. 이 제안권은 그 제안이 필요한가의 여부에 따라 '원칙적으로' 유럽위원회가 법적 행위의 제안 여부를 결정하므로 이 권한은 다분히 유럽위원회의 재량권에 속하는 사항이다. 그러나 다음의 경우 유럽의회 및 이사회는 유럽의회에 대해 제안을 제출하도록 요구할 수 있다.[24]

첫째, 유럽의회는 유럽위원회에 '적절한 제안(any appropriate proposal)'을 제출하도록 요구할 수 있다. 즉, 유럽의회는 의원 과반수의 찬성으로 의결함으로써 TEU 및 TFEU를 실시하는데 연합의 조치가 필요하다고 판단되는 사항에 관한 적절한 제안을 제출하도록 유럽위원회에 요구할 수 있다. 유럽의회의 이와 같은 요구에 대해 만일 유럽위원회가 제안을 제출하지 않을 경우, 유럽위원회는 유럽의회에 그 이유를 통지해야 한다.[25]

---

[22] TFEU 제294조 10항 및 제13항, 제310조, 제312조, 제314조 및 제315조 2항.
[23] TFEU 제293조 1항.
[24] 특정한 경우, 리스본조약은 유럽의회에게도 제안권(발의권 a right of initiative)을 부여하고 있다. CF. '유럽의회 의사규칙' 제41조 "제조약에 의해 유럽의회에게 부여된 제안권(Rule 41 "Rights of initiative conferred on Parliament by the Treaties")"은 다음과 같이 규정하고 있다.
"In cases where the Treaties confer a right of initiative on Parliament, the committee responsible may decide to draw up an own-initiative report.
The report shall comprise:
a) a motion for a resolution;
b) where appropriate, a draft decision or a draft proposal;
c) an explanatory statement including, where appropriate, a financial statement.
Where the adoption of an act by Parliament requires the approval or the consent of the Council and the opinion or the consent of the Commission, Parliament may, following the vote on the proposed act, and on a proposal by the rapporteur, decide to postpone the vote on the motion for a resolution until the Council or the Commission have stated their position."

둘째, 이사회도 유럽위원회에 '적절한 제안'을 제출하도록 요구할 수 있다. 즉, 이사회는 단순다수결로 의결함으로써 공동목표를 달성하는데 필요하다고 판단되는 연구를 수행하여 적절한 제안을 제출하도록 유럽위원회에 요구할 수 있다. 이사회의 이와 같은 요구에 대해 만일 유럽위원회가 제안을 제출하지 않을 경우, 유럽위원회는 유럽의회에 그 이유를 통지해야 한다.[26]

유럽의회와 이사회의 제안 제출 요구에 대해 유럽위원회가 이를 거부할 수 있음은 고찰한 바와 같다. 그런데 만일 유럽위원회가 이 기관들의 제안 제출 요구를 거부한 것이 '행위의 제정을 태만히 한 기관'에 해당되는 경우에는 어떻게 될 것인가. 이 경우, 유럽위원회의 행위는 부작위소송의 대상이 된다. 따라서 유럽의회 또는 이사회는 유럽위원회가 TEU 및 TFEU에 위반하여 행위의 제정을 태만히 한 경우, 그 위반사실을 확인하기 위한 소송을 유럽연합사법재판소에 제기할 수 있다.[27] 이와 같은 부작위소송은 유럽위원회의 '행위의 제정 태만'이라는 작위가 있다는 것을 입증하는 경우에만 가능하다. 따라서 유럽위원회에게 광범위한 재량권이 존재하는 경우에는 일반적으로 작위의무는 인정되지 아니한다.[28]

마지막으로, 조약상 규정되어 있는 경우에 이사회의 유럽의회와의 협의는 본질적인 절차상 요구사항으로 간주된다. 따라서 만일 이사회가 이에 부합한 협의를 유럽의회와 하지 않고 법적 행위를 제정하는 경우, 이는 유럽연합사법재판소에 당해 행위의 무효(취소)소송의 대상이 될 수 있다.[29]

(나) 보통입법절차 및 특별입법절차

리스본조약상 정해진 입법절차는 크게 두 가지, 즉 '보통입법절차' 및 '특별입법절차'가 있다. 이 두 가지 절차에서 주목할 점은 입법 과정에서 유럽의회의 권한이 강화되었다는 것이다.[30]

(다) 동의절차

동의절차(consent procedure)는 단일유럽협정에 의해 처음 도입되었으며,[31] 마스트리히트조약에 의해 그 적용이 확대되었다가 암스테르담조약에서는 다시 축소되었다. 현행 리스본조약에서는 다음의 경우에 적용된다.

- TEU 제7조 1항(일 회원국에 의한 중대한 침해가 야기될 명백한 위험)
- TEU 제14조 2항(유럽의회의 구성)

---

25) TFEU 제225조.
26) TFEU 제241조.
27) TFEU 제265조 1단.
28) 이에 대한 상세한 내용은 본서 제4장 제6절 4. '사법재판소 및 보통재판소의 관할' 부분 참고.
29) See Case 139/79, *Roquette Freres c. Council* and Case 139/79, *Maizena v. Council*, [1980] ECR I-3149.
30) 이에 대한 상세한 내용은 본서 제5장 제1절 4. '법적 행위 제정 절차의 개혁' 부분 참고.
31) 단일유럽협정 제8조 및 제9조.

- TEU 제18조 7항 3단(유럽위원회 위원장, 고위대표 및 유럽위원회의 기타 위원의 임명)
- TEU 제49조 1단(신입 회원국의 가입)
- TFEU 제223조 1항 2단(MEPs의 선출 절차)
- TFEU 제218조 6항 (a)(다음과 같은 특정 협정의 체결; ① 협력협정, ② 유럽인권협약에 연합의 가입에 관한 협정, ③ 협력절차의 도입에 의한 특별한 제도적 틀을 창설하는 협정, ④ 연합에 있어 예산상 중요한 의미가 있는 협정).

보통입법절차에서 볼 수 있는 바와 같이, 동의절차도 형식상으로는 이사회와 유럽의회는 '함께' 결정하는 구조를 띠고 있다. 하지만 실제 관행상 동의절차는 이사회와 유럽의회 양자 간 공동결정권(a right of co-decision)의 형태로 운영되기 보다는 오히려 유럽의회의 거부권(a veto right of the European Parliament)을 구성한다. 만일 유럽의회가 동의하지 않는다면, 이사회는 안건에 대해 논의조차 할 수 없다. 결국 동의절차는 유럽의회의 거부권의 형태로 운영될 소지가 높은 것이다. 하지만 리스본조약은 위에서 예시한 특정 사안에 대해서는 이사회로 하여금 유럽의회의 동의를 얻은 후 행동할 수 있도록 함으로써 유럽의회에게 상당한 권한을 부여하고 있다.

(2) 감독 및 통제권

(가) 임시조사위원회의 설치

유럽의회는 TEU 및 TFEU에 의해 기타 기관이나 기구에 부여하고 있는 권한을 침해하지 않는 범위 내에서 직무 수행 중에 의원 4분 1의 발의에 따라 연합법(Union law)을 위반하거나 잘못 실시하는 것과 관련된 혐의 사실을 조사할 수 있는 임시조사위원회(a temporary Committee of Inquiry)를 설치할 수 있다.[32]

하지만 임시조사위원회의 설치에는 일정한 제한이 있다.

첫째, 그 명칭에서 보는 바와 같이 조사위원회의 설치는 '임시적(temporary)'이다. 이 문언이 의미하는 바는 조사위원회는 보고서를 제출함으로써 그 활동을 종료해야 한다는 것이다.[33]

둘째, 조사는 TEU 및 TFEU에 의해 기타 기관이나 기구에 부여하고 있는 권한을 침해하지 않는 범위 내에서 행해져야 한다. 예를 들어, 연합의 기타 기관의 요청이 있는 경우 회계감사원이 제출하는 '특별보고서(special report)'[34]는 상기 임시조사위원회의 보고서로 대체될 수 없다. 오히려 유럽의회는 임시조사위원회의 설치 전 회계감사원의 협의 요청이 있으면 이에 적극 협력해야 하고, 임시조사위

---

[32] TFEU 제226조 1단 전단.
[33] TFEU 제226조 2단.
[34] TFEU 제287조 4항 2단. 회계감사원(the Court of Auditors)은 연합의 기타 기관의 요청이 있는 경우 특정 문제에 대한 감사 결과를 '특별보고서(special report)'의 형태로 제출하고, 관련 의견을 제공할 수 있다.

원회의 설치를 피해야 할 것이다.

셋째, 임시조사위원회의 권한은 다음의 경우에도 제한된다. 즉, 이 위원회는 그 조사 대상에서 위반 등의 혐의 사실을 재판소(a court)에서 이미 심사하고 있거나 소송에 의뢰할 수 있는 경우에는 제외해야 한다.[35]

그리고 유럽의회는 '임사조사위원회의 조사권에 관한 세칙(the detailed provisions governing the exercise of the right of inquiry)'을 규칙의 형태로 제정해야 한다. 이때 유럽의회는 자신의 발의로 특별입법절차에 따라, 또한 이사회 및 유럽위원회의 동의를 얻어야 한다.[36]

(나) 청원권 및 옴부즈맨의 임명

청원권(the right of petition)은 '유럽시민들(European citizens)'에게 인정되는 기본권의 하나이다. 청원권의 향유 주체로서 '유럽시민들' 속에는 '연합의 시민(any citizens of the Union)'뿐 아니라 '회원국에 거주하거나 사무소를 등록하고 있는 자연인 및 법인(any natural or legal person residing or having its registered office in a Member State)'도 포함된다. 따라서 '국적'을 매개로 한 '연합의 시민'은 물론 EU의 영역 내 거주하고 있는 자연인과 사무소를 등록하고 있는 법인이라면 누구나 유럽의회에 청원할 수 있다.[37]

또한 청원은 '개별적으로 또는 다른 시민이나 사람들과 연대하여' 행해질 수 있다. 청원의 대상은 '연합의 활동 범위에 속하는 문제로서 자신에게 직접적인 영향을 미치고 있는 사항'으로서 상당히 포괄적이다.[38] 유럽의회는 다음과 같은 사항이 주요한 청원 대상이라고 예시하고 있다.[39]

- TEU 및 TFEU에 규정된 유럽시민으로서의 권리
- 환경문제
- 소비자보호
- 사람·상품 및 서비스의 자유이동, 역내시장
- 고용 문제 및 사회정책
- 자격의 상호인정
- EU법의 이행과 관련한 기타 문제[40]

---

[35] TFEU 제226조 1단 후단.
[36] TFEU 제226조 3단.
[37] http://www.europarl.europa.eu/aboutparliament/en/00533cec74/Petitions.html;jsessionid=4E4F00931E0FA691618F47D14772AD83.node1
[38] TFEU 제227조.
[39] http://www.europarl.europa.eu/aboutparliament/en/00533cec74/Petitions.html;jsessionid=4E4F00931E0FA691618F47D14772AD83.node1

청원권과 아울러 유럽의회에 의해 임명되는 '유럽옴부즈맨(a European Ombudsman)'[41]도 개인 및 법인의 고충을 처리하고 있다.[42] 유럽의회는 의회의 선거가 있은 후 의회의 임기와 동일한 임기로 옴부즈맨을 선임한다. 옴부즈맨은 연임할 수 있다.[43]

옴부즈맨은 완전히 독립적인 지위에서 직무를 수행한다. 직무수행과 관련하여, 옴부즈맨은 다른 기관으로부터 지시를 구하거나 받을 수 없다. 또한 유급 여부를 불문하고, 옴부즈맨은 임기 중에 다른 직업에 종사하는 것이 금지된다.[44]

유럽의회에 의해 임명된 옴부즈맨의 신분은 보장되며, 또한 그 해임도 사법재판소의 판결에 의해서만 가능하다.[45] 즉, 옴부즈맨이 직무수행에 필요한 조건을 더 이상 이행하지 않거나 중대한 위법행위를 범한 경우, 유럽의회가 사법재판소에 당해 옴부즈맨의 해임을 요청해야 한다. 이 요청에 따라 사법재판소는 옴부즈맨의 해임 여부를 판단하게 된다.

유럽옴부즈맨에게 민원을 제기할 수 있는 자는 "연합 시민 또는 회원국에 거주하거나 사무소를 등록하고 있는 자연인 및 법인"이다. 민원의 대상은 "연합의 기관, 기구 또는 기타 부서의 잘못된 활동"이다. 다만, 그 대상에는 유럽연합사법재판소가 심사하고 있는 사항은 제외된다.[46]

유럽옴부즈맨은 연합의 기관, 기구 또는 기타 부서가 잘못된 활동을 하고 있다는 혐의 사실에 대해 조사활동을 수행한다. 그 절차는 다음과 같다.[47]

첫째, 유럽옴부즈맨의 조사활동은 다음 세 가지 경우, 즉 ① 자발적으로(his own initiative), 또는 ② 자신에게 직접 제출된 경우, 또는 ③ 유럽의회 의원을 통해 제출된 민원이 있는 경우에 '자신의 직무조건에 따라(for which he finds grounds)' 개시된다.

둘째, 유럽옴부즈맨이 판단하기에 연합의 기관 또는 기구가 잘못된 활동을 수행하고 있는 경우, 유럽옴부즈맨은 이 문제를 해당 기관에 회부한다. 이에 대해 해당 기관은 3개월 기간 이내 자신의 의견을 유럽옴부즈맨에게 통지해야 한다.

셋째, 해당 기관의 의견을 취합하여 유럽옴부즈맨은 유럽의회 및 해당 기관 또는 기구에 보고서를

---

[40] 2009년 유럽의회 보고서에 의하면, 2009년 한 해 동안 총 1924건의 청원이 접수되었는데, 이 가운데 688건이 수리(admissible)되었다. 청원은 문서로 작성되어야 하며, 우편 혹은 전자적 방식에 의해 접수가능하다. 2009년의 경우, 전자 대 후자의 접수율은 각각 35%와 65%이다. http://spartakan.wordpress.com/2011/01/24/petitions-to-the-european-parliament-2009-report/
[41] TFEU 제228조 1항 1단.
[42] 유럽옴부즈맨 공식 사이트: http://www.ombudsman.europa.eu/start.faces
[43] TFEU 제228조 2항 1단.
[44] TFEU 제228조 3항.
[45] TFEU 제228조 2항 2단.
[46] TFEU 제228조 1항 1단.
[47] TFEU 제228조 1항 2단 및 3단.

제출한다. 그리고 민원을 제기한 사람에게도 조사 결과를 통지한다.

넷째, 유럽옴부즈맨은 유럽의회에 조사결과를 담은 연례보고서를 제출해야 할 의무가 있다.

그리고 유럽의회는 '옴부즈맨의 임무 수행을 위한 규칙 및 일반적 조건'을 규칙의 형태로 제정해야 한다. 이 때 유럽의회는 자신의 발의로 특별입법절차에 따라, 또한 유럽위원회의 의견 및 이사회의 동의를 얻어야 한다.[48]

(다) 유럽위원회, 이사회 및 유럽중앙은행에 대한 질의권

유럽의회 또는 의회 의원, 이를테면, 산하 위원회, 정치집단 또는 최소 40명의 의원[49]이 질문을 제기하면, 유럽위원회는 구두 또는 문서로 답변해야 한다.[50] 유럽의회는 유럽위원회 뿐 아니라 이사회[51]와 유럽중앙은행[52]에 대해서도 질의할 수 있다.

유럽의회가 행하는 질의권은 기타 기관에 대한 유럽의회의 감독권(supervisory powers)의 하나로써 중요한 의미가 있다. 실제로 유럽의회의 질의건수는 해마다 늘어나고 있다(예: 2004년 2,525건, 2005년 6,310건, 2006년 7,032건, 2007년 7,765건, 2008년 8,266건). 일례로, 2008년의 경우, 총 8,266건의 질의(서면질의: 7,607건, 구두질의: 141건, 질의시간 동안 즉시질의: 1,058건)가 행해졌으며, 이 가운데 유럽위원회와 이사회를 대상으로 서면질의 각 6,526건 및 541건, 구두질의 각 91건 및 50건, 그리고 즉시질의 각 652건 및 406건이 행해졌다.[53] 이 사례에서 보는 바와 같이, 질의는 주로 유럽위원회를 대상으로 하고 있지만, 최근 이사회에 대한 질의(특히 구두질의 및 즉시질의의 경우)가 증가하고 있다.

리스본조약도 명문의 규정을 두어 유럽의회의 이사회에 대한 질의권을 인정하고 있다. 이를테면, 공동외교안보정책 및 공동안보방위정책에 대해 유럽의회는 이사회 및 고위대표에게 질문할 수 있다.[54] 따라서 고위대표는 공동외교안보정책 및 공동안보방위정책의 가장 중요한 측면 및 기본적 선택사항에 대해 유럽의회와 정기적으로 협의하고, 이 분야에서 정책의 전개상황에 대해 유럽의회에 보고해야 한다. 고위대표는 유럽의회의 의견이 충분히 고려되도록 보장해야 하고, 필요 시 유럽의회에서의 보고를 위한 특별대표를 임명한다.[55]

---

48) TFEU 제228조 4항.
49) 유럽의회 의사규칙 제115조(Rule 115) 1항.
50) TFEU 제230조 2단.
51) 유럽의회 의사규칙 제115조(Rule 115) 1항.
52) 유럽의회 의사규칙 제118조(Rule 118).
53) 'Parliamentary Questions'에서 서면, 구두 및 질의시간 동안 행해진 즉시질의의 내용과 그 현황에 대해 검색할 수 있다. http://www.europarl.europa.eu/QP-WEB/home.jsp?&language=EN
54) TEU 제36조 2단.

기타 분야에서 유럽이사회 및 이사회는 유럽이사회 의사규칙 및 이사회 의사규칙에 규정된 조건에 따라 유럽의회로부터 청문을 받는다.[56]

마지막으로, 유럽중앙은행에 대한 질의권에 관한 것이다. 유럽의회 의원은 누구든지 의사규칙에 부속된 '행위준칙(Code of Conduct)에 관한 부록 3(Annex 3)'에 규정된 방침에 따라 유럽중앙은행에 서면 답변을 요청하는 질의를 할 수 있다.[57] 이 질의는 서면으로 관계소위의 의장에게 제출되고, 당해 의장은 이를 유럽중앙은행으로 송부한다.[58] 유럽중앙은행에게 행한 질의와 답변은 관보에 게재된다.[59]

(라) 유럽위원회에 대한 통제권

1) 불신임 동의

유럽위원회의 활동에 대해 불신임 동의(a motion of censure)가 상정되면, 유럽의회는 유럽위원회의 위원에 대한 해임권을 행사한다.[60] 그 처리 절차는 다음과 같이 진행된다.

첫째, '숙려기간(reflexion time)'으로서, 유럽의회는 불신임 동의안이 상정된 후 3일 이상의 기간이 지나기 전에는 투표할 수 없고, 또 반드시 공개투표를 통해서만 결정해야 한다.[61]

둘째, 불신임 의결을 위해서는 유럽의회의 투표수의 3분의 2의 재적의원의 과반수로 가결되어야 한다.[62]

이와 같은 절차를 거쳐 의결이 되면, 유럽위원회의 위원은 총사퇴하여야 하고, 고위대표는 유럽위원회의 범위 내에서 행사하는 자신의 직무를 사임해야 한다. 유럽위원회의 위원은 그 임명 절차에 따라[63] 교체될 때까지 계속하여 직무를 수행하고, 당면한 사무를 처리할 의무가 있다. 이 경우, 후임자로 임명된 유럽위원회 위원의 임기는 총사퇴해야 하는 위원의 잔여 임기로 한다.[64]

불신임 동의는 유럽의회에게 부여된 유럽위원회에 대한 상당히 강력한 통제권임에는 분명하다. 하지만 과거의 사례를 보면, 불신임 동의가 상정되었음에도 불구하고, 실제 이 동의안이 가결된 적이 없다. 이를테면, 1972년 11월 처음으로 유럽위원회에 대한 불신임 동의가 상정되었지만, 그 후 철회되었다.

---

[55] TEU 제36조 1단.
[56] TFEU 제230조 3단.
[57] 유럽의회 의사규칙 제118조(Rule 118) 1항.
[58] 유럽의회 의사규칙 제118조(Rule 118) 2항.
[59] 유럽의회 의사규칙 제118조(Rule 118) 3항.
[60] TFEU 제234조 1단.
[61] TFEU 제234조 1단.
[62] TFEU 제234조 2단.
[63] Cf. TEU 제17조.
[64] TFEU 제234조 2단.

또한 불신임 동의를 회피하기 위하여 유럽위원회 모든 위원들은 1999년 3월 16일자로 사퇴하기도 하였다. 당시 Santer 위원장 이하 위원들은 잔여임기를 6개월 남겨두고 있는 상황에서 총사퇴함으로써 상당한 논란을 불러일으켰다.

2) 유럽위원회 위원장 및 위원의 승인

유럽의회의 선거결과를 고려하고, 또 적절한 협의 후 유럽이사회는 가중다수결로 유럽위원회 위원장 후보자 한 명을 유럽의회에 제안한다. 이 후보자는 유럽의회에 의해 재적의원의 과반수로 선출된다. 하지만 만약 이 후보자가 과반수를 획득하지 못한 경우, 유럽이사회는 가중다수결로 1개월 이내 동일한 절차에 따라 유럽의회에 의해 선출될 새로운 후보자 한명을 제안해야 한다.[65]

그리고 이사회는 선출된 유럽위원회 위원장과 공동 합의하여 유럽위원회의 위원으로 임명하고자 제안하는 다른 인물의 명부를 채택한다. 이 인물들은 회원국의 제안에 의거하여 선출된다.[66]

이렇게 하여 선출된 유럽위원회 위원장 및 기타 위원(고위대표 포함)은 일괄하여(as a body) 유럽의회의 신임투표(a vote of consent)에 구속된다. 이 신임투표에 의거하여 유럽위원회는 유럽이사회에 의해 가중다수결로 임명된다.[67]

(마) 제소권

최근까지 유럽의회는 유럽연합사법재판소 차원의 소송에서는 부차적인 역할에 머물고 있었다. 기본조약이 인정하고 있는 다양한 소송제도 가운데 유럽의회와 관련되어 있는 것은 부작위소송뿐이었다. 부작위소송이란 유럽의회, 유럽이사회, 이사회, 유럽위원회 또는 유럽중앙은행 등 기관이 제조약을 위반하여 행위의 제정을 태만히 한 경우, 회원국 및 연합의 기타 기관이 제기하는 소송이다.[68] 결국 부작위소송에서 유럽의회는 피소의 대상이 될 뿐 자신이 적극적으로 제소권(locus standi)을 행사할 수는 없다.

그러나 니스조약은 유럽의회의 제소권을 한층 강화하였고, 그 결과 유럽의회는 입법행위의 적법성에 의문이 있는 경우에는 유럽연합사법재판소에 당해 행위의 취소를 구하는 소송을 제기할 수 있게 되었다.[69] 또한 유럽의회는 사법재판소에 EU가 체결하고자 하는 협정과 TEU 및 TFEU와의 적합성에 관한 판단을 구할 수 있다. 만일 사법재판소의 판단이 부정적인 경우, 당해 협정은 그 협정 또는 TEU 및 TFEU가 수정된 때에 한하여 효력을 발생하게 된다.[70]

---

65) TEU 제17조 7항 1단. Cf. 유럽의회 의사규칙 제105조(Rule 105).
66) TEU 제17조 7항 2단.
67) TEU 제17조 7항 3단.
68) TFEU 제265조.
69) TFEU 제263조.

(3) 예산권

EU의 연간 예산은 특별입법절차에 따라 유럽의회 및 이사회가 정한다.[71] 예산절차에 있어 특히 유럽의회의 역할에 대해서는 리스본조약에서 상세한 규정을 두고 있다. 이에 대해서는 이미 구체적으로 검토하였으므로 본 항에서는 설명을 생략한다.[72]

3. 유럽의회의 내부 조직

(1) 정치그룹

유럽의회가 국내의회와 다른 점 가운데 하나는 그 의원들이 출신국가별로 구분되는 것이 아니라 정치적 이념에 따라 정당별로 구분된다는 것이다. 다음 [그림 4-3]에서 보는 바와 같이, 실제 유럽의회 의원의 의석도 이 원칙에 따라 배분되어 있다.

이와 같은 의석 배분의 원칙의 근거는 1976년에 제정된 상기 '직접선거법'에서 구할 수 있다. 즉, 동법 제4조 1항은 "유럽의회 의원들은 '개인적 자격'으로 선출되므로 어느 누구의 지시를 받거나 권한에 기속되지 않는다."는 점을 명시하고 있다. 2014년~2019년까지 활동하는 유럽의회 의원은 모두 751명이고, 이를 회원국별로 살펴보면 [표 4-2]와 같다.

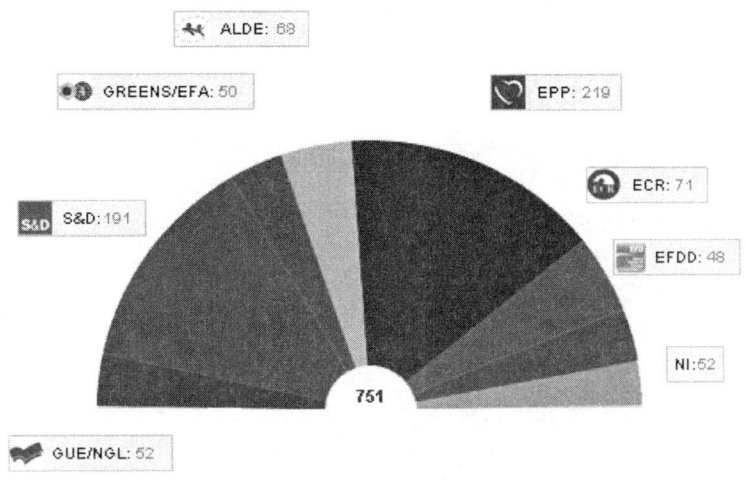

[그림 4-3] 정당별 유럽의회 의석 수(2014~2019)

---

[70] TFEU 제210조 11항.
[71] TFEU 제310조 1항 2단.
[72] 이에 대한 상세한 내용은 제2장 제2절 6. 'EU의 예산' 부분 참고.

[표 4-2] 회원국별 유럽의회 의석 수(2014~2019)

국가	의석	%	국가	의석	%
오스트리아	18	2.4%	라트비아	8	1.1%
벨기에	21	2.8%	리투아니아	11	1.5%
불가리아	17	2.3%	룩셈부르크	6	0.8%
사이프러스	6	0.8%	말타	6	0.8%
체코공화국	21	2.8%	네덜란드	26	3.5%
덴마크	13	1.7%	폴란드	51	6.8%
에스토니아	6	0.8%	포르투갈	21	2.8%
핀란드	13	1.7%	루마니아	32	4.3%
프랑스	74	9.9%	슬로바키아	13	1.7%
독일	96	12.8%	슬로베니아	8	1.1%
그리스	21	2.8%	스페인	54	7.2%
헝가리	21	2.8%	스웨덴	20	2.7%
아일랜드	11	1.5%	영국	73	9.7%
이탈리아	73	9.7%	크로아티아	11	1.5%
			합계	751	100%

위 736명의 의원을 정치그룹(정당)별 의석별로 나누어 보면, 다음 [표 4-3]에서 알 수 있는 바와 같이, 무소속 52명을 제외하면, 의원들은 7개의 정치그룹별로 소속되어 활동하고 있다.

[표 4-3] 정치그룹별 의석 수(2014.7.1일 현재)

정치그룹(정당별)	정치그룹명 약어	의석 수
유럽인민당그룹(기독민주당)	EPP	219
유럽의회 내 사회·민주진보연맹그룹	S&D	181
유럽자유·민주연맹그룹	ALDE	68
녹색/유럽자유연맹그룹	Greens/EFA	50
유럽보수·개혁그룹	ECR	71
유럽통합좌파연합그룹-북유럽녹색좌파	GUE/ NGL	52
유럽자유·민주그룹	EFD	48
무소속	NA	52
합계		751

EPP: Group of the European People's Party (Christian Democrats)
S&D: Group of the Progressive Alliance of Socialists and Democrats in the European Parliament
ALDE: Group of the Alliance of Liberals and Democrats for Europe
Greens/EFA: Group of the Greens/European Free Alliance
CER: European Conservatives and Reformists Group
GUE/NGL: Confederal Group of the European United Left - Nordic Green Left
EFD: Europe of Freedom and Democracy Group
NA: Non-attached

하지만 정치그룹을 구성하기 위해서는 일정한 조건이 충족되어야 한다. 즉, '하나의 정치그룹(a political group)'을 구성하기 위해서는 그 구성의원들이 '적어도 4분의 1 이상의 회원국'에서 선출되어야 하고, 또 그 최소구성인원은 25인이어야 한다.[73] 이 원칙은 다양한 회원국 출신의 의원들로 정치그룹이 구성되는 효과를 가져왔으며, 유럽의회의 독자성을 드러내는 특징의 하나가 되었다.

TEU에 의하면, '유럽차원에서 정당(political parties at European level)'은 "유럽적 정치의식의 형성 및 연합 시민의 의사의 표현에 기여"해야 한다.[74] 이와 같은 정당 활동을 보장하기 위하여 유럽의회 및 이사회는 보통입법절차에 따라 유럽차원의 정당을 위한 규정, 특히 그 자금에 관한 규정을 규칙의 형태로 제정해야 한다.[75] 유럽의회와 이사회는 지난 2003년 11월 4일자 규칙 2004/203을 제정하여 유럽차원의 정당을 위한 규정 및 그 자금에 관한 규정을 마련하여 시행하고 있다.[76]

(2) 상설위원회

유럽의회는 '상설 또는 임시위원회(standing or temporary committee)'를 둘 수 있고,[77] 그 산하에 하나 혹은 다수의 하부위원회(subcommittees)를 설치·운영할 수 있다. 모든 상설 또는 특별위원회의 의장(Chairs of all standing or special committees)은 '위원회 의장단회의(Conference of Committee Chairs)'를 구성한다.[78] 위원회 의장들은 유럽의회 의장(President of Parliament) 및 각 정치그룹의 의장(Chairs of the political groups)으로 구성되는 '의장회의(Conference of Presidents)'[79]에 상설

---

[73] 유럽의회 의사규칙 제30조(Rule 30) 2항.
[74] TEU 제12조 4항.
[75] TFEU 제224조.
[76] Regulation (EC) No 2004/2003 of the European Parliament and of the Council of 4 November 2003 *on the regulations governing political parties at European level and the rules regarding their funding*, OJ L 297, 15.11.2003, pp.1-4; amended by Regulation (EC) No 1524/2007 of the European Parliament and of the Council of 18 December 2007 *amending Regulation (EC) No 2004/2003 on the regulations governing political parties at European level and the rules regarding their funding*, OJ L 343, 27.12.2007, pp.5-8.
이와 관련된 행위들도 참고하라.
Decision of the Bureau of the European Parliament of 29 March 2004 *laying down the procedures for implementing Regulation (EC) No 2004/2003 of the European Parliament and of the Council on the regulations governing political parties at European level and the rules regarding their funding*, OJ C 252/1 of 3.10.2008; European Parliament resolution of 23 March 2006 *on the application of Regulation (EC) No 2004/2003*, OJ C 292 E of 1.12.2006; Decision of the Bureau of the European Parliament of 29 March 2004 *laying down the procedures for implementing Regulation (EC) No 2004/2003 of the European Parliament and of the Council on the regulations governing political parties at European level and the rules regarding their funding*, OJ C 150 of 28.6.2006.
[77] 유럽의회 의사규칙, 제183조~제192조(Rule 183~Rule 192).
[78] 유럽의회 의사규칙 제27조(Rule 27) 1항.

혹은 임시위원회들의 작업 내용에 관하여 권고할 수 있다.[80]

유럽의회 산하 위원회의 위원들은 각 정치그룹별로 배속된 이후 유럽의회에 의해 선출된다. 이 위원회 범위 내에서 의원들은 실질적인 의회 활동을 하게 된다. 일례로, 유럽위원회에 의해 제안이 제출되면, 그 제안은 유관 위원회(주무위원회)로 송부되어 당해 위원회가 구체적인 검토를 한다. 그리고 필요시 다른 위원회 또는 정치그룹이 상호 협력하여 각자의 의견을 제시한다. 주무위원회는 이 의견들을 취합하여 결의안(the draft of resolution)을 작성하고, 보고관(the rapporteur)을 임명한다. 보고관은 회기 중에 의원 총회에서 결의안의 내용을 설명하고 동의를 구하게 된다.

아래 [표 4-4]에서 보는 바와 같이, 현재 20개의 상설위원회와 2개의 하부위원회가 운영 중이다. 그리고 2개의 특별위원회가 설치되어 있다.[81]

[표 4-4] 유럽의회 상설위원회 목록(2015.1.31 현재)[82]

Committee	Acronym	Group
Foreign Affairs	AFET	EPP
*Human Rights (subcommittee)	DROI	Greens-EFA
*Security and Defence (subcommittee)	SEDE	EPP
Development	DEVE	Greens-EFA
International Trade	INTA	S&D
Budgets	BUDG	EPP
Budgetary Control	CONT	ALDE
Economic and Monetary Affairs	ECON	ALDE
Employment and Social Affairs	EMPL	S&D
Environment, Public Health and Food Safety	ENVI	S&D
Industry, Research and Energy	ITRE	EPP
Internal Market and Consumer Protection	IMCO	ECR
Transport and Tourism	TRAN	S&D
Regional Development	REGI	EPP
Agriculture and Rural Development	AGRI	S&D
Fisheries	PECH	EPP
Culture and Education	CULT	EPP
Legal Affairs	JURI	EPP
Civil Liberties, Justice and Home Affairs	LIBE	S&D

---

[79] 유럽의회 의사규칙 제24조(Rule 24) 1항.
[80] 유럽의회 의사규칙 제25조(Rule 25).
[81] 최근 금융·재정위기와 관련하여, '재정, 경제 및 사회위기(Financial, Economic and Social Crisis)'에 관한 특별위원회가, 그리고 '정책도전위원회(Policy Challenges Committee)'가 설치되었다.
[82] 유럽의회 산하 설치된 위원회의 목록 및 그 세부 활동 및 일정에 대해서는 다음 사이트를 참고하라.
http://www.europarl.europa.eu/committees/en/parliamentary-committees.html

Constitutional Affairs	AFCO	EPP
Women's Rights and Gender Equality	FEMM	GUE/NGL
Petitions	PETI	EPP

(3) 사무국

유럽의회는 그 의원 중에서 의장과 임원을 선출한다.[83] 현재 유럽의회에 의해 선출된 1인의 의장(President)[84]과 14인의 부의장(Vice-Presidents)[85]이 있는데, 이들은 사무국을 구성한다.[86] 그리고 재무관(Quaestors)도 사무국의 구성원이 된다. 하지만 이들은 '권고적 권한(advisory capacity)'을 가질 뿐이다.[87] 만일 사무국 차원에서 행해지는 투표에서 찬반동수(贊反同數)의 결과가 나온 경우, 의장이 결정투표권(casting vote)을 가진다.[88]

사무국의 주된 임무는 유럽의회 회기 중 의제(agenda)를 준비하고, 유럽의회 비서실(Secretariat)과 그 산하 기구를 포함한 의회의 내부조직과 관련한 문제에 대한 재정적, 조직적 및 행정적 결정 및 유럽의회의 예산안을 수립하는 것이다.[89] 그리고 사무국의 운영에 관한 상세한 사항은 '유럽의회 의사규칙'이 정한 바에 따른다.

(4) COSAC

COSAC은 EU와 관련된 문제를 다루는 EU 회원국 국내의회 간 설립되어 운영되는 협의회를 말한다. 1989년 당시 프랑스 하원의 대변인(Speaker of the French Assemblée nationale)이던 롤랑 파비위스(Mr. Laurent FABIUS)는 유럽문제에 관하여 전문적 지식을 가지고 있는 회원국 국내의회 의원들 간 기구(an inter-parliamentary body composed of members of national parliaments specialised in European affairs)의 설립을 제안하였다. 이 제안에 대하여, 같은 해 5월 마드리드에서 열린 '(국내)의회 대변인회의(Conference of Speakers of Parliaments)'는 EC 문제에 관한 회원국 국내의회의 역할을 강화하기 위하여 '유럽문제에 관한 의회 간 전문기구 협의회(Inter-parliamentary Conference of bodies specialized in European Affairs)', 즉 COSAC을 설립하기로 합의하였다. 이 합의에 따라 1989년 11월 16일~17일 파리에 소재한 프랑스 하원에서 '공동체문

---

[83] TEU 제14조 4항.
[84] 유럽의회 의사규칙 제14조(Rule 14).
[85] 유럽의회 의사규칙 제15조(Rule 15).
[86] 유럽의회 의사규칙 제22조(Rule 22) 1항.
[87] 유럽의회 의사규칙 제22조(Rule 22) 2항.
[88] 유럽의회 의사규칙 제22조(Rule 22) 3항.
[89] 유럽의회 사무국의 임무에 대한 상세한 내용은 유럽의회 의사규칙 제23조(Rule 22).

제에 관한 특별기구협의회(Conference of Community and European Affairs Committees; Conférence des organes spécialisés dans les affaires communautaires)'인 COSAC이 발족되었다.[90)91)] 이에 따라 유럽의회 의사규칙은 제131조(Rule 131)에서 COSAC에 대한 조항을 도입하였고,[92)] 2000년 6월에는 'COSAC 의사규칙(Rules of Procedure of COSAC)'을 채택하였다.[93)]

COSAC은 EU 이사회 의장국 주재 아래 6개월에 한 번씩 년 2회 정례회의(ordinary meetings)를 한다.[94)] 단, 필요 시 회원국 국내의회의 '공동체 및 유럽문제위원회(the Community and European Affairs Committees)' 의장 및 유럽의회의 관련기구 의장에 의한 절대다수결로 특별회의(extraordinary meetings)가 개최된다.[95)] 정례 및 특별회의에는 회원국 국내의회를 대표하는 '공동체 및 유럽문제위원회' 소속 위원 6명(즉 회원국별 각 6명) 및 유럽의회를 대표하는 6명으로 구성된다.[96)] 또한 가입후보국 또는 가입 진행 중인 국가도 각 3명의 대표를 참관인 자격으로 파견할 수 있다.[97)]

정례회의는 EU 이사회 의장국에서 열리지만 특별회의를 비롯한 기타 회의는 상황에 따라 다른 장소에서 열릴 수 있다.[98)] 그리고 정례 혹은 특별회의 개최 수개월 전 '공동체 및 유럽문제위원회' 산하 특위 의장들과 유럽의회의 일 대표가 참가하는 예비회의(a preparatory meeting)가 열린다.[99)]

---

90) COSAC를 표기하는 영어와 불어의 줄임말이 서로 상이하나 후자의 표기에 따라 EU의 공식 표기로 정착되었다. COSAC이란 표기는 COSAC 제4차 회의(IV COSAC in Luxembourg)때부터 공식적으로 사용되고 있다. 이에 대한 상세한 내용은, The COSAC Secretariat, "COSAC: Historical Development"(November 2012), p.4. 또한 국내문헌으로는, 박재정, "유럽의회와 회원국가 의회의 관계에 대한 연구: 1997년 COSAC 역할 강화를 중심으로", 의정연구(한국의회발전연구회, 제6권 2호(10호), 2000), pp.168-201.

91) COSAC의 홈페이지: http://www.cosac.eu/en/

92) 유럽의회 의사규칙(Rules of Procedure) 제131조([Rule 131] Conference of European Affairs Committees (COSAC))

1. On a proposal from the President, the Conference of Presidents shall name the members of, and may confer a mandate on, Parliament's delegation to COSAC.
    The delegation shall be headed by a Vice-President of the European Parliament responsible for implementation of relations with the national parliaments and by the Chair of the committee responsible for institutional matters.
2. The other members of the delegation shall be chosen in the light of the subjects to be discussed at the COSAC meeting and shall comprise, as far as possible, representatives of the committees responsible for those subjects. A report shall be submitted by the delegation after each meeting.
3. Due account shall be taken of the overall political balance within Parliament.

93) OJ 2000/C175/1. 이 의사규칙은 그 후 개정되었다. European Parliament, *"Rules of Procedure of the Conference of Community and European Affairs Committees of Parliaments of the European Union"* (2008/C27/02), p.6.

94) COSAC 의사규칙 제2.1조.
95) COSAC 의사규칙 제2.2조.
96) COSAC 의사규칙 제4.1조.
97) COSAC 의사규칙 제4.2조.
98) COSAC 의사규칙 제3조.

그렇다면 COSAC은 어떤 역할을 수행할까. 이에 대해서는 리스본조약에 부속된 '유럽연합에 있어 국내의회의 역할에 관한 부속 의정서(Protocol(No. 1) on the Role of National Parliaments in the European Union)'에 구체적으로 명시되어 있다.[100] 암스테르담조약에 부속된 기존의 의정서[101]와는 달리, 리스본조약에 부속된 현 의정서는 COSAC의 기여(역할)에 대해 비교적 간략한 규정을 두고 있다. 현행 의정서는 제2편 "의회간 협력(Title II: Interparliamentary Cooperation)"이란 제목 아래 제9조와 제10조의 두 개 조문을 두어 COSAC의 기여에 대해 규정하고 있다.

먼저, 동 의정서는 제9조에서, "유럽의회 및 국내의회는 다함께 연합 내에서 효과적이고 정기적인 의회간 협력의 조직화 및 촉진을 결정한다."[102]고 규정하고 있다. 동조에서 보듯이 유럽의회와 국내의회 간 협력은 '효과적이고 정기적(effective and regular)'이어야 한다. 또한 양 의회조직이 협력하는 주된 목적은 의회 간 협력의 조직화 및 촉진을 위한 것이다. 이와 같은 목적을 달성하기 위한 의회 간 협력조직이 바로 COSAC인 것이다.

현행 의정서 제10조에서는 COSAC의 기여(역할)에 대한 구체적인 내용을 제시하고 있다. COSAC이 행하는 기여의 내용을 살펴보면 다음과 같다.

첫째, COSAC은 유럽의회, 이사회 및 유럽위원회의 주의를 환기하기 위하여 적당하다고 간주되는

---

[99] http://www.europarl.europa.eu/webnp/cms/lang/en/pid/9
[100] COSAC이 EU의 기본조약에서 공식적으로 인정된 것은 1999년 5월 1일자로 발효한 암스테르담조약에 부속된 'EU에 있어 국내의회의 역할에 관한 의정서(Protocol on the Role of National Parliaments in the European Union)'를 통해서이다. 그러나 2009년 12월 1일자로 발효한 리스본조약은 동일한 제목의 부속의정서를 첨부하고 있다. 동의정서에 의해 암스테르담조약에 부속된 기존의 의정서는 대체되었다.
[101] 암스테르담조약에 부속된 'EU에 있어 국내의회의 역할에 관한 의정서'에 규정된 COSAC의 기여(역할)에 관한 내용을 살펴보면 다음과 같다.
첫째, COSAC은 유럽문제에 대해 자신들의 견해를 EU 제기관에게 표명할 수 있다. 그러나 모든 유럽문제에 대해 직접 견해를 표명할 수 있는 것은 아니고, "회원국 정부 대표가 COSAC에 송달할 것을 공동의 합의로 결정한 (입법)행위안"이어야 한다. 또한 "사안의 성격을 고려"한 후 "EU 제 기관의 주의를 환기시키기 위하여 적절하다고 생각되는 기여"를 할 수 있다(암스테르담조약 부속 'EU에 있어 국내의회의 역할에 관한 의정서' 4항).
둘째, COSAC은 자유, 안전 및 사법지대의 실시에 관계하는, 또한 개인의 권리 및 자유에 직접 영향을 미칠 수 있는 입법행위를 위한 모든 제안 또는 발의를 검토할 수 있다. 그리고 COSAC에서 행해지는 이와 관련된 모든 기여에 관한 정보는 유럽의회, 이사회 및 유럽위원회에 제공되어야 한다(암스테르담조약 부속 'EU에 있어 국내의회의 역할에 관한 의정서' 5항).
셋째, COSAC는 유럽의회, 이사회 및 유럽위원회를 대상으로 특히 보충성원칙의 적용, 자유, 안전 및 사법지대 및 기본적 권리에 관한 문제와 관련하여 EU의 입법 활동에 적절하다고 간주되는 모든 기여를 제출할 수 있다(암스테르담조약 부속 'EU에 있어 국내의회의 역할에 관한 의정서' 6항).
넷째, 위에서 검토한 COSAC에 의한 모든 기여는 "회원국 의회를 구속하거나, 또는 그 지위를 침해할 수 없다"(암스테르담조약 부속 'EU에 있어 국내의회의 역할에 관한 의정서' 제7항).
[102] 리스본조약 부속 'EU에 있어 국내의회의 역할에 관한 의정서' 제9조의 원문은 다음과 같다.
"The European Parliament and national Parliaments shall together determine the organization and promotion of effective and regular interparliamentary cooperation within the Union."

모든 기여를 할 수 있다. 암스테르담조약 부속의정서는 COSAC이 유럽문제에 대해 의견을 표명하기 위해서는 일정한 제한을 두고 있었다. 즉, COSAC은 모든 유럽문제에 대해 의견을 표명할 수 있는 것이 아니라 "회원국 정부 대표들이 공동합의로 입법행위안을 COSAC에 송달하기로 결정한" 사안, 즉 당해 입법행위안에 대해서만 의견을 표명할 수 있었다. 이 사안에 대해 COSAC은 사안의 성격을 검토한 후 EU 제기관에 대하여 적절하다고 간주되는 기여를 제출할 수 있었다. 그러나 현행 의정서는 이와 같은 제한을 두지 않고, "유럽의회, 이사회 및 유럽위원회의 주의를 환기하기 위하여 적절하다고 간주되는 기여"를 할 수 있다고 규정하고 있다. 따라서 만일 COSAC이 판단하기에 EU 세 기관의 주의를 환기하는데 적절하다고 판단하는 경우, 그 종류와 내용에는 상관없이 '어떤 기여(any contribution)' 라도 제출할 수 있다. 다만, COSAC가 행하는 이와 같은 기여는 EU 제기관을 구속할 수 없다. 제기관의 '주의를 환기시키는데 적절한 기여'를 제출할 수 있을 뿐인 것이다.

둘째, COSAC은 국내의회 및 유럽의회의 특별위원회를 포함한 양 의회 간 정보교환 및 최적의 실천의 교류를 촉진하는데 기여한다. COSAC은 기본적으로 '의회 간 협력을 위한 협의체'로서 유럽의회와 국내의회 간 정보교환 및 그 현실적 교류에 중점을 두고 있다. 이를 위하여 유럽의회와 국내의회는 그들이 설치·운영하고 있는 '특별위원회(their special committees)'를 통하여 정보교환 및 교류를 촉진하는데 실질적인 기여를 하게 된다.

셋째, COSAC은 특정 주제, 특히 공동안보방위정책을 포함한 공동외교안보정책 문제를 논의하기 위하여 의회간 협의회를 조직할 수 있다. 현행 의정서는 COSAC이 논의해야 할 특정주제 가운데 특히 '공동안보방위정책을 포함한 공동외교안보정책'을 들고 있다. 이 점은 암스테르담조약에 부속된 기존의 의정서와는 상당히 다른 측면이다.

기존의 의정서는 COSAC으로 하여금 '자유, 안전 및 사법지대의 실시와 관계하는', 또한 '개인의 권리와 자유에 직접 영향을 미칠 수 있는' 입법행위를 위한 모든 제안 또는 발의를 검토할 수 있는 권한을 인정하고 있다.[103] 이는 비록 임의규정의 형식을 취하고 있지만, COSAC이 자유, 안전 및 사법지대의 실시는 물론 개인의 권리 및 자유에 직접 영향을 미치는 입법행위와 관련된 모든 제안 또는 발의에 대해 검토할 수 있는 권한을 행사할 수 있는 여지를 확보했다는 점은 중요한 의미가 있다. 암스테르담조약 이전에는 범유럽 차원에서 보장되는 개인의 권리와 자유에 대해 국내의회가 개입할 법적 근거는 제대로 마련 있지 않았다. 그러나 이 권한을 행사함으로써 국내의회는 COSAC을 통해 개인의 권리와 자유와 관련된 유럽문제에 직접 개입할 수 있게 된 것이다.

또한 기존 의정서는 보충성의 원칙과 관련하여, COSAC이 유럽의회, 이사회 및 유럽위원회를 대상으로 이 분야에 대해 'EU의 입법 활동에 적절하다고 간주되는 모든 기여'를 행하는 것을 인정하고 있

---

[103] 암스테르담조약 부속 'EU에 있어 국내의회의 역할에 관한 의정서' 5항.

다.104) 이리하여 COSAC은 국내의회의 입장이 EU의 입법 과정에 반영되도록 노력하였다.

그러나 리스본조약은 현행 의정서에서 자유, 안전 및 사법지대는 물론 보충성원칙의 적용과 관련한 내용은 삭제하고, 오직 COSAC를 통해 특정 주제로서 특히 공동안보방위정책을 포함한 공동외교안보정책에 관한 문제를 논의할 것임을 분명히 하고 있다. 공동외교안보정책 가운데 공동안보방위정책은 여전히 회원국 차원에서 수립된 정책의 영향을 강하게 받는 분야이고, 향후 유럽 차원의 후속적인 논의와 정책 수립이 지속적으로 필요한 분야이기도 하다. 이런 측면을 감안하여 현행 의정서는 필요시 의회 간 협력을 통한 정책 수립을 의도하고 있다고 판단된다.

마지막으로, COSAC이 행하는 기여는 국내의회를 구속할 수도, 또 그 지위를 침해할 수 없다. COSAC은 회원국 의회간 '협의기구협의회(Inter-parliamentary Conference)'로 설립되었을 뿐 그 자체가 국내 의회를 대표하는 것은 아니므로 회원국 의회의 독자성과 대표성을 침해할 수는 없다.

제3절 유럽이사회

1. 설립과 구성

유럽이사회는 1974년 12월 9일~10일 양일간 열린 제2차 파리정상회의(the 2nd Paris Summit)에서 설립되었다. 이 정상회의의 결과 채택된 코뮈니케에 따르면, 국가원수 또는 정부수반들은 당해국의 외무부장관과 함께 1년에 세 차례 모임을 갖기로 했다. 이 모임은 정치적 협력을 위한 목적을 가지고, '유럽공동체 이사회(Council of the European Communities)'의 형식을 취하기로 했다.105) 이와 같이 유럽이사회는 처음 발족할 당시에는 공동체 체제에 속하지 않는 기구의 형태로 출범했으나 점차 기본조약에 의거한 자격을 취득하게 되었다. 이에 대해 단일유럽협정 제2조에 따르면, 유럽이사회는 회원국의 국가원수 또는 정부수반 및 유럽위원회 위원장으로 구성된다고 하면서, 유럽이사회는 회원국의 외무부장관 및 유럽위원회의 일 위원의 보좌를 받는다고 정하고 있다.106) 유럽이사회의 구성에 관한 대부분의 내용은 리스본조약에서도 그대로 수용되고 있다. 다만, 일부 내용은 추가 내지는 변경

---

104) 암스테르담조약 부속 'EU에 있어 국내의회의 역할에 관한 의정서' 6항.
105) 8th General Report 1974, Annex, 347. Bull-EC 12-1974,7.
  유럽이사회의 일반적 내용에 대해서는, J. Werts, *The European Council*(Amsterdam, 1992); S. Bulmer and W. Wessels, *The European Council: Decision-Making in European Politics*(London: 1987).
106) 또한 유럽이사회 의장은 회의 시 특히 경제통화동맹(Economic and Monetary Union)에 관한 문제를 논의할 때는 회원국의 재경부장관(Economic and Finance Ministers)을 초청해야 한다. '마스트리히트조약 최종의정서에 부속된 선언(Declaration No. 4, annexed to the Final Act of the Treaty of Maastricht)'.

되었다.

TEU 제15조 2항에 의하면, 유럽이사회는 회원국의 국가원수 또는 정부수반 외 유럽이사회 의장(President of the European Council) 및 유럽위원회 위원장(President of the European Commission)으로 구성된다(전단). 리스본조약에서는 '고위대표'직제가 신설되었으므로 그도 유럽이사회에 참가한다(후단).

그리고 사안의 성격에 따라 필요하다면, 유럽이사회 위원들은 각료 한명, 또한 유럽위원회 위원장의 경우에는 유럽위원회 위원 한 명의 보좌를 받을 수 있다.[107]

2. 유럽이사회 의장

유럽이사회 의장[108]은 유럽이사회에 의해 가중다수결로 선출된다.[109] 특히 주목할 점은, 리스본조약은 기존과는 달리 2년 6개월 임기의 '연임 가능'[110] '상임' 유럽이사회 의장제를 신설했다는 것이다.[111] 이처럼 유럽이사회는 기존에 사용되던 매 6개월마다 회원국의 영문 알파벳 국가명 순으로 의장국을 맡는 '윤번제(equal rotation every six months)'[112]를 폐지하고 상임의장제를 도입하였다. 이 제도의 도입은 다음과 같은 의미를 가진다.

첫째, 윤번제는 평등원칙에 입각한 제도라는 장점이 있으나 의장국, 특히 의장국이 된 회원국의 국가원수 또는 정부수반의 유럽통합에 대한 정치적 견해 및 판단에 따라 통합의 진전을 가져오기도, 반대로 장애 내지는 퇴보를 가져오기도 하였다.

둘째, 첫째와 관련하여, 윤번제가 가지는 최대의 단점은, 유럽이사회의 일관성과 지속성, 그리고 회원국의 결속력을 담보할 수 없다는 점이다. 이에 반해 리스본조약은 '상임' 의장제를 도입함으로써 유럽이사회로 하여금 보다 안정적이고 지속적인 상태에서 회원국의 결속과 EU의 기본목표를 추구할 수 있게 되었다.

---

[107] TEU 제15조 3항.
[108] 일부 언론과 학자들은 유럽이사회 (상임)의장을 'EU 대통령'이라 부르고 있으나 이는 'President'를 잘못 이해했거나 혹은 EU의 법제도를 잘못 이해한 데서 기인한 것이다. 만일 그렇다면 동일한 'President'라는 용어를 사용하고 있는 유럽위원회 위원장은 어떻게 불러야 할 것인가? EU의 법제에 대한 정확한 이해가 선결되어야 할 것이다.
[109] TEU 제15조 5항.
[110] 유럽이사회 의장은 '한 번의' 연임이 가능하다. TEU 제15조 5항 전단.
[111] 유럽이사회 의장도 해임될 수 있다. 즉, 의장이 비리에 연루되거나 또는 그에게 중대한 과실이 있는 경우, 유럽이사회는 가중다수결로 의장을 해임할 수 있다. TEU 제15조 5항 후단.
[112] 다만, EU 이사회는 여전히 윤번제에 의해 의장이 정해진다. 이에 대해 TFEU 제236조 (b)호는, "외무이사회를 제외한 이사회의 편성에서 의장을 정하기 위한 유럽연합조약 제16조 제9항에 의한 결정"은 유럽이사회에 의해 가중다수결로 채택한다고 규정하고 있다.

셋째, 윤번제는 평등원칙에 입각하여 운영되었으므로 인구소국의 회원국도 의장국이 될 수 있었다. 그러나 이 점은 한 가지 중요한 단점을 지닌다. 즉, 정치적 능력이 없는 군소 회원국의 경우에는 유럽이사회에서 유럽통합을 발전·심화시킬 수 있는 역량을 발휘할 수 없고, 오히려 인구대국 회원국의 영향을 받지 않을 수 없는 문제점이 있다. 물론 리스본조약은 상임의장을 유럽이사회에서 가중다수결로 선출하도록 함으로써 인구소국 출신의 인사도 상임의장에 선출될 가능성을 열어두고 있다. 그러나 이제는 유럽이사회 차원에서 정치적 합의에 의해 의장을 선출하기 때문에 설령 군소 회원국 출신의 의장이 선출된다고 하더라도 이제는 그의 정치적 영향력을 무시하기 어려울 것이다.

넷째, 상임의장은 국가의 직무(a national office)를 맡을 수 없다. 이에 대해 TEU 제6조는 "유럽이사회 의장은 개별 국가의 지시를 구할 수 없다."고 명문의 규정을 두고 있다. 따라서 기존처럼 회원국의 국가원수 또는 정부수반이 동시에 상임의장으로 근무할 수는 없다. 그만큼 상임의장의 독립성이 강화된 것이다.

유럽이사회 의장은 ① 유럽이사회의 업무를 주재·추진하며, ② 유럽위원회의 위원장과 협력하며, 또 일반직무이사회의 업무에 의거하여 그 준비와 계속성을 보장하고, ③ 유럽이사회 내에서 결속과 컨센서스가 촉진되도록 노력하며, ④ 매 회의 후 유럽의회에 보고서를 제출해야 한다.[113] 또한 유럽이사회 의장은 ⑤ 그 수준 및 능력 내에서 고위대표의 권한을 침해하지 않는 범위 내에서 공동외교안보정책과 관련한 문제에 관한 EU의 대외적 대표성을 보장해야 한다.[114] 그리고 유럽이사회 의장은 ⑥ 개별 국가의 지시를 구해서는 아니된다.

3. 의사결정방식

유럽이사회는 원칙적으로 '컨센서스(consensus)'에 의해 의사결정을 한다.[115] 단, TEU 및 TFEU에서 달리 규정하고 있다면, 그에 따른다.[116] 후자의 예로 다음의 두 가지를 든다. 먼저, EU 이사회의 편성방식(Council configuration)이다. 그 편성에 관한 목록은 TFEU 제236조에 따라 채택되는데, 유럽이사회는 다음의 경우에는 가중다수결로 채택한다. 즉, ① 이사회의 구성을 정하기 위한 결정[117] 및 ② 외무이사회를 제외한 이사회의 편성에서 의장을 정하기 위한 TEU 제16조 9항에 의한 결정 시에는 가중다수결을 적용한다.[118] 다음, 이사회는 단순다수결로 의결할 수도 있다. 다만, 단순다수결

---

[113] TEU 제15조 6항 (a)~(d).
[114] TEU 제15조 6항 2단.
[115] TEU 제15조 4항.
[116] TEU 제15조 4항.
[117] 단, TEU 제16조 6항에 의한 일반직무이사회 및 외무이사회는 제외한다.
[118] TFEU 제236조 (a) 및 (b).

로 의결할 때는 이사회 위원총수의 과반수로 결정한다. 이사회에서 사용되는 단순다수결은 주로 절차 문제 및 의사규칙의 채택(procedural questions and the adoption of its Rules of Procedure) 시 적용된다.[119]

의사결정을 위한 투표 시 유럽이사회의 위원은 한 명에 한하여 다른 위원을 대리하여 투표할 수 있다.[120] 출석 중인 위원 본인 또는 대리인의 기권은 전원일치를 필요로 하는 유럽이사회의 의결의 성립을 방해할 수 없다.[121] 그리고 유럽이사회에서의 표결에는 그 의장 및 유럽위원회 위원장은 참가할 수 없다.[122]

4. 임무

유럽이사회의 임무는 "연합에 대해 필요한 자극을 주고, 일반적인 정책 목표 및 그를 위한 우선순위를 정"하는 것이다.[123] 그리고 유럽위원회와 달리, 유럽이사회는 "입법기능을 행사할 수 없다". 즉, 법률을 제정할 수 없다.[124] 이와 더불어 유럽이사회의 주요 임무 가운데 하나는 "연합의 전략적 이익을 결정하고, 방위정책과 관련한 문제를 포함한 연합의 공동외교안보정책의 목표 및 일반적 방침을 정"하는 것이다.[125] 이를 위하여 유럽이사회는 필요한 결정을 제정한다.[126] 이에서 알 수 있는 바와 같이, 공동외교안보정책의 목표 및 일반방칙의 설정은 유럽이사회의 주요 임무이다. 따라서 유럽이사회 의장은 국제정세에 비추어 필요한 경우, 당해 정세에 직면하여 EU 전체의 전략적 계획을 수립하기 위한 유럽이사회 임시회의를 소집할 수 있다.[127]

5. EU의 가치를 '중대하고도 지속적으로 침해'한 회원국에 대한 제재

TEU 제2조는 EU의 가치로 "인간 존엄성의 존중, 자유, 민주주의, 평등, 법의 지배 및 소수자의 권리를 포함한 인권 존중"을 들고 있다. 유럽이사회는 제2조에 언급된 가치가 "회원국에 의한 중대하고도 지속적인 침해가 존재(the existence of a serious and persistent breach by a Member State)"하는 경우, 당해 회원국에게 의견 표명을 요구하는 결정을 내릴 수 있다.[128] 다만, 이 결정을 내리기

---

[119] TFEU 제235조 3항.
[120] TFEU 제235조 1항 1단.
[121] TFEU 제235조 1항 3단.
[122] TFEU 제235조 1항 2단.
[123] TEU 제15조 1항.
[124] TEU 제15조 1항.
[125] TEU 제26조 1항.
[126] TEU 제26조 1항 1단.
[127] TEU 제26조 1항 2단.

위해서는, 회원국의 3분의 1 또는 유럽위원회의 제안에 의거하여, 동시에 유럽의회의 동의를 얻어야 한다.[129] 또한 유럽이사회는 당해 회원국에 대한 의견 표명 요구 시 전원일치에 의거하여 결정한다.[130] 그리고 의사결정 유효 투표수의 산정 시 다음 사항을 유의하여야 한다. 즉, 이 사안은 EU의 회원자격에 대한 특정 권리의 정지에 관한 것으로, 이 경우, 당해 회원국을 대표하는 유럽이사회 위원은 의결권을 가질 수 없다. 마찬가지로 위에서 언급한 '회원국의 3분의 1' 계산 시에도 당해 회원국은 가산되지 않는다. 그리고 출석 혹은 대리, 또는 대리하고 있는 위원이 기권한다고 할지라도 전원일치에 의한 결정이 채택을 방해하지 않는다.[131]

유럽이사회에 의해 이와 같은 결정이 내려지면, 이사회는 당해 회원국의 정부대표의 의결권을 포함하여 당해 회원국에 대한 TEU 및 TFEU의 적용에서 유래하는 특정 권리를 정지하는 결정을 하게 된다. 그 결정을 위한 의사결정은 가중다수결에 의한다.[132] 이와 같이 결정하는 경우, 이사회는 이와 같은 정지조치가 자연인 및 법인의 권리와 의무에 미칠 수 있는 가능한 영향을 고려해야 한다.[133] 특히 이사회가 당해 회원국의 의결권 정지에 관한 결정을 채택한 후 가중다수결로 결정할 때는[134] "참가회원국을 대표하는 이사회 위원의 최소 72% 이상, 그리고 회원국 인구의 합계가 참가회원국 인구의 최소 65% 이상" 기준을 적용한다.[135]

6. 조직

2002년 6월 21일~22일 양일간 스페인의 세빌리아에서 열린 세빌리아(Sévillel) 유럽이사회는 제조약의 개정 없이 유럽이사회의 조직 및 기능에 관한 특별합의에 도달했다. 그 주요 내용은 다음과 같다.[136]

- 유럽이사회는 매 6개월당 두 번씩, 년 4회 회의를 개최한다. 단, 예외적으로 특별회의를 소집할 수 있다.
- 일반직무이사회 및 외무이사회는 유럽이사회의 회의를 준비하고 의제를 마련한다.
- 의제는 다음 네 가지 경우, 즉 ① 토론 없이 승인될 수 있는 의제, ② 일반적인 정치적 방침을

---

[128] TEU 제7조 2항.
[129] TEU 제7조 2항.
[130] TEU 제7조 2항.
[131] TFEU 제354조 1단.
[132] TEU 제7조 3항.
[133] TEU 제7조 3항.
[134] TFEU 제354조 3단.
[135] TFEU 제238조 3항 (b).
[136] Presidency Conclusions, Annex I, "*Rules for the Organization of the Proceeding of the European Council*", pp.19-21.

정의하기 위하여 토론해야 할 의제, ③ 결정을 채택하기 위하여 토론해야 할 의제, ④ 의장성명서의 주제가 되지 않는 기타 의제로 나누어 기초된다.
- 유럽이사회 의장은 가용한 시간의 사용(예: 위원들의 연설 시간)을 위한 조치를 채택할 수 있다.
- 예외적으로 의제가 토론되어야 할 필요가 있는 경우, 토론 중 표명된 입장에 의거하여 도출된 정치적 결론은 적용가능한 제조약에 따라 후속적인 회의에 미치는 영향을 고려하기 위하여 이사회에 회부되어야 한다.

그리고 유럽이사회는 상설사무국이 없고 이사회 사무국의 업무 지원을 받는다.

제4절 이사회

1. 구성

이사회(Council)[137]는 각 회원국당 한 명의 각료급 대표(a representative of each Member State at ministerial level)로 구성된다.[138] 해당 대표는 자신이 대표하는 회원국의 정부를 구속하는 행동을 할 수 있고, 투표권을 행사한다.[139] TEU 제15조 2항의 문언에 의하면, 이사회는 각 회원국 당 '한 명의 각료급 대표'로 구성된다. 따라서 이사회에서의 투표권은 각 회원국당 '한 표'씩 부여되고, 그 결과는 해당 회원국 정부를 구속하게 된다. 하지만 이 문언에도 불구하고, 실제 이사회에서 이 원칙은 다음과 같이 이해되고 있다. 각 회원국의 대표는 '각료급' 위원이어야 함은 분명하다. 그러나 이 위원이 반드시 중앙정부의 각료여야 하는 것은 아니고, 지방정부의 각료도 이사회에 참석할 수 있다. 이는 특히 연방정부 혹은 지방분권화된 국가(예: 독일의 Länder, 벨기에지역 및 스페인자치공동체[140] 등)의 경우에 인정된다. 따라서 동일 회의에 일 회원국에서 둘 이상의 대표가 참석하는 경우도 있다. 그러나 이사회에 참석한다고 하여 모든 대표가 투표권을 행사할 수 있는 것은 아니다. 이를테면, 일 회원국의 중앙정부와 지방정부의 대표가 공동으로 이사회에 참석하는 경우, 만일 그(들)이 당해 회원국의 대표권을 가지고 있지 않다면, 이사회에서 투표권을 행사할 수는 없다.[141] 물론 회의에 참석하지 못하는 이사회 위원도

---

[137] 리스본조약은 기존의 '유럽이사회(European Council)'와 '각료이사회(Council of Ministers)'를 엄격하게 분리·구별하고, 특히 후자를 '이사회'로 지칭하여 7대기관의 하나로 자리매김하고 있다. '이사회'는 실무상 'EU이사회(Council of the EU or EU Council)'라고도 불린다.
[138] TEU 제16조 2항.
[139] TEU 제16조 2항.
[140] 이와 같은 문제를 해결하기 위해 2004년 12월 9일, 스페인정부와 17개 자치공동체는 EU이사회 참가에 관한 협정을 체결한 바 있다.
[141] 일단 각료급 대표로 이사회에 참석하게 되면, 당해 대표는 자국 정부의 이익을 위하여 행동할 책임이 있다. 이 책임

대표권을 행사할 수는 있다. 다만, 이 경우에는 관련 규정에 의거하여 예외적으로 인정된다.[142]

회원국의 대표들로 구성된 이사회 위원들은 자국정부의 지시에 따라 행동한다. 따라서 이사회 위원들은 원칙적으로 '그들이 대표하는 회원국의 이익(the interests of their respective States)'을 대표한다. 이 점은 '유럽의 일반적 이익'을 위하여 행동하는 유럽위원회와는 전적으로 다른 점이다. 하지만 이사회가 '전적으로' 회원국의 이익을 대표하는 성질을 가지는 것만은 아니다. 이사회는 회원국의 대표로 구성되어 있지만 동시에 EU의 일 기관(an institution of the Union)이기도 하다. 이사회의 이와 같은 '이중적' 성격은 모호한 점이 있지만, EU의 주요 기관의 하나로서 연합의 이익을 추구함과 동시에, 또는 연합의 차원 내에서 그 대표가 속한 자국의 이익을 실현하는 조직이라고 보아야 할 것이다.

2. 이사회의 임무와 권한

이사회는 ① 법률을 제정하고, ② 예산을 수립하며, ③ 정책을 결정하고 ④ 조정하는 4대 주요 임무를 수행한다. 이 가운데 ①, ②에 해당하는 법률을 제정하고, 예산을 수립할 때는 반드시 유럽의회와 연대하여 그 권한을 수행해야 한다.[143] 특히 EU의 입법제정 과정에서 이사회는 유럽위원회는 물론 유럽의회와 더불어 EU의 공동입법자(co-législateur de l'Union)의 역할을 하고 있다.[144] 하지만 본 절에서는 법률의 제정과 관련한 상세한 내용에 대해서는 분석하지 않고, 법률의 제정 및 기타 임무를 수행하기 위하여 이사회 차원에서 행해지는 의사결정권한의 행사를 중심으로 검토하고자 한다.

(1) 의사결정권한

(가) 의사결정 방식

연합의 공동입법자로서 이사회는 EU의 제반 활동의 전 영역에 걸쳐 의사결정권한(decision-making power)을 행사한다. 이 가운데 공동'입법'자로서 이사회가 행사하는 주요한 권한의 하나는 '연합의 법적 행위(Legal Acts of the Union)'를 채택하는 것이다. 이 권한은 이사회가 독점적으로 행사할 수는 없고, 리스본조약상 규정된 원칙의 규율을 받는다. 이에 대해 TEU 제5조는 "연합의 권한의 한계는 권한배분의 원칙에 의해 규율된다."고 규정하고 있다(1항). 이 '권한배분의 원칙'에 따라 EU

속에는 비록 자신의 직접적 관할영역이 아닌 다른 분야도 포함됨은 물론이다.

[142] Council Decision of 22 March 2004 *adopting the Council's Rules of Procedure* (2004/338/EC, Euratom), JO L 106 of 15.4.2004, p.22. 이에 대해 동이사회 결정에 부속되어 있는 '이사회의사규칙(Rules of Procedure of the Council)' 제4조는 "투표권의 위임에 관한 제11조 규정에 기속되어" 회의에 참석하지 못하는 이사회 위원도 대표권을 행사할 수 있다고 정하고 있다.

[143] TEU 제16조 1항.

[144] François-Xavier Priollaud et David Siritzky, Le Traité de Lisbonne: Texte et Commentaire Article par Article des Nouveaux Traités Européens(TUE-TFUE)(La documentation française, 2008), p.76.

는 TEU 및 TFEU에서 정한 목표를 실현하기 위하여 TEU 및 TFEU에서 회원국이 EU에게 양도한 권한의 범위 내에서만 행동한다. 반대로 TEU 및 TFEU에서 EU에게 양도하고 있지 않은 권한은 여전히 회원국에게 남아 있게 되는 것이다(2항).

이를 '연합의 법적 행위'를 채택과정에 적용시키면, 이사회는 유럽위원회와 함께 그 권한을 '공유'한다. 이에 대해 TFEU 제289조는 보통입법절차에 의거하여 규칙, 지침 또는 결정은 "위원회의 제안에 의거하여 유럽의회 및 이사회에 의해 공동으로 채택"된다(1항)고 정하고 있다. 리스본조약은 입법절차에 따라 채택되는 법적 행위를 특히 '입법행위(legislative acts)'라 지칭하고 있는데, 보통입법절차와 특별입법절차가 이에 해당한다. 입법행위를 채택하는 이 절차에 있어서는 '유럽위원회-유럽의회-이사회' 간 권한의 배분이 행해지고, 이 측면에서 이사회는 '공동입법자'의 지위에 있다. 그런데 TFEU 제290조는 "입법행위는 비입법행위(non-legislative acts)를 채택할 권한을 유럽위원회에 위임할 수 있다."(1항)고 정하고 있다. 리스본조약이 입법행위를 통해 유럽위원회에 위임할 수 있는 사항은 "당해 입법행위의 특정한 비본질적 요소를 보충 또는 수정하기 위"한 것이어야 하고, 또 "일반적 적용성을 가지는" '비입법행위'여야 한다. 이 조건이 충족되면, '입법행위'는 이 '비입법행위'를 채택할 권한을 유럽위원회에 위임할 '수' 있는 것이다. 문제는 이 점에서 보면, 비록 '비입법행위'에 관한 것이라고는 하나 '유럽위원회-유럽의회-이사회' 간의 '공동입법(co-legislation)'은 행해지지 않고, 여전히 유럽위원회의 독점적·배타적 입법권한이 행사되고 있다.

하지만 전체적인 면에서 보면, 이사회의 입법권한은 유럽의회와 배분(공유)되어 행사되고 있다. 이 점은 이사회의 예산권한과 관련해서도 마찬가지다. 즉, 이사회는 유럽의회와 협력하여 특별입법절차에 의거하여 EU의 연간예산을 정하고 있는데, 특별입법절차는 입법행위를 채택하기 위한 절차의 하나이다. 이 외 EU의 다양한 정책 및 활동 분야에서 행사되는 이사회의 의사결정권한에 대해서는 해당 항목에서 구체적으로 분석한다.[145]

(나) 의사결정(투표)절차

이사회에서의 의사결정을 위한 투표절차는 민주주의사회에서의 일반적 투표제도인 '다수결'에 의거한 투표제도(a majority vote)에 기반하고 있다. 이사회에서 이용되고 있는 표결방식으로는 크게 다음 세 가지, 즉 ① 단순다수결(Simple Majority), ② 가중다수결(Qualified Majority) 및 ③ 전원일치(Unanimity)가 이용되고 있다. 이 가운데 "제조약이 달리 규정하고 있지 않다면", 이사회가 사용하는 표결방식은 '가중다수결' 이다.[146] 아래에서 살펴보는 바와 같이, 가중다수결에 의한 의사결정방식은 EU에서 사용되고 있는 상당히 독특한 방식으로 국제법상 설립된 기타 국제기구와 EU를 구별할 때

---

[145] 이에 대한 상세한 내용은 본서 제5장 '법률의 제정 및 의사결정제도' 부분 참고.
[146] TEU 제16조 3항은, "제조약이 달리 규정하고 있지 않다면, 이사회는 가중다수결로 결정 한다."고 정하고 있다.

원용되고 있는 제도이기도 하다.[147]

이사회에서는 언제 의사결정을 위한 투표를 하게 될까. '이사회의사규칙(Rules of Procedure of the Council)'에 따르면, 이사회에서의 투표는, ① 이사회 위원의 과반수가 결정한 때, 혹은 ② 이사회 의장의 제안이나 혹은 ③ 이사회 혹은 유럽위원회의 일 위원이 제안한 때 행해진다.[148] 투표에 의한 의사결정이 내려지면, 이사회는 단순다수결, 가중다수결 및 전원일치의 세 가지 방식 가운데 하나를 채택하게 된다. 그리고 투표 시 이사회의 위원은 한 명에 한하여 다른 위원을 대리하여 투표할 수 있다.[149]

이사회에서의 투표절차와 관련하여 언급하고 싶은 것은 '서면절차'이다. '이사회의사규칙'은 긴급사안의 경우, 서면절차(written procedure)를 거칠 수 있다고 정하고 있다. 다만, 이 절차를 사용하기 위해서는 이사회 또는 COREPER가 전원일치로 이 절차를 사용하기로 결정해야 한다. 또한 특수한 상황의 경우, 이사회 의장도 이 절차의 사용을 제안할 수 있다. 그러나 서면절차에 의하는 경우라 할지라도 서면투표를 거치기 위해서는 이사회의 모든 위원들이 이 절차의 사용에 동의해야 한다.[150]

(2) 경제정책의 조정

회원국은 자국에 적합한 경제정책을 수립하고 실시할 수 있다. 회원국이 경제정책을 수립함에 있어 다음 사항을 고려해야 한다.[151]

첫째, 회원국이 수립한 경제정책은 TEU 제3조에 규정된 EU의 목표[152] 달성에 기여하도록 목표를 두고 수립되어야 한다. TEU 제3조는 아래와 같이 EU가 달성하고자 하는 제목표를 제시하고 있는데, 회원국은 아래의 목표에 부합하는 범위 내에서 자국의 경제정책을 수립하고 실시해야 한다.

- 연합의 목표는 평화, 그 가치 및 인민의 복지를 촉진하는 것이다.
- 연합은 역외국경의 통제, 망명, 이민 및 범죄의 예방과 대응에 관한 적절한 조치를 취함으로써 사람의 자유이동이 보장되는 시민들에게 역내국경이 없는 자유, 안전 및 사법지대를 제공한다.
- 연합은 역내시장을 설립한다. 연합은 균형 잡힌 경제성장 및 물가안정을 기초로 하는 유럽의 지속가능한 발전, 완전고용 및 사회진보를 목표로 하는 고도의 경쟁력을 가지는 사회적 시장 경제, 또한 고도의 환경보호 및 환경의 질적 수준의 개선을 목표로 노력한다. 연합은 과학기술의 진보를 촉진한다.

---

[147] 이에 대한 상세한 내용은 본서 제5장 제2절 4. '리스본조약 이전/이후의 가중다수결제도 부분' 참고.
[148] 이사회의사규칙 제7조 1항.
[149] TFEU 제239조.
[150] 이사회의사규칙 제12조 1항.
[151] TFEU 제120조.
[152] TEU 제3조는 연합이 달성해야 할 목표에 대해 다음과 같이 규정하고 있다.

연합은 사회적 배제와 차별에 대항하고, 사회적 정의와 보호, 남녀평등, 세대간 연대 및 아동의 권리 보호를 촉진한다.

연합은 경제적, 사회적·영토적 결속 및 회원국 간 연대를 촉진한다.

연합은 그 풍부한 문화적 및 언어적 다양성을 존중하고, 유럽의 문화유산의 보호와 발전을 확보한다.

- 연합은 유로를 통화로 하는 경제통화동맹을 설립한다.
- 다른 세계와의 관계에 있어 연합은 연합의 가치와 이익을 유지·촉진하고, 연합 시민들의 보호에 기여한다. 연합은 평화, 안전, 지구의 지속가능한 발전, 인민들 간 연대와 상호 존중, 자유롭고 공정한 무역, 빈곤의 근절 및 특히 아동의 권리를 포함한 인권의 보호에 기여한다. 또한 연합은 국제연합헌장의 제원칙의 준수를 포함한 국제법의 엄격한 존중과 발전에도 기여한다.
- 연합은 제조약에서 연합에게 양도된 권한을 행사함으로써 적절한 수단에 의해 그 목표를 추구한다.

둘째, 회원국은 이사회에 의해 설정된 경제정책에 관한 개괄적 방침(broad guidelines)의 범위 내에서 경제정책을 실시해야 한다. 이 방침의 채택 절차를 살펴보면, 유럽위원회의 권고에 의거하여 이사회가 경제정책방침 초안을 작성하고, 이를 유럽이사회에서 보고하면, 유럽이사회에서의 토론을 거쳐 최종안을 확정한다. 이사회는 이 최종안에 기초하여 경제정책방침에 관한 권고를 채택하고, 이를 유럽의회에 통지함으로써 절차가 마무리된다.[153] 이렇게 채택된 경제정책방침에 의거하여 각 회원국은 자국 차원의 경제정책을 수립하여 실시한다.

하지만 이사회에서 EU 차원에 부합한 경제정책방침을 정했다고 할지라도 EU와 회원국, 또 회원국과 회원국 간 경제수준의 격차와 부조화의 문제는 남게 된다. 따라서 이사회는, 경제정책을 보다 긴밀하게 조정하고, 회원국 간 지속적인 경제활동의 통합수준을 확보하기 위하여, 경제정책방침을 준수하고 있는가에 대해 회원국을 감시하고 정기적으로 전체적인 평가작업을 수행한다.[154]

이사회에 의한 감시와 평가작업의 기초자료가 되는 것은 유럽위원회가 작성·제출한 보고서이다. 회원국은 경제정책 분야에서 취한 주요 조치에 관한 정보를 유럽위원회에 제출해야 하고,[155] 유럽위원회는 이를 바탕으로 보고서를 작성하여 이사회에 제출한다.[156] 그런 연후에 이사회는 이 보고서에 의거하여 회원국이 경제정책방침에 부합한 경제정책을 실시하고 있는가에 대해 감시하고 평가 작업을 수행한다.[157]

만일 회원국의 경제정책이 개괄적 방침을 준수하지 않을 위험성이 있다고 판단되는 경우에는 어떻게

---

[153] TFEU 제121조 2항.
[154] TFEU 제121조 3항 1단.
[155] TFEU 제121조 3항 2단.
[156] TFEU 제121조 3항 1단.
[157] TFEU 제121조 3항 1단.

할 것인가. 이에 대해 1차적으로 유럽위원회의 권고를 바탕으로 이사회는 그 사실을 회원국에게 통보하여 방침을 준수할 것을 요청한다. 그리고 필요한 경우, 유럽위원회의 제안을 수용하여 당해 회원국에 대한 권고 내용을 외부에 공표할 수 있다.158) 이처럼 이사회가 권고 내용을 외부에 공표한 경우, 유럽의회의 해당 위원회는 이사회 의장에게 당해 위원회에 출석하도록 요청할 수 있다.159)

셋째, 경제정책을 수립함에 있어 회원국과 EU는 상호 긴밀하게 협력한다. 즉, 회원국과 EU는 자원을 효율적으로 배분할 수 있는 자유경쟁의 개방시장경제원리와 긴밀하게 상호조정한 각 회원국의 경제정책, 역내시장 및 공동목표 등에 기초하여 경제정책을 채택한다.160) 경제정책분야에 대한 회원국의 권한은 배타적 권한 분야를 제외하고는 EU와 상호 공유, 즉 공유권한이 적용되거나, 또는 EU는 회원국의 행동을 지원, 협조 또는 보완하게 된다. 그리고 필요한 경우, '보충성원칙'에 입각하여 "연합 차원에서 보다 효과적으로 달성될 수 있는 경우"에는 그 범위에 한하여 회원국의 국내문제에 개입한다.161) 다만, 보충성원칙은 배타적 권한이 행사되는 분야에는 적용될 수 없다는 점은 주의할 필요가 있다.162)

이와 같은 맥락에서, 리스본조약은 이사회에 의한 필요한 조치를 채택할 권한을 규정하고 있다. 즉, 특정 회원국이 특정 제품의 공급 등 경제상황에 심각한 애로를 겪고 있다고 판단하는 경우, 회원국간 연대정신에 입각하여 필요한 조치의 채택을 결정할 수 있다. 이 조치를 채택함에 있어 역시 유럽위원회의 제안이 고려된다.163) 그리고 만일 특수한 불가항력 사유가 발생하여 회원국이 곤란을 겪고 있거나 심각한 곤란을 받을 가능성이 높은 경우, 이사회는 유럽위원회 제안을 고려하여 EU로 하여금 해당 회원국에 특정 조건에 따라 재정지원의 제공을 결정할 수 있다. 이사회 의장은 채택된 결정 사항을 유럽의회에 통지해야 한다.164)

이사회가 채택하는 조치는 통상 규칙, 지침 및 결정과 같은 2차입법을 통해 공표된다. 그러나 리스본조약은 이 외에도 다음과 같은 다양한 수단, 즉 '개괄방침(broad guidelines)',165) '다국간 감시(multilateral surveillance)',166) '조정된 전략(coordinated strategy)',167) '적절한 조치(appropriate measures)',168) '일반적 지도방침(general orientations)',169) '(본조)에 규정된 목표를 달성하는데

---

158) TFEU 제121조 4항 1단.
159) TFEU 제121조 5항.
160) TFEU 제119조.
161) TEU 제5조 3항 1단.
162) TEU 제5조 3항 1단.
163) TFEU 제122조 1항.
164) TFEU 제122조 2항.
165) TFEU 제121조 2항·3항.
166) TFEU 제121조 3항 2단.
167) TFEU 제145조.
168) TFEU 제117조 1항.
169) TFEU 제219조 2항.

기여할 수 있는 조치(adoption of measures to contribute to the objectives referred to (in this Article)',[170] '다년간 기본계획(multi-annual framework)'[171]을 채택한다. 이 외에도 '결의(resolutions)', '선언(declarations)', '작업계획(work programmes)'은 물론 '일반행동계획(general action programmes)'과 같은 다양한 수단들도 채택된다.

(3) 고용정책에 관한 방침

EU는 매년 경제정책뿐 아니라 사회정책, 특히 고용정책에 대한 방침도 수립한다. 이에 대해 TEU는, "연합은 균형 잡힌 경제성장 및 물가안정을 기초로 하는 유럽의 지속가능한 발전, 완전 고용 및 사회진보를 목표로 하는 고도의 경쟁력을 가지는 사회적 시장 경제 …를 목표로 노력 한다."고 명시하고 있다.[172]

동규정에 의거하여, 이사회는 유럽위원회와 상호 협력하여 보고서를 작성하여 매년 EU의 고용상황을 검토한 후 필요한 조치를 마련한다. 이를 위하여, 이사회는 유럽의회와 협의 후 '고용위원회(Employment Committee)'를 설치한다. 고용위원회는 고용 및 노동시장정책에 관한 회원국 상호간 조정을 촉진하기 위하여 설치되는 자문기관으로서, 각 회원국과 유럽위원회가 그 위원을 각 2명씩 임명한다. 고용위원회의 주된 직무는, ① 회원국과 연합의 고용상황 및 고용정책을 감시하고, ② 이사회 또는 유럽위원회의 요청에 따라 또는 그 자신의 발의로 의견을 제시하고, 이사회의 절차를 준비하는 것이다. 고용위원회는 이 직무를 수행함에 있어 노사 양측과 협의해야 한다.[173]

이사회는 유럽위원회의 제안에 따라, 그리고 유럽의회, 경제사회위원회, 지역위원회 및 고용위원회와 협의 후 매년 회원국을 위한 고용방침을 수립한다.

3. 이사회의 조직과 운영

(1) 이사회의 구성

이사회는 다뤄야 할 의제에 따라 다양한 편성방식으로 구성(in different configurations)된다.[174] 이사회의 구성은 유럽이사회에 의해 가중다수결로 결정되며,[175] 그 분야별 이사회의 목록은 '이사회 의사규칙 부록 I(Annex I)'에 첨부되어 있다.[176] 다만, 주의해야 할 것은, 일반직무이사회(General Affairs

---

[170] TFEU 제166조 4항.
[171] TFEU 제182조 1항.
[172] TEU 제3조 3항.
[173] TFEU 제150조.
[174] TEU 제16조 6항 1단; '이사회의사규칙(the Council's Rules of Procedure)' 제2조 1항.
[175] TFEU 제236조 (a).
[176] 분야별 이사회 목록은 다음과 같다.

Council)와 외무이사회(Foreign Affairs Council)는 위 유럽이사회 결정에서 제외된다는 점이다.[177]

이사회는 주로 벨기에 브뤼셀에서 열리지만, 4월, 6월, 그리고 10월에는 룩셈부르크에서 열린다. 하지만 예외적인 상황 및 합당한 사유가 있는 경우, 이사회 혹은 COREPER는 전원일치로 이사회의 개최 장소를 달리 정할 수 있다.[178]

이사회의 편성방식상 의장직은 균등한 윤번제로(on the basis of equal rotation) 이사회에서 회원국의 대표에 의해 수행된다.[179] 의장을 정하기 위한 결정은 유럽이사회에서 가중다수결로 채택한다.[180] 윤번제 방식은 COREPER를 포함한 이사회의 모든 하부기구 및 실무단(working groups)에도 동일하게 적용된다. 하지만 외무이사회는 고위대표가 당연직 의장이 되므로[181] 이 원칙의 적용을 받지 않는다.[182]

이사회 회의 시 유럽위원회의 대표도 참가한다. 주로 이사회에서 다뤄지는 의제의 성격에 따라 유럽위원회 위원장 또는 그 의제를 담당하는 총국의 대표가 참가한다. 또한 유럽위원회는 이사회뿐 아니라 COREPER 및 기타 이사회 하부기구에도 직원을 파견하여 그 회의나 작업에 참가토록 한다.

(2) 상주대표위원회(COREPER)

상주대표위원회(COREPER: COmité des REprésentants PERmanents; Committee of Permanent Representatives)는 이사회의 하부기관으로 이사회의 업무준비를 보조한다.[183]

COREPER은 회원국들에 의해 파견된 상주대표자들(deputy permanent representatives)과 대

---

1. General Affairs and External Relations (Including European security and defence policy and development cooperation)
2. Economic and Financial Affairs (Including budget)
3. Justice and Home Affairs (Including civil protection)
4. Employment, Social Policy, Health and Consumer Affairs
5. Competitiveness (Internal Market, Industry and Research) (Including tourism)
6. Transport, Telecommunications and Energy
7. Agriculture and Fisheries
8. Environment
9. Education, Youth and Culture (Including audiovisual affairs)

177) TFEU 제236조 (a). 이에 대해서는 TEU 제16조 6항에서 정하고 있다.
178) '이사회의사규칙(the Council's Rules of Procedure)' 제1조 3항.
179) TEU 제16조 9항.
180) TFEU 제236조 (b).
181) TEU 제18조 3항.
182) TEU 제16조 9항.
183) 실무상 COREPER는 두 개 분야, 즉 상주대표자들(the deputy permanent representatives)로 구성되는 COREPER I과 각 회원국의 대사들(the Ambassadors)로 구성되는 COREPER II로 나뉘어 있다.

사들(Ambassadors)로 구성된다. 하지만 이들은 이사회를 대표하는 위원들이 아니며, 이사회의사규칙에 정해져 있는 경우에만 '절차에 관한 결정(procedural decisions)'을 할 수 있다.[184] 이 점에서 COREPER는 상당히 제한된 행정적 결정권만을 행사한다.

COREPER의 임무는 이사회의 업무를 준비하고, 이사회가 위임한 업무를 수행하는 것이다.[185] 위에서 언급한 바와 같이, COREPER는 제한된 행정적 결정권만을 행사한다. 그러나 COREPER는 한 주에도 여러 날에 걸쳐 사안에 대해 협의하고, 결론에 대해 합의한다.[186] COREPER에 의해 합의된 결론은 대부분 이사회에서 그대로 수용되므로 이사회에서 COREPER는 아주 중요한 지위를 차지하고 있다고 보아야 한다.

(3) 사무국

이사회는 사무국(Secretariat)의 보좌를 받는다. 사무국은 이사회에 의해 임명된 사무총장(a General Secretariat)의 지휘를 받는다.[187] 이사회는 사무국의 조직에 대해 단순다수결로 결정한다.[188]

제5절 유럽위원회

1. 유럽위원회의 임무

EU의 7개 기관 가운데 유럽위원회[189]는 EU의 일반적 이익(the general interest of the EU)을 촉진하기 위하여[190] 활동하는 기관으로서 유럽역내시장을 실질적으로 운영하고, 제정책의 이행 여부

---

[184] TFEU 제240조 1항.
[185] TFEU 제240조 1항.
[186] COREPER는 다양한 실무단(working groups)의 보좌를 받는다. 실무단은 사안에 따라 임시로 구성되는 경우도 있지만, 상설로 운영되는 경우도 있다. 유럽위원회가 자신의 제안을 이사회로 송부하면, 그 제안은 1차적으로 COREPER에 의해 검토된다. COREPER는 이를 곧바로 실무단에게 검토하게 하므로 실무단은 각 회원국의 입장과 이해가 현장에서 즉시적으로 반영되는 곳이라 할 수 있다. Cf. "List of Council preparatory bodies", Council of the European Union, Brussels, 22 June 2011. http://register.consilium.europa.eu/pdf/en/11/st11/st11903.en11.pdf
[187] TFEU 제240조 2항 1단.
[188] TFEU 제240조 2항 2단.
[189] 리스본조약상의 공식 명칭은 '유럽위원회'이나 실무에서는 '위원회'로 불린다. 따라서 본고에서도 별다른 언급 없이 '위원회'라고 함은 바로 '유럽위원회'를 말한다. 국내에서는 유럽위원회를 '집행위원회'라고 사용하기도 한다. 하지만 이 용어는 유럽위원회의 다양한 기능 가운데 '집행적' 기능에만 중점을 두고 번역·사용하는 것이므로 적절하지 않다. 리스본조약과 EU 당국의 사용례에 따라 '유럽위원회' 또는 '위원회'로 부르는 것이 타당하다.
[190] 유럽연합조약 제17조 1항.

를 감시·감독하는 역할을 수행하고 있다.

TEU 제17조 1항에 의하면, 유럽위원회는 아래와 같은 임무를 수행한다.
- EU의 일반적 이익을 촉진하고, 이 목적을 위하여 적절한 발의를 한다.
- 제조약(즉, TEU 및 TFEU)의 적용 및 제조약에 따라 제기관에 의해 채택된 조치의 적용을 확보한다.
- 유럽연합사법재판소의 감독 하에 연합법의 적용을 감시한다.
- 예산을 집행하고, 제반 계획을 관리한다.
- 제조약에 규정된 바에 따라 조정·집행·관리기능을 행사한다.
- 공동외교안보정책 및 제조약에 규정된 기타 경우를 제외하고, EU의 외교적 대표권을 행사한다.
- EU의 조직간 합의를 도출하기 위하여 EU의 연간 및 다년간계획을 준비한다.

이와 같은 임무와 더불어 유럽위원회는 그 권한 행사의 하나로 '입법제안권'을 행사한다. 이에 대해 TEU 제17조 2항은, "제조약에서 달리 규정하고 있지 않다면, 연합의 입법행위는 오직 유럽위원회의 제안에 의해서만 제정될 수 있다. 기타의 행위는 제조약에 규정되어 있는 경우에만 유럽위원회의 제안에 의하여 제정된다."고 규정하고 있다. 이처럼 리스본조약은 舊TEC과는 달리, 유럽위원회의 '독점적 (혹은 배타적) 입법제안권'을 인정하고 있지 않다.

이처럼 유럽위원회는 폭넓은 범위에 걸쳐 막대한 역할 내지는 권한을 행사하고 있어 유럽의 통합과정은 물론 역내시장의 운영에 있어 핵심적인 임무를 수행하고 있다.

2. 유럽위원회의 조직과 기능

(1) 조직

가) 구성

유럽위원회는 2014년 11월 1일부터 2019년 10월 31일까지 임명된 위원장 및 유럽위원회의 부위원장의 1인이기도 한 고위대표를 포함하여 28명의 위원들로 구성된다([표 4-5]).[191] 유럽위원회의 임기는 5년이다.[192]

2014년 11월 1일부터 유럽위원회의 구성에 중대한 변경이 있다. 즉, 이 날부터 유럽위원회는 "전원일치로 행동하는 유럽이사회가 그 수를 변경하는 결정을 하지 않는 한" 회원국간 균등한 윤번제(a system of strictly equal rotation between the Member States)에 따라[193] 위원장 및 고위대표를

---

[191] TEU 제17조 4항.
[192] TEU 제17조 3항 1단.
[193] '회원국간 균등한 윤번제'란 "회원국의 국민 중에서 회원국 전체 인구 및 지리적 분포를 반영하여 유럽위원회의 위원 수를 산출하는 방식"을 말한다. 이 방식은 유럽이사회가 TFEU 제244조에 따라 전원일치로 정하게 된다.

포함하여 회원국 수의 3분의 2에 상당하는 수의 위원으로 구성된다.[194] 이 방식은 舊TEC가 규정하고 있던 '회원국 당 일 국민원칙'[195]이란 유럽위원회의 구성 원칙을 포기한 것이다. 하지만 TEU 제17조 5항 2단은 이 원칙에 대한 예외를 정하고 있다. 다시 말하여, "이 제도는 유럽이사회가 유럽연합의 기능에 관한 조약 제244조에 따라 전원일치로 정한다."는 문언에 따라 유럽이사회는 2013년 5월 22일자 결정 제2013/272[196] 및 결정 2014/749[197]를 제정하여 기존과 마찬가지로 '회원국 당 일 국민원칙'을 유지하고 있다.

[표 4-5] 유럽위원회의 구성(2014~2019)과 역할

국가	수		수	국가
오스트리아	1		1	라트비아
벨기에	1		1	리투아니아
불가리아	1		1	룩셈부르크
사이프러스	1		1	몰타
체코공화국	1		1	네덜란드
덴마크	1		1	폴란드
에스토니아	1		1	포르투갈
핀란드	1		1	루마니아
프랑스	1		1	슬로바키아
독일	1		1	슬로베니아
그리스	1		1	스페인
헝가리	1		1	스웨덴
아일랜드	1		1	영국
이탈리아	1		1	크로아티아

위원장(1인) — 위원(27인) — 총국(DG)

역내정책 개발 → EU기본조약의 적용·이행 → EU 법률의 집행 → 국제관계에서의 대표성

제안 / 감독 / 행정 / 대표

TEU 제17조 5항 2단.
[194] TEU 제17조 5항 1단.
[195] 舊TEC 제213조 2항 4단은, 유럽위원회는 "회원국 당 일 국민을 포함한다."고 규정하고 있었다.
[196] European Council Decision of 22 May 2013 *concerning the number of members of the European Commission*(2013/272/EU), OJ L 165 of 18.6.2013, pp.98-98.
[197] European Council Decision of 23 October 2014 *appointing the European Commission*(2014/749/EU), OJ L 311 of 31.10.2014, p.36.

현재 유럽위원회에는 27개의 부(部 Department)가 있는데, 이를 일반적으로 총국(總局, Directorate-Generals: DGs)이라 한다([표 4-6]). 유럽위원회는 위에서 언급한 업무들을 이행함에 있어 총국들이 서로 다른 입장을 갖고 있다면 이런 상이한 입장의 조정을 통하여 정책 실현의 합의를 이끌어 내고 있다.

[표 4-6] 유럽위원회 총국(DGs)

정책담당 총국(DGs: Policies)	대외관계담당 총국(DGs: External Relations)
• Agriculture and Rural Development (AGRI) • Budget (BUDG) • Climate Action (CLIMA) • Competition (COMP) • Economic and Financial Affairs (ECFIN) • Education and Culture (EAC) • Employment, Social Affairs and Inclusion (EMPL) • Energy (ENER) • Enterprise and Industry (ENTR) • Environment (ENV) • Health and Consumers (SANCO) • Home Affairs (HOME) • Information Society and Media (INFSO) • Internal Market and Services (MARKT) • Justice (JUST) • Maritime Affairs and Fisheries (MARE) • Mobility and Transport (MOVE) • Regional Policy (REGIO) • Research and Innovation (RTD) • Taxation and Customs Union (TAXUD)	• Enlargement (ELARG) • EuropeAid Development & Cooperation (DEVCO) • Foreign Policy Instruments Service (EEAS) • Humanitarian Aid (ECHO) • Trade (TRADE)
일반업무부서(DGs: General Services)	대내업무부서(DGs: Internal Services)
• Central Library Communication (COMM) • European Anti-Fraud Office (OLAF) Eurostat (ESTAT) • Historical archives Joint Research Centre (JRC) • Publications Office (OP) • Secretariat General (SG)	• Bureau of European Policy Advisers (BEPA) • European Commission Data Protection Officer • Human Resources and Security (HR) Informatics (DIGIT) • Infrastructures and Logistics - Brussels (OIB) • Infrastructures and Logistics - Luxembourg (OIL) • Internal Audit Service (IAS) Interpretation (SCIC) • Legal Service (SJ) • Office For Administration And Payment Of Individual Entitlements (PMO) • Translation (DGT)

• Sources: http://ec.europa.eu/about/ds_en.htm

(나) 임명 절차

유럽위원회의 위원은 '독립성에 의심의 여지가 없는 인물' 가운데 '종합적인 능력과 유럽에 대한 기여도'에 기초하여 선출된다.[198] 리스본조약은 위원의 선출 시 고려해야 할 원칙으로 위에서 살펴 본 '유럽이사회가 전원일치로 정하는 윤번제'와 다음 두 가지 원칙을 정하고 있다.[199] 즉,

- 회원국은 유럽위원회 위원으로 자국 국민의 순번 및 임기의 결정 시 완전히 평등하게 대우를 받는다. 따라서 임기의 2개 회원국의 국민이 가지는 대표권의 총수는 어떠한 경우라 할지라도 하나 이상을 초과할 수 없다.
- 유럽위원회는 회원국 전체의 인구 및 지리적 분포가 충분히 반영되도록 구성한다.[200]

위 원칙에 의거하여 유럽위원회 위원의 구체적인 임명 절차를 살펴보면 다음과 같다.

첫째, 유럽위원회 위원장은 유럽이사회가 가중다수결로 위원장 후보자 한명을 제안하고, 유럽의회에 의해 재적의원의 과반수로 선출된다. 만일 후보자가 과반의 동의를 얻지 못하면, 유럽이사회는 한 달 이내 새로운 후보자를 제안하고 동일한 절차를 거쳐야 한다.[201]

둘째, 고위대표는 유럽위원회 위원장의 동의를 얻어 유럽이사회에 의해 가중다수결로 임명된다.[202] 고위대표는 외무이사회의 의장[203]이자 유럽위원회 부위원장의 1인[204]이기도 하다.

셋째, 기타 위원들(the other members of the Commission)의 경우, 이사회가 선출된 위원장과의 공동합의에 의거하여 유럽위원회 위원으로 임명하고자 하는 인물의 명부를 작성함으로써 임명절차가 개시된다. 이 명부를 작성함에 있어 회원국들의 제안에 기초하여 ① 독립성, ② 종합적인 능력 및 ③ 유럽에 대한 기여도[205]뿐 아니라 ④ 회원국 간 균등한 윤번제에 따라 회원국 전체 인구 및 지리적 분포[206]가 고려된다.

유럽위원회 위원장, 고위대표 및 기타 위원들은 유럽의회의 신임투표를 거쳐야 한다. 그 결과, 신임을 받게 되면, 유럽이사회는 가중다수결로 위원들을 임명하게 된다.[207]

---

[198] TEU 제17조 3항 2단.
[199] TFEU 제244조.
[200] TFEU 제244조 (a)호 및 (b)호.
[201] TEU 제17조 7항.
[202] TEU 제18조 1항. 유럽이사회는 고위대표의 임기를 역시 이와 동일한 절차에 따라 종료시킬 수 있다.
[203] TEU 제18조 3항.
[204] TEU 제18조 4항.
[205] TEU 제17조 3항 2단.
[206] TEU 제17조 5항 후단.
[207] TEU 제17조 7항 3단.

(다) 유럽위원회 위원의 지위

위의 절차를 거쳐 한번 임명되면, 아래에서 구체적으로 분석하는 바와 같이, 유럽위원회는 '일괄하여 (as a body)' 책임을 진다. 이를 '집단지도체제(a collegiate body)'라 한다. 이 체제를 구성하는 개별 위원들의 지위에 대해 살펴본다.

첫째, 유럽위원회 위원장은 ① 위원회가 그 임무를 수행하도록 방침을 정하고, ② 위원회의 행동의 범위 내에서 일관성, 효율성 및 집단지도체제를 보장하기 위하여 위원회의 내부조직에 대하여 결정하고, ③ 고위대표를 제외한 기타 복수의 부위원장을 위원회의 위원 중에서 임명한다.[208] 위원장이 '유럽위원회의 내부조직'에 대해 결정을 하고 나면, 유럽위원회를 구성하는 다양한 총국을 담당하는 위원들을 임명함으로써 위원별로 책임을 배분한다. 위원장의 책임 배분(the allocation of responsibilities) 은 위원장의 전적인 재량에 속한다.[209] 다만, 고위대표가 담당하는 '대외적 행동에 관한 사항'[210]은 예외이다.[211] 이처럼 위원장이 책임을 배분했다고 할지라도 위원장은 임기 중에 그 배분을 변경할 수 있음은 물론이다.[212] 하지만 책임 배분이 위원장의 재량 하에 놓여있지만 현실적으로 각 회원국들은 위원장에게 자국 출신의 위원이 주요한 총국을 담당하도록 강력한 로비와 압력을 행사한다. 이러한 문제점을 다소나마 해결하기 위하여, 유럽의회의 신임투표를 거친 연후에야 유럽이사회로 하여금 가중다수결로 위원들을 임명하는 절차를 거치고 있다.[213] 이렇게 '2중의 절차'를 거친다고 하여 현실적인 문제점이 모두 해소되지는 않고 있다. 비록 유럽의회의 투표 후 유럽이사회에 의한 임명절차를 거치고 있지만, 결국 '가중다수결'에 의거함으로써 결국 인구 규모가 큰 일부 회원국의 영향력이 강하게 작용할 수밖에 없는 것이다.

둘째, 고위대표는 ① EU의 공동외교안보정책 및 공동안보방위정책을 지휘하고,[214] ② EU의 대외적 행동의 일관성을 보장할 책임이 있다. 이를 위하여, 고위대표는 특히 유럽위원회 내에서 대외관계 및 EU의 대외적 행동의 기타 측면을 조정할 책임을 진다.[215] ①과 ②에 적시된 임무 수행을 위하여, 고위대표는 외무이사회의 의장[216]이자 유럽위원회 부위원장의 1인,[217] 즉 당연직 부위원장이 된다.

셋째, 일단 임명되어 직무가 개시되게 되면, 유럽위원회 위원(위원장, 고위대표 및 기타 위원들)은

---

[208] TEU 제17조 6항 전단.
[209] TFEU 제234조.
[210] TEU 제18조 4항.
[211] TFEU 제234조.
[212] TFEU 제234조.
[213] TEU 제17조 7항 3단.
[214] TEU 제18조 2항.
[215] TEU 제18조 4항.
[216] TEU 제18조 3항.
[217] TEU 제18조 4항.

자신의 직무에 적합하지 않은 어떤 행동도 삼가야 한다. 반면, 회원국은 유럽위원회 위원의 독립성을 존중하고, 위원의 임무 수행 시 어떤 영향력도 행사해서는 아니 된다.[218] 유럽위원회 위원은 그 임기 중 '겸직이 금지' 된다. 즉, 그 임기 중 보수의 유무를 묻지 않고 다른 직업에 종사할 수 없다. 만일 위원이 직무 수행 중 또는 직무 종료 후 일정한 지위 또는 이익을 받았을 때에는 사법재판소의 결정에 따라 이사회에 의해 파면되거나, 또는 연금청구권 또는 그에 따라 부여되는 다른 혜택이 박탈될 수 있다.[219]

(2) 기능

(가) 집단지도체제의 원칙

유럽위원회 위원은 한 번 임명되게 되면, 위원 개인별이 아니라 '일괄하여(as a body)' 책임을 지는데, 이를 '집단지도체제(a collegiate body)'라 한다. 이에 대해 TEU 제17조 8항은 다음과 같이 규정하고 있다.

> "유럽위원회는 일괄하여 유럽의회에 대하여 책임을 진다. 유럽의회는 유럽연합의 기능에 관한 조약 제234조에 따라 유럽위원회에 대해 불신임안을 채택할 수 있다. 불신임안이 채택되었을 때 유럽위원회 위원은 일괄 사퇴해야 하고, 또 연합 외교안보정책고위대표는 유럽위원회의 범위 내에서 행사하는 직무에서 사퇴한다."

동조에 의하면, 집단지도체제의 핵심은 유럽위원회 위원에게 개별 책임을 묻지 않고 위원 전체에 대하여 '일괄하여' 책임을 묻는다는 것이다. 예를 들어, 설령 위원 1인이 조약상 규정된 사항을 위반했다고 할지라도 그 1인에 대해 불신임을 묻지 않고, 위원 전원에 대해 집단책임을 묻는 것이다. 따라서 만일 특정 사유로 유럽의회에 불신임안이 상정되어 불신임되면, 유럽위원회 위원은 '일괄 사퇴'해야 한다. 다만, 고위대표는 유럽위원회 부위원장의 1인이기도 하지만 외무이사회 의장이기도 하므로 '유럽위원회의 범위 내에서 행사하는 직무'에서만 사퇴하고, 기타 직무는 수행할 수 있다.

위 측면에서 집단지도체제는 집단책임의 원칙(Principle of collegiate responsibility) 위에서 적용된다. '절차규칙(Rules of Procedure)'[220] 제1조는 이에 대해 명확한 명문의 규정을 두고 있다. 즉,

---

[218] TFEU 제245조 전단.
[219] TFEU 제245조 후단.
[220] COMMISSION DECISION of 24 February 2010 *amending its Rules of Procedure*(2010/138/EU, Euratom), OJ L 55 of 5.3.2010, p.60. 최근 절차규칙은 개정되었으며, 현행 절차규칙은 2010년 2월 24일부터 적용되고 있다. 실무에서는 통상 '(유럽)위원회절차규칙(the Rules of Procedures of the Commission)'이라고 부른다.

동조는 '집단책임의 원칙'이란 제목 아래 "유럽위원회는 절차규칙에 따라, 또한 TEU 제17조 6항에 따라 위원장에 의해 정의된 정치적 방침(가이드라인) 속에 규정된 우선사항에 부합하여 일괄하여 행동한다."고 규정하고 있다.

유럽위원회 위원에 대해 집단지도책임을 인정하는 주된 이유는 유럽위원회가 'EU의 일반적 이익'을 촉진할 책임을 지고 있기 때문이다. 이 이익을 촉진하기 위하여 유럽위원회는 본문에서 분석하는 바와 같이, 광범위한 영역에 걸쳐 지대한 권한을 행사하고 있다. 또한 유럽위원회 위원들은 적어도 하나 이상의 총국의 책임자로서 유럽역내시장과 관련된 정책을 결정하고, 시행하는데 있어 결정적인 권한을 행사하고 있다. 따라서 설령 위원 1인이 조약상 의무를 위반했다고 할지라도 위원 전원에 대해 집단지도책임을 묻고 있는 것이다.

한편 유럽연합사법재판소도 일찍이 집단지도체제의 원칙은 "지도체제의 모든 위원들은 행해진 모든 결정에 대해 정치적 계획 차원에서 단체로 책임을 진다."[221]고 판시함으로써[222] 유럽위원회 위원의 집단지도책임을 인정하고 있다.

(나) 행정단일체의 원칙

유럽위원회의 작업 방식은 집단지도체제의 원칙과 더불어 행정단일체의 원칙(le principle d'unité d'administration)에 의해 규율된다. 이 원칙은 1950년대 ESEC의 고등관청(the High Authority) 및 EEC·EAEC(Euratom)의 유럽위원회의 업무를 분장하고 조정하는 과정에서 수립되었다. 그 후 1967년 '기관통합조약(Merger Treaty)'에 의해 이 두기관이 병합되어 단일한 기관인 '유럽위원회'로 재탄생하였다. 그러나 유럽위원회가 관장하는 업무별로 20개 이상의 총국이 설치되어 운영되었고, 이 외에도 사무국, 법률국, 통·번역국, 대변인실 및 문서국 등 다양한 지원부서가 있었다. 이와 같은 거대한 조직이 운영되다보니 부서간 긴밀한 업무협조가 필요하였고, 유럽위원회 위원장을 정점으로 하나 이상의 총국을 책임지는 위원들과 그 직원들 간 통일적으로 업무가 처리되어야만 했다. 이를 위해 확립된 것이 바로 '행정단일체의 원칙'이다.

위 [표 4-6]에서 보는 바와 같이, 유럽위원회는 '담당하는 정책에 따라' 총국을 크게 ① 정책담당 총국(DGs: Policies), ② 대외관계담당 총국(DGs: External Relation), ③ 일반업무부서(DGs: General

---

[221] 해당 부분의 판례 원문을 인용하면 다음과 같다. "The principle of collegiate responsibility thus laid down is founded on the equal participation of the members of the Commission in the adoption of decisions and it follows from that principle, in particular, that decisions should be the subject of a collective deliberation and that all the members of the college of Commissioners bear collective responsibility on the political level for all decisions adopted."

[222] ECJ, Case 5/85 of 23 September 1986, AKZO Chemie BV and AKZO Chemie UK Ltd v Commission of the European Communities, ECR 1986, p.2585, at 30.

Services) 및 ④ 대내업무부서(DGs: Internal Services)의 4개 영역으로 분류하고, 그 산하에 업무 관련성 있는 총국을 배치하고 있다. 하지만 이 분류는 고정된 것이 아니라 필요에 따라 재분류되는 '잠정구조(les structures temporaries)'의 형태를 취하고 있다.[223] 하지만 그 구조의 한계에도 불구하고, 각 총국은 상호 협력하여야 한다. 이를테면, '대내업무부서'인 '법률국(Legal Service: SJ)'은 유럽위원회가 제안하는 모든 입법행위에 대해 의무적으로 검토하고, 의견을 제시해야 한다. 자신이 담당하고 있는 정책이나 업무와 관련된 사안에 대해 다른 총국들도 이와 동일한 업무를 '의무적으로' 수행해야 한다.

(다) 의사결정방식

'일반규칙에 따라(as a general rule)' 유럽위원회는 적어도 주 1회 회의를 해야 하고,[224] 그 회의의 소집권자는 위원장이다.[225] 하지만 필요 시 추가적인 회의가 소집될 수 있음은 물론이다.[226] 유럽위원회 위원들은 반드시 회의에 참가할 의무가 있다. 만일 참가할 수 없는 부득이한 사유가 있는 경우, 당해 위원은 합리적인 이유를 적절한 시간 내 위원장에게 통보해야 한다. 당해 불참의 적절성 여부에 대한 판단은 전적으로 위원장의 재량에 속한다.[227]

유럽위원회 절차규칙 제4조는 유럽위원회가 의사결정을 함에 있어 다음의 네 가지 절차를 이용한다고 규정하고 있다.

첫째, 유럽위원회의 결정은 회의를 통한 구두의사결정절차에 의해 채택된다.[228] 이 절차는 1인 혹은 2인 이상의 유럽위원회 위원(들)의 제안에 의거하여 개시된다.[229] 이 제안에 대하여 위원 중 누구든지 요청을 하면 투표 절차에 회부된다. 투표에 의하여 최초의 제안된 내용이 그대로 채택될 수도 있고, 또는 당해 제안의 내용을 책임지는 위원이나 위원들의 주도로, 또는 유럽위원회 위원장에 의해 그 제안이 수정될 수도 있다.[230] 유럽위원회는 TFEU 제250조에 규정된 의결정족수인 위원의 과반수에 의거하여 의사결정을 한다.[231] 매 회의 시마다 회의록(의사록, the minutes)이 작성되어[232] 차기 회의 때 제출되는데,

---

[223] Armelle Renaut-Couteau, Les Institutions et organes de l'Union européenne, Publications des Universités de Rouen et du Havre, 1995, p.73.
[224] 유럽위원회절차규칙 제5조 2항. 실무상 위원들은 매주 수요일 브뤼셀에서, 그러나 유럽의회 회기 중에는 매주 목요일 스트라스부르에서 회의를 한다. http://ec.europa.eu/atwork/collegemeetings/index_fr.htm
[225] 유럽위원회절차규칙 제5조 1항.
[226] 유럽위원회절차규칙 제5조 1항.
[227] 유럽위원회절차규칙 제5조 3항.
[228] 유럽위원회절차규칙 제4조 (a)호.
[229] 유럽위원회절차규칙 제8조 1항.
[230] 유럽위원회절차규칙 제8조 2항.
[231] 유럽위원회절차규칙 제8조 3항.

위원장은 토의 결과를 공식적으로 확인한다.[233] 그 회의록의 진본 여부에 대해 위원장과 사무총장(Secretary-General)은 확인 후 서명함으로써 확인한다.[234] 다만, 유럽위원회의 회의는 비공개이고, 그 심의 과정은 비밀에 붙인다.[235]

둘째, 서면의사결정절차는 유럽위원회 회의 시 주로 쟁점이 부각되지 않은 안건에 대해 이용된다. 사무국이 위원(들)의 제안을 유럽위원회의 모든 위원들에게 서면으로 회람을 한 후 의견을 제시할 수 있는 일정 기간 동안 별다른 이견이 없으면[236] 찬성한 것으로 간주하고 당해 제안을 채택한다.[237] 다만, 이 절차를 이용하기 위해서는, 두 가지 선결적 조건, 즉 ① 법률국의 승인 및 ② 절차규칙 제23조에 따른 그 제안의 담당 부서의 협의를 통한 동의를 얻어야 한다.[238] 법률국 및 담당 부서가 승인 및 동의한 내용은 서면절차를 개시할 때 위원들의 합의로 대체될 수 있다.[239]

셋째, 유럽위원회 위원의 재량에 의한 의사결정절차로서 상기 집단책임의 원칙이 '충분하게(fully)' 존중된다는 전제 아래 이용된다. 유럽위원회는 위원(들)으로 하여금 그(들)가 책임지고 있는 부서(들)를 운영하고, 필요 시 행정조치를 채택하는데 필요한 권한을 부여할 수 있다.[240] 또한 유럽위원회는 행위의 최종안 혹은 제안의 실질적 내용에 대해 이미 심의가 종결되어 기타 기관에게 제출될 어떤 제안이라도 위원(들)으로 하여금 채택하도록 지시할 수 있다. 다만 이 경우에는 위원장의 동의가 필요하다.[241] 그리고 이 권한은 명시적으로 금지되고 있지 않으면, 부서의 장(들)에게 재위임될 수 있다.[242]

넷째, 위임에 의한 의사결정절차로서 역시 상기 집단책임의 원칙이 충분하게 존중된다는 전제 아래 이용된다. 유럽위원회는 그 자신이 정한 한계 및 조건 아래 부서의 장(들)에게 '위원회를 위하여'[243] 운영 혹은 행정조치를 채택하도록 권한을 위임할 수 있다. 이 절차는, 세 번째 절차와 마찬가지로, 행정업무의 신속과 효율성을 도모하기 위한 차원에서 마련된 것이라고 할 수 있다.

---

[232] 유럽위원회절차규칙 제11조 1항.
[233] 유럽위원회절차규칙 제8조 4항.
[234] 유럽위원회절차규칙 제11조 2항.
[235] 유럽위원회절차규칙 제9조.
[236] 유럽위원회절차규칙 제12조 2항. 그 세부적인 절차 내용은 '이행규칙(the Implementing Rules)'에서 규정하고 있다.
[237] 유럽위원회절차규칙 제12조 3항·4항.
[238] 유럽위원회절차규칙 제12조 1항 1단.
[239] 유럽위원회절차규칙 제12조 1항 2단.
[240] 유럽위원회절차규칙 제13조 1항.
[241] 유럽위원회절차규칙 제13조 2항.
[242] 유럽위원회절차규칙 제13조 3항.
[243] 영어본은 'on its behalf'라는 표현을, 그리고 불어본은 'en son nom', 즉 '그(위원회)의 이름으로'라는 표현을 쓰고 있다.

3. 유럽위원회의 권한

(1) 조약의 수호자

유럽위원회는 흔히 '조약의 수호자(the guardian of the Treaties)'로 불린다. TEU 제17조는 "유럽위원회는 제조약의 적용 및 제조약에 따라 제기관에 의해 채택된 조치의 적용을 확보 한다."(2문)고 명시함으로써 EU법의 1차법원(the primary sources of law)인 제조약의 적용뿐 아니라 2차법원(the secondary sources of law)인 제기관에 의해 채택된 조치의 적용을 확보할 책임을 지고 있다. 즉, 조약의 수호자로서 유럽위원회는 회원국과 개인은 물론 기관들이 조약상 규정된 의무를 제대로 이행하고 있는지를 감시·감독하고, 위반 시 일정한 제재를 취할 권한을 행사하고 있다. 이 권한을 행사하기 위하여 유럽위원회는 정보를 수집하고, 통제행위를 수행할 수 있다.

(가) 정보수집권

TFEU 제337조는 "유럽위원회는 이사회가 제조약의 규정에 따라 정하는 제한 및 조건 하에서 위원회에 위임된 직무를 수행하는데 필요한 정보를 수집하고 통제행위를 수행할 수 있다."고 규정하고 있다.

동조는 유럽위원회의 정보수집권과 통제행위수행권(위반제재권)에 대해 "필요한 정보를 수집하고 통제행위를 수행할 수 있다."고 하여 그 권한의 행사가 '강행적'이 아니라 '임의적'임을 의미하고 있다. 그러나 유럽위원회의 이 권한은 일정한 경우에는 강행적(강제적) 성질을 띠고 있다. 이를테면, TEU 제4조 3항은 다음과 같이 규정하고 있다.

> "성실한 협력의 원칙에 따라, 연합과 회원국은 제조약에서 유래하는 임무의 수행 시 전적으로 상호 존중하고, 지원한다.
> 회원국은 제조약 또는 연합의 기관의 행위에서 유래하는 의무를 이행하기 위하여 일반적 또는 특별한 성질을 가지는 모든 적절한 조치를 취한다.
> 회원국은 그 임무 수행을 쉽게 하도록 연합을 지원하고, 연합의 목표 실현을 위험에 빠뜨릴 가능성이 있는 어떠한 조치도 삼간다."

동조, 특히 동조 2단은 "회원국은 … 모든 적절한 조치(any appropriate measure)를 취"할 의무를 진다. 이 조치 속에는 유럽위원회가 필요로 하는 정보를 제공할 의무도 포함된다. 이 의미에서 볼 때, 유럽위원회의 정보수집권은, 유럽위원회의 입장에서는 회원국으로부터 '정보를 제공받을 권리'를, 반대로 회원국의 입장에서는 유럽위원회에게 '정보를 제공할 의무'를 말한다. 또한 유럽위원회의 정보수집권은 회원국만이 아니라 개인(즉, 자연인·법인)에게도 적용된다. 수집된 정보를 바탕으로 회원국이나 개인이 조약상 의무를 위반하고 있다고 판단하는 경우, 그 행위에 대한 제재권을 행사할 수 있다.

(나) 위반제재권

조약상 규정된 의무의 위반 행위에 대한 유럽위원회의 행정통제수행권, 즉 위반제재권은 회원국, 개인 및 기관의 세 주체로 나누어 행사될 수 있다.

1) 회원국에 대한 위반제재

TFEU 제258조~제260조는 이행강제절차에 관한 것이다. 즉, 제258조는 회원국의 의무불이행에 대한 유럽위원회 차원의 이행강제절차에 관한 것이며, 제259조는 타방 회원국의 의무불이행에 대한 일방 회원국 차원의 이행강제절차에 관한 것이다. 그리고 제260조는 유럽연합사법재판소에 의한 이행 확정 판결 이후의 이행강제절차에 대해 규정하고 있다. 이 가운데 TFEU 제258조에서 규정하고 있는 유럽위원회에 의한 이행강제절차에 대해 살펴본다.[244]

TFEU 제258조에 의하면, 이행강제절차는 "회원국이 제조약에 따른 의무를 이행하지 않은 경우" 유럽위원회에 의해 개시된다. 이 경우에 적용되는 의무불이행이란 "설립조약 혹은 2차공동체법에 부합하지 않는 법률 혹은 규칙을 제정하거나 유지하는 어느 회원국의 행위"를 말하며, 특히 "공동체법에 의해 부과된 의무의 미이행·불충분한 이행 혹은 이행의 지연"을 말한다.[245]

이처럼 회원국에 의한 설립조약상 의무 위반이 있는 경우, 우선 유럽위원회에 의한 이행강제절차가 개시된다. 이 절차는 행정절차와 사법절차의 두 단계로 나뉘어 진행되는데, 전자는 유럽위원회에 의한 행정적 이행강제절차이고, 후자는 유럽연합사법재판소에 의한 사법적 이행강제절차이다. 후자의 경우, 만일 유럽위원회에 의한 행정적 강제이행절차가 종결되고, 회원국이 정해진 기간 내에 의견에 제시된 조치를 취하지 않으면 유럽연합사법재판소에서의 사법적 이행강제, 즉 소송을 통하여 이행을 강제하게 된다. 그러나 본항에서는 유럽위원회를 중심으로 한 이행강제절차에 대해 검토한다.

TFEU 제258조 1단은 다음과 같이 규정하고 있다.

> "유럽위원회가 회원국이 제조약에 따른 의무를 이행하지 않았다고 판단하는 경우, 위원회는 당해 회원국에 의견을 제출할 수 있는 기회를 준 후 당해 사안에 관한 적절한 의견을 제시한다."

이 규정의 문언을 보면, "유럽위원회가 … 판단하는 경우"라고 함으로써 이행강제를 위한 절차의

---

[244] 이에 대한 상세한 내용은, 졸저, 핵심유럽연합(EU)법(국제환경규제기업지원센터, 2011), pp.69-74.

[245] Concl. de l'avocat général Mayras dans l'aff. 69/72, 8 février 1973, *Commission c. Italie*, Rec., 1973, p.113. 이 개념 정의에 의하면, 회원국이 舊TEC을 비롯한 설립조약 뿐만 아니라 규칙·지침·결정 등 구속력 있는 EU법의 2차입법에 부합하지 않는 법률이나 규칙을 제정하거나 유지하는 것은 의무불이행에 해당한다. 또한 의무불이행 속에는 회원국이 EU법상 부과된 의무를 이행하지 않거나 또한 이행했다고 할지라도 충분하게 이행하지 않은 경우, 또한 그 이행을 지연하는 경우도 포함된다.

개시 여부는 유럽위원회의 '재량(discretion)'에 속해 있다는 것을 알 수 있다. 물론 이와 같은 해석은 다음과 같은 문제를 발생시킨다. 즉, "유럽위원회가 ... 판단하지 않는 경우"에는 회원국의 의무 위반이 '실제' 발생했다고 할지라도 절차가 개시되지 않게 되는 것이다. 이처럼 유럽위원회에게 절차 개시에 관한 광범위한 재량권을 부여한 것은 TFEU가 유럽위원회에게 '연합(EU)이익의 수호자'의 지위를 주었기 때문이다.

이처럼 유럽위원회에 의해 이행강제절차가 개시되게 되면, 아래와 같이 4단계에 걸쳐 세부적인 절차가 진행된다([그림 4-4]).

① 1단계: 협의 단계로서 유럽위원회와 관련 회원국 간 교섭한다. 특히 회원국은 자신의 입장을 설명할 기회를 갖게 되며, 유럽위원회와 의사의 합치를 모색하게 된다.

② 2단계: 만일 1단계에서 유럽위원회와 회원국 간 합의에 이르지 못하게 되면, 유럽위원회는 '통지서(letter of formal notice)'를 통하여 회원국에게 의무 위반 사실을 공식적으로 알린다. 통지가 행해지게 되면, 긴급한 경우를 제외하고 회원국은 통상 2개월 이내 의견서를 작성하여 회신하여야 한다. 그리고 그 회신 내용에 대해 유럽위원회는 절차를 종결시킬 것인가 아니면 소송 절차를 개시할 것인가에 대해 통상 1년 이내 결정한다.

③ 3단계: 만일 이전 단계에서 사안이 타결되지 못하면, 유럽위원회는 해당 사안에 대한 '적절한 의견(a reasonable opinion)'을 제시해야 한다. 적절한 의견에는 회원국이 의무 위반을 종료시키기 위해 취할 수 있는 행동에는 어떠한 것들이 있는가를 열거한다. 그러나 의견에는 단순히 의무 위반 사실을 '기록'하는데 그치므로 그것은 단지 선언적(declaratory)인 것에 불과하다.[246] 이 의견의 주된 목적은 회원국으로 하여금 의무 위반을 종료시키기 취해 취할 조치를 스스로 선택하게 하는데 있다. 따라서 유럽위원회는 회원국에 대해 어떤 새로운 의무를 부과할 수는 없다.[247]

[그림 4-4] 의무불이행소송

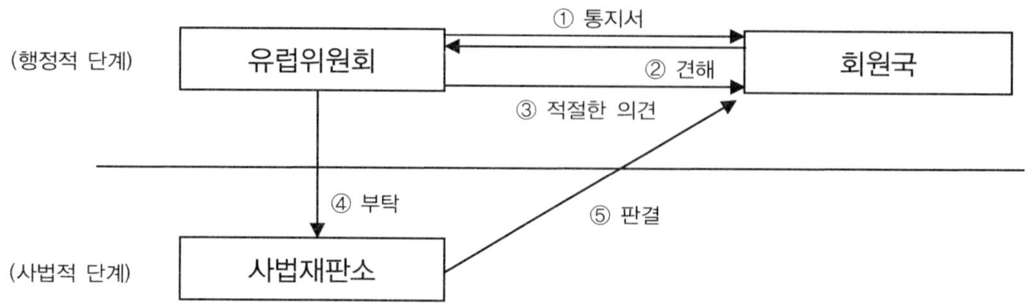

---

[246] 김대순, EU법론, 상계서, 1995, p.477.
[247] Ibid.

④ 4단계: 위와 같은 유럽위원회의 의견 제시에 대하여 만일 한달 이내 회원국이 만족스런 회신을 하지 않거나 또는 관련 국내법을 개정하지 않는다면, 유럽위원회는 유럽연합사법재판소에 소송을 제기한다. 또는 긴급한 상황의 경우에는 TFEU 제279조에 의거하여 유럽연합사법재판소에 '잠정구제조치(interim measures)'의 채택을 요청한다.

2) 개인에 대한 위반제재

개인에 대한 위반제재는 주로 TFEU 제101조~106조에서 규정하고 있는 '경쟁규칙(Rules on Competition)'과 관련한 것이다. TFEU 제101조와 제102조는 기업의 카르텔 및 시장지배적 지위의 남용을 금지하고 있다. 이를 위하여 이사회는 유럽위원회의 제안에 의거하여 유럽의회와 협의 후 적절한 규칙 또는 지침(the appropriate regulations or directives)을 제정한다.[248] 이사회가 규칙 또는 지침을 제정하는 주된 목적은, ① TFEU 제101조 및 제102조에 규정된 금지사항을 준수하도록 벌금 및 추가적인 과태료 납부에 관한 규정을 두고, ② 카르텔금지의 원칙의 적용 예외에 관한 TFEU 제101조 3항[249]을 적용하기 위한 세칙을 정하기 위함이다. 이와 관련하여, 기존의 EEC 이사회는 1962년 2월 21일 '(EEC)조약 제85조 및 제86조를 이행하는 첫 번째 규칙(소위 '규칙 제17호' 또는 '제17호 규칙')'[250]을 제정하였다. 동규칙에 의거하여 유럽위원회는 EEC설립조약 제85조(TFEU 제101조) 및 제86조(TFEU 제102조)를 준수하지 않는 기업에게 벌금을 부과하고 있다.

3) 기관에 대한 위반제재

유럽위원회는 이사회 및 유럽중앙은행 등 EU 기관에 의해 채택된 입법(2차입법) 및 행정행위의 취소소송을 제기할 수 있다. 이에 대해 TFEU 제263조 1단은 다음과 같이 규정하고 있다.

"유럽연합사법재판소는 입법행위의 적법성, 권고와 의견을 제외한 이사회·유럽위원회 및 유럽중

---

[248] TFEU 제103조 1항.
[249] TFEU 제101조 3항: "그러나 아래의 경우에는 제1항이 적용되지 않는 것으로 선언할 수 있다.
- 기업 상호간에 체결한 계약,
- 기업 연합체가 내린 결정,
- 합의된 관행 등이

상품의 생산 또는 유통을 개선하거나 기술적 또는 경제적 발전을 촉진하는 동시에 결과적으로 발생하는 이익의 상당한 몫을 소비자에게 제공하면서
(a) 이들 목표를 달성하는데 필수적인 것이 아닌 규제사항을 해당 기업에 부과하지 않고,
(b) 해당 상품의 중요 부분과 관련하여 경쟁적 성격을 제거할 수 있는 가능성을 해당 기업들에게 허용하지 않는 경우"
[250] EEC Council: Regulation No 17: First Regulation implementing Articles 85 and 86 of the Treaty, OJ 13 of 21.2.1962, pp.204-211.

앙은행의 행위의 적법성 및 제3자에 대해 법적 효과가 있는 유럽의회 및 유럽이사회의 행위의 적법성을 심사한다. 또한 유럽연합사법재판소는 제3자에 대해 법적 효과가 있는 연합의 조직 및 기타 부서의 행위의 적법성을 심사한다."

동조에서 명시하고 있는 '행위(acts)'[251]란 TFEU 제288조에 열거되어 있는 2차입법, 즉 규칙, 지침 및 결정을 말한다. 따라서 유럽위원회[252]는 행위라 할지라도 권고와 의견에 대해서는 취소소송을 제기할 수 없다.[253]

그리고 제소기간과 관련하여, 유럽위원회는, ① 당해 조치가 공표된 날, ② 당해 행위가 원고에게 통지된 날 및 ③ 통지가 없는 경우에는 원고가 행위를 알게 된 날로부터 2개월 이내 취소소송을 제기하여야 한다.[254]

유럽위원회가 채택된 행위에 대하여 취소를 구하고자 하는 사유는, ① 권한의 결여, ② 중요한 절차 규정의 위반, ③ TEU·TFEU 또는 그 적용되어야 할 법규범의 위반 및 ④ 권한의 남용의 네 가지이다.[255] 하지만 이 네 가지 사유는 중복되는 수가 많고, 유럽연합사법재판소도 이를 엄격하게 구별하고 있지는 않다. 이와 같은 사유를 들어 제기된 취소소송에 대하여, 유럽연합사법재판소가 당해 조치를 무효라고 선고하면,[256] 그 취소의 선언은 대세적(erga omnes) 효과 및 소급적(ex tunc) 효과를 가진다. 그러나 유럽연합사법재판소는 당해 기관에 대하여 특정한 조치를 취하도록 명령할 권한은 없다.[257] 반면, 취소소송에서 선고의 대상이 된 당해 기관은 "… 유럽연합사법재판소의 판결을 이행하는 데 필요한 조치를 취해야 하므로"[258] 결국 관련 행위는 취소되는 효과가 발생하는 것이다.

---

[251] 누구에 의해 채택된 행위여야 하는가의 문제이다. TFEU 제263조 1단은 ① 이사회의 행위, ② 유럽위원회의 행위, ③ 유럽중앙은행의 행위, ④ '제3자에 대해 법적 효과가 있는' 유럽의회 및 유럽이사회의 행위 및 ⑤ EU의 조직 및 기타 부서의 행위가 취소소송의 대상이 된다고 열거하고 있다.

[252] 취소소송을 제기할 수 있는 자는 ① 유럽위원회를 위시하여, ② 회원국, ③ 유럽의회, ④ 이사회(TFEU 제263조 2단)뿐만 아니라 ⑤ 회계감사원, ⑥ 유럽중앙은행 및 ⑦ 지역위원회이다. 이 외에도 ⑧ 자연인과 ⑨ 법인도 취소소송을 제기할 수 있다(TFEU 제263조 4단).

[253] 하지만 사법재판소의 판례에 의하면, 조치의 형식은 중요하지 않고 그 내용이 중시된다. 따라서 "원고의 법적 지위에 명확한 변화를 초래함으로써 그에 대해 구속력을 가지는 동시에 그의 이해관계에 영향을 미칠 수 있는 법적 효과를 가지는 어떤 조치도 舊TEC 제230조(TFEU 제263조)에 기하여 무효라는 취지의 선언을 구하는 소송의 대상이 될 수 있는 행위 또는 결정이다." Case 60/81 International Business Machines Corporation v. Commission [1981] ECR 2639, paras. 8-9.

[254] TFEU 제263조 6단.
[255] TFEU 제263조 2단.
[256] TFEU 제264조 1단.
[257] TFEU 제266조 1단.
[258] TFEU 제266조 1단.

(2) 규범적 권한

(가) 입법행위 제안(발의)권

EU에 있어 입법행위는 일부 예외를 제외하고 대부분 유럽위원회, 이사회, 그리고 유럽의회 3자간의 상호관계에 의해 채택된다. 1957년에 체결된 로마조약에 의하면, 입법의 제안과 그에 대한 입법권을 행사하는 유럽위원회와 이사회에 비해 유럽의회의 역할은 자문적인 수준에 머물러 있었다. 그러나 그 후 1986년의 단일유럽협정과 1992년의 마스트리히트조약 등을 통하여, 유럽의회의 역할이 점차적으로 강화되어, 리스본조약 하에서는 상당한 범위에 걸쳐 이사회와 연대하여 법률을 제정하고 있다.

[표 4-7]에서 보는 바와 같이, EU의 입법절차는 리스본조약을 전후하여 상당한 변화가 있었다.[259] 즉, 기존의 조약 체제에서 이용되고 있던 네 가지 절차 가운데 협력절차는 폐지되었고, 공동결정절차는 보통입법절차로, 그리고 협의절차 및 동의절차는 특별입법절차로 재편되었다.[260] 이 두 가지 입법절차 가운데 유럽위원회의 규범적 권한과 관련하여 중요한 의미를 가지는 것은 보통입법절차이다.

[표 4-7] EU 입법절차의 변천

니스조약까지	리스본조약
협력절차	폐지
공동결정절차	보통입법절차
협의절차	특별입법절차
동의절차	

보통입법절차는 유럽위원회의 제안에 의거하여 유럽의회 및 이사회가 규칙, 지침 및 결정을 공동으로 채택하는 결정방식이다. 그 구체적인 절차 과정은 TFEU 제294조에서 규정하고 있는데, 보통입법절차는 舊TEC에서 규정하고 있던 기존의 공동결정절차의 일부 내용을 수정하여 적용하고 있다.

이처럼 보통입법절차는 舊TEC에서와 마찬가지로 '유럽위원회의 제안에 의거하여(on a proposal from the Commission)'라고 명시함으로써 여전히 유럽위원회의 '독점적(혹은 배타적) 제안권(혹은 발의권)'을 인정하고 있다.[261] 이 문언이 의미하는 바는, 보통입법절차에 의해 '법적 행위(legal acts)'로 '입법행위(legislative acts)'가 채택되기 위해서는 유럽위원회의 제안이 전제되어야 한다는 것이다. 이 점에

---

[259] 이에 대한 상세한 내용은, 졸고, "리스본조약상 법적 행위와 그 제정 절차의 개혁", 세계헌법연구(국제헌법학회 한국학회, 제16권 3호, 2010), pp.909-934.
[260] TFEU 제289조.
[261] TEU 제17조 2항은 "제조약에서 달리 규정하고 있지 않다면, 연합의 입법행위는 오직 유럽위원회의 제안에 의해서만 제정될 수 있다. 기타의 행위는 제조약에 규정되어 있는 경우에만 유럽위원회의 제안에 의하여 제정된다."고 명시함으로써 보다 분명한 어조로 독점적 제안(발의)권이 유럽위원회에게 있음을 밝히고 있다.

서 볼 때, 유럽위원회는 입법행위를 채택함에 있어 여전히 독점적 지위를 향유하고 있다. 그러나 舊 TEC과는 달리 리스본조약은 다음과 같이 유럽위원회의 독점적 제안권에 부가하여 기타 주체의 발의권도 폭넓게 보장하고 있다. 즉, 종래의 공동결정절차는 유럽위원회에게 법안의 독점적 발의권을 부여하고 있었다. 하지만 리스본조약은 유럽위원회만이 아니라 다음의 경우에는 기타 주체에 의한 입법 발의도 인정하고 있다. 이를테면, 공동안보방위정책에 대한 결정에 관한 회원국의 발의,[262] 유럽중앙은행제도에 관한 유럽중앙은행의 권고[263] 및 보통재판소에 부속된 전문재판소의 설치에 관한 사법재판소의 요청[264]에 의거한 발의도 인정하고 있다. 또한 시민에 의한 발의도 가능하다.[265]

(나) 입법행위에 의해 위임받은 권한의 행사

위에서 유럽위원회의 독점적(혹은 배타적) 제안권(혹은 발의권)에 대해 살펴보았다. 이와 관련하여, 실제 입법과정에서 입법행위에 의해 위임되는 유럽위원회의 권한 행사에 대해 검토할 필요가 있다.

유럽위원회의 많은 결정들은 입법행위에 의해 규정된 권한에 기초하고 있다. 유럽의회와 이사회는 입법행위를 통해 당해 입법행위의 특정한 비본질적 요소를 보충 또는 수정하기 위하여 일반적 적용성을 가지는 비입법행위를 채택할 권한을 유럽위원회에게 위임할 수 있다.[266]

유럽위원회에 위임되는 권한의 목표, 내용, 적용 범위 및 기간은 입법행위에서 명확하게 정해진다. 그러나 위임되는 권한은 입법행위의 '특정한 비본질적 요소(certain non-essential elements)'일 뿐 어떤 분야의 본질적 요소(the essential elements of an area)는 입법행위에 유보되므로 권한 위임의 대상이 될 수 없다.[267] 또한 '특정한 비본질적 요소'는 '당연히' 유럽위원회에게 위임되는 것이 아니라 '위임할 수 있을' 뿐인 반면,[268] '어떤 분야의 본질적 요소'는 '당연히' '입법행위에 유보되어야' 하고, 권한 위임에 기속되지 않는다.[269]

유럽위원회에 위임된 권한의 행사에 관한 위의 내용에 대해, 몇 가지 쟁점 사항을 중심으로 분석해 볼 필요가 있다.

첫째, 리스본조약에 따르면, '본질적 요소'는 '입법행위에 유보되어야' 하고, 유럽위원회에 위임된 권한에 기속되지 않는다. 따라서 유럽위원회에 위임되는 권한은 일정한 제한이 있다. 이에 대해 사법재판

---

[262] TEU 제42조.
[263] TFEU 제129조 3항.
[264] TFEU 제257조.
[265] TEU 제11조 4항.
[266] TFEU 제290조 1항 1단.
[267] TFEU 제290조 1항 2단.
[268] TFEU 제290조 1항 1단.
[269] TFEU 제290조 1항 2단.

소는 일찍이 Koster 사건 판결에서, "취급되어야 할 기본적 요소는 조약에 의해 규정된 절차에 따라 이사회에 의해 채택되어야 한다. 기본적 규칙들을 이행하는 제규정은 상이한 절차에 따라 유럽위원회에 의해 채택될 수 있다."고 지적하고 있다.[270] 이 점에서 보면, 사실상 및 법률상 유럽위원회에 위임되는 권한은 '입법권한의 위임(a delegation of legislative power)'은 아니라고 보아야 한다. 위에서 언급한 바와 마찬가지로 리스본조약도 유럽위원회에 위임되는 것은 "입법행위의 특정한 비본질적 요소를 보충 또는 수정하기 위한 … 비입법행위를 채택할 권한"임을 분명히 밝히고 있는 것이다.[271]

둘째, 유럽위원회에 위임되는 권한은 입법행위에서 명확하게 정해져야 하는데, 그 대상은 위임되는 권한의 '목표, 내용, 적용 범위 및 기간'이다.[272] 게다가 어떤 분야의 본질적 요소는 입법행위에 유보되므로 권한 위임에 기속되지 않는다.[273] 이 점은 위 첫째 쟁점 사항에서 지적한 바와 같이, 설령 입법행위에서 유럽위원회에 위임되는 권한이 규정된다고 할지라도, 이것은 어디까지나 '입법행위의 특정한 비본질적 요소'로서 '비입법행위'이다. 다시 말하여, '어떤 분야의 본질적 요소'는 입법행위의 유보사항이므로 유럽위원회는 '입법할 권한(the power to legislate)'을 위임받고 있는 것은 아니다.

셋째, 입법행위를 통해 유럽위원회에게 권한이 위임되었다고 할지라도 유럽위원회가 곧바로 그 권한을 행사할 수 있는 것은 아니다. TFEU는 그 권한이 기속되기 위하여 충족되어야 할 조건에 대해 정하고 있다. 즉, ① 유럽의회 또는 이사회는 위임의 철회를 결정할 수 있고, ② 위임행위는 유럽의회 또는 이사회가 당해 입법행위에 규정된 기간 내에 이의를 제기하지 않은 때에만 효력을 발생할 수 있다. 그리고 ①·②항목에 대한 의사결정을 함에 있어 유럽의회는 제적의원의 과반수로, 그리고 이사회는 가중다수결로 결정한다.[274]

(다) 입법과정에의 참가

위에서 살펴본 바와 같이, 유럽의회 및 이사회는 오직 '유럽위원회의 제안에 의거하여' 법률을 제정할 수 있다. 이처럼 보통입법절차에서는 유럽위원회는 입법행위를 채택함에 있어 여전히 독점적 지위를 향유하고 있다. 그러나 리스본조약은 회원국, 유럽중앙은행, 유럽연합사법재판소 뿐만 아니라 시민

---

[270] Case 25/70 Koster [1970] ECR 1161, para. 6.
[271] TFEU 제290조 1항 1단.
[272] 이를테면, 유럽의회 및 이사회는 '유럽위원회에게 부여되는 권한의 이행과 관련한(as regards the implementing powers conferred on the Commission)' 지침 2008/18을 채택하고 있다. Directive 2008/18/EC of the European Parliament and of the Council of 11 March 2008 *amending Council Directive 85/611/EEC on the coordination of laws, regulations and administrative provisions relating to undertakings for collective investment in transferable securities (UCITS), as regards the implementing powers conferred on the Commission*, JO L 76 of 19.3.2009, p.42.
[273] TFEU 제290조 1항 2단.
[274] TFEU 제290조 2항.

에게도 입법제안(발의)권을 인정하고 있어 모든 입법과정에서 유럽위원회의 '독점적 제안(발의)권'을 인정하고 있지는 않다.

보통입법절차에 의거하여, 규칙, 지침 또는 결정에 관한 제안서를 제출함으로써 유럽위원회는 유럽의회 및 이사회가 공동으로 채택하는 입법절차에 참가하게 된다. 이에 대해 TFEU 제294조 2항은 "유럽위원회는 유럽의회와 이사회에 제안을 제출한다."고 규정함으로써 행위의 채택을 위한 보통입법절차가 개시되기 위해서는 유럽위원회에 의해 제안이 제출되어야 한다는 점을 분명히 밝히고 있다. 이 점에서 보면, 특히 보통입법절차에 의거한 입법행위를 채택하기 위해서는 여전히 유럽위원회의 독점적 제안(발의)권의 행사가 전제되어야 함을 알 수 있다. 일단 유럽위원회에 의해 제안이 제출되면, 당해 제안은 상당히 엄격한 절차를 거쳐 최종적인 행위로 채택되거나 혹은 미채택되어 폐기된다.[275] 그러나 비록 보통입법절차에서 유럽위원회가 독점적 제안권을 가지고 있지만, 유럽의회[276]와 이사회[277]는 유럽위원회로 하여금 적절한 제안을 제출하도록 요구할 수 있다. 이 문언에서 알 수 있는 바와 같이, 유럽의회와 이사회는 유럽위원회에 제안을 제출하도록 요구할 수 있을 뿐 당해 기관들이 직접 입법제안권을 가지는 것은 아니다. 현실적으로 이들 기관에 의해 입법 제안의 요구가 있게 되면, 유럽위원회가 이를 수용하지 않고 무시하기는 어려운 일이다.

유럽위원회에 의해(유럽의회 내지는 이사회의 요구 포함) 제안이 제출되면, 입법행위 채택을 위한 본안 절차가 개시되게 된다. 이 절차에서 핵심적인 역할을 하는 것은 유럽위원회, 유럽의회 및 이사회의 세 기관이다. 그러나 보통입법절차에 의거한 입법행위는 유럽위원회에 의한 제안 없이는 채택될 수 없으므로 그 중심적인 역할은 유럽위원회에게 있다고 보아야 한다.[278]

---

[275] TFEU 제294조 3항 이하에서 이에 대한 상세한 절차를 규정하고 있다.
[276] TFEU 제225조: "유럽의회는 의원 과반수의 찬성으로 의결함으로써 제조약을 실시하는데 연합의 조치가 필요하다고 판단되는 사항에 관한 적절한 제안을 제출하도록 유럽위원회에 요구할 수 있다. 유럽위원회는 제안을 제출하지 않은 경우, 유럽의회에 그 이유를 통지한다."
[277] TFEU 제241조: "이사회는 공동목표를 달성하는데 필요하다고 판단되는 연구를 수행하여 적절한 안건을 이사회에 제출하도록 유럽위원회에 요구하는 것을 단순다수결로 결정할 수 있다. 유럽위원회는 제안을 제출하지 않은 경우, 이사회에 그 이유를 통지한다."
[278] 이와 아울러 국내의회의 역할에 대해서도 주목해야 한다. 리스본조약은 EU와 국내의회와의 협력관계를 한층 강화하고 있는데, 이는 입법절차에서도 마찬가지이다. 리스본조약에 부속된 'EU에 있어 유럽의회의 역할에 관한 의정서(Protocol(No. 1) on the Role of National Parliaments in the European Union)'는, 특히 입법행위와 관련하여, 만일 유럽위원회, 회원국단 및 기타 EU 기관이 발의한 법안이 유럽의회와 이사회에 송부되면, 동시에 국내의회에도 송부되어야 한다고 규정하고 있다. 또한 '보충성원칙 및 비례원칙의 적용에 관한 의정서(Protocol(No. 2) on the Application of the Principles of Subsidiarity and Proportionality)'는, 회원 국내의회는 동의정서에 정해진 절차에 따라 유럽의회 의장, 이사회 의장 및 유럽위원회 위원장에 대하여 법안이 보충성원칙을 준수하고 있는가 여부에 대한 이유를 붙인 의견을 송부할 수 있다고 정하고 있다. 이 절차에 대해서는 EU의 민주성 결핍이 해소되었다는 긍정적 평가가 있는 반면, EU의 입법절차가 오히려 복잡하게 되어 효율성이 떨어질 수 있다는 부정적 평가가 동시에 제기되고 있다. 졸고, "리스본조약상 법적 행위와 그 제정 절차의 개혁", 세계헌법연구(국제헌법학회 한국학회, 제16권 제3호, 2010), pp.929-930.

(3) 대외적 권한

TFEU 제5부는 '연합의 대외적 행동(Part Five: External Action by the Union)'이란 제하에 EU가 수행하는 대외적 행동으로 크게 다음의 4개 분야, 즉 ① 공동통상정책(제2편), ② 제3국과의 협력 및 인도적 지원(제3편),[279] ③ 국제협정(제5편), ④ EU의 국제기구·제3국과의 관계 및 EU 대표부(제6편)를 들고 있다. 이와 더불어 대외적 행동과 관련한 제한조치(제4편)와 연대조항(제7편)도 두고 있다.

위에 열거한 대외적 행동을 EU가 구체적으로 수행하기 위해서는 관련 국제기구 또는 제3국과 교섭을 통한 국제협정을 체결해야 한다. 또한 리스본조약은 처음으로 고위대표직을 신설하고, 그의 지휘를 받는 제3국 및 국제기구에서 연합을 대표하는 'EU 대표부(EU delegations)'를 두고 있다. 이 두 영역에서 현실적으로 가장 중요한 역할을 하는 것은 유럽위원회이므로 그 역할에 대해 간략하게 검토한다.

먼저, 국제협정과 관련하여, TFEU는 제V장 국제협정(Title V: International Agreements)이란 제하에 제216조~제219조 4개 조문을 두어 EU 차원의 제3국 또는 국제조직과의 조약 체결에 관한 상세한 규정을 두고 있다. 이 가운데 TFEU 제216조는, "연합은 ... 하나 혹은 복수의 제3국 또는 국제조직과 체결할 수 있고"(1항), 그 협정은 "연합의 기관 및 회원국을 구속한다."(2항)고 규정하고 있다.

국제협정이 체결되기 위해서는 이사회에 의한 교섭의 개시 승인이 있어야 한다.[280] 개시 승인과 더불어 이사회는 교섭 방침을 정하여 교섭책임자에게 지침을 하달한다.[281] 필요한 경우, 특별위원회[282]를 설치할 수 있다.[283] 하지만 중요한 것은 협정 체결을 위한 교섭은 유럽위원회와 협의하여 진행되어야 한다는 점이다.[284] 이 점에서 보면, 조약체결권은 이사회에게 있지만 그 체결을 위한 실무적 단계의 교섭은 유럽위원회에 의해 행해지고 있다는 것을 알 수 있다. 그리고 유럽위원회에 의한 교섭의 결과 그 내용이 타결되게 되면, 교섭책임자는 이사회에 대해 협정을 체결하도록 제안을 한다. 이 제안에 의거하여, 이사회는 협정의 서명을 승인하는 결정을 채택하게 된다.[285]

다음은, 국제기구·제3국과의 대외관계 및 EU 대표부에서의 유럽위원회의 역할에 관한 것이다. EU는 국제연합(UN), 유럽평의회(the Council of Europe), 유럽안전보장협력기구(Organization for Security and Cooperation in Europe: OSCE) 및 경제협력개발기구(Organization for Economic

---

[279] 제3국과의 협력 및 인도적 지원의 구체적 분야로, ① 개발협력, ② 제3국과의 경제적, 재정적 및 기술적 협력 및 ③ 인도적 지원에 대한 조항을 두고 있다.
[280] TFEU 제218조 2항.
[281] TFEU 제218조 4항.
[282] 유럽위원회는 제3국과 교섭을 하는 과정에서 이사회에 의해 임명된 위원들로 구성되는 특별위원회(special committee)의 보좌를 받는다. 특별위원회의 구성에 대해서는 TFEU는 명확한 규정이 없으므로 이사회는 TFEU 제242에 의거하여 이를 자유롭게 결정할 수 있다.
[283] TFEU 제218조 4항.
[284] TFEU 제218조 4항.
[285] TFEU 제218조 6항.

Cooperation and Development: OECD)와 같은 주요 국제기구뿐 아니라, 기타 국제기구와도 적절한 협력관계를 맺고 유지한다.[286] 이와 같은 국제기구와의 협력관계에 있어 주된 책임을 지는 것은 바로 고위대표와 유럽위원회이다.[287] 또한 제3국 및 국제기구에 EU를 대표하는 대표부를 두고 있는데,[288] 이 대표부는 고위대표의 지휘를 받고 있다.[289] 고위대표의 EU 대표부 지휘권에 관한 사항은 리스본조약에서 처음으로 도입된 것이다. 이를 통해 EU의 대외적 권한의 일관성과 효율성이 한층 강화되었다.

제6절 유럽연합사법재판소

1. 서론

유럽연합사법재판소(Court of Justice of the European Union)는 사법재판소(Court of Justice), 보통재판소(General Court) 및 전문재판소들(Specialized Courts)을 포함한다. 이 재판소들의 주요 임무는 "제조약의 해석 및 적용 시 법의 존중을 확보"하는 것이다.[290] 보다 구체적으로 그 임무를 살펴보면, 유럽연합사법재판소는, 제조약에 따라 ① 회원국, 기관 또는 법인 또는 자연인에 의해 제기된 소송을 심리하고, ② 연합법의 해석 또는 제기관에 의해 제정된 행위의 유효성에 대하여 회원국의 법원 또는 재판소의 부탁에 대해 선결적 판결을 내린다. 또한 ③ 제조약에 규정된 기타의 경우에 대해 심리한다.[291]

이와 같은 임무 수행을 통하여 유럽연합사법재판소는 EU법 체계의 확립은 물론 유럽역내시장의 통합과 심화에 적지 않은 영향을 미쳤다. 특히 다음과 같은 사항은 강조될 필요가 있다.

첫째, EU가 '법의 지배', 즉 법치주의에 의거한 공동체에 의해 설립·운영되고 있다는 것을 알 수 있다. 6개 회원국으로 출범한 EEC는 현재 28개 회원국으로 구성된 거대한 연합체제를 형성하고 있다. 이 과정에서 시장 통합을 위한 단일한 법제도와 원칙의 확립은 시급한 과제였다. 유럽연합사법재판소는 다수의 지도적 판례를 통해 회원국 국내법과의 관계에서 'EC(EU)법우위의 원칙'을 확립하였고, 직접적용성 및 직접효과이론 등 다양한 법이론과 법원칙을 적용함으로써 EC(EU)법의 독자성을 창출하는 데 결정적 기여를 하였다.

---

[286] TFEU 제220조 1항.
[287] TFEU 제220조 2항.
[288] TFEU 제1항.
[289] TFEU 제2항.
[290] TEU 제19조 1항 1단.
[291] TEU 제19조 3항.

둘째, 유럽연합사법재판소는 제조약(설립조약 혹은 기본조약)에게 '헌법적 헌장(constitutional charter)'의 지위를 부여하였다. 사안을 해석하고 판단함에 있어 유럽연합사법재판소는 제조약에 의거하여 법원칙을 도출함으로써 제조약을 중심으로 한 EC(EU)법과 규칙, 지침 및 결정 등 2차법원은 물론 회원국 국내법과의 관계를 명확하게 정립하였다. 또한 동일한 맥락에서 제조약은 EU기관들에게 다음과 같은 의무를 부과하고 있다. 즉, EU기관들은 제조약에 의해 부여된 권한의 범위 내에서, 또한 제조약에 규정된 절차, 조건 및 목적에 부합하여 행동해야 할 의무가 있다. 이처럼 제조약은 연합의 법률과 행동을 위한 유일한 근거인 셈이다.

마지막으로, 유럽연합사법재판소는 연합의 모든 행위(all Union acts)의 적법성 심사를 담당한다. 따라서 제기관에 의해 채택된 조치와 행위는 물론, 그로 인한 자연인과 법인의 분쟁은 모두 유럽연합사법재판소의 사법적 통제를 받게 되었다.[292]

2. 사법재판소

(1) 구성원: 재판관 및 법무관

사법재판소는 각 회원국당 한명씩 임명되는 재판관(Judge) 28명[293]과 법무관(Advocates-General: AG)으로 구성되어 있다. 현재 법무관은 총 9명이다.[294] 하지만 법무관의 수는 증원될 수 있다. 즉, 사법재판소가 요청하면, 이사회는 전원일치로 법무관을 증원할 수 있다.[295] 이에 대해 리스본조약은 '사법재판소의 법무관 수에 관한 TFEU 제252조에 관한 선언(No. 38)(38. Declaration on Article 252 of the Treaty on the Functioning of the European Union regarding the number of Advocates-General in the Court of Justice)'에서 11명으로 법무관의 수를 늘릴 수 있음을 명시하고 있다.

사법재판소의 재판관 및 법무관은 그 독립성에 의심의 여지가 없고, 당해 국가에서 최고의 재판관직에 임명되기에 필요한 전제조건을 충족하고 있는 인물, 또는 탁월한 능력을 가진다고 인정되고 있는 법률가가 선임된다.[296] 그 선임 절차는 다음과 같다. 재판관 및 법무관을 임명하기 전 그들이 임무를 수행하는데 있어 지원자의 적성에 관한 의견을 표명하는 패널[297]이 설치된다.[298] 패널에서 후보자를

---

[292] R.S.R.F. Mathijsen, A Guide to European Union Law(Sweet & Maxwell, Tenth Edition, 2010), pp. 125-126.
[293] TEU 제19조 2항.
[294] TFEU 제252조 1단.
[295] TFEU 제252조 1단.
[296] TFEU 제253조 1단.
[297] 패널은 사법재판소 및 보통재판소의 舊 구성원, 각국의 최고재판소의 구성원, 탁월한 능력이 있다고 인정되는 법률가 중에서 선출되는 7명으로 구성된다. 단, 그 중 1명은 유럽의회가 제안한다. 이사회는 패널의 운영규칙을

검토하여 추천하면, 회원국 정부의 상호 합의에 의거하여 재판관 및 법무관이 임명된다.299)

재판관들은 어떠한 정치적 혹은 행정적 지위를 가질 수 없고,300) 다른 직업에 종사할 수도 없다.301) 다만, 후자의 경우, 단순다수결로 행동하는 이사회의 허용이 있는 경우는 예외이다.302)

재판관 및 법무관 임기는 각 6년이며 한 번의 연임이 가능하다. 그리고 '유럽연합사법재판소규정(Statute of the Court of Justice of the European Union)'303)에 정해진 조건에 따라 3년마다 일부씩 교체된다.304) 이처럼 3년마다 일부의 재판관 및 법무관을 교체하는 이유는 업무의 단절을 예방하고, 그 일관성과 지속성을 유지하기 위함이다.

사법재판소 소장은 재판관들의 호선으로 선임된다. 그 임기는 3년이며, 재선임될 수 있다.305)

(2) 재판부의 구성

사법재판소의 재판부는 전원법정(a full Court), 소법정(chambers) 또는 대법정(a Grand Chamber)으로 구성된다.306) 전원법정은 유럽연합사법재판소규정이 정하는 경우에 개정하며, 통상 소법정 또는 대법정으로 개정한다.

소법정은 3 내지 5명의 재판관,307) 그리고 대법정은 13명의 재판관308)으로 구성된다. 대부분의 사건은 소법정에서 다뤄지며, 대법정은 일 회원국 또는 EU의 일 기관이 소송당사자일 때 설치된다.309) 그리고 대법정은 TFEU가 정하는 다음의 경우, 즉 제228조 2항, 제245조 2항, 제247조 및 제286조

정하기 위한 결정 및 패널의 위원을 임명하기 위한 결정을 채택한다. 이사회는 사법재판소 소장의 발의에 의거하여 결정한다. TFEU 제255조 2단.
298) TFEU 제255조 1단.
299) TFEU 제253조 1단.
300) 유럽연합사법재판소규정 제4조 1항.
301) 유럽연합사법재판소규정 제4조 2항.
302) 유럽연합사법재판소규정 제4조 2항.
303) 유럽연합사법재판소 절차와 관련된 규정은 다음 사이트에서 구할 수 있다.
http://curia.europa.eu/jcms/jcms/Jo2_8022/procedure
리스본조약은 부속 의정서로 '유럽연합사법재판소규정(Protocol (No. 3) on the Statute of the Court of Justice of the European Union)'을 첨부하고 있다. 또한 사법재판소는 의사규칙(Rules of Procedure of the Court of Justice)을 제정해야 하는데, 동규칙은 이사회의 승인을 얻어야 한다(TFEU 제253조 6단).
304) TFEU 제253조 2단; 유럽연합사법재판소규정 제9조 1단. 동규정 동조 동단은 14~15명의 재판관들이 번갈아 교체된다고 명시하고 있다. 매 3년 마다 일부에 해당하는 14~15명의 재판관이 번갈아(alternately) 교체되면, 사법재판소와 보통재판소의 재판관은 총 54명 가운데 약 3분의 1씩 교체되는 셈이다.
305) TFEU 제253조 3단.
306) TFEU 제251조; 사법재판소 의사규칙(Rules of Procedure of the Court of Justice) 제11a조.
307) 유럽연합사법재판소규정 제16조 1단.
308) 유럽연합사법재판소규정 제16조 2단.
309) 유럽연합사법재판소규정 제16조 3단.

6항에 관련된 소송이 제기된 경우에 설치된다.310) 이 외에도 사법재판소가 판단하기에, '특별히 중요하다고 간주되는 사안'에 대해서는 법무관의 의견을 들은 후 당해 사안을 전원법정에서 심리할 것을 결정할 수 있다.311)

사법재판소의 모든 결정은 홀수의 재판관이 심의에 참가할 때만 유효하다.312) 다시 말하여, 사법재판소의 재판 과정에서 내려지는 모든 결정은 짝수의 재판관에 의해서는 내려질 수 없고, 반드시 홀수의 재판관에 의해서만 채택될 수 있다. 더욱이 심의에 참가하지 않은 재판관은 결정권을 행사할 수 없다. 만약 한 재판관이 심의에 참가할 수 없어 재판부의 구성이 짝수가 되는 경우에는 어떻게 할 것인가. 이 경우에는 최후임(最後任)의 재판관이 심의에 참가하는 것을 자제함으로써313) 재판부의 결정은 항상 홀수의 재판관들에 의해 내려지도록 조치를 마련하고 있다.

전원재판정은 사법재판소의 모든 재판관들로 구성되며,314) 대법정은 사법재판소 소장, 5인 재판관으로 구성되는 대법정 재판장, 보고담당재판관 및 13인에 필요한 수의 재판관들로 구성된다.315) 그리고 3인 및 5인의 재판관으로 구성되는 대법정은 각 대법정 재판장, 보고담당재판관 및 3인 및 5인에 필요한 수의 재판관으로 구성된다.316) 각 법정별로 임명된 재판관들의 명단은 EU관보에 공표된다.317)

3. 보통재판소

(1) 구성원: 재판관

단일유럽협정의 규정에 따라,318) 이사회는 사법재판소에 부속된 하급기관으로 '1심'을 담당하는 별도의 재판소를 설치하기로 결정하였다.319) 이 결정에 의하여, 1989년 9월 25일자로 설립된 일심재판소(Court of First Instance: CFI)는 같은 해 9월 1일자로 업무를 개시하였다. 하지만 2009년 11월 1일자로 발효한 리스본조약은 그동안 사용되던 CFI의 명칭을 보통재판소(General Court: GC)로 변경하였다.

보통재판소에도 6년 임기의 총 28명320)의 판사가 근무한다. 즉, 사법재판소의 경우와 마찬가지로

---

310) 유럽연합사법재판소규정 제16조 4단.
311) 유럽연합사법재판소규정 제16조 5단.
312) 유럽연합사법재판소규정 제17조 1단.
313) 사법재판소 의사규칙 제26조 1항.
314) 사법재판소 의사규칙 제11a조.
315) 사법재판소 의사규칙 제11b조 1항.
316) 사법재판소 의사규칙 제11c조 1항.
317) 사법재판소 의사규칙 제11b조 2항 2단 및 제11c조 2항 3단.
318) 단일유럽협정 제11조.
319) Council Decision of 24 October 1988 *establishing a Court of First Instance of the European Communities*, OJ L 319[1988], p.1.

보통재판소도 각 회원국당 한명의 재판관으로 구성되어 있다.321) 보통재판소의 재판관으로 임명되기 위한 자격조건은 사법재판소의 경우와 동일하다. 한 가지 유의할 점은, 현재 사법재판소와는 달리 이 보통재판소에는 법무관은 없다. 다만, 리스본조약은 이에 대한 별도의 규정을 두고 있다. 즉, "유럽연합사법재판소규정(Statute of the Court of Justice of the European Union)에서 보통재판소가 법무관의 보좌를 받는 것을 정할 수 있다."322)고 명시하여 향후 보통재판소도 법무관을 둘 가능성을 열어두고 있다.323)

(2) 재판부의 구성

보통재판소의 재판부는 통상 소법정(chambers) 및 대법정(a Grand Chamber)으로 구성된다.324) 다만, '보통재판소 의사규칙'에 의해 규율되는 특정 사안의 경우에는, 보통재판소도 전원법정(a full Court)을 설치할 수도, 또 '오직 1인의 재판관'으로 구성되는 단독법정을 구성할 수도 있다.325) 따라서 사법재판소와 마찬가지로 보통재판소도 통상 전원법정, 대법정 및 소법정의 재판부로 구성되어 있다고 보아야 한다.

소법정은 3인 '및' 5인의 재판관(Chambers of three 'and' of five Judges)으로, 또 대법정은 13인의 재판관(a Grand Chamber of thirteen Judges)으로 구성된다.326) 통상 보통재판소에 제기되는 소송은 소법정에서 담당한다. 하지만 '보통재판소 의사규칙(Rules of Procedure of the General Court)' 제14조, 제51조, 제106조 제118조, 제124조, 제127조 및 제129조에 규정된 조건에 따라 제기되는 소송은 전체회의로 개정되는 보통재판소 또는 대법정에 의해(by the General Court sitting in plenary session or by the Grand Chamber) 청문될 수 있다.327) 그리고 '보통재판소 의사규칙' 제14조 및 제51조에 규정된 특수한 사안 또는 동의사규칙 제124조, 제127조 1항 또는 제129조 2항에 의해 위임된 사안은 '단지 1인의 재판관(a single Judge)'에 의해서도 청문될 수 있다.328)

---

320) 유럽연합사법재판소규정 제48조.
321) TEU 제19조 2항 2단.
322) TFEU 제254조 1단.
323) '보통재판소 의사규칙'에 따르면, "보통재판소의 대법정은 사안에 꼭 필요한 법적 어려움 또는 사실의 복잡성(the legal difficulty or the factual complexity of the case so requires)이 있다고 간주하는 경우에 법무관의 보좌를 받을 수 있다."고 규정하고 있다. '보통재판소 의사규칙' 제18조.
324) 보통재판소 의사규칙(Rules of Procedure of the General Court) 제10조 1항.
325) 유럽연합사법재판소규정 제50조 2단.
326) 보통재판소 의사규칙 제10조 1항. 동의사규칙은 소법정은 "3인 '및' 5인의 재판관(Chambers of three 'and' of five Judges)으로 구성 된다."고 명시하고 있다. 하지만 영문 표현 'and'은 'or'로 표기되어야 정확할 것이다. 따라서 보통재판소의 소법정은 '3인 또는 5인'의 재판관으로 구성된다고 표기되어야 한다.
327) 보통재판소 의사규칙 제11조 1항 2단.
328) 보통재판소 의사규칙 제11조 1항 3단.

4. 사법재판소 및 보통재판소의 관할

사법재판소 및 보통재판소가 담당하는 관할은 크게 두 가지, 즉 직접소송과 선결적 부탁절차로 나눌 수 있다.

직접소송이란 사법재판소 또는 보통재판소에서 소송이 개시·종결되는 절차를 말한다. 이에는 의무불이행소송, 취소소송, 위법성의 항변, 부작위소송 및 손해배상청구소송 등이 있다.

[그림 4-5] 유럽연합의 주요 소송절차의 유형

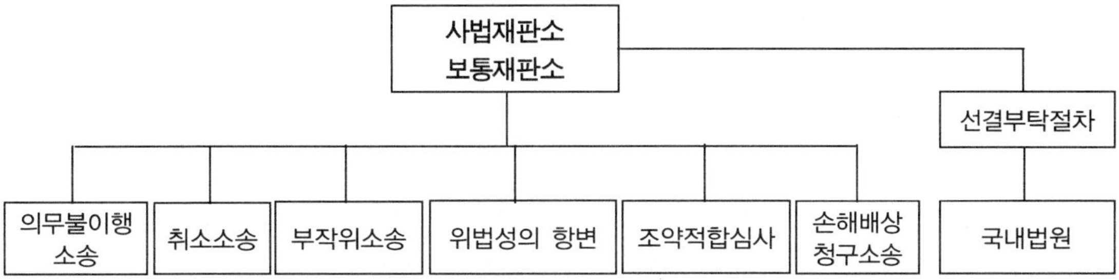

그리고 선결적 부탁절차란 회원국의 국내법원에서 소송 진행 중 EU법 관련 문제가 제기되어 그 문제가 확정판결을 내리기 전에 해결될 필요가 있는 경우, 국내법원이 일단 심리를 정지하고 그 문제를 사법재판소에 부탁하여 유권적 해석을 구하는 절차를 말한다.

[그림 4-6] 선결적 부탁절차

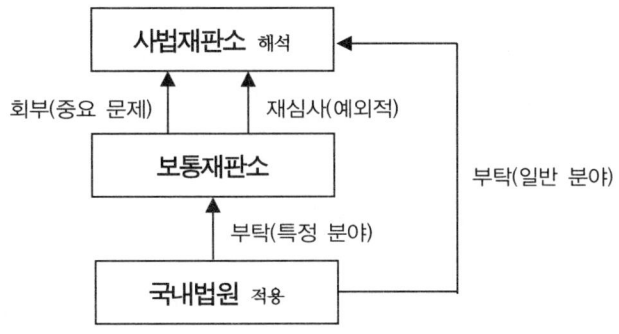

(1) 직접소송제도

(가) 취소소송

취소소송이란 리스본조약에 비추어 EU 제기관에 의한 입법(2차입법) 및 행정행위의 적합성을 심사하는 절차이다. 이 절차에서의 주된 논점은 ① '누구의 어떤 행위가 취소소송의 대상인가'라는 문제, ② '누가 소송을 제기할 수 있는가'라는 원고적격의 문제, ③ 제소기간, ④ 취소사유, ⑤ 취소의 효과이다.

첫째, 누구의 어떤 행위가 취소소송의 대상인가.

TFEU 제263조 1단은 다음과 같이 규정하고 있다.

> "유럽연합사법재판소는 입법행위의 적법성, 권고와 의견을 제외한 이사회·유럽위원회 및 유럽중앙은행의 행위의 적법성 및 제3자에 대해 법적 효과가 있는 유럽의회 및 유럽이사회의 행위의 적법성을 심사한다. 또한 유럽연합사법재판소는 제3자에 대해 법적 효과가 있는 연합의 조직 및 기타 부서의 행위의 적법성을 심사한다."

먼저, '행위(acts)'란 TFEU 제288조에 열거되어 있는 2차입법, 즉 규칙, 지침 및 결정을 말한다. 다만, 여기에서 말하는 행위에는 권고와 의견은 포함되지 않는다. 하지만 사법재판소의 판례에 의하면, 조치의 형식은 중요하지 않고 그 내용이 중시된다. 따라서 "원고의 법적 지위에 명확한 변화를 초래함으로써 그에 대해 구속력을 가지는 동시에 그의 이해관계에 영향을 미칠 수 있는 법적 효과를 가지는 어떤 조치도 舊TEC 제230조(TFEU 제263조)에 기하여 무효라는 취지의 선언을 구하는 소송의 대상이 될 수 있는 행위 또는 결정이다."[329]

다음은, 누구에 의해 채택된 행위여야 하는가의 문제이다. TFEU 제263조 1단은 ① 이사회의 행위, ② 유럽위원회의 행위, ③ 유럽중앙은행의 행위, ④ '제3자에 대해 법적 효과가 있는' 유럽의회 및 유럽이사회의 행위 및 ⑤ EU의 조직 및 기타 부서의 행위가 취소소송의 대상이 된다고 열거하고 있다.

둘째, 누가 원고적격이 되는가.

취소소송을 제기할 수 있는 자는 ① 회원국, ② 유럽의회, ③ 이사회, ④ 유럽위원회[330]뿐만 아니라 ⑤ 회계감사원, ⑥ 유럽중앙은행 및 ⑦ 지역위원회이다. 이 외에도 ⑧ 자연인과 ⑨ 법인도 취소소송을 제기할 수 있다.[331] 따라서 유럽연합사법재판소는 이들에 의해 제기된 소송에 대하여 관할권을 가진다.

셋째, 제소기간이다. 이에 대해 TFEU 제263조 6단은 다음과 같이 규정하고 있다.

> "본 조에 규정된 소송은 조치가 공표된 날, 행위가 원고에게 통지된 날 또는 통지가 없는 경우에는 원고가 행위를 알게 된 날로부터 2개월 이내 제기한다."

---

[329] Case 60/81 *International Business Machines Corporation v. Commission* [1981] ECR 2639, paras. 8-9.
[330] TFEU 제263조 2단.
[331] TFEU 제263조 4단.

동조에 따르면, 취소소송의 제기는, ① 당해 조치가 공표된 날, ② 당해 행위가 원고에게 통지된 날 및 ③ 통지가 없는 경우에는 원고가 행위를 알게 된 날로부터 2개월 이내 행해져야 한다.

넷째, 취소사유에 대해 TFEU 제263조 2단은 다음과 같은 네 가지 사유, 즉 ① 권한의 결여, ② 중요한 절차규정의 위반, ③ TEU·TFEU 또는 그 적용되어야 할 법규범의 위반 및 ④ 권한의 남용을 들고 있다. 하지만 이 네 가지 사유는 중복되는 수가 많고, 유럽연합사법재판소도 이를 엄격하게 구별하고 있지는 않다.

다섯째, 취소의 효과이다. TFEU 제264조 1단에 의하면, "정당한 근거에 따라 소송이 제기된 경우, 유럽연합사법재판소는 당해 조치를 무효라고 선고한다." 유럽연합사법재판소에 의한 취소의 선언은 대세적(erga omnes) 효과 및 소급적(ex tunc) 효과가 있다.

유럽연합사법재판소는 당해 기관에 대하여 특정한 조치를 취하도록 명령할 권한은 없지만, 당해 기관은 "유럽연합사법재판소의 판결을 이행하는데 필요한 조치를 취해야 한다."[332] 그러나 설령 해당 조치에 대한 무효 선고를 내리는 경우라 할지라도 필요하다고 판단되는 경우, 유럽연합사법재판소는 "무효라고 선고된 행위의 효과 중에서 어떤 효과가 최종적인 것으로 간주되는지 명시한다."[333]

(나) 부작위소송

부작위소송은 유럽의회, 유럽이사회, 이사회, 유럽위원회 또는 유럽중앙은행이 리스본조약을 위반하여 행위의 제정을 태만히 한 경우, 회원국 및 연합의 기타 기관이 위반사실을 확인하기 위하여 유럽연합사법재판소에 제기하는 소송이다. 그리고 이 소송은 행위 제정을 태만히 하는 EU의 기타 기관, 조직 및 부서에 대해서도 제기될 수 있다. 따라서 부작위소송은 EU기관의 '행위의 제정 태만'이라는 작위가 있다는 것을 입증하는 경우에만 가능하다.[334] 이를테면, 유럽위원회에게 광범위한 재량권이 존재하는 경우에는 일반적으로 작위의무는 인정되지 아니 한다.

부작위소송은 ① 회원국 및 연합의 기타 기관(the Member States and the other institutions of the Union) 및 ② 자연인 또는 법인(any natural or legal person)에 의해 제기될 수 있다.[335] 전자를 부작위소송의 특권적 제소권자, 후자를 비특권적 제소권자라고 한다.

이에 대해 '행위 제정에 관한 요구를 받은' EU의 '해당 기관, 조직 또는 기타 부서(the institutions, body, office or agency concerned)'가 부작위소송의 피고가 된다.[336] 다만, 소송의 제기는 해당

---

[332] TFEU 제266조 1단.
[333] TFEU 제264조 2단.
[334] TFEU 제265조 1단.
[335] TFEU 제265조 1단·3단.

기관, 조직 또는 기타 부서에게 행위를 제정할 것을 요구한 경우에 한하여 인정된다.[337] 따라서 원고(들)는 피고(들)가 행위 제정에 관한 요구를 한 때로부터 2개월 이내 자신의 입장을 밝히지 않은 경우에 추가 2개월 이내 소송을 제기할 수 있다.[338]

만일 유럽연합사법재판소가 해당 행위가 무효이거나 해당 행위의 제정을 태만히 한 것이 리스본조약에 위반된다고 선고를 내리게 되면, 선고를 받은 기관은 그 판결을 이행하는데 필요한 조치를 취해야 한다.[339]

(다) 위법성의 항변

'규칙'과 같은 '일반적 적용성을 가지는 행위(an act of general application)'를 상대로 유럽연합사법재판소에 취소소송을 제기할 수 있는 권리는 상당히 제한되어 있다. 하지만 이미 제소기간이 만료되었거나 또는 본안심리를 위해 요구되는 원고적격을 결하였더라도 일반적 적용성을 가지는 행위의 효력 여부를 다툴 수 있는 것이 위법성의 항변(the plea of illegality)이다.

위법성의 항변은 그 자체로서는 독립된 소송을 형성하지 않는다. 예를 들면, 개인이 '직접적인 동시에 개별적 관계'를 입증할 수 없을 때에는 TFEU 제263조에 의거하여 그 적법성을 다툴 수 없는 행위(규칙)에 대하여 TFEU 제277조를 원용할 수 있다. 일반적으로 생각할 수 있는 것은, 개인이 어떤 '결정'의 취소를 구하는 소송에서 그 결정이 자신에게 '직접적인 동시에 개별적 관계'가 있어 수리가능하다고 판단된 이후에 본안에서 당해 '결정'의 취소를 구하기 위하여 그 근거로 사용될 수 있다. 즉, '규칙'(신규칙)이 당해 사건에서 적용되지 않는다는 취지를 명확히 한 경우이다. 그러나 사인이 제263조에 의거하여 직접 당해 행위의 취소를 다툴 수 있는 경우에는 제277조는 원용할 수 없다. 그리고 위법성의 항변의 대상이 되는 것은 '일반적 적용성을 가지는 행위(an act of general application)'라면 '규칙' 외에도 형식은 '규칙'이 아니라 하더라도(이를테면, 명칭이 '고시(notices)'일지라도) 실질적으로 직접 적용성을 가지고 있다면 그 위법성이 항변의 대상이 될 수 있다.

(라) 손해배상청구소송

EU 기관 또는 그 직원의 행위에 의해 손해를 입은 자연인 또는 법인은 국적을 불문하고 유럽연합사법재판소에 손해배상청구소송을 제기할 수 있다. 이론적으로는 회원국도 손해배상청구소송을 제기할 수 있다. 그러나 현재까지 이에 관한 사례는 없다.

---

[336] TFEU 제265조 2단 2문.
[337] TFEU 제265조 2단 1문.
[338] TFEU 제265조 2단 2문.
[339] TFEU 제266조 1단.

TFEU 제340조 2단 및 3단[340])에 의하면, EU는 제기관 또는 그 직원이 직무수행 중에 초래한 손해에 대해 책임을 진다. 마찬가지로 유럽중앙은행은 그 자신 또는 직원이 직무수행 중에 초래한 손해에 대해 책임을 진다.

EU의 2차입법은 일반적으로 회원국의 국내기관에 의한 실시를 필요로 한다. 개인이 그와 같은 국내실시의 결과 손해를 입은 경우, 국내법원에 소관 국내기관을 상대로 하여 소송을 제기해야 할 것인가, 혹은 유럽연합사법재판소에 EU를 상대로 하여 손해배상청구소송을 제기해야 할 것인가. 이 경우는 EU 입법과 그에 의거한 국내기관의 행위의 어느 것이 손해에 직접적인 원인으로 작용했는가에 따라 결정된다. 국내기관의 행위가 EU 입법에 의거하였으며, 야기된 손해에 의해 직접적인 원인인 경우에는 우선 국내법원에 소관 국내기관을 상대로 하여 소송을 제기해야 한다(이 경우 통상 국내법원은 유럽연합사법재판소에 선결적 부탁을 한다). 그러나 국내기관의 행위가 EU 기관의 지시에 의거하고 있는 경우에는 문제가 되는 행위가 실제로는 EU 기관의 책임이므로 유럽연합사법재판소가 관할권을 가진다.

그렇다면 손해배상청구소송을 제기하기 위한 EU 기관의 책임요건은 무엇일까? EU에 대해 비계약상의 책임이 발생하기 위해서는 다음과 같은 세 가지 요건, 즉 EU의 위법한 과실, 손해의 발생 및 과실과 손해 사이의 인과관계의 존재가 필요하다.

따라서 EU의 책임이 인정되기 위해서는 첫째, EU 기관의 과실이 요구된다. 이를테면, EU의 행정조치상의 과실로서, 권한 남용, 의무불이행, 감독불철저, 오류정보 미정정, 내부규칙의 미준수 및 비밀보호의무 위반 등을 그 예로 들 수 있을 것이다. 그리고 경제정책을 포함한 '규칙'의 제정과 같은 입법조치(또는 부작위)에 대해 과실이 인정되기 위해서는 '쉐펜스테트 기준(Schöppenstedt test)', 즉 '개인의 보호를 위한 상위법규의 충분할 정도의 심각한 위반(a sufficiently flagrant violation of a superior rule for the protection of the individual)'이라는 엄격한 요건이 충족되어야 한다.[341]

둘째, 손해는 개인자산의 감소, 소득의 손실 또는 정신적 손해 등의 형태로 나타난다. 다만 손해는 확정적으로 특정되어야 하고, 또한 증명되어야 하는 동시에 계량 가능한 경우에만 배상가능하다.

---

[340] TFEU 제340조 2단 및 3단:
"비계약상 책임의 경우, 연합은 소속 기관 또는 그 직원이 직무수행 중에 초래한 손해를 회원국 법질서에 공통하는 법의 일반원칙에 따라 배상한다.
제2단과는 달리, 유럽중앙은행은 자신 또는 그 직원이 직무수행 중에 초래한 손해를 모든 회원국의 법질서에 공통하는 법의 일반원칙에 따라 배상한다."

[341] '개인의 보호를 위한 상위법규의 위반'이란 당해 개인이 속하는 특정집단이 아닌 개인 일반을 보호하기 위한 것이면 충분하다. 예를 들어, 정당한 기대의 보호, 차별금지 및 기본적 인권의 보호와 같은 법의 일반원칙의 위반을 말한다. 그리고 '충분할 정도의 심각한 위반'이란, 예를 들어, 공동농업정책에서 볼 수 있는 바와 같이 광범위한 재량권이 행사되는 입법영역에서는 EU의 당해 기관이 '자신의 권한 행사에 대한 한계를 명백하고도 현저하게 무시하는 경우'를 말한다.

셋째, 과실과 손해 사이의 인과관계가 존재해야 한다. 그러나 EU는 위법한 입법의 모든 유해한 결과에 대해 배상의무를 지는 것은 아니다. 손해를 입었다고 주장하는 자는 당해 손해가 위법한 행동의 직접적인 결과로 인하여 야기되었다는 것을 입증해야 한다.

마지막으로, 손해배상청구의 기한에 관한 것이다. 그 기한은 당해 책임을 야기한 사건이 발생한 때로부터 5년이다.[342] 기한의 개시는 EU의 책임이 입법조치(또는 부작위)에서 유래하는 경우, 당해 조치의 유해한 효과가 발생한 시점이다. 또한 EU의 책임이 행정조치(또는 부작위)에서 유래하는 경우, 손해를 입은 본인이 당해 손해의 원인을 알게 된 시점이다. 당사자가 당해 기관을 상대로 하여 취소소송 또는 부작위소송을 제기하는 경우에는 이 기간의 경과는 정지된다.

(마) 의무불이행소송

1) 관련 규정

회원국의 리스본조약에 따른 의무불이행에 대한 이행강제절차에 대해서는 TFEU 제258조~제260조에서 규정하고 있다. 제258조는 회원국의 의무불이행에 대한 유럽위원회 차원의 이행강제절차에 관한 것이며, 제259조는 타방 회원국의 의무불이행에 대한 일방 회원국 차원의 이행강제절차에 관한 것이다. 그리고 제260조는 유럽연합사법재판소에 의한 이행 확정 판결 이후의 이행강제절차에 대해 규정하고 있다.

2) 의무불이행의 개념

TFEU 제258조에 의하면, 이행강제절차는 "회원국이 제조약에 따른 의무를 이행하지 않은 경우" 유럽위원회에 의해 개시된다. 그렇다면 이 경우에 적용되는 '의무불이행'의 개념은 무엇인가? 이에 대해서는 Commission v. Italy 사건에서 법무관 Mayras가 피력한 견해를 인용하는 것이 적절하다. 그에 따르면, 의무불이행이란 "설립조약 혹은 2차공동체법에 부합하지 않는 법률 혹은 규칙을 제정하거나 유지하는 어느 회원국의 행위"를 말하며, 특히 "공동체법에 의해 부과된 의무의 미이행·불충분한 이행 혹은 이행의 지연"을 말한다.[343]

이 개념 정의에 의하면, 회원국이 舊TEC을 비롯한 설립조약 뿐만 아니라 규칙·지침·결정 등 구속력 있는 EU법의 2차입법에 부합하지 않는 법률이나 규칙을 제정하거나 유지하는 것은 의무불이행에 해당한다. 또한 의무불이행 속에는 회원국이 EU법상 부과된 의무를 이행하지 않거나 또한 이행했다

---

[342] 유럽연합사법재판소규정 제43조.
[343] Concl. de l'avocat général Mayras dans l'aff. 69/72, 8 février 1973, *Commission c. Italie*, Rec., 1973, p.113.

고 할지라도 충분하게 이행하지 않은 경우, 또한 그 이행을 지연하는 경우도 포함된다.

3) 의무불이행의 주체

TFEU 제258조와 제259조에 의하면, 의무불이행의 주체가 회원국 자신, 다시 말하여 회원국 행정부라는 사실은 의문의 여지가 없다. 하지만 만일 입법부 또는 사법부의 행위가 EU법을 위반하였을 때도 그 위반의 효과가 회원국에게 귀속되는가의 문제가 있다.

위에서 검토한 의무불이행의 개념 정의에 따르면, "설립조약 혹은 2차공동체법에 부합하지 않는 법률 혹은 규칙을 제정하거나 유지하는 … 행위"도 의무불이행에 포함된다. 따라서 회원국의 입법부가 EU법에 부합하지 않는 국내법률 혹은 규칙을 제정하거나 유지하는 것도 의무 위반에 해당된다고 보아야 한다. 또한 이와 같은 의무 위반은 회원국의 사법부에 의해서도 야기될 수 있다. 예컨대, 설립조약의 규정에 부합하지 않는 취지의 판결을 내린다든지 혹은 선결적 부탁 의무가 있음에도 선결적 부탁을 하지 않는 경우를 들 수 있다. 이와 같은 경우에는 회원국은 입법부나 사법부의 의무 위반에 대해서도 책임을 져야 할 것이다.

하지만 주의해야 할 사항은 의무 위반 행위에 대한 이행강제소송에서 유럽연합사법재판소에 출두하는 것은 어디까지나 회원국 자신이라는 사실이다. 현실적으로 회원국의 행정부, 입법부 및 사법부가 의무 위반의 주체가 되겠지만 이들은 '단지' 국가기관에 불과하므로 소송 절차상 국가 자신이 피고가 되는 것이다.

4) 유럽위원회에 의한 이행강제절차

회원국에 의한 설립조약상 의무 위반이 있는 경우, 우선 유럽위원회에 의한 이행강제절차가 개시된다. 이 절차는 행정절차와 사법절차의 두 단계로 나누어 진행된다. 전자에 해당하는 유럽위원회에 의한 행정적 이행강제절차에 대해서는 이미 검토하였고,[344] 유럽연합사법재판소에 의한 사법적 이행강제절차에 대해서는 항목을 달리하여 살펴본다.

5) 사법재판소에 의한 이행강제절차

적절한 이유를 회원국에게 전달함으로써 유럽위원회에 의한 행정적 강제이행절차는 종결되고, 회원국이 정해진 기간 내에 의견에 제시된 조치를 취하지 않으면 유럽연합사법재판소에서의 사법적 이행강제, 즉 소송절차로 이행하게 된다. 이에 대해 TFEU 제258조 2단은 다음과 같이 규정하고 있다.

---

[344] 이에 대해서는 본서 제4장 제5절 3. '유럽위원회의 권한' 부분 참고.

"당해 회원국이 유럽위원회가 정한 기간 이내 위원회의 의견을 이행하지 않는 경우, 위원회는 당해 사안을 유럽연합사법재판소에 회부할 수 있다."

위에서 살펴본 바와 같이, 유럽위원회의 의견은 회원국을 구속하지 못하기 때문에 회원국으로 하여금 이행을 강제하기 위해서는 유럽위원회는 유럽연합사법재판소에 소송을 제기할 수밖에 없다. 이처럼 유럽연합사법재판소에 해당 회원국을 제소할 것인가 여부는 유럽위원회의 재량에 달려 있다. 그러나 의견에 제시된 기간 내에는 제소를 할 수 없다. 만일 회원국의 의무 위반 사실이 입증되면, 유럽연합사법재판소는 회원국 패소 판결을 내린다. 통상 판결은 회원국이 조약 하의 의무를 이행하지 않았다는 선언의 형식을 취한다. 주의할 사항은 유럽연합사법재판소는 회원국에게 어떤 것을 하라거나 하지 말라고 명령할 권한을 가지고 있지 않다는 점이다. 또한 의무 위반이 EU법에 위배되는 국내입법의 형식을 취하고 있는 경우에 당해 법률의 무효를 선언할 수도 없다. 그러나 이것은 회원국이 사법재판소 판결에 따를 의무가 없다는 것을 의미하는 것이 아니다. TFEU 제260조 1항은 "유럽연합사법재판소가 회원국이 제조약에 따른 의무를 이행하지 않고 있다고 결정하는 경우, 해당 회원국은 재판소의 판결을 이행하는데 필요한 조치를 취한다."고 함으로써 비록 유럽연합사법재판소의 판결이 '선언적' 성질을 가지고 있다고 하더라도 구속력이 있다는 점을 분명히 밝히고 있다. 따라서 회원국은 유럽연합사법재판소에 의하여 인정된 의무 위반을 종료시킬 의무가 있다. 다만, 위반을 종료시킬 수 있는 방법은 스스로 선택할 수 있다.[345]

그렇다면 만일 해당 회원국이 유럽연합사법재판소의 판결에 따른 조치를 취하지 않은 경우에는 어떻게 할 것인가? 이 경우, 상당히 번거로운 일이지만 유럽위원회는 TFEU 제258조상의 절차를 거의 반복하는 수고를 해야 한다. 즉, 해당 회원국이 판결에 따른 조치를 취하지 않았다고 판단되는 경우, 유럽위원회는 해당 회원국에 의견을 제출할 수 있는 기회를 준 다음에 해당 회원국이 유럽연합사법재판소의 판결을 이행하지 않은 점을 구체적으로 명시한 적절한 의견을 제시해야 한다.[346] 그리고 해당 회원국이 유럽위원회가 제시한 시한 이내에 유럽연합사법재판소의 판결을 이행하는데 필요한 조치를 취하지 않은 경우, 유럽위원회는 이 사안을 유럽연합사법재판소에 기소할 수 있다. 이 경우에 유럽위원회는 회원국이 납부해야 할 일시불 총액 또는 벌금으로서 상황에 비추어 볼 때 적절하다고 판단되는 금액을 지정해야 한다.[347] 이에 의거하여 유럽연합사법재판소는 해당 회원국이 판결을 이행하지 않았다고 판정하는 경우에 해당 회원국에 일시불 총액 또는 벌금을 부과하게 된다.[348] 이 제재조항은 마스

---

[345] 김대순, EU법론, 상게서, p.483.
[346] TFEU 제260조 2항 1단.
[347] TFEU 제260조 2항 2단.
[348] TFEU 제260조 2항 3단.

트리히트조약에 의해 도입된 것이다. 그 이전에는 회원국이 사법재판소의 판결 내용을 이행하지 않더라도 제재를 가할 법적 근거가 없어 舊TEC의 실효성에 적지 않은 비판이 가해지고 있었다. 하지만 舊TEC 제228조 2항 3단(TFEU 제260조 2항 3단)이 도입됨으로써 회원국의 의무 위반에 대한 이행을 강제할 수 있는 법적 수단이 마련된 것이라는 점에서 의미가 있다.

6) 회원국에 의한 이행강제절차

TFEU 제259조는 "다른 회원국이 제조약에 따른 의무를 이행하지 않았다고 판단하는 회원국은 해당 사안을 유럽연합사법재판소에 회부할 수 있다."(1단)고 규정함으로써 유럽위원회만이 아니라 회원국에 의해서도 이행강제절차가 발동될 수 있음을 인정하고 있다. 다만 소송을 제기하고자 하는 회원국은 유럽연합사법재판소에 소송을 제기하기 전 반드시 해당 사안에 대해 유럽위원회의 의견을 구하지 않으면 안 된다.[349] 회원국에 의해 이와 같은 요청이 있으면, 유럽위원회는 각 해당 회원국에 상대방 회원국의 주장에 대한 자신의 주장 및 의견을 구두 및 문서로 제출할 수 있는 기회를 준 후에 적절한 의견을 제시한다.[350] 만일 유럽위원회가 해당 사안이 회부된 때로부터 3개월 이내에 의견을 제시하지 않으면, 회원국은 해당 사안을 사법재판소에 회부할 수 있다.[351]

하지만 TFEU 제259조에 의거한 최초의 사례는 France v. United Kingdom[352]이나 사실상 회원국들에 의해 거의 이용되고 있지 않다. 회원국들이 소송절차를 이용하여 그들의 동반자 국가들을 제소하는데 주저하고 있는 것이 그 주된 이유이다. 따라서 회원국간 분쟁은 소송 외 절차에 의하거나 위에서 살펴본 TFEU 제258조에 의하여 해결된다.

(마) 조약적합심사

회원국, 유럽의회, 이사회 또는 유럽위원회가 국제협정(조약)이 TEU·TFEU에 적합한가의 여부에 대해 사전심사를 요청하는 경우, 사법재판소는 그 적합성에 대해 판단할 수 있다. 사법재판소의 의견은 법적 구속력이 있다. 따라서 사법재판소의 판단이 부정적인 경우, 국제협정이 체결되기 위해서는 TEU·TFEU가 개정되어야 한다.[353]

---

[349] TFEU 제259조 2단.
[350] TFEU 제259조 3단.
[351] TFEU 제259조 4단.
[352] C.J.C.E., 4 octobre 1979, *France c. Royaume-Uni* 141/78, Rec. 1979, 2923.
[353] TFEU 제218조 11항.

(2) 선결적 부탁절차

선결적 부탁절차(preliminary rulings)는 회원국의 국내법원 또는 재판소에서 리스본조약의 해석이나 2차법의 효력 및 해석이 쟁점이 되는 경우에 국내법원 또는 재판소가 유럽연합사법재판소에 유권해석을 요청하는 절차이다.

이 절차는 EU법이 국내법원에 의한 통일적 적용을 확보함은 물론, EU법의 직접효과와 우위의 원칙을 중심으로 한 EU법상의 중요한 법리를 발전시키기 위한 수단으로 사용되어 왔다.

선결적 부탁절차에서 유럽연합사법재판소와 국내법원의 관계는 상호협력관계일 뿐 계층적 관계는 아니라고 보아야 한다. 즉, TFEU 제267조는 "모든 회원국에서 공동체법의 적절한 적용 및 통일적인 해석을 위하여 국내법원 및 사법재판소 간 의무의 분담을 수반하는 협력에 기초하고 있다."고 규정한다.[354] 따라서 국내법원이 유럽연합사법재판소에 부탁을 하는 것은 의무적인 것이 아니다. 국내법원은 스스로 EU법상의 문제를 해석하고, 그것을 당해 사건에 적용할 수 있다. 그러나 국내법원이 EU법에 대해서 반드시 알고 있어야 하는 것도 아니고, 또 그 내용에 대해 알아야 하는 것도 아니기 때문에 유럽연합사법재판소에 부탁하여 EU법의 해석에 대해 선결적 판단을 받아 당해 사건에 적용한다.

그렇다면 선결적 판단의 국내법원에 대한 효과는 어떠한가? 이에 대해서는 EU법의 해석에 관한 경우와 EU법의 효력에 관한 경우로 나누어 검토한다.

첫째, EU법의 해석에 관한 선결적 판단의 경우, ① 부탁한 국내법원은 유럽연합사법재판소가 행한 해석에 적합하도록 당해 EU법을 적용할 의무가 있고, 또한 ② 기타 국내법원은 유럽연합사법재판소의 선결적 판단을 유사한 사건에서 유권적 해석으로 취급한다.

둘째, EU법의 효력에 관한 선결적 판단의 경우, 유럽연합사법재판소는 당해 조치(EU법)의 무효를 선언할 수 있는데, 그 경우는 '대세적(orga omnes)' 효력이 있다. 그것은 당해 조치(EU법)를 취소하는 것이 아니지만 실질적으로는 취소된 것으로 취급된다. 또한 당해 선결적 판단은 소급적 효과가 있다. 다만, 유럽연합사법재판소는 그것을 제한하는 수도 있다.

5. 전문재판소: CST

유럽연합사법재판소는 사법재판소와 보통재판소뿐 아니라 전문재판소들(Specialized Courts)을 둘 수 있다.[355] 전문재판소들은 특별 전문분야에서 제소되는 특정한 제1심 소송 유형을 심문하고 결정하는 보통재판소에 부속되어 설치된다.[356] 리스본조약은 '재판소들(Courts)'이란 복수형을 사용함으로

---

[354] Case 244/80 *Pasquale Foglia v. Mariella Novello (No. 2)* [1981] ECR 3045, para. 14.
[355] TEU 제19조 1항 1단.

써 필요에 따라 여러 개의 전문재판소를 설치할 수 있음을 명시하고 있다.

현재 전문재판소의 하나로 설치·운영되고 있는 것은 2005년부터 업무를 개시한 'EU 공무재판소(EU Civil Service Tribunal: CST)'[357]이다.

EU 공무재판소는 이사회에 의해 임명되는 7명의 재판관으로 구성되어 있다. 재판관의 임기는 6년이고, 연임할 수 있다. 재판관들은 호선으로 3년 임기의 재판장을 선출한다.[358]

EU 공무재판소의 재판부는 3명의 재판관으로 구성되는 소법정(Chambers)과 재판관 전원으로 구성되는 전원법정(a full Court)이 있다. 통상 소법정이 열리나 사안의 난이도와 중요도를 고려하여 판단해야 하는 경우 전원법정이 열린다. 그리고 EU 공무재판소 의사규칙(Rules of Procedure)[359]이 별도로 정하는 경우, 5명 또는 1명의 재판으로 구성되는 소법정이 열릴 수도 있다.[360]

EU 공무재판소는 '특별전문분야(specific areas)', 특히 'EU 당국과 직원들 간 제기되는 분쟁(disputes between the European Union and its servants)'에 대해 관할권을 행사할 수 있다.[361] 다시 말하여, EU 공무재판소의 제소 대상이 되는 분쟁은 'EU와 관련된 공적 직무(서비스)(disputes involving the European Union civil service)'여야 한다. EU 제기관에는 약 35,000명의 직원들이 근무하고 있으며, 급여, 승진, 퇴직, 교육훈련, 질병, 장애, 산업재해, 연금 등과 관련하여 매년 약 120여 건의 소송이 EU 공무재판소에 제기되고 있다.

EU 공무재판소의 결정에 대해 이의가 있는 경우, 당사자는 결정이 내려진 날로부터 2개월 이내 보통

---

[356] TFEU 제257조 1단.
[357] Council Decision of 2 November 2004 *establishing the European Union Civil Service Tribunal(2004/752/EC, Euratom)*, OJ L 333 of 9.11.2004, p.7.
[358] EU 공무재판소 의사규칙 제6조 1항.
[359] TFEU 제257조 5단: "전문재판소는 사법재판소와 합의하여 의사규칙을 제정한다. 이 의사규칙은 이사회의 승인을 필요로 한다."
EU 공무재판소 의사규칙은 2007년 7월 25일자로 제정되었다. *Rules of Procedure of the European Union Civil Service Tribunal of 25 July 2007* (OJ L 225 of 29.8.2007, p.1, with corrigendum OJ L 69 of 13.3.2008, p.37) and the amendments resulting from the following measures:
1. Amendments to the Rules of Procedure of the European Union Civil Service Tribunal of 14 January 2009 (OJ L 24 of 28.1.2009, p.10),
2. Amendments to the Rules of Procedure of the European Union Civil Service Tribunal of 17 March 2010 (OJ L 92 of 13.4.2010, p.17),
3. Amendments to the Rules of Procedure of the European Union Civil Service Tribunal of 18 May 2011 (OJ L 162 of 22.6.2011, p.19).
[360] EU 공무재판소 의사규칙 제9조 1항.
[361] 보다 정확하게 말하면, EU 공무재판소에 제소할 수 있는 자는 EU제기관에 근무하는 직원에 한하지 않고, 리스본조약에 의거하여 설치된 모든 하부기구에 근무하는 직원들도 포함된다. 다시 말하여 '모든 하부기구와 그 직원들 간 분쟁'도 EU 공무재판소의 관할 아래 놓여있다. 그러나 회원국 국내행정당국과 그 직원들 간 제기되는 사안은 EU 공무재판소의 관할이 아니다.

재판소에 항소할 수 있다. 이 때 보통재판소는 EU 공무재판소 결정에 대한 법률문제에 대해서만 (points of law only) 판단한다.362) 다만, '설치 규칙에서 정하고 있는 때'363)에는 EU 공무재판소의 설치에 사실 문제(matters of fact)에 대해서도 판단할 수 있다.364)

---

362) TFEU 제257조 3단.
363) TFEU 제257조에 의하면, 전문재판소의 설치에 대해서는 규칙의 형태로(1단), 즉, '전문재판소의 설치에 관한 규칙(the regulation establishing a specialized court)' (2단)으로 정한다. 동조에 의하여 향후 전문재판소를 설치하기 위해서는 '규칙'을 제정해야 한다. 그러나 EU 공무재판소의 설치의 법적 근거는 '니스조약에 개정된 EC설립조약' 제225A조이다. 동조는 사법패널(judicial panels)(전문재판소의 이전 명칭)로서 EU 공무재판소의 설치는 결정(the decision establishing a judicial panel)에 의한다고 규정하고 있다. 따라서 EU 공무재판소는 '규칙'이 아니라 '결정'(Council Decision of 2 November 2004 *establishing the European Union Civil Service Tribunal(2004/752/EC, Euratom)*, OJ L 333 of 9.11.2004, p.7)에 의해 설립되었다.
364) TFEU 제257조 3단.

제5장

법률의 제정 및 의사결정제도

제1절 법률의 제정

1. 서론

2006년 유럽이사회에 의하여 유럽헌법조약에 대한 무기한 비준 연기(모라토리엄)가 선언됨에 따라 '미니조약' 혹은 '단순화된 조약'의 형태로 리스본 조약 제정 작업이 추진되었다. 유럽헌법조약과는 달리 헌법적 성질을 가진 조항을 둘 수 없는 리스본조약은 '원칙적으로는' 기존의 기본조약의 개정 작업 방식에 의거하여 舊TEC과 舊TEU을 수정·보완하는 형식으로 제정 작업이 진행되었다. 이와 같은 맥락에서 EU 법규범의 체계도 기존의 내용을 수용하고 있다. 특히 2차 입법, 즉 EU의 법적 행위(legal acts)의 용어와 유형도 기존의 내용에 대해 별다른 수정은 가하지 않았다. 이처럼 외견상으로 볼 때, 리스본조약은 유럽헌법조약과는 달리 그 규범의 체계에 대해 그리 중대한 변화를 시도하지는 않았다고 할 수 있다.

그러나 리스본조약은 비록 2차입법의 용어와 그 유형에 대해서는 별다른 수정을 하고 있지는 않으나 법적 행위를 ① (보통 혹은 특별)입법절차에 따라 제정된 행위, ② 위임행위 및 ③ 실시(집행)행위로 구분하는 등 그 실질적인 면에서는 적잖은 변경을 가하였다. 사실 이 구분은 이미 유럽헌법조약에서 시도된 것으로서 리스본조약에 그대로 수용된 것이다. 모라토리엄이 선언됨으로써 현실적으로 유럽헌법조약은 폐기되었다고 할지라도 법적 행위와 관련해서는 그 대부분의 내용이 리스본조약에 수용되고 있는 것이다.

리스본조약은 법적 행위와 그 제정 절차의 개혁을 통하여 특히 입법 과정에서의 민주성 결핍 문제를 해소하고자 노력하였다. 이와 같은 노력의 흔적은 리스본조약의 곳곳에서 발견할 수 있다.

첫째, 유럽의회가 이사회와 더불어 EU의 입법기관으로 확실하게 자리매김을 했다는 점을 들 수 있다. 이는 특히 보통입법절차에서 여실히 드러나고 있는데, 제1독회, 제2독회, 조정절차 및 제3독회를 거치는 과정에서 유럽의회의 태도 여하에 따라 실질적으로 법안의 채택 여부가 결정된다. 따라서 이제 더 이상 기존과 같이 '유럽위원회'와 '이사회' 양대 기관에 의한 '법률안 제안-채택'이라는 구도에 의해 EU 차원의 법률이 제정될 수는 없게 되었다.

둘째, 유럽위원회에 의한 '독점적 법안 제안권'이 행사될 수 없다는 점이다. 리스본조약 하에서는 유럽위원회만이 아니라 일정 수 이상의 회원국과 유럽의회도 법안을 발의할 수 있다. 또한 비록 간접적 제안권의 형태로 규정되고 있지만 시민에 의한 발의권도 보장되고 있다는 점은 주목할 필요가 있다.

셋째, 처음으로 시민발의권이 인정되고 있다는 점이다. 그동안 유럽역내통합을 위한 입법 과정에 시민들이 참가할 수 있는 기회는 사실상 봉쇄되어 있었다. 물론 '상당수의 회원국'에서 '100만 명 이상'의 시민들의 제안이 있어야 하고, 또한 '유럽위원회의 권한의 범위 내에서' 발의가 행해질 수 있다는 제약이 있다. 하지만 이와 관련한 내용에 대해 보통입법절차에 의거하여 규칙의 형태로 정하게 되므로 이러한 제약 사항은 상당 부분 극복될 여지가 있다. 더욱이 시민들이 유럽위원회-이사회-유럽의회 등의 일부 기관에 의해 주도되는 EU 입법과정에 참가할 수 있는 기회를 가지게 되었다는 점은 긍정적으로 평가할 수 있다.

마지막으로, 유럽의회와 더불어 국내의회의 권한이 강화되었다는 점이다. 리스본조약은 국내의회에 관한 두 개의 의정서를 첨부하여 입법과 정책결정과정에서 국내의회와의 협력을 강화하고 있다. 앞으로 EU 차원에서 법안이 제출되게 되면, 이는 반드시 국내의회에도 송부되어야 한다. 만일 그 송부된 법안에 대해 국내의회가 부정적 의견을 제시하게 되면, EU 전체의 입법 과정에 영향을 미치게 된다. 따라서 이제는 입법 과정에서 EU 기관의 입장만이 아니라 국내의회의 역할에도 주목할 필요가 있다.

2. 리스본조약 이전의 법적 행위의 유형과 그 성질

(1) 니스조약 하의 법적 행위의 유형과 그 성질

EU법상 법적 행위(legal acts)란 기본조약을 근거로 제정된 2차입법을 말하는데, EU법의 2차법원(secondary sources of law)을 구성한다. 리스본조약 이전, 즉 니스조약 체제 하에서 법적 행위에 대해 규정하고 있는 것은 舊TEC 제249조이다. 동조에 의하면, 2차법원은 규칙(regulation), 지침(directive), 결정(decision), 권고(recommendation) 및 견해(opinion)의 다섯 가지 유형으로 나누어지고, 이 가운데 법적 구속력을 가지는 것은 전자의 3개뿐이다.[1]

규칙은 일반적인 적용성과 함께 전적으로 구속력을 가지며 모든 회원국에서 직접적으로 적용된다.[2] 또한 규칙은 그 발효에 의하여 자동적으로 회원국법의 일부를 구성하게 되며, 그 법적 성질은 연방법에 가깝다.

---

[1] 졸저, 유럽연합법, 상게서, pp.72-73.
[2] 舊TEC 제249조 2문.

지침은 달성되어야만 하는 결과에 대해서 그 시달 대상(受範者)인 회원국을 구속하지만, 결과달성의 형식·방법의 선택에 대해서는 회원국에게 재량의 여지를 인정하는 입법형식이며, 그 내용을 국내법으로 바꾸기 위한 실시조치가 회원국에 의해 취해져야만 한다.[3] 회원국에게 재량의 여지가 인정되기 때문에 지침의 실시에 임하여 지침의 규정이 실시조치로서 제정되는 국내법에 그대로 수용되어야 하는 것은 아니다.[4] 특히, 지침의 실시가 반드시 국내법의 개폐 혹은 제정을 필요로 하는 것은 아니다.[5] 다만, 행정청의 의사로 자유롭게 변경할 수 있는 단순한 행정실무의 변경을 실시라고 볼 수는 없다.[6] 또한 지침은 일반적으로 그 국내적 실시에 기한을 정하고 있다.

결정은 회원국과 개인인 특정의 수범자에 대하여 발하고, 그 수범자를 전면적으로 구속하는 효과를 발생한다.[7] 결정은 원칙적으로, 대상을 한정하여 발하는 개별적 입법으로서 그 의미에서 일반적 입법인 규칙, 지침과는 구별된다.

그리고 권고·의견도 2차법원에 포함되지만 원칙적으로 그 준수가 의무적이지도 않고, 어떠한 법적 구속력도 가지지 않는다.[8]

(2) 유럽헌법조약상 법적 행위의 유형과 그 성질

니스조약 체제 하에서의 기본조약은 규정하는 EC와 EU의 목적을 달성하기 위하여 각 분야에서 막대한 수의 2차입법이 제정되어 EC법의 실질적 내용을 구성하고 있었다. 하지만 아래 [표 5-1]에서 보는 바와 같이, 구체적으로는 개별 조약마다 상이하게 규정된 15개의 입법 형태가 있어[9] 상당한 혼란을 야기하고 있었다.[10] 이 문제를 해결하기 위하여, 유럽헌법조약은 입법행위의 단순화를 시도하였다.

---

[3] 舊TEC 제249조 3문.
[4] Case 247/85 Commission v. Belgium [1987] ECR 3029, at 3060.
[5] Case 29/84 Commission v. Germany [1985] ECR 1661, at 1673.
[6] Case 102/79 Commission v. Belgium [1980] ECR 1473, at 1486.
[7] 舊TEC 제249조 4문.
[8] 舊TEC 제249조 5문.
[9] 舊TEC 제249조에 규정된 정형적인 다섯 가지의 유형 외에 舊TEC과 舊TEU에서는 특히 공동외교안보정책과 형사문제에 관한 경찰·사법협력 분야 등에 대해 결정, 연대전략, 연대행동 및 공동입장(舊TEU 제5부·제6부) 등 개별적으로 적용되는 행위에 대해 규정하고 있다.
[10] Dony는 EC(EU)법상 입법행위의 무질서를 다음과 같은 세 가지로 정리하고 있다. 즉, 입법행위는 공동체 법원의 지나친 확대를 가져왔고, 의사결정절차를 복잡하게 만들었으며, 또한 유럽차원에서 적용되는 과정에서 너무 난해한 동시에 기만적 성질을 갖고 있다고 한다. Marianne Dony et Emmanuelle Bribosia(Ed. par), *op. cit.*, pp.203-204. 이에 대한 상세한 내용은 *Ibid.*, pp.204-208.

[표 5-1] 법적 행위의 유형 및 성질 비교

니스조약	유럽헌법조약			리스본조약		
유형(15가지)	유형(6가지)	제정 방식에 따른 분류	구속력 유무	유형(5가지)	제정 방식에 따른 분류	구속력 유무
규칙 협약(舊TEU) 협약(舊TEC) 지침 골격결정 결정 결정(舊TEU 제5부) 결정(舊TEU 제6부) 원칙 및 일반적 접근 연대전략 연대행동 공동입장(舊TEU 제5부) 공동입장(舊TEU 제6부)	유럽법 유럽골격법	입법행위	有	규칙 지침 결정	입법행위	有
	유럽결정 유럽규칙	비입법행위 • 위임유럽규칙 • 유럽실시규칙 • 유럽실시결정	無		비입법행위 • 위임행위 • 실시행위	無
권고 견해	권고 견해		無	권고 견해		無

단순화에 관한 논의의 결과, 유럽헌법조약은 유럽법, 유럽골격법, 유럽규칙, 유럽결정, 권고 및 견해의 여섯 가지 유형의 법적 행위를 도입하였다.[11] 이를 분설하면 다음과 같다.[12]

첫째, 유럽법(European law)은 일반적 적용성을 가지는 입법행위(legislative act)로서 모든 회원국에서 완전한 구속력을 가지고, 또 직접적으로 적용된다. 이는 기존의 규칙(regulation)의 법적 성격과 효력을 대체한 것이다. 규칙과 마찬가지로 유럽법은 일반적 범위를 가지며, 그 모든 요소에 있어서 의무적인 동시에 모든 회원국에 대해 직접적으로 적용된다.

둘째, 유럽골격법(European framework law)은 달성해야 할 결과에 대하여 해당 회원국을 구속하는 입법행위이다. 하지만 그 형태와 방식은 해당 회원국의 국내기관이 선택한다. 이는 기존의 지침(directive)에 해당한다.

셋째, 유럽규칙(European regulation)은 입법행위 및 헌법의 어느 특수 규정의 이행을 위하여 일반적 적용성을 가지는 비입법행위(non-legislative act)이다. 유럽규칙은 유럽법과 유럽골격법의 두 가

---

[11] 유럽헌법조약 제I-33조 1항.
[12] 이에 대한 대부분의 내용은 다음 문헌을 재인용하였다. 졸저, 유럽헌법론(높이깊이, 2006), pp.135-137.

지 성격을 아울러 가지고 있다. 따라서 동 규칙은 모든 회원국에 대하여 완전한 구속력을 가지고, 또 직접적으로 적용될 수도 있다. 또한 동 규칙은 달성해야 할 결과에 대하여 해당 회원국을 구속하지만 그 형태와 방식은 해당 회원국의 국내기관이 선택하게 된다.

넷째, 유럽결정(European decision)은 기존의 결정(decision)에 해당하는 것으로서 완전한 구속력을 갖는 비입법행위이다. 유럽결정은 특정 수범자를 대상으로 하는 때에는 이 수범자에 대해서만 구속력을 가진다.

다섯째, 권고 및 견해(recommendation and opinion)의 법적 효력은 현행의 그것들과 별다른 차이가 없이 제 기관에 의해 채택되며 아무런 법적 구속력도 가지지 않는다.[13]

그리고 한 가지 특기할 사항은, 舊TEC 제249조와는 달리 유럽헌법조약은 위의 여섯 가지 법적 행위를 그 제정방식에 따라 크게 입법행위(legislative acts)와 비입법행위(non-legislative acts)로 나누고 있다는 점이다. 즉, 유럽법과 유럽골격법은 전자에, 유럽규칙, 유럽결정, 권고 및 견해는 후자에 해당한다. 이러한 분류는 기존의 조약에서는 규정되어 있지 않은 것으로서 유럽헌법조약에서 새롭게 도입한 것이다.

3. 리스본조약상 법적 행위 체계의 개혁

(1) 법적 행위 체계의 개혁에 관한 주요 쟁점

법적 행위에 관하여, 리스본조약은 TFEU 제6부 제1편 제2장에서 "연합의 법적 행위, 채택 절차 및 기타 규정"에서 새롭게 정리하고 있다.

유럽헌법조약은 EU의 법적 행위의 유형을 단순화하고, 제정 형태에 따라 이를 입법행위와 비입법행위로 분류하는 등 그 내용에 상당한 변경을 시도하였다. 그러나 리스본조약은 규칙, 지침, 결정, 권고 및 견해라는 다섯 가지 유형과 행위의 명칭을 그대로 사용하고 있어 외견상으로는 별다른 개혁을 시도하지 않고 있다(상기 [표 5-1] 참고). 그 이유는 다음과 같다.

첫째, 리스본조약은 '헌법적 성질을 가진 일체의 조항을 둘 수 없다'라는 대전제 아래 제정 작업이 추진되었음은 위에서 언급한 바와 같다. 그러므로 '유럽법(European law)' 또는 '유럽골격법(European framework law)'과 같이 다분히 헌법적 성질을 가지는 용어를 사용할 수 없다.

둘째, 리스본조약은 TEU 제47조에서 "연합은 법인격을 가진다."고 명시적으로 규정함으로써 EU를 단일한 법주체로 인정하고 있다. 동조약은 "연합은 EC를 대체하고, 승계한다(The Union shall replace and succeed the European Community)"[14]고 함으로써 이 점을 분명히 하고 있다. 따라서 리스본

---

[13] 그러나 권고 및 의견이 다른 EU법의 해석에 기준을 제공하는 경우에는 그들에게도 법원성을 승인할 수가 있다. 권고·의견에 기하여 그 후 법적 구속력이 있는 2차 입법이 제정된 경우도 있다. 졸저, 유럽연합법, 상게서, p.73.

조약에 의해 EC와 EU의 구별이 폐지됨으로써 더 이상 삼주체제는 유지될 수 없게 되었다.15) 그 결과, 마스트리히트조약에 의해 도입된 EC·공동외교안보정책·사법내무협력(암스테르담조약에 의해 경찰·형사사법협력(PJCC)으로 변경됨)의 소위 '삼주체제(three pillars system)'는 사실상 폐지되었다.16)

이와 같은 이유로 TFEU 제288조는 舊TEC 제249조에 규정된 법적 행위의 명칭과 유형, 그리고 그 성질을 거의 그대로 수용하고 있다(참고 [표 5-2]).

[표 5-2] 舊TEC 제249조와 TFEU 제288조 비교

ex-Article 249 TEC	Article 288 TFEU	TFEU 제288조
In order to carry out their task and in accordance with the provisions of this Treaty, the European Parliament acting jointly with the Council, the Council and the Commission shall make regulations and issue directives, take decisions, make recommendations or deliver opinions.	To exercise the Union's competences, the institutions shall adopt regulations, directives, decisions, recommendations and opinions.	연합의 권한을 행사하기 위하여, 기관은 규칙, 지침, 결정, 권고 및 의견을 채택한다.

---

14) TEU 제1조 3단.
15) 삼주체제가 폐지되었다고 하여 정부간주의가 완전히 사라진 것은 아니라고 보아야 한다. 또한 EU가 초국가성을 전적으로 확보했다고 보기도 어려운 측면이 있다. 특히 공동외교안보정책과의 관계에 있어 EU는 사실상 '二柱體制(two pillars)', 즉 두 기둥체제를 유지하고 있다. 즉,
 ① 국가안전보장은 각 회원국에 전속하는 권한이다(TEU 제4조 1항).
 ② TEU는 제5편(TITLE V)에서 "연합의 대외적 행동에 관한 일반규정 및 공동외교안보정책에 관한 특별규정(GENERAL PROVISIONS ON THE UNION'S EXTERNAL ACTION AND SPECIFIC PROVISIONS ON THE COMMON FOREIGN AND SECURITY POLICY)"을 두고 TFEU에 상세하게 규정되어 있는 기타 대외관계와 구별하고 있다.
 ③ 공동외교안보정책은 특별 규칙과 절차의 바탕 위에서 운영된다(TEU 제24조 1항 2단).

또한 형사문제에 관한 경찰사법협력도 폐지되어 '공동체화'되었지만 정부간 협력의 여지가 완전히 사라진 것은 아니다.
 ① 형사문제에 관한 경찰사법협력은 TEU가 아니라 TFEU의 제5편(TITLE) '자유, 안전 및 사법지대(AREA OF FREEDOM, SECURITY AND JUSTICE)'에 포함되어 규정되어 있다.
 ② EU는 회원국의 기본적 권리 및 상이한 법제도와 전통을 존중하면서 자유, 안전 및 사법지대를 설치해야 한다(TFEU 제67조 1항).
 ③ 자유, 안전 및 사법지대에 관한 제5편은 공공질서의 유지 및 국내안전보장(국내치안) 확보를 위한 회원국의 관할권 행사에는 영향을 미치지 않는다(TFEU 제72조).
 ④ 회원국에서 국내안전을 담당하는 행정기관의 관할부서간 상호 협력과 조정을 위한 조직을 설치하는 것은 회원국의 자유재량 사항이다(TFEU 제73조).
 ⑤ 형사문제에 관한 경찰사법협력에 대해서는 유럽위원회의 제안에 의해서만이 아니라 회원국 수의 4분의 1에 의한 법안 발의도 가능하다(TFEU 제76조).
16) 삼주체제가 폐지된 결과, 니스조약 체제, 특히 舊TEU 하에서 사용되던 협약, 골격결정, 공동입장 등의 용어는 CFSP 및 형사문제에 관한 경찰사법협력 분야에서 더 이상 사용될 수 없게 되었다.

A regulation shall have general application. It shall be binding in its entirety and directly applicable in all Member States.	A regulation shall have general application. It shall be binding in its entirety and directly applicable in all Member States.	규칙은 일반적 적용성이 있다. 규칙은 완전한 구속력이 있으며, 모든 회원국에 직접 적용된다.
A directive shall be binding, as to the result to be achieved, upon each Member State to which it is addressed, but shall leave to the national authorities the choice of form and methods.	A directive shall be binding, as to the result to be achieved, upon each Member State to which it is addressed, but shall leave to the national authorities the choice of form and methods.	지침은 달성해야 할 결과에 관하여 시달 대상인 해당 회원국을 구속하지만 그 형태와 방식은 해당 회원국의 국내당국이 선택한다.
A decision shall be binding in its entirety upon those to whom it is addressed.	A decision shall be binding in its entirety. A decision which specifies those to whom it is addressed shall be binding only on them.	결정은 완전한 구속력이 있다. 그 시달 대상을 특정하고 있는 경우, 결정은 오직 그에 대해서만 구속력이 있다.
Recommendations and opinions shall have no binding force.	Recommendations and opinions shall have no binding force.	권고와 의견은 구속력이 없다.

[표 5-2]는 법적 행위에 대해 정하고 있는 舊TEC 제249조와 현행 TFEU 제288조의 조문의 내용을 비교한 것이다. 이 가운데 특히 주목을 끄는 것은 바로 '결정'에 관한 규정의 내용이다. 즉, 舊TEC 제249조에 따르면 결정은 "오직 그 시달 대상에 대해서만 구속력을 가지는" 입법형태이다. 그러나 리스본조약은 TFEU 제288조에서 "결정은 완전한 구속력이 있다."고 전제한 후 그 시달대상이 특정된 경우에는 "오직 그에 대해서만 구속력이 있다."고 정하고 있다.

이와 관련하여 다음과 같은 의문이 제기될 수 있다. '일반적 적용성(general application)'을 가지는 규칙과 '완전한 구속력을 가지는(be binding in its entirety)' 결정은 동일한 법적 지위를 가지는가? 아니면 양자는 어떠한 면에서 차이가 있는가?" 이 질문에 대해 리스본조약은 명확한 답변의 근거를 제시하고 있지 않다. 이 문제는 향후 입법 과정과 사례를 통해 논의되고 해결되어야 할 것임은 분명해 보인다. 하지만 만일 결정이 EU의 전 영역에 대해 적용되는 법적 수단으로 사용되는 경우(소위 'a passe-partout legal instrument'), 그 법적 효력 면에서 결정과 규칙 양자 간의 차이를 어떻게 구별할 수 있을 것인가?

첫째, 이 점은 회원국 국내헌법과의 충돌을 야기할 가능성이 있다. 따라서 규칙은 일반적 적용성과 완전한 구속력을 가지는 법적 수단이므로 발효와 동시에 회원국에 직접 적용된다. 즉, 회원국을 '전적으로' 구속하게 되므로 회원국 국내법, 특히 국내헌법과의 관계에서도 비교적 충돌의 여지가 많은 법적 수단으로 간주되고 있다. 그런데 이제 결정도 완전한 구속력을 가지는 입법 형태로서 제정되게 되므로 그 적용 시 필연적으로 국내헌법과의 충돌을 야기할 가능성이 높다. 현재로서는 규칙은 결정의 모든 '일반적 조치' 기능(all the 'general measure' functions of the decision)을 위해 사용되고, 반면 결정은 개별적 행정행위를 위한 수단으로 사용될 가능성이 높은 것으로 해석할 여지도 있다.[17]

둘째, TFEU 제288조에 언급된 결정은 공동외교안보정책의 업무 수행에 대해 규정하고 있는 TEU 제25조에 언급된 결정과 동일한 법적 수단인가에 대해서도 의문이 있다. TEU 제25조는 "연합은 아래 사항에 의해 공동외교안보정책을 수행한다."고 하면서, (b)호에서 다음의 세 가지 사항, 즉 ① 연합이 실시하는 행동, ② 연합이 취해야 할 입장 및 ③ ①과 ②에 언급된 결정의 실시세칙을 정하는 결정을 제정(adopting decisions)한다고 정하고 있다. 그러나 이미 위에서 검토한 바와 같이, 비록 삼주체제가 폐지되었다고는 하나 공동외교안보정책과의 관계에 있어 EU는 사실상 '이주체제(二柱體制, two pillars system)'를 유지하고 있다. 다시 말하여, 리스본조약 하에서도 정부간 주의는 완전히 사라지지 않고 있으며, 국가안전보장은 여전히 각 회원국에 전속하는 권한이다.[18] 이 점은 법적 행위와도 관련되어 있다. 리스본조약은 기존의 공동외교안보정책 분야에서 사용되고 있던 공동결정 및 공동입장과 같은 법적 수단을 정비하여 TFEU 제288조에 규정되어 있는 '일반적으로' 적용되는 다섯 가지 유형의 행위를 공동외교안보정책에도 그대로 적용할 것을 요구하고 있다. 하지만 정부간주의가 강하게 적용되고 있는 안보정책 분야에 대해 '완전한 구속력'을 가지는 결정을 채택·적용할 수 있을 것인가의 의문은 여전히 남는다.[19]

(2) 제정 방식에 따른 법적 행위의 분류

(가) 입법행위

리스본조약은 그 제정 방식에 따라 법적 행위를 입법행위(legislative acts)와 비입법행위(non-legislative acts)의 두 가지로 나누고 있다. 이 방식은 리스본조약에서 처음 도입된 것이 아니라 유럽헌법조약에서 이미 사용된 것이다(상기 [표 5-1] 참고). 먼저, 입법행위에 대해 알아보고, 비입법행위에 대해서는 항목을 달리하여 검토하기로 한다.

TFEU 제289조 3항에 의하면, '입법절차에 따라 채택되는 법적 행위'가 바로 '입법 행위'이다. 따라서 입법행위로 간주되기 위해서는 리스본조약상 정해진 입법절차에 따라 채택된 법적 행위여야 한다.

입법절차는 크게 두 가지로 나눌 수 있다. 하나는 '보통입법절차'이고, 다른 하나는 '특별입법절차'이다.

첫째, 보통입법절차는 유럽위원회의 제안에 의거하여 유럽의회 및 이사회가 공동으로 규칙, 지침 또는 결정을 채택하는 절차를 말한다.[20]

---

[17] Bruno de Witte, "Legal Instruments and Law-Making in the Lisbon Treaty", Stefan Grille & Jacques Ziller(eds.), *The Lisbon Treaty: EU Constitutionalism without a Constitutional Treaty?*(Springer Wien New York, 2008), pp.95-96.
[18] TEU 제4조 1항.
[19] *Ibid.*, p.90.
[20] TFEU 제289조 1항.

둘째, 특별입법절차는 제조약에서 정하는 특정한 경우, 이사회의 참가와 함께 유럽의회가, 또는 유럽의회의 참가와 함께 이사회가 규칙, 지침 또는 결정을 채택하는 절차를 말한다.[21]

그리고 위의 두 가지 입법절차 외에도, 셋째, '개별입법절차'가 규정되어 있는데, 개별입법절차는 보통입법절차와 특별입법절차에 의거하지 않고도 입법행위를 채택하는 절차를 말한다. 이 세 가지 입법절차에 대한 구체적 내용에 대해서는 아래 해당 항목에서 분설하기로 한다.

결론적으로, 위의 세 가지 입법절차에 의해 채택되는 법적 행위인 규칙, 지침 및 결정이 바로 입법행위에 해당하고, 그 이외의 행위는 모두 비입법행위로 간주되게 된다(아래 [표 5-3] 참고).

(나) 비입법행위

규칙, 지침 및 결정이 입법절차에 의해 제정되는 입법행위로 규정되어 있다는 것은 위에서 검토한 바와 같다. 리스본조약은 입법행위가 아닌, 즉 비입법행위로 '위임행위(les actes délégués)'와 '실시행위(les actes d'exécution)'라는 형태의 법적 행위에 대해서도 규정하고 있다. 아래 [표 5-3]에서 볼 수 있는 바와 같이, 이 행위의 형태는 유럽헌법조약에 규정되어 있던 '위임유럽규칙', '유럽실시규칙' 및 '유럽실시결정'이 리스본조약에서 새롭게 '위임행위'와 '실시행위'로 도입된 것이다.

[표 5-3] 제정 방식에 따른 EU 법적 행위의 분류

니스조약까지	유럽헌법조약	리스본조약
	입법행위	입법행위
규칙	유럽법	규칙
지침	유럽골격법	지침
규칙, 결정		결정
	비입법행위	비입법행위
규칙, 지침	유럽규칙	
규칙, 결정	유럽결정	
	위임유럽규칙	위임행위(위임규칙 등)
	유럽실시규칙	실시행위(실시지침 등)
	유럽실시결정	

鷲江義勝, "リスボン條約による理事會および政策決定過程についての一考察", ワールド・ワイド・ビヅネス・リビュー(第10卷 歐洲硏究特輯號), p.28.

먼저, 위임행위에 대해서 살펴본다. 위임행위는 입법행위의 특정한 비본질 요소를 보충 또는 수정

---

[21] TFEU 제289조 2항.

하기 위하여 채택되는 일반적 적용성을 가지는 비입법행위(... non-legislative acts of general application to supplement or amend certain non-essential elements of the legislative act ...)로서 입법행위에 의해 권한을 위임받은 유럽위원회에 의해 채택된다.[22] 유럽위원회에 위임되는 권한의 목표, 내용, 적용 범위 및 기간은 입법행위에서 '명확하게(explicitly)' 정해진다.[23] 또한 어떤 분야의 '본질적 요소(the essential elements)'는 입법행위에 유보되므로 유럽위원회에 대한 권한 위임의 대상은 되지 않는다.[24] 또한 입법행위는 위임에 기속되는 조건에 대해서도 명확하게 규정해야 한다.[25] 이와 같은 형태로 유럽위원회에 위임된 위임행위에는 그 제목에 '위임'이라는 형용사가 첨부되어 있어 기타의 행위와 구별해야 한다.[26]

다음, 실시행위에 관한 내용이다. TFEU 제291조는 유럽헌법조약에서 규정하고 있던 유럽실시규칙과 유럽실시결정을 계수하여 실시행위에 대해 규정하고 있다. 행위의 실시권한은 원칙적으로 회원국에게 속해 있다. 리스본조약은, "회원국은 법적인 구속력을 가지는 연합 행위를 실시하는데 필요한 국내법상의 모든 조치를 취한다."[27]고 하여 이러한 취지에 대해 명문의 규정을 두고 있다. 다만, 이에 대해서는 예외가 인정될 수 있다. 즉, 첫째, 유럽위원회에 의해서도 실시될 수 있으나 "... 연합 행위를 실시하기 위한 통일적 조건이 필요한 경우(Where uniform conditions for implementing legally binding Union acts are needed, ...)"에 한하여 인정된다.[28] 둘째, 이사회에게도 실시 권한이 부여된다. 다만, "적절한 이유 있는 특별한 경우(in duly justified specific cases)" 및 "TEU 제24조 및 제26조에서 정하는 경우"에는 권한을 위임받은 이사회가 실시 권한을 행사하게 된다.[29] 이 경우, 유럽의회 및 이사회는 유럽위원회의 실시권한의 행사에 대해 보통입법절차에 의거하여 규칙의 형태로 회원국에 의한 감독제도에 관한 법규 및 일반원칙(the rules and general principles concerning mechanisms for control by Member States)을 정한다.[30] 그리고 실시행위에는 그 제목에 '실시'라

---

[22] TFEU 제290조 1항 1단.
[23] TFEU 제290조 1항 1단 전단.
[24] TFEU 제209조 1항 1단 후단.
[25] 위임에 기속되는 조건은 다음과 같다.
 ① 유럽의회 또는 이사회는 위임의 철회를 결정할 수 있다.
 ② 위임행위는 유럽의회 또는 이사회가 당해 입법행위에 규정된 기간 내에 이의를 제기한 때에만 효력을 발생할 수 있다.
 ①과 ②의 목적을 위하여 유럽의회는 재적의원의 과반수로, 그리고 이사회는 가중다수결로 정한다. TFEU 제290조 2항.
[26] TFEU 제290조 3항.
[27] TFEU 제291조 1항.
[28] TFEU 제291조 2항.
[29] Ibid.
[30] TFEU 제291조 3항. 동조 동항을 해석함에 있어서는 주의할 필요가 있다. 즉, 동조 동항은 '비입법행위'인 실시행위에 관한 내용을 규정하고 있지만, '보통입법절차에 따라' '규칙'이 제정되게 되므로 이는 '입법행위'로 보아야 할 것이다.

는 형용사가 첨부되어 기타의 행위와 구별해야 한다.[31]

4. 법적 행위 제정 절차의 개혁

(1) 보통입법절차

이미 위에서 간단히 언급한 것처럼, 리스본조약에 있어 입법절차는 보통입법절차, 특별입법절차 및 개별입법절차의 세 가지가 있다. 이 세 절차에 의하여 채택된 법적 행위여야 입법행위로 간주된다.

리스본조약 이전, 즉 니스조약 체제 하에서는 네 가지의 입법절차, 즉 협의절차(consultation procedure), 협력절차(cooperation procedure), 공동결정절차(co-decision procedure) 및 동의절차(assent procedure)가 이용되고 있었다. 이 가운데 단일유럽협정에 의해 도입된 협력절차는 그다지 이용되지 않아 사실상 폐지된 상태에 있었다. 리스본조약은 협력절차에 관한 舊TEC 제252조를 삭제함으로서 이 절차는 공식적으로 폐지되었다. 그리고 협의절차와 동의절차는 특별입법절차에 포함되었고, 공동결정절차는 수정·보완되어 보통입법절차로 그 명칭이 변경되어 유지·존속되게 되었다([표 5-4] 참고). 그리하여 보통입법절차는 기존의 공동결정절차가 적용되던 40개 분야[32]에 33개를 더하여 총 73개 분야에 대해 적용되고 있다([표 5-5] 참고).

[표 5-4] EU 입법절차의 변천

니스조약까지	리스본조약
협력절차	폐지
공동결정절차	보통입법절차
협의절차	특별입법절차
동의절차	

[표 5-5] 리스본조약에 있어 보통입법절차 적용 분야 및 관련 조항

적용 분야	관련 조항
TFEU 제1부 제2편 일반적용규정	TFEU 제14조
	TFEU 제15조 3항
	TFEU 제16조 2항
TFEU 제2부 비차별과 연합 시민권	TFEU 제18조
	TFEU 제19조 2항
	TFEU 제21조 2항

---

[31] TFEU 제291조 4항.
[32] 니스조약상 공동결정절차가 적용되던 분야에 대해서는, 졸고, "다양성 속에서의 통합: 유럽시민권과 합리적 의사결정제도", 유럽연구(한국유럽학회, 제18호, 2003년 겨울), p.156.

	TFEU 제24조
TFEU 제3부 제2편 제2장 관세협력	TFEU 제33조
TFEU 제3부 제3편 농업 및 어업	TFEU 제43조 2항
TFEU 제3부 제4편 제1장 노동자	TFEU 제46조
	TFEU 제48조
	TFEU 제50조
	TFEU 제51조
	TFEU 제52조 2항
	TFEU 제53조 1항
TFEU 제3부 제4편 제3장 서비스	TFEU 제56조
	TFEU 제59조 1항
TFEU 제3부 제4편 제4장 자본과 지급	TFEU 제64조 2항
TFEU 제3부 제5편 제1장 일반규정	TFEU 제75조
TFEU 제3부 제5편 제2장 국경검사, 망명 및 이민정책	TFEU 제77조 2항
	TFEU 제78조
	TFEU 제79조 2항·4항
TFEU 제3부 제5편 제3장 민사사건에서의 사법협력	TFEU 제81조 2항
TFEU 제3부 제5편 제4장 형사사건에서의 사법협력	TFEU 제82조 1항·2항
	TFEU 제83조 1항·2항
	TFEU 제84조
	TFEU 제85조 1항
TFEU 제3부 제5편 제5장 경찰협력	TFEU 제87조 2항
	TFEU 제88조 2항
TFEU 제3부 제6편 운송	TFEU 제91조 1항
	TFEU 제100조 2항
TFEU 제3부 제7편 제3장 법률의 상호접근	TFEU 제114조 1항
	TFEU 제116조
	TFEU 제118조
TFEU 제3부 제8편 제1장 경제정책	TFEU 제121조 6항
TFEU 제3부 제8편 제2장 통화정책	TFEU 제129조 3항
	TFEU 제133조
TFEU 제3부 제9편 고용	TFEU 제149조
TFEU 제3부 제10편 사회정책	TFEU 제153조 2항
	TFEU 제157조 3항
TFEU 제3부 제11편 유럽사회기금	TFEU 제164조
TFEU 제3부 제12편 교육, 직업훈련 및 스포츠	TFEU 제165조 4항
	TFEU 제166조 4항
TFEU 제3부 제13편 문화	TFEU 제167조 5항
TFEU 제3부 제14편 공중보건	TFEU 제168조 4항·5항

TFEU 제3부 제15편 소비자보호	TFEU 제169조 3항
TFEU 제3부 제16편 유럽횡단네트워크	TFEU 제172조
TFEU 제3부 제17편 산업	TFEU 제173조 3항
TFEU 제3부 제18편 경제적, 사회적 및 영토적 결속	TFEU 제175조
	TFEU 제177조
	TFEU 제178조
TFEU 제3부 제19편 연구, 기술개발 및 우주	TFEU 제182조 5항
	TFEU 제188조
	TFEU 제189조 2항
TFEU 제3부 제20편 환경	TFEU 제192조 1항·2항·3항
TFEU 제3부 제21편 에너지	TFEU 제194조 2항
TFEU 제3부 제22편 관광	TFEU 제195조 2항
TFEU 제3부 제23편 시민보호	TFEU 제196조 2항
TFEU 제3부 제24편 행정협력	TFEU 제197조 2항
TFEU 제3부 제2편 공동통상정책	TFEU 제207조 2항
TFEU 제4부 제3편 제1장 개발협력	TFEU 제209조 1항
TFEU 제4부 제3편 제2장 제3국과의 경제적, 재정적 및 기술적 협력	TFEU 제212조
TFEU 제4부 제3편 제3장 인도적 지원	TFEU 제214조 3항·5항
TFEU 제6부 제1편 제1장 기관	TFEU 제224조
	TFEU 제257조
	TFEU 제281조
TFEU 제6부 제1편 제2장 연합의 법적 행위, 채택 절차 및 기타 규정	TFEU 제291조 3항
	TFEU 제298조 2항
TFEU 제6부 제2편 제5장 공통규정	TFEU 제322조
TFEU 제6부 제2편 제6장 사기방지대책	TFEU 제325조
TFEU 제7부 일반·최종규정	TFEU 제336조
	TFEU 제338조 1항

보통입법절차는 기존의 공동결정절차와 마찬가지로 유럽위원회 등의 제안에 의거하여 유럽의회 및 이사회가 규칙, 지침 또는 결정을 공동으로 채택하는 입법절차이다. 아래 [표 5-6][그림 5-1]에서 보는 바와 같이, TFEU 제294조는 보통입법절차에 대해 상세하게 규정하고 있다. 보통입법절차는 기존의 공동결정절차를 실질적으로 승계하고 있지만 아래와 같이 일부 내용이 수정되었다.

먼저, 기존의 공동결정절차의 경우, 유럽위원회만이 법안을 제안(발의)할 수 있었다. 이것이 소위 유럽위원회의 '독점적 제안권'이다. 마스트리히트조약 이후 유럽의회의 권한도 강화되기는 하였으나, 필요한 법안이 있는 경우에는 유럽위원회에 법안의 발의를 요청할 수밖에 없었다. 이를 유럽의회의 '간접적 제안권(혹은 간접적 법안제출권, indirect right of initiative)'이라고 한다. 그러나 리스본조약은 법안 제안 혹은 발의에 있어 유럽위원회가 누리던 이와 같은 '독점적' 지위를 폐지하고 있다. 즉, 이제는 일정 수 이상의 회원국(회원국단, a group of Member States) 또는 유럽의회도 발의할 수 있고, 유럽중앙은행의 권고 또는 사법재판소 및 유럽투자은행의 요청에 의해서도 입법절차가 개시될 수 있게 되었다.[33]

다음으로 주목할 것은, 리스본조약에서 처음으로 도입한 '시민발의권', 보다 정확하게 표현하면, EU 시민들에게 간접법안제출권을 부여하고 있다는 점이다. 따라서 이제 '상당수 회원국의 최소 100만명 이상의 시민들'은 TEU와 TFEU를 실시하는데 있어 EU의 법적 행위가 필요하다고 간주하는 주제에 대하여 '유럽위원회로 하여금 제안을 제출하도록 발의할 수 있다.[34] 시민발의에 적용되는 절차와 조건, 그리고 발의를 행하는 시민의 출신 회원국의 최소한의 수 등에 대해서는 보통입법절차에 따라 규칙의 형태로 정하게 된다.[35] 이처럼 니스조약 체제와는 달리 리스본조약 체제 하에서는 법안을 제안할 수 있는 주체가 유럽위원회만이 아니라 회원국, 유럽의회를 포함하여 EU 시민들에게로 확대되게 되었다. 따라서 그동안 제기되던 입법과정, 특히 유럽위원회(독점적 법안제출권)와 이사회(법률제정권) 양대 기관에 의한 권한의 집중으로 인한 민주성 결핍(deficit of democracy; democratic deficit)의 문제가 상당 부분 해소되게 되었다.[36]

마지막으로, 보통입법절차에서 가장 특기할만한 내용은, 바로 3독회제를 통하여 유럽의회가 이사회와 더불어 명실상부한 입법기관의 지위를 확보하게 되었다는 점이다. 기존의 공동결정절차에 있어서도 유럽의회의 '공동체 행위의 채택 과정'에 대한 참가[37]는 상당한 의미가 있었다. 다시 말하여, 공동결정절차가 도입되기 이전까지 EC 차원에서 유일한 입법주체(le titulaire unique)는 이사회였다. 그러나 유럽의회의 입법행위 참가가 확보됨으로써 이사회와 더불어 유럽의회는 공동입법주체(le co-titulaire)가 되었다. 그런데 리스본조약은 보통입법절차에서 입법 과정을 〈제1독회〉〈제2독회〉〈조정절차〉 및 〈제3독회〉로 나누고, 각 과정에서 유럽의회의 입법권한을 이사회와 대등하게 인정하고 있다. 이렇게 함으로써 이제 유럽의회는 EU의 입법 과정에서 이사회와 더불어 共同立法者(le co-législateur), 다시 말하여 EU의 입법당국(Autorité législateur)의 지위를 확보하였다고 평가할 수 있다.[38]

---

[33] TFEU 제289조 4항.
[34] TEU 제11조 4항.
[35] TFEU 제24조 제1단.
[36] 물론 이러한 평가에 대해서도 반론의 여지가 있다. 리스본조약에 의하면, 유럽위원회와 회원국단, 그리고 유럽의회는 직접 발의할 수 있다(TFEU 제289조 4항). 그러나 유럽중앙은행의 경우에는 권고에 의하여, 또는 사법재판소 및 유럽투자은행의 경우에는 요청에 의하여 입법절차를 개시할 수 있을 뿐이다(TFEU 제289조 4항). 게다가 시민발의의 경우에도 EU 시민들은 유럽위원회로 하여금 '(유럽)위원회의 권한의 범위 내에서(within the framework of its power)' '적절한 제안(any appropriate proposal)'을 제출하도록 발의할 수 있을 뿐이다. 시민들의 발의권이 인정된다고 할지라도 종국적으로는 유럽위원회의 재량권의 범위 내에서 법안이 제출될 수밖에 없는 것이다.
[37] 舊TEC 제189조.

[표 5-6] 보통입법절차

⟨법안 제출⟩
유럽위원회, 유럽의회와 이사회에 제안 제출

⟨제1독회⟩
유럽의회, 제1독회에서 입장 채택, 이사회에 통지
• 이사회가 유럽의회의 입장 승인하는 경우, 행위 제정(⇒ **절차 종결**)
• 이사회가 유럽의회의 입장 승인하지 않는 경우, 유럽의회에 통지(⇒ 제2독회 절차 개시)

⟨제2독회⟩
통지가 있은 후 3개월 이내 유럽의회가
(a) 제1독회에서 이사회의 입장을 승인하거나 혹은 결정을 내리지 않는 경우, 행위 제정(⇒ **절차 종결**)
(b) 제1독회에서 재적의원 과반수의 찬성으로 이사회의 입장을 거부하는 경우, 행위는 미채택
(c) 제1독회에서 재적의원 과반수의 찬성으로 입장의 개정을 제안하는 경우, 개정안은 이사회와 유럽위원회에 송부, 유럽위원회는 개정안에 대해 의견 첨부

유럽의회의 개정안이 회부된 후 3개월 이내 이사회가 가중다수결로
(a) 그 개정안을 승인하는 경우, 행위 제정(⇒ **절차 종결**)
(b) 그 개정안을 승인하지 않는 경우, 이사회 의장은 유럽의회 의장과 합의하여 6주 내에 조정위원회 소집
    이사회는 유럽위원회가 부정적인 의견을 제출한 개정안에 대해서는 전원일치의 찬성으로 채택

⟨조 정⟩
• 조정위원회의 구성: 이사회 위원 또는 그 대표자와 같은 수의 유럽의회 대표자로 구성
• 조정위원회의 임무: 제2독회에서 유럽의회 및 이사회의 제안에 의거하여 소집된 때로부터 6주 내 이사회 위원 또는 그 대표자의 가중다수결 및 유럽의회 대표자의 과반수 찬성으로 공동문안에 대한 합의를 도출하는 임무 수행
• 유럽위원회는 조정위원회의 절차에 참여하여 유럽의회 및 이사회의 입장을 조정하는데 필요한 모든 발의를 한다.
• 소집된 때로부터 6주 이내 조정위원회가 공동문안을 승인하지 않는 경우, 제안된 행위는 제정되지 않은 것으로 간주

⟨제3독회⟩
• 소집된 때로부터 6주 이내 조정위원회가 공동문안을 승인하는 경우, 유럽의회 및 이사회는 승인된 때로부터 6주 이내 각각 투표자 과반수의 찬성과 가중다수결로 공동문안에 따라 해당 행위 제정(⇒ **절차 종결**)
• 만일 실패하는 경우, 그 제안된 행위는 제정되지 않은 것으로 간주(⇒ **절차 재개시 혹은 법안 폐기**)

---

[38] Robert Kobar et Vlad Constantinesco, "Article 189b", *Traité sur l'Union Européenne: Commentaire article par article* (sous la direction de Vlad Constantinesco, Robert Kovar et Denys Simon) (Paris: Economica, 1995), p.654; 졸고, "다양성 속에서의 통합: 유럽시민권과 합리적 의사결정제도", 유럽연구(한국유럽학회, 제18호, 2003년 겨울), pp.149-150.

[그림 5-1] 보통입법절차 흐름도

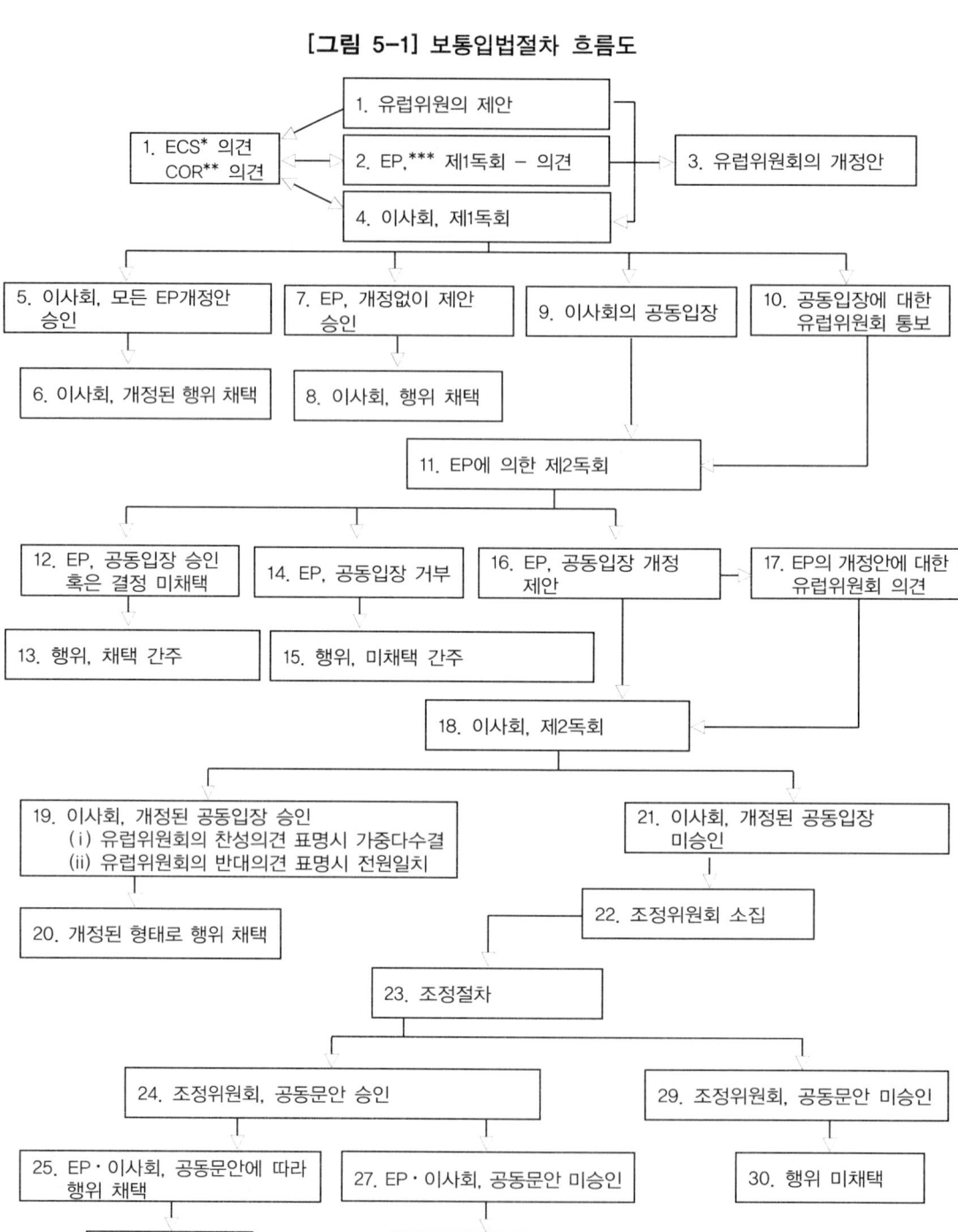

* ECS : 경제사회위원회
** COR : 지역위원회
*** EP : 유럽의회

(2) 특별입법절차

특별입법절차는 TEU와 TFEU에서 정하는 특정한 경우, 이사회의 참가와 함께 유럽의회가, 또는 유럽의회의 참가와 함께 이사회가 규칙, 지침 또는 결정을 채택하는 절차를 말한다.[39] 상기 [표 5-4]에서 알 수 있는 바와 같이, 리스본조약은 기존의 협의절차, 동의절차 혹은 예산절차 등 공동결정절차 이외의 입법절차 및 유럽의회가 발의권을 가지는 특정 분야의 입법절차 등을 특별입법절차로 통합하였다. 예를 들면, 기존의 협의절차가 적용되던 사회보장 혹은 사회보호에 관한 조치,[40] 기존의 동의절차가 적용되던 차별철폐조치,[41] 그리고 예산절차[42]에 대해 특별입법절차를 적용하고 있다.

특별입법절차에서 유의할 점은, 보통입법절차와 달리 규칙, 지침 또는 결정을 채택하는데 있어 유럽위원회의 제안이 필요하지 않다는 것이다. 이 점에 대해서는 이미 위에서 검토한 바와 같이, 리스본조약 이전 니스조약 체제까지는 유럽위원회의 제안 없이는 법적 행위를 채택할 수 없었다. 하지만 리스본조약 하에서는 법적 행위 채택 시 행사되던 유럽위원회의 독점적 제안권은 더 이상 인정되지 않고 있다.

(3) 개별입법절차

개별입법절차란 보통입법절차와 특별입법절차에 의거하지 않고도 입법행위를 채택하는 절차를 말한다. 이에 대해 리스본조약은, "제조약에서 정하는 특정한 경우", 입법행위는 ① 회원국단(a group of Member States)의 발의, ② 유럽의회의 발의, ③ 유럽중앙은행의 권고, ④ 사법재판소의 요청 및 ⑤ 유럽투자은행의 요청에 의거해서도 채택될 수 있다고 규정하고 있다.[43] 이처럼 개별입법절차에서도 유럽위원회의 제안에 의거할 필요가 없음은 물론이다.

(4) 입법절차의 변경: 특별입법절차에서 보통입법절차로

입법절차의 변경에 관한 TEU 제48조 7항에 대해서는 상당한 주의가 필요하다. 만일 이사회가 TFEU의 규정에 의거하여 특별입법절차에 따라 법률을 제정할 수 있다고 정하고 있는 경우라 할지라도 유럽이사회는 보통입법절차에 따라 이 법률의 제정을 허용하는 결정을 제정할 수 있다.[44] 다만, 유럽이사회가 이와 같이 결정하기 위해서는 재적의원의 과반수로서 결정하는 유럽의회의 동의를 얻은 후

---

[39] TFEU 제289조 2항.
[40] TFEU 제21조 3항.
[41] TFEU 제19조 1항.
[42] TFEU 제314조.
[43] TFEU 제289조 4항.
[44] TEU 제48조 7항 제2단.

전원일치에 의한 의사결정절차를 거쳐야 한다.[45] 그리고 유럽이사회가 특별입법절차에서 보통입법절차로 입법절차를 변경하여 행한 모든 발의는 회원국 국내의회에 통지되어야 한다. 이 발의가 통지된 후 6개월 이내 회원국 국내의회 가운데 하나라도 반대를 하는 경우, 이 결정은 채택될 수 없다. 다시 말하여, 이 발의가 거부되지 않은 경우에 한하여, 유럽이사회는 당해 결정을 제정할 수 있는 것이다.[46]

이와 동일한 취지의 내용이 '강화된 협력(enhanced cooperation)'에 대해서도 규정되어 있다. 이사회가 특별입법절차에 따라 결정해야 한다고 규정되어 있다고 할지라도 이사회는 전원일치로 제330조[47]에 의거한 합의에 따라 보통입법절차에 의거하여 결정할 수 있다. 그러나 이사회가 이러한 결정을 내리기 위해서는 반드시 유럽의회와 협의를 거쳐야 한다.[48] 다만, 이는 군사 및 방위정책과 관련하는 결정에는 적용되지 않는다는 점은 주의를 요한다.[49]

(5) 국내의회와의 협력 강화

리스본조약에서는 EU와 회원국 국내의회와의 협력관계가 보다 공고하게 구축되고 있다. 이에 대해 리스본조약에 부속된 "유럽연합에서의 회원국 국내의회의 역할에 관한 의정서(Protocol(No. 1) on the Role of National Parliaments in the European Union)"에서는 EU와 회원국 국내의회와의 협력관계를 한층 강화하기 위하여 회원국 국내의회에 대한 정보제공은 물론 유럽의회를 포함한 의회간 협력의 조직화에 대해 규정하고 있다. 회원국 국내의회에 대한 정보제공과 관련하여, 특히 입법행위에 관해서는, 만일 유럽위원회, 회원국단 및 기타 EU 기관이 발의한 법안이 유럽의회와 이사회에 송부되게 되면, 동시에 국내의회에도 송부되어야 한다. 이에 대하여, 회원국 국내의회는 "보충성원칙 및 비례원칙의 적용에 관한 의정서(Protocol(No. 2) on the Application of the Principles of Subsidiarity and Proportionality)"에 정해진 절차에 따라 유럽의회 의장, 이사회 의장 및 유럽위원회 위원장에 대하여 법안이 보충성원칙을 준수하고 있는가 여부에 대한 이유를 붙인 의견을 송부할 수 있다. 물론 이에 대해서는 EU의 민주성 결핍이 해소되었다는 긍정적 평가가 있는 반면, EU의 입법절차가 오히려 복잡하게 되어 효율성이 떨어질 수 있다는 부정적 평가가 동시에 제기되고 있다.

---

[45] TEU 제48조 7항 제4단.
[46] TEU 제48조 7항 제3단.
[47] TFEU 제330조: "이사회의 모든 위원은 그 심의에 참가할 수 있다. 하지만 의결권은 강화된 협력에 참가하고 있는 회원국을 대표하는 이사회의 위원만이 행사한다.
전원일치는 강화된 협력에 참가하고 있는 회원국의 대표의 의결권에만 적용된다.
가중다수결은 제238조 제3항에 따라 정한다."
[48] TFEU 제333조 2항.
[49] TFEU 제333조 3항.

(6) 기관협정의 체결

입법 과정에 참가하는 주요한 기관인 유럽의회, 이사회 및 유럽위원회는 정책결정의 전반적인 흐름을 원활하게 하기 위하여 서로 협의하고, 존중할 의무를 지는 기관협정(interinstitutional agreements)을 체결하도록 하는 규정이 신설되었다. 이에 대해, TFEU 제295조는 "유럽의회, 이사회 및 유럽위원회는 상호 협의해야 하고, 또 공동합의에 의해 협력을 위한 방식을 정한다. 이를 위하여, 그들은 제조약에 일치하여 구속적 성질을 가지는 기관협정을 체결할 수 있다."고 정하고 있다. 동조는 '… 체결할 수 있다'고 규정하고 있어 세 기관 간 이 협정의 체결은 의무적인 것이 아니다. 하지만 일단 체결되게 되면 이 협정은 '구속적 성질(a binding nature)'을 가지게 되므로 기관들은 이를 준수해야 한다.

제2절 의사결정제도: 가중다수결

1. 서론

EU에서 이용되고 있는 의사결정방식 혹은 제도는 크게 입법과정을 위한 의사결정방식과 기타 제정책 결정을 위한 투표에 의거한 의사결정방식 등 두 유형으로 나눌 수 있다.

전자는 주로 유럽위원회-이사회-유럽의회의 세기관간 상호 역학관계를 중심으로 진행되는 법적 행위를 위한 보통입법절차, 특별입법절차 및 개별입법절차의 세 가지의 의사결정절차가 이용되고 있다. 이 절차에 의해, 규칙(regulation), 지침(directive) 및 결정(decision) 등의 입법행위가 채택된다.

이와 아울러 EU는 각회원국의 다양한 가치와 의사를 존중하면서 아키 코뮈노테르의 틀 속에서의 유럽통합을 추구하기 위한 또 다른 의사결정방식을 두고 있는데, 이것이 바로 제정책 결정을 위한 투표에 의거한 의사결정방식이다. 현재 사용되고 있는 의사결정방식으로는 주로 단순다수결(과반수 Simple Majority Voting), 전원일치(혹은 만장일치, Unanimity) 및 가중다수결(Qualified Majority Voting: QMV)의 세 가지 방식이 있다. 이 가운데 가장 사용 빈도가 높고, 그 중요도가 높은 것은 가중다수결이다. 따라서 아래에서는 단순다수결과 전원일치에 대해 간단히 설명을 한 후 주로 이사회에서의 가중다수결에 의한 의사결정방식에 대해 검토하기로 한다.

2. 단순다수결

이사회에서 원칙적으로 사용되는 표결방식은 가중다수결이다. 하지만 만일 이사회의 의결 시 단순다수결이 필요하면, 이사회는 그 위원 총수의 과반수로 결정한다.[50]

단순다수결은 제조약상 규정된 일부 제한된 경우, 즉 ① 사무총국의 조직(the organization of the

General Secretariat)의 결정[51]이나 절차문제 및 의사규칙의 제정,[52] ② 유럽위원회로 하여금 공동목표를 달성하는데 필요하다고 판단되는 연구 수행 후 그 보고서를 제출하도록 요구하는 결정[53] 및 ③ 유럽위원회와 협의 후 제조약에 규정된 각종 위원회를 규율하는 규칙의 제정[54]에 대해 적용한다. 따라서 "제조약상 달리 규정하고 있지 않다면", 입법행위는 가중다수결에 의해 채택된다는 점은 주의를 요한다.

3. 전원일치

EEC의 초기에는 대부분의 사안 의결 시 전원일치를 적용하였으나 그 후 점차 전원일치는 가중다수결로 대체되었다. 현재 전원일치에 의한 의결은 제조약에 의거하여 인정되는 다음과 같은 경우에 한하여 사용된다.

① 제조약에 따라 이사회가 유럽위원회의 제안을 의결함에 있어 그 제안을 개정하는 경우에는 전원일치의 찬성으로 의결해야 한다.[55]
② 이사회는 전원일치로 역내시장에서 운송업체의 차별에 대해 예외를 허용하는 조치를 취할 수 있다.[56]
③ 회원국의 정부지원(정부보조금)이 역내시장에 위배된다고 결정할 때도 이사회는 전원일치로 의결한다.[57]
④ 이사회는 유럽이사회의 제안에 의거하여 해외 국가 및 영토와의 협력을 위한 세칙 및 절차 규정을 제정할 때도 전원일치로 의결한다.[58]
⑤ 회원국은 무기, 군수품, 전쟁 물자 등의 생산 또는 무역과 관련되고 자국 안보상의 본질적 이익을 보호하는데 필요한 조치를 취할 수 있다. EEC는 지난 1958년 4월 15일자로 그 조치의 대상이 되는 제품 목록을 정했는데, 이사회는 유럽위원회가 제출한 목록안에 대해 전원일치로 의결함으로써 그 목록을 변경할 수 있다.[59] 그리고 출석 중인 위원 본인 또는 대리인에 의한 기권은 전원일치를 필요로 하는 이사회의 의결의 성립을 방해하지 않는다.[60]

---

[50] TFEU 제238조 1항.
[51] TFEU 240조 2항.
[52] TFEU 240조 3항.
[53] TFEU 241조.
[54] TFEU 242조.
[55] TFEU 제293조 1항.
[56] TFEU 제92조.
[57] TFEU 제108조 2항 3단.
[58] TFEU 제203조.
[59] TFEU 제346조 1항 (b) 및 2항.
[60] TFEU 제238조 4항.

4. 리스본조약 이전/이후의 가중다수결제도

(1) 가중다수결제도의 의의

가중다수결은 마스트리히트조약에 의해 처음으로 도입되어 그 현실적 효용성을 획득한 이후 기타 의결방식에 비해 가장 많이 이용되어 왔다. 게다가 암스테르담조약과 니스조약에 의해 그 절차가 간소화되었으며, 그 적용 범위도 확대되었다.[61] 이러한 현상은 이사회에서도 마찬가지로 나타나고 있다.

가중다수결은 '1국 1표(one country one vote; un Etat égale une voix)'제도를 채택하고 있는 국제기구와 대별되는 EU만의 독특한 표결방식이라고 할 수 있다.[62] 특히, 암스테르담조약 이후, 법률적 성격을 가지는 대부분의 행위들은 유럽의회와의 공동결정으로 이사회에 의해 가중다수결로 채택되었다. 더욱이 2003년 2월 1일자로 발효한 니스조약에서는 약 30여개의 새로운 규정이 가중다수결의 적용을 받는 것으로 개정되었다.

유럽헌법조약의 제정 논의 과정에서 EU의 의사결정제도에 대한 전면적 개편에 대한 심도 깊은 검토가 진행되었다. 그 결과 리스본조약도 기존의 가중다수결제도를 대폭 수정하여 그 적용 범위를 확대하고 있다. 이처럼 EU가 가중다수결에 의한 의결방식을 확대하고 있는 이유는 '다양성 속의 통합'을 지향하고 있는 EU가 민주성결핍의 문제를 해소하고, 역내 결속을 도모함과 동시에 역외 환경의 변화를 적절히 수용하는데 가장 적절한 의사결정방식이라고 판단하고 있기 때문이다. 비록 아직도 많은 정책 분야에서 전원일치제가 적용되고 있다. 그러나 "전원일치는 거부이며, 거부는 기능마비이다(l'unanimité c'est le veto, et le veto c'est la paralysie.)"라는 Pisani의 견해[63]가 말하듯이 전원일치를 포함한 EU의 의사결정방식은 점차 축소될 것이고, 가중다수결에 의해 대체되어 갈 것이라 예상된다.

(2) 리스본조약 이전의 가중다수결제도

로마조약은 과반수, 가중다수결 및 만장일치의 세 가지 방식을 이사회에서의 투표에 의한 의사결정방식으로 규정하고 있었다.[64] 하지만 벨기에, 프랑스, 독일, 이탈리아, 룩셈부르크 및 네덜란드 등 6개 원회원국에 의해 설립된 초기의 EEC에 있어 대부분의 정책은 만장일치제에 의하여 채택되었다. 물론 공동농업정책[65]이나 운송정책[66] 등 일부 정책은 가중다수결에 의하여 결정되었지만 주된 의사결

---

[61] 1994년 3월 27일, 그리스 아이오니아에서 EU 회원국들의 외교부장관 비공식 회의가 열렸다. 이 회의에서 채택된 결정 중의 하나가 바로 EU의 의사결정절차에서 가중다수결의 확대 적용에 관한 것이었다. 이를 '아이오니아합의(the Ioannian Compromise; le compromis de Ioannina)'라고 한다.
[62] Geneviève Gertrand, *La prise de décision dans l'Union européenne*(Paris: La documentation Française, 2002), 42p.
[63] Pisani의 말은 다음의 문헌에서 재인용한 것임. Louis, J.-V., "Les relations extérieures de l'Union européenne : unité ou complémentarité?", *RMUE(Revue du Marché unique européen)*, 1994, n° 4, p.10.
[64] EEC설립조약 제148조; 舊TEC 제205조.

정제도는 만장일치제였다. 만장일치제는 각 회원국에게 거부권(le droit à veto)을 부여하고 있는데, 회원국 수가 증가함에 따라, 일 회원국에 의한 거부권의 행사는 의사결정 자체를 봉쇄 혹은 무력화시킬 위험이 있다. 당시 EU의 주요 조약들은 73개 조항에서 만장일치제에 대해 규정하고 있다. 이 조항들은 상당히 다양한 성질을 드러내고 있는데, 예를 들어, 공동체 기관들의 위원 임명(예: 감사원 위원의 임명에 관한 舊TEC 제247조), 공동체 정책(사회결속정책에 관한 舊TEC 제161조), 공동체 기관의 기능(예: 유럽의회 의원의 선출에 관한 통일선거절차에 관한 舊TEC 제190조 4항) 등이 그 대표적인 경우이다. 이처럼 만장일치제는 EU에 있어서 공동체 기관들과 회원국들간 힘의 균형을 유지하며, 회원국들의 참가를 보장하는데 적지 않은 기여를 하고 있다. 이러한 관점에서 볼 때, 가중다수결제도는 공동체 기관의 사용 언어체제 및 순수재원 등과 같이 힘의 균형이 필요한 분야에는 부적절하였다.[67]

하지만 단일유럽협정, 마스트리히트조약 및 암스테르담조약 등이 채택되면서 가중다수결제도는 '역내적 성격'을 가지는 대부분의 공동체 정책의 이행에 있어 만장일치제를 대체하게 되었다. 특히 암스테르담조약 이후, 대부분의 법률적 성격을 가지는 행위들은 유럽의회와의 공동결정으로 이사회에 의해 가중다수결로 채택됨으로써 주된 의사결정제도로 자리매김하게 되었다(참고 [표 5-7]).

[표 5-7] 니스조약 이전 가중다수결제도: 이사회에서 회원국별 투표 가중치

독일	10	덴마크	3
벨기에	5	핀란드	3
스페인	8	그리스	5
프랑스	10	이탈리아	10
아일랜드	3	네덜란드	5
룩셈부르크	2	영국	10
포르투갈	5		
스웨덴	4	합계	87
오스트리아	4	가중다수결	62

* 총 87표 중 가중다수결은 62표이고, 저지(봉쇄)표 26표이다.

다른 제도에 비하여 가중다수결제도가 EU의 정책 결정과정에서 폭넓게 이용되고 있는 이유는 무엇보다 그 현실적 유용성에 있다. 즉, 가중다수결제도는 공동체 수준에서의 정책을 개발하고 이를 현실에 적용하는데 가장 유효하다. 예를 들어, 1986년에 채택된 단일유럽협정은 역내시장과 관련한 거의 모든

---

[65] EEC설립조약 제44조 5항.
[66] EEC설립조약 제79조 3항.
[67] 이사회에서의 만장일치제와 가중다수결제를 중심으로 한 의사결정방식에 대해서는, 김대순, EU법론, 상게서, pp.46-50.

정책(약 300여개의 필요한 지침과 규칙)을 채택하는데 가중다수결제도를 이용하였다. 이후에도 동제도의 적용범위는 마스트리히트조약 및 암스테르담조약 등을 통해 점차적으로 확대되었으며, 니스조약에서도 동제도에 대한 의존도는 더욱 높아졌다. 니스조약에 관한 정부간회의는 확대된 유럽에 적용되는 가중다수결 비율은 신입회원국의 가입조약에서 구체적으로 명시될 것이며,[68] 또한 약 30여개의 새로운 규정이 가중다수결이 적용될 것이라고 결정하였다. 그 결과, 니스조약에 새로이 추가 혹은 변경된 내용은 다음과 같다.

니스조약에 첨부된 "EU의 확대에 관한 의정서(Protocol on the enlargement of the European Union)"의 제3조 '이사회에서의 투표 가중치와 관련한 규정(Provisions concerning the weighting of votes in the Council)'에 의해 2005년 1월 1일부터 가중다수결에 의한 새로운 투표 가중치가 적용되었다([표 5-8]).[69]

[표 5-8] 니스조약에 있어 가중다수결제도: 확대된 유럽(27개국)에 대한 투표 가중치[70]

독일	29	오스트리아	10
영국	29	슬로바키아	7
프랑스	29	덴마크	7
이탈리아	29	핀란드	7
스페인	27	아일랜드	7
폴란드	27	리투아니아	7
루마니아	14	레토니아	4
네덜란드	13	슬로베니아	4
그리스	12	에스토니아	4
체코공화국	12	사이프러스	4
벨기에	12	룩셈부르크	4
헝가리	12	몰타	3
포르투갈	12		
스웨덴	10	합계	345
불가리아	10	가중다수결	255

* 가중다수결 의결에 필요한 표는 15개 회원국의 경우 총 237표 중 169표(71.31%)이다. 니스조약 발효 후 회원국은 27개국으로 확대되었고, 가중다수결 의결에 필요한 표는 345표 중 255표(73.91%)이다.

---

[68] Joël Rideau, *Droit institutionnel de l'Union et des Communautés européennes*(Paris: L.G.D.J, 4e éd., 2002), 339p.

[69] Cf. Declaration on the enlargement of the European Union; Declaration on the qualified majority threshold and the number of votes for a blocking minority in an enlarged Union.

[70] 상기 "EU의 확대에 관한 선언(Declaration on the enlargement of the European Union)" Table 2 'The Weighting of Votes in the Council'를 참고할 것.

니스조약에서 새롭게 가중다수결의 적용을 받는 주요 규정은 다음과 같다.[71]

첫째, 니스조약의 발효일로부터 약 10여개의 규정들의 모든 내용 혹은 일부 내용이 가중다수결의 적용을 받게 되었다(예: 舊TEC 제13, 18, 65, 100, 123, 133, 157, 159, 181 bis, 279조).

둘째, 4개조항의 경우, 가중다수결로의 이행이 시간적 간격을 두고 그 모든 내용 혹은 특별한 경우에는 그 일부 내용이 관련 조항의 적용을 받는다(예: 舊TEC 제67조. 하지만 제62, 63, 66조 및 제161조와 관련됨).

셋째, 니스조약의 발효일로부터 유럽위원회 위원장 및 위원의 임명과 관련한 6개 조항 및 기구에 관한 문제에 관한 8개 조항에 대해 가중다수결이 적용되게 되었다.

이처럼 니스조약에서도 가중다수결의 적용은 상당히 폭넓게 확대되었으며, 이는 EU의 의사결정절차의 민주성과 합리성 강화라는 질적 측면에서 적지 않은 성과를 도출한 것이라고 평가할 수 있다.[72]

(3) 리스본조약에서의 가중다수결제도

리스본조약 이전(즉, 니스조약 체제) 가중다수결은 총 69개 조항에 대해 적용되고 있었다. 리스본조약은 이에 44개 조항에 대해 새롭게 가중다수결을 적용함으로써 이제 가중다수결이 적용되는 조항은 총 113개로 늘어났다(〈표 5-9〉). 이처럼 가중다수결의 적용이 확대됨으로써 전원일치로 투표함으로써 발생할 수 있는 회원국간 '담합의 위험'이 상당 부분 해소될 수 있는 제도적 장치가 마련되게 되었다. 그러나 리스본조약 체제 하에서도 조세, 사회보장, 에너지정책 및 공동방위정책에 대해서는 여전히 전원일치제가 적용된다.

한 가지 주의해야 할 사항은, 리스본조약은 가중다수결의 가중치에 대해 일정한 변경을 가하고, 이를 시기별로 나누어 적용을 달리하고 있다. 이를 세 시기로 나누어 살펴보면 다음과 같다.

[1단계] 2014년 10월 31일까지 적용되는 가중다수결이다.

리스본조약에 첨부된 '경과규정에 관한 의정서(Protocol (No. 36) on Transitional Provisions)'

---

[71] 이에 대해서는, Conference of the Representatives of the Governments of the Member States, *Extension of qualified majority voting*(Presidency Note), Brussels, 28 September 2000(29.09)(OR. fr), CONFER 4776/00, 45p; Jöel Rideau(sous la direction de), *Union européenne: Commentaire des traités modifiés par le traité de Nice du 26 Février 2001*(Paris: L.G.D.J, 2001), 511p: Christiqn Lequesne, *Le traité de Nice et l'avenir institutionnel de l'Union européenne, dans regards sur l'actualité*(Mensuel No. 274, septembre)octobre 2001), pp.3-14.

[72] 그러나 이에 대한 비판적 견해도 적지 않다. 예를 들어, 유럽위원회 위원장을 역임한 Romano Prodi는 니스이사회 다음날 유럽의회에서 행한 동 이사회 결과보고를 하면서, 가중다수결의 적용에 관한 니스이사회의 결론은 '질적으로는 보잘것없다(qualitativement, c'est une autre affaire)'고 하였다. Romano Prodi, *Discours devant le Parlememt européen sur les conclusions du Conseil européen de Nice*, 12 décembre 2000.

제2편은 '가중다수결과 관련한 규정(Title II: Provisions Concerning the Qualified Majority)'이란 제목 아래 제3조를 두고, 이에 대한 세부적인 내용에 대해 정하고 있다. 동 의정서 제3조 1항에 의하면, "유럽연합조약 제16조 4항에 따라, 동조 4항의 규정 및 유럽이사회와 이사회에서의 가중다수결의 정의에 관한 유럽연합기능에 관한 조약 제238조 2항의 규정은 2014년 11월 1일에 효력을 발생 한다."고 정하고 있다. 따라서 2014년 10월 31일까지는 '경과규정(transitional provisions)'이 적용되어 기존의 방식인 니스조약에 의거한 의사결정방식이 그대로 적용된다. [표 5-8]에서 보는 바와 같이, 각 회원국별로 부여된 총 가중투표 수는 345표이고, 이 가운데 의사결정을 위한 유효투표수는 255표이다.

[2단계] 2014년 11월 1일부터 2017년 3월 31일까지 적용되는 가중다수결이다.[73]
이 기간 동안 새로운 가중다수결제인 이중다수결제가 도입된다. 다만 이사회 위원들의 요청이 있는 경우, 2017년 3월 31일까지 위 [1단계] 방식이 적용된다('경과규정에 관한 의정서' 제3조 2항). 따라서 2014년 11월 1일부터 2017년 3월 31일까지는 기존의 가중다수결이 적용될 수 있다. 하지만 이와 같은 요청이 없다면, 2014년 11월 1일부터 아래와 같은 새로운 가중다수결에 의해 의사결정이 행해진다.

TEU 제16조는 이사회에서의 의사결정방식으로 '원칙적으로' 가중다수결을 적용한다고 규정하고 있다. 즉, 동조는, 제조약에서 달리 규정하고 있지 않다면, "이사회는 가중다수결로 결정한다."(3항)고 명시함으로써 이에 대한 명확한 입장을 표명하고 있다.
그리고 가중다수결의 산정 방식도 리스본조약 이전과 확연한 차이를 보이고 있다. 리스본조약 이전의 산정 기준은 인구 규모에 따른 가중치를 회원국별로 부여하는, 소위 '인구통계적 가중치(demographic weight)'에 의거하고 있었다. 그러나 리스본조약은 '회원국'과 '인구'의 '이중적 기준(double criteria)'을 아울러 고려하는 새로운 산정 방식을 채택하고 있다. 따라서 이 방식에 따르면, 가중다수결로 의결되기 위해서는, 회원국의 55%(28개 중 16개 이상의 회원국), EU 총 인구의 65% 이상의 다수가 투표해야 한다. 이에 대해 TEU 제16조는, "2014년부터 가중다수결로 인정되기 위해서는 이사회의 위원 중 적어도 15인 이상으로서 55% 이상의 다수여야 하고, 또 그 위원들에 의해 대표되는 회원국이 연합의 인구 가운데 적어도 65%가 되어야 한다."고 규정하고 있다(4항 1단). '회원국'과 '인구'의 두 기준을 동시에 적용한다는 의미에서 이 산정 방식을 '이중다수결(the double majority)'이라고 부르기도 한다.

---

[73] TEU 제16조 4항 및 5항; TFEU 제138조 및 제36호 의정서 제3조 2항.

이와 함께 리스본조약은 민주적 의사결정을 보장할 수 있는 새로운 제도적 장치를 추가하고 있는데, 바로 '의사결정저지제도'이다. TEU 제16조는 EU 회원국 가운데 4개국이 반대하면 가중다수결에 의한 의사결정을 저지할 수 있도록 규정하고 있다. 즉, "가중다수결을 저지할 수 있는 봉쇄표는 적어도 4명의 이사회 위원을 필요로 하고, 이를 흠결한 경우에는 가중다수결에 이르렀다고 볼 수 없다."[74]고 규정함으로써 이사회에서 '적어도 4명의 위원이 반대하면, 가중다수결을 저지할 수 있는 '봉쇄표(a blocking minority)'가 된다.

[3단계] 리스본조약이 새롭게 정의하고 있는 가중다수결제도가 전면적으로 시행되는 시기는 2017년 4월 1일이다.

즉, 2014년 11월 1일부터 2017년 3월 31일까지 '경과규정'의 적용이 만료되는 2017년 4월 1일부터는 전자의 기간(2014년 11월 1일~2017년 3월 31일) 동안 '과도적으로' 적용되던 가중다수결이 이제 '확정적으로' 적용되게 된다. 따라서 기존의 가중다수결은 더 이상 존속하지 않고 리스본조약에 의해 도입된 새로운 방식인 이중다수결제가 적용된다.

리스본조약이 새로운 가중다수결제를 도입한 주된 이유는 이사회에서의 의사결정절차에서 야기될 수 있는 '민주성 결핍'을 해소하기 위함이다. 기존의 가중다수결은 회원국의 인구에 비례하여 투표 가중치를 부여함으로써 일부 인구대국의 회원국들이 담합하는 경우, 인구소국의 회원국들의 의견이 무시될 수 있는 우려가 있었다.

이중다수결제는 회원국별 투표수에서는 대국과 소국이 평등하다. 이 점에서 본다면, 이중다수결제는 EU가 안고 있는 '민주성 결핍'의 문제를 상당 부분 해소하고 있다고 볼 수 있다. 그러나 독일을 비롯한 인구 대국인 프랑스, 이탈리아 및 영국의 4개국이 EU 전인구의 35% 이상을 차지하고 있으므로 인구별 투표수에서는 대국이 여전히 압도적으로 유리하다. 리스본조약은 특정 회원국들의 담합에 의한 이와 같은 의사결정 남용을 막기 위해 국가별 투표에서의 최소 의결저지국(blocking minority)을 4개국으로 정하고 있다.

---

[74] TEU 제16조 4항 2단.

[표 5-9] 리스본조약상 가중다수결 적용 분야

(*A: 암스테르담조약, N: 니스조약, L: 리스본조약)

	적용 분야	해당 조문	비고*
TEU, Title I—Common provisions	Decision of the Council to suspend or to put an end to the suspension of the rights of a Member State in case of breach of the values referred to in paragraph 2	Article 7, paragraphs 3 and 4 TEU	A
TEU, Title III – Provisions on the Institutions	Election of the President of the European Council by the European Council	Article 15, paragraph 5 TEU	L
	Adoption of the list of configurations of the Council of Ministers by the European Council	Article 16, paragraph 6 TEU	L
	Proposal of a candidate for the post of President of the Commission by the European Council Appointment of the Commission by the European Council	Article 17, paragraph 7 TEU	N
	Appointment of the High Representative by the European Council, with the approval of the President of the Commission	Article 18, paragraph 1 TEU	L
TEU, Title V, Chapter 2 – Specific Provisions on the Common Foreign and Security Policy	Decision defining a Union action or position on the basis of a decision of the European Council relating to the Union's strategic interests and objectives Decision defining a Union action or position, on a proposal which the High Representative of the Union for Foreign Affairs and Security Policy has presented following a special request to him or her from the European Council, made on its own initiative or that of the High Representative Decision implementing a decision defining a Union action or proposition in the area of the CFSP <u>Appointment of a special representative on a proposal of the High Representative</u> Procedural questions (CFSP)	Article 31, paragraphs 2 and 5 TEU	A (밑줄 부분 N)
	International agreements (Without extending the application of the qualified majority voting, the Treaty of Nice introduces three new paragraphs to clarify the voting modalities (qualified majority/unanimity) referring to this article.)	Article 37 TEU	N
	CFSP start-up fund on a proposal of the High Representative	Article 41, paragraph 3 TEU	L
	Decision defining the European Defence Agency's statute, seat and operational rules	Article 45, paragraph 2 TEU	L
	Decisions establishing permanent structured cooperation, suspending or accepting new members on the basis of the notification of voluntary Members and after consultation of the High Representative	Article 46, paragraph 2 TEU	L
TEU, Title VI – Final Provisions	Conclusion of a withdrawal agreement of a Union Member State after the approval of the European Parliament and on the request of the State concerned	Article 50, paragraph 2, TEU	L
TFEU, Part One, Title II – Provisions of General Application	Regulations relating to services of general economic interest	Article 14 TFEU	A
	Regulations relating to general principles and limits of the right to access to documents of the Union institutions, offices or agencies	Article 15, paragraph 3 TFEU	A
	Rules relating to the protection of individuals with regard to the processing of personal data	Article 16, paragraph 2 TFEU	A
ATFEU, Part Two – on Discrimination and Citizenship of the Union	Prohibition of discrimination on grounds of nationality	Article 18 TFEU	A

	Basic principles for Union incentive measures to support action taken by the Member States in the fight against discrimination based on sex, racial or ethnic origin, religion or belief, disability, age or sexual orientation, excluding any harmonisation measure	Article 19, paragraph 2 TFEU	N
	Provisions with a view to facilitating the exercise of the right to move and reside freely within the territory of the EU	Article 21, paragraph 2 TFEU	A
	Coordination and cooperation measures necessary to facilitate protection by the diplomatic or consular authorities of any Member State	Article 23 TFEU	L
	Regulations relating to procedures and conditions required for a citizens' initiative	Article 24 TFEU	L
TFEU, Part Three, Title II, Chapter 1 - The Customs Union	Establishment of common customs tariff duties on a proposal of the Commission	Article 31 TFEU	A
TFEU, Part Three, Title II, Chapter 2 - Customs Cooperation	Measures in order to strengthen customs cooperation	Article 33 TFEU	A
TFEU, Part Three, Title III - Agriculture and Fisheries	Establishment of the common organization of agricultural markets and others provisions necessary for the pursuit of the objectives of the common agricultural policy and the common fisheries policy after consulting the Economic and Social Committee	Article 43, paragraph 2 TFEU	A
TFEU, Part Three, Title IV, Chapter 1 - Workers	Directives or regulations setting out the measures required to bring about freedom of movement for workers after consulting the Economic and Social Committee	Article 46 TFEU	A
	Provisions relating to the aggregation, for the purpose of acquiring and retaining the right to benefit and of calculating the amount of benefit, of all periods taken into account for employed and self-employed migrant workers and their dependants (Unanimity with regard to the payment of benefits to persons resident in the territories of Member States)	Article 48 TFEU	A
TFEU, Part Three, Title IV, Chapter 2 - Right of Establishment	Directives relating to the freedom of establishment as regards a particular activity after consulting the Economic and Social Committee	Article 50 TFEU	A
	Exemption of some activities with regard to the measures in the chapter relating to the right of establishment	Article 51 TFEU	A
	Directives relating to the coordination of provisions in terms of right of establishment	Article 52, paragraph 2 TFEU	A
	Directives relating to the mutual recognition of diplomas, certificates and other evidence of formal qualifications Coordination of national provisions concerning the taking-up and pursuit of activities as self-employed persons	Article 53, paragraph 1 TFEU	A
TFEU, Part Three, Title IV, Chapter 3 - Services	Extension of the provisions relating to service to nationals of a third country who provide services and who are established within the Union	Article 56 TFEU	A
	Directives relative to the liberalisation of a specific service after consulting the Social and Economic Committee	Article 59, paragraph 1 TFEU	A
TEU, Part Three, Title IV, Chapter 4 - Capital and payments	Measures on the movement of capital to and from third countries involving direct investment - including in real estate - establishment, the provision of financial services or the admission of securities to capital markets	Article 64, paragraph 2 TFEU	A
TFEU, Part Three, Title V,	Evaluation measures of the implementation of the area of freedom,	Article 70 TFEU	L

Chapter 1 – General Provisions	security and justice after simply informing the European Parliament and national parliaments		
	Administrative cooperation within the area of freedom, security and justice after consulting the European Parliament	Article 74 TFEU	L
	Regulations relating to administrative measures with regard to capital movements and payments (freezing of funds, financial assets or economic gains)	Article 75 TFEU	A
TFEU, Part Three, Title V, Chapter 2 – Policies on Border Checks, Asylum and Immigration Measures concerning a common immigration policy	Measures concerning border checks	Article 77, paragraph 2 TFEU	L
	Measures concerning a common European asylum system	Article 78, paragraphs 2 and 3 TFEU	L
	Provisional emergency measures in case of a sudden inflow of refugees after consulting the European Parliament	Article 78, paragraph 3 TFEU	A
	Measures to provide incentives and support for the action of Member States with a view to promoting the integration of third-country nationals residing legally on their territories, excluding any harmonisation measure	Article 79, paragraphs 2 and 4 TFEU	L
TFEU, Part Three, Title V, Chapter 3 – Judicial Cooperation in civil matters	Measures concerning the judicial cooperation in civil matters having a cross-border dimension	Article 81, paragraph 2 TFEU	L
TFEU, Part Three, Title V, Chapter 4 – Judicial Cooperation in criminal matters	Measures concerning the judicial cooperation in criminal matters Directives concerning the minimal rules in terms of mutual recognition of judgements and judicial decisions as well as police and judicial cooperation in criminal matters having a cross-border dimension	Article 82, paragraphs 1 and 2 TFEU	L
	Directives establishing minimal rules concerning the definition of criminal offences and sanctions in the areas of particularly serious crime with a cross-border dimension (terrorism, trafficking in human beings and sexual exploitation of women and children, illicit drug and arms trafficking, money laundering, corruption, counterfeiting of means of payment, computer crime and organised crime) Directive establishing minimal harmonisation rules with regard to the definition of criminal offences and sanctions in the area concerned. Remark: These directives are adopted by a specific legislative procedure if this procedure was used for the adoption of existing harmonisation measures in question	Article 83, paragraphs 1 and 2 TFEU	L
	Measures to promote and support the action of Member States in the field of crime prevention excluding any harmonisation measure	Article 84 TFEU	L
	Regulations concerning Eurojust's structure, operation, field of action and tasks	Article 85, paragraph 1 TFEU	L
TFEU, Part Three, Title V, Chapter 5 – Police Cooperation	Measures concerning the police cooperation (collection and exchange of information, training of staff, common investigative techniques)	Article 87, paragraph 2 TFEU	L
	Regulations concerning Europol's structure, operation, field of action and tasks	Article 88, paragraph 2 TFEU	L
TFEU, Part Three, Title VI – Transports	Establishment of rules concerning transport after consulting the Social and Economic Committee and the Committee of the Regions	Article 91, paragraph 1 TFEU	L
	Provisions for sea and air transport after consulting the Economic and Social Committee and the Committee of the Regions	Article 100, paragraph 2 TFEU	A

TFEU, Part Three, Title VII, Chapter 1 –Rules on Competition	Competition rules necessary for the functioning of the internal market	Articles 101 to 109 TFEU	A
	Measures relating to the approximation of national provisions concerning the establishment and functioning of the internal market after consulting the Economic and Social Committee	Article 114, paragraph 1 TFEU	A
TFEU, Part Three, Title VII, Chapter 3 – Approximation of Laws	Directives necessary to eliminate the distortion of competition in a Member State and when the consultation procedure fails	Article 116 TFEU	A
	Measures concerning the creation of European intellectual property rights to provide uniform intellectual property rights protection throughout the Union and for the setting up of centralised Union-wide authorisation, coordination and supervision arrangements	Article 118 TFEU	L
TFEU, Part Three, Title VIII, Chapter 1 – Economic Policy	Regulations concerning detailed rules for the multilateral surveillance procedure within the Stability and Growth Pact	Article 121, paragraph 6 TFEU	A
	Measures appropriate to the economic situation, in particular if severe difficulties arise in the supply of certain products, and grant of the Union's financial assistance to the Member State in case of natural disasters or exceptional occurrences beyond its control	Article 122 TFEU	N
TFEU, Part Three, Title VIII, Chapter 2 – Monetary Policy	Amendment of some articles of the Statute of the ESCB on a recommendation from the European Central Bank and after consulting the Commission or on a proposal from the Commission and after consulting the European Central Bank	Article 129, paragraph 3 TFEU	L
	Measures necessary for use of the euro after consulting the European Central Bank	Article 133 TFEU	L
TFEU, Part Three, Title VIII, Chapter 4 – Provisions specific to Member States whose currency is the euro	Decision establishing common positions on matters of particular interest for economic and monetary union within the competent international financial institutions and conferences after consulting the ECB	Article 138, paragraph 1 TFEU	A
	Measures to ensure unified representation within international financial institutions and conferences after consulting the ECB	Article 138, paragraph 1 TFEU	A
TFEU, Part Three, Title IX – Employment	Incentive measures designed to encourage cooperation between Member States and to support their action in the field of employment (exchange of information exchange, best practices, comparative analyses and advice) excluding harmonisation measures after consulting the Economic and Social Committee and the Committee of the Regions	Article 149 TFEU	A
TFEU, Part Three, Title X – Social Policy	Measures designed to encourage cooperation between Member States in the field of social policy after consulting the Economic and Social Committee and the Committee of the Regions Directives concerning the minimum requirements for gradual implementation in the social field after consulting the Economic and Social Committee and the Committee of the Regions	Article 153, paragraph 2 TFEU	A
	Measures to ensure the application of the principle of equal opportunities and equal treatment of men and women in matters of employment and occupation, including the principle of equal pay for equal work or work equal value after consulting the Economic and Social Committee	Article 157, paragraph 3 TFEU	A
TFEU, Part Three, Title XI – The European Social Fund	Implementing decisions relating to the European Social Fund after consulting the Economic and Social Committee and the Committee of the Regions	Article 164 TFEU	A
TFEU, Part Three, Title XII – TFEU	<u>Incentive measures in the fields of education after consulting the Economic and Social Committee and the Committee of the Regions</u>	Article 165, paragraph 4 TFEU	L (밑줄

			부분 A)
Education, Vocational Training, Youth and Sport	Incentive measures in the fields of sport after consulting the Economic and Social Committee and the Committee of the Regions		
	Measures to support and supplement the action of the Member States in the field of vocational training excluding any harmonisation measure after consulting the Economic and Social Committee and the Committee of the Regions	Article 166, paragraph 4 TFEU	A
TFEU, Part Three, Title XIII – Culture	Incentive measures in the cultural field excluding any harmonisation measure and after consulting the Committee of the Regions	Article 167, paragraph 5 TFEU	L
itle XIV – Public Health	Measures designed to meet common safety concerns with regard to public health (standards relating to organs and substances of human origin, blood and blood derivatives; veterinary and phytosanitary fields; standards for medicinal products and devices for medical use) after consulting the Economic and Social Committee and the Committee of the Regions Incentive measures designed to protect and improve human health (monitoring, early warning of and combating serious cross-border threats to health, measures to protect public health (tobacco, alcohol)), excluding any harmonisation measure after consulting the Economic and Social Committee and the Committee of the Regions	Article 168, paragraphs 4 and 5 TFEU	A
TFEU, Part Three, Title XV – Consumer Protection	Measures concerning the consumer protection in the context of the completion of the internal market after consulting the Economic and Social Committee Measures which support, supplement and monitor the policy pursued by Member States after consulting the Economic and Social Committee	Article 169, paragraph 3 TFEU	A
TFEU, Part Three, Title XVI – Trans-European Networks	Guidelines, measures and projects of common interest concerning the establishment and development of trans-European networks in the areas of transport, telecommunications and energy infrastructures after consulting the Economic and Social Committee and the Committee of the Regions	Article 172 TFEU	A
TFEU, Part Three, Title XVII – Industry	Specific measures in support of action taken in the Member States in the industrial field (adjustment to structural changes, environment favourable to initiative and to the development of undertakings, cooperation between undertakings, better exploitation of the industrial potential of policies of innovation, research and technological development), excluding any harmonisation measure, after consulting the Economic and Social Committee	Article 173, paragraph 3 TFEU	N
TFEU, Part Three, Title XVIII – Economic, Social and Territorial Cohesion	Specific actions outside the Structural Funds after consulting the Economic and Social Committee and the Committee of the Regions	Article 175 TFEU	N
	Regulations and general rules applicable to the Structural Funds after consulting the Economic and Social Committee et du Committee of the Regions	Article 177 TFEU	N
	Implementing regulations relating to the European Regional Development Fund after consulting the Economic and Social Committee and the Committee of the Regions	Article 178 TFEU	A
TFEU, Part Three, Title XIX – Research and Technological Development and Space	Measures necessary for the implementation of the European area of research after consulting the Economic and Social Committee	Article 182, paragraph 5 TFEU	L
	Rules relating to research programmes after consulting the Economic and Social Committee	Article 188 TFEU	A
	Measures necessary to draw up a European Space Policy that may take the form of a European Space Programme	Article 189, paragraph 2 TFEU	L
TFEU, Part Three, Title XX – Environment	Actions within the European environment policy after consulting the Economic and Social Committee and the Committee of the Regions	Article 192, paragraphs 1 and	A

	General action programmes setting out priority objectives to be attained in the field of environment after consulting the Economic and Social Committee and the Committee of the Regions	3 TFEU	
TFEU, Part Three, Title XXI - Energy	Measures relating to energy after consulting the Economic and Social Committee and the Committee of the Regions	Article 194, paragraph 2 TFEU	L
TFEU, Part Three, Title XXII - Tourism	Specific measures to complement actions within the Member States in the field of tourism (creation of a favourable environment for the development of undertakings in this sector; cooperation between the Member States by the exchange of good practice), excluding any harmonisation measure	Article 195, paragraph 2 TFEU	L
TFEU, Part Three, Title XXIII - Civil Protection	Measures necessary for the achievement of objectives relating to cooperation between Member States in order to improve the effectiveness of systems for preventing and protecting against natural and manmade disasters, excluding any harmonisation measure	Article 196, paragraph 2 TFEU	L
TFEU, Third part, Title XXIV - Administrative Cooperation	Regulations establishing measures necessary for administrative cooperation	Article 197, paragraph 2 TFEU	L
TFEU, Part Five, Title II - Common Commercial Policy	Measures defining the framework for implementing the common commercial policy Negotiation and conclusion of agreements with one or more third countries or international organizations in the field of commercial policy	Article 207, paragraphs 2 and 4 TFEU	L
TFEU, Part Five, Title III, Chapter 1 - Development Cooperation	Measures necessary for the implementation of development cooperation policy (multiannual cooperation programmes with developing countries, thematic programmes)	Article 209, paragraph 1 TFEU	A
TFEU, Part Five, Title III, Chapter 2 - Economic, Financial and Technical Cooperation with Third Countries	Measures necessary for the implementation of economic, financial and technical cooperation measures including assistance, in particular financial assistance, with third countries other than developing countries	Article 212, paragraph 2 TFEU	N
	Urgent financial assistance measures	Article 213 TFEU	L
TFEU, Part Five, Title III, Chapter 3 - Humanitarian Aid	Measures defining the framework within which the Union's humanitarian aid operations are implemented Rules and procedures for the operation of the European Voluntary Humanitarian Aid Corps	Article 214, paragraphs 3 and 5 TFEU	L
TFEU, Part Five, Title IV - Restrictive Measures	Interruption or reduction of economic and financial relations with third countries on a joint proposal of the High Representative and the Commission after informing the European Parliament	Article 215, paragraph 1 TFEU	A
TFEU, Part Five, Title V - International Agreements	Conclusion of international agreements (except if the field covered by the agreement requires unanimity and if these are association agreements or economic, financial and technical cooperation agreements)	Article 218, paragraph 8 TFEU	A
TFEU, Part Five, Title VII - Solidarity Clause	Implementation of the solidarity clause in the event of a terrorist attack or a disaster (except if the decision has defence implications: unanimity) on a joint proposal of the High Representative and the Commission	Article 222, paragraph 3 TFEU	L
TFEU, Part Six, Title I, Chapter 1 - The Institutions, Section 1 - The European Parliament	Regulations governing political parties at European level (rules regarding their funding)	Article 224 TFEU	N
TFEU, Part Six, Title I, Chapter 1 - The Institutions, Section 2 -	Decision taken by the European Council on the Presidency of Council configurations other than that of Foreign Affairs	Article 236, paragraph 6 TFEU	L

The European Council			
TFEU, Part Six, Title I, Chapter 1 – The Institutions, Section 3 – The Council	Procedural decisions within the Council and adoption of its Rules of Procedure	Article 240, paragraph 3 TFEU	A
	Salaries, allowances and pensions of the President of the European Council, the President of the Commission, the High Representative of the Union for Foreign Affairs and Security Policy, the Members of the Commission, the Presidents, Members and Registrars of the Court of Justice of the European Union, Secretary-General of the Council and <u>of the of the Members and Registrar of the Court of First Instance</u>	Article 243 TFEU	A (밑줄 부분 N)
TFEU, Part Six, Title I, Chapter 1 – The Institutions, Section 5 – The Court of Justice	Establishment of the Rules of Procedure of the Court of Justice	Article 253 TFEU	N
	Establishment of the Rules of Procedure of the General Court	Article 254 TFEU	N
	Decision of the Council on the members and operating rules of the panel set up in order to give an opinion on candidates' suitability to perform the duties of Judge and Advocate-General of the Court of Justice and the General Court	Article 255 TFEU	L
	Regulations concerning the establishment of specialised courts attached to the General Court to hear and determine at first instance certain classes of action or proceedings brought in specific areas on a proposal from the Commission and after consultation of the Court of Justice or at the request of the Court of Justice and after consultation of the Commission	Article 257 TFEU	L
	Amendment of the provisions of the Court of Justice's Statute with the exception of Title I and article 64 at the request of the Court of Justice and after consultation of the Commission or on a proposal of the Commission and after consultation of the Court of Justice	Article 281 TFEU	L
TFEU, Part Six, Title I, Chapter 1 – The Institutions, Section 6 – The ECB	Appointment of the president, vice-president and members of the ECB Governing Council by the European Council	Article 283, paragraph 2 TFEU	L
TFEU, Part Six, Title I, Chapter 1 – The Institutions, Section 7 – The Court of Auditors	<u>Appointment of the members of the Court of Auditors</u> Conditions of employment and remuneration of the president and the members of the Court of Auditors	Article 286, paragraphs 2 and 7 TFEU	A (밑줄 부분 N)
	Adoption of the Rules of Procedure of the Court of Auditors	Article 287, paragraph 4 TFEU	N
TFEU, Part Six, Title I, Chapter 2 – The Legal Acts of the Union, Adoption Procedures and other Provisions	Revocation of the delegation to the Commission of the power to adopt non-legislative acts of general application or objections to the delegated act	Article 290, paragraph 2 TFEU	A
	Rules and general principles concerning mechanisms for control by Member States of the Commission's exercise of implementing powers	Article 291, paragraph 3 TFEU	L
	Regulations relating to provisions regarding European administration	Article 298, paragraph 2 TFEU	A
TFEU, Part 6, Title I, Chapter 3 – The Union's Advisory Bodies, Section 1: The Economic and Social Committee	Appointment of the members of the Economic and Social Committee	Article 302 TFEU	N
TFEU, Part 6, Title I, Chapter 3 – The Union's Advisory Bodies,	Appointment of the members of the Committee of the Regions	Article 305 TFEU	N

Section 1: The Committee of the Regions			
TFEU, Part Six, Title II, Chapter 5 – Common Provisions	Regulations concerning the establishment and implementation of the budget, the presentation and audition of accounts as well as checks on the responsibility of financial actors after consulting the Court of Auditors	Article 322, paragraph 1 TFEU	A
TFEU, Part Six, Title II, Chapter 6 – Combating Fraud	Necessary measures in the fields of the prevention of and fight against fraud affecting the financial interests of the Union after consulting the Court of Auditors	Article 325, paragraph 4 TFEU	A
	Decision of the Council to authorise to proceed with an enhanced cooperation in one of the areas covered by the Treaties (Suppression of the veto right of a Member State)	Article 329, paragraph 1 TFEU	A
TFEU, Part Seven – General and Final Provisions	Regulations relating to the Staff Regulations of officials of the European Union and the Conditions of employment of other servants of the Union after consulting the other institutions	Article 336 TFEU	A
	Measures for the production of statistics	Article 338, paragraph 1 TFEU	A
	Decision of the Council following a decision to suspend voting rights	Article 354 TFEU	A

출전: Foundation Robert Schuman, The Lisbon Treaty: 10 easy-to-read fact sheets, December 2007

제6장

유럽연합의 정책

제1절 자유, 안전 및 사법지대

1. 자유, 안전 및 사법지대의 의의

유럽통합은 1952년 ECSC를 설립하면서 1950년대 초에 시작되었다. ECSC가 설립된 지 얼마 되지 않은 1950년대 중반 유럽방위공동체의 설립 시도가 좌초된 이후 서유럽국가들을 중심으로 경제협력체 중심의 통합을 의도하였고, 그 결과 1958년에 EEC와 Euratom이 설립되었다.

통합이 심화·확대되면서 노동자 중심의 사람의 자유이동이 본격화되었고, 그로 인해 국경통제와 형사 및 내무 분야에서 발생한 각종 문제를 둘러싸고 회원국 간 갈등이 야기되었다. 그리하여 1975년 12월 1~2일 로마에서 열린 유럽이사회에서 회원국간 사법 및 내무 분야의 문제를 해결하기 위한 비공식 조정안이 제안되었다.[1] 이를 소위 '트레비 협력(TREVI cooperation)'이라 한다.[2]

그리고 1970년에 결성된 '유럽정치협력(European Political Cooperation: EPC)'은 민사 및 형사문제에서의 협력을 전담하는 부서를 설치하여 비공식적으로 회원국 간 정치적·외교적 조정을 시도하였고, EPC 차원에서 여러 협약이 체결되었다. 이 가운데 최종 비준된 것은 망명문제에 관하여 회원국 간 법적 충돌과 의무의 배분에 관한 로마협약과 더블린협약(Rome and Dublin Convention)만이 비준되었다.[3]

1986년 10월에는 '이민문제에 관한 특별그룹(Ad-hoc Group Immigration)'이 설립되었으며, 산하에 망명, 비자 및 역외국경 등 다섯 개의 하부그룹을 두었다. 그리고 세관협력의 조정을 통한 역내시장의 완성을 위하여, 상호지원그룹(Gruope d'assitance mutuelle: GAM)을 두어 그 임무를 수행하게 하였다. 1989년 12월에는 스트라스부르 유럽이사회에 의해 '유럽마약대응위원회(Comité européenne

---

[1] 이 제안은 당시 영국 외교부장관(Britisch Foreign Secretary) James Callaghan에 의해 행해졌다.
[2] TREVI 협력에 의거하여 1976년 6월 열린 제1차 사법내무장관 회의에서는 테러리즘, 중대범죄, 마약 및 경찰협력에 관한 주제가 논의되었다. Thorsten Müller, Die innen-und justizpolitik der Europäischen Union. Eine Analyse der intergrationsentwicung, Opladen:Leske+Budrich, 2003, pp.122-123.
[3] Steve Peers, EU Justice and Home Affairs(3rd Ed., Oxford-New York: Oxford University Press, 2011), p.9.

de lutte antidrogue: CELAD)'가 설치되었다.[4] EC의 모든 회원국을 포함한 이와 같은 일련의 사법내무협력과는 별도로, 1985년 역내국경에서의 사람이동의 자유와 관련한 장벽을 제거하기 위하여 5개 EC 회원국에 의해 셍겐협력이 시작되었다.

사법내무협력 분야에서 기본조약 차원에서 본격적으로 규정하고 규율하기 시작한 것은 1993년 11월 1일 발효한 마스트리히트조약부터이다. 동 조약은 사람의 자유이동을 보장하기 위해서는 역내안전이 필요하다는 인식 아래 유럽공동체(EC), 공동외교안보정책 및 사법내무협력의 삼주(세 기둥)체제를 도입하였다. 사법내무협력은 EU의 세 번째 기둥(the Third Pillar)에 해당한다. 그 후 1999년 암스테르담조약이 발효하면서 비자, 망명, 이민 및 사람의 자유이동에 관한 기타 경찰 협력 등 사법내무협력의 일부 분야는 초국가적 기둥인 첫 번째 기둥(the First Pillar)으로 이전되었다. 그러나 형사문제에 관한 경찰사법협력(Police and Judicial Cooperation in Criminal Matters: PJCC)에 관한 규정은 여전히 정부간 기둥인 제3기둥(the Third Pillar)으로 남았다. 이 외 "셍겐 아키에 관한 의정서(Protocole intégrant l'acquis de Schengen dans le cadre de l'Union européenne)"를 암스테르담조약의 부속문서의 하나로 채택하였다.

2009년 12월 1일 발효한 리스본조약은 EC를 대체·계승하는 단일한 법인격(a legal personality)을 가지는 EU를 설립함으로써 삼주체제를 폐지하였다. 이렇게 하여 리스본조약 하에서 자유, 안전 및 사법지대에 관한 모든 문제는 TFEU 제5편에서 일률적·통일적으로 규율되게 되었다. 이 분야에 관한 대부분의 결정은 보통입법절차에 의하여 채택되게 되었으며, 국내의회와 유럽의회는 물론, 유럽연합사법재판소의 법적 통제권한도 확대되는 등 적지 않은 변화가 있다.

리스본조약은 암스테르담조약과 마찬가지로 TEU 제3조 2항에서, "연합은 … 시민들에게 역외국경이 없는 자유, 안전 및 사법지대를 제공한다."고 규정하고 있다. 이 문언에 의하면, 자유, 안전 및 사법지대는 EU의 모든 시민들에게 당연히 제공되어야 하는 것이다. 하지만 동조를 문리적으로 해석한다 하더라도 다음과 같은 적지 않은 의문이 든다. '자유, 안전 및 사법'이라는 용어의 명확한 의미는 무엇인지, EU는 어느 범위까지 '자유, 안전 및 사법'을 제공할 것인지, '자유, 안전 및 사법(지대)'의 한계는 어디까지인지, 또한 EU가 '자유, 안전 및 사법지대'의 확립을 추진하면서 직면한 헌법적, 정치적 및 현실적 장애는 없는지(혹은 무엇인지) 등에 대한 검토가 필요하다.[5]

---

[4] See Müller note 1, p.183.
[5] Christina Eckes, "A European Area of Freedom, Security and Justice: A Long Way Ahead?", Uppsala Faculty of Law Working Paper 2011:6a), http:uu.diva-portal.org, p.4.

입법행위도 제정할 수 없었다. 이러한 문제점들은 정부간회의에서의 논의를 거쳐 암스테르담조약이 채택됨으로써 대폭 수정·보완되었다.[9]

[그림 6-2] 암스테르담조약에서의 삼주체제

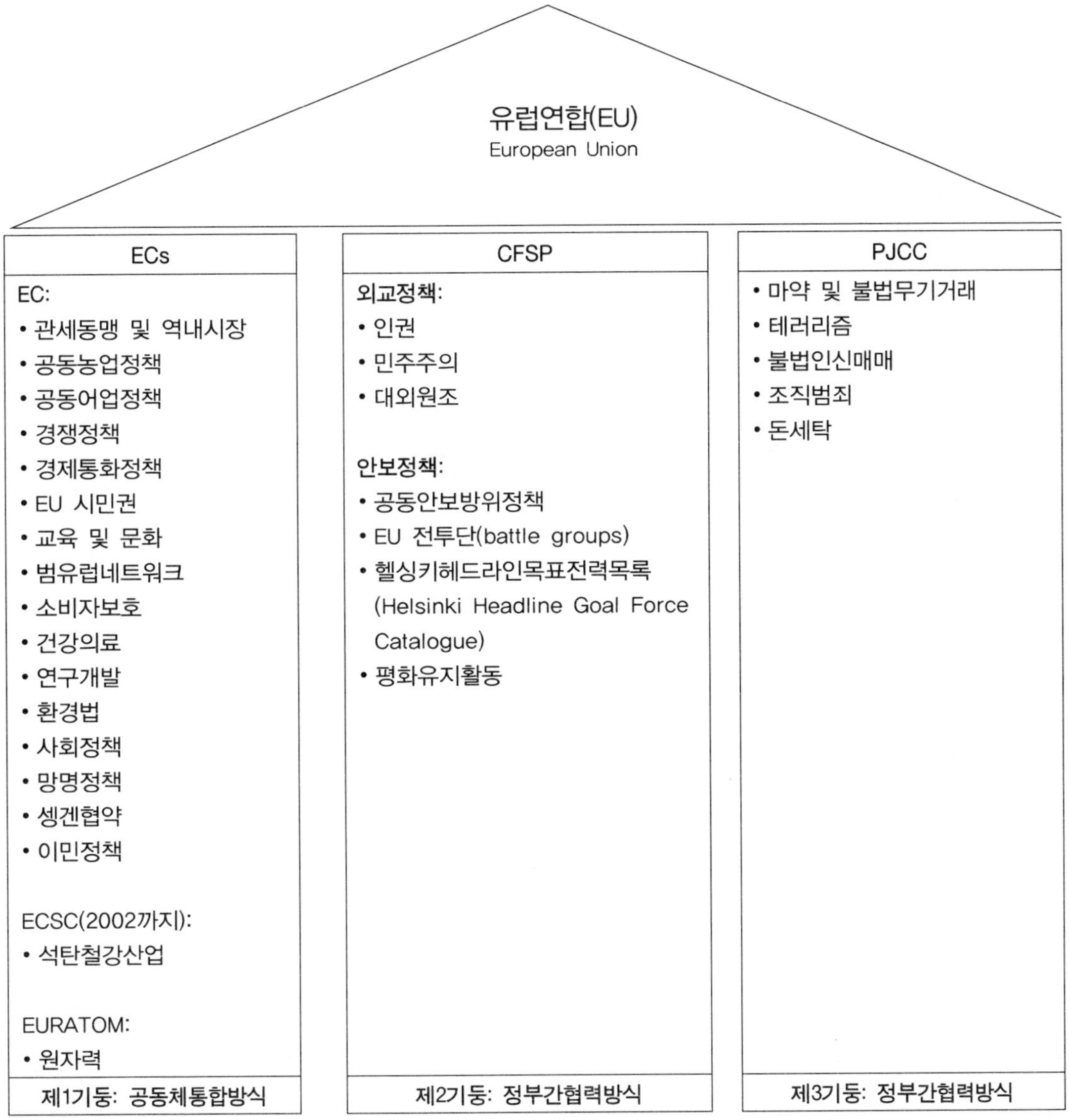

유럽연합(EU)
European Union

ECs	CFSP	PJCC
EC: • 관세동맹 및 역내시장 • 공동농업정책 • 공동어업정책 • 경쟁정책 • 경제통화정책 • EU 시민권 • 교육 및 문화 • 범유럽네트워크 • 소비자보호 • 건강의료 • 연구개발 • 환경법 • 사회정책 • 망명정책 • 솅겐협약 • 이민정책 ECSC(2002까지): • 석탄철강산업 EURATOM: • 원자력	외교정책: • 인권 • 민주주의 • 대외원조 안보정책: • 공동안보방위정책 • EU 전투단(battle groups) • 헬싱키헤드라인목표전력목록 (Helsinki Headline Goal Force Catalogue) • 평화유지활동	• 마약 및 불법무기거래 • 테러리즘 • 불법인신매매 • 조직범죄 • 돈세탁
제1기둥: 공동체통합방식	제2기둥: 정부간협력방식	제3기둥: 정부간협력방식

출전: http://en.wikipedia.org/wiki/Three_pillars_of_the_European_Union

---

[9] 이에 대한 상세한 내용은, 졸고, "EU의 '자유, 안전 및 사법지대'에 관한 법적 고찰", 국제법학회논총(대한국제법학회, 47권 2호(93호), 2002), pp.91-110.

(2) 암스테르담조약

1999년 5월 1일자로 발효한 암스테르담조약은 마스트리히트조약에 의해 도입된 舊TEU 전문 제10항의 내용을 제11항으로 대체하면서 공식적으로 '자유, 안전 및 사법지대'를 도입하였다. 즉, 암스테르담조약에 의하여 개정된 TEU 전문 제11항은, "사람의 자유로운 이동을 용이하게 하기 위하여, 현 조약의 제 규정에 부합하여 자유, 안전 및 사법지대를 설립함으로써 인민의 안전을 보장 한다."고 규정하고 있다. 또한 TEU 제2조 4문은 "EU는 역외국경의 통제, 망명, 이민 및 이로 인한 범죄의 예방에 필요한 적절한 조치와 함께 사람의 자유이동을 보장하면서 자유, 안전 및 사법지대의 범위 내에서 EU를 유지·발전시킬 목적을 지향한다."고 정하고 있다.

위 규정들의 도입으로 인하여 사람의 자유이동에 관한 일반 원칙 및 그 내용과 구별되는 비자, 망명, 이민 및 범죄의 예방 분야와 관련된 자유, 안전 및 사법지대에 관한 기본적 원칙에 관한 토대가 마련되게 되었다. 더욱이 마스트리히트조약 체제하에서와는 달리 공동체 당국은 공동체 수준의 일정한 조치를 채택할 수 있는 권한을 행사할 수 있게 되었다.

이리하여 암스테르담조약은 마스트리히트조약과는 달리 사법내무협력에 나타난 여러 문제점을 해결하기 위한 한층 진일보된 모습을 보이고 있다. 그 전형적인 예가 바로 자유, 안전 및 사법지대에 관한 규정의 도입이라고 할 수 있다.

자유, 안전 및 사법지대에 관하여 암스테르담조약은 '정부간회의 기둥'과 '공동체 기둥'으로 나누어 규정하고 있다. 즉, 전자에 대해서는, 암스테르담조약에 의해 개정된 EU조약 제IV편의 규정이, 후자에 대해서는, EC설립조약 제IV편의 규정이 적용된다. 그 주요 내용을 살펴보면 다음과 같다.

1) 암스테르담조약에 의해 개정된 EU조약 제IV편: '정부간 기둥'의 개혁

마스트리히트조약에 의해 도입된 제3기둥 사법내무협력의 실체적 내용은 암스테르담조약에 의해 훨씬 명확하게 되었다. EU조약 제29조에 의하면, EC의 권한을 침해함이 없이 '형사 분야에 있어 경찰 및 사법협력'과 '비자, 망명, 이민 및 사람의 자유이동과 관련한 기타 정책' 등 두 분야만이 정부간회의 기둥에 속하게 되었다. 따라서 정부간회의 기둥은 공동체기둥의 예외라고 할 수 있다.

정부간회의 기둥의 목적은 "형사 분야에 있어 경찰 및 사법협력 분야에서 회원국 간 공동행동체제를 수립하고, 인종차별주의와 외국인혐오주의를 예방하며, 또한 동 현상에 대항함으로써 자유, 안전 및 사법지대에서 시민들에게 보다 고양된 보호를 제공하는 것"이다.[10] 또한 이 목적은 "조직적 혹은 그 외의 범죄행위를 예방하고, 특히 테러리즘, 인간적인 대우, 아동범죄, 마약[11]과 총기유통, 부패 및 사기

---

[10] 암스테르담조약에 의해 개정된 EU조약 제29조 1문.
[11] Cf. Commission from the Commission to the Council and the European Parliament *on a European*

[그림 6-1] 자유, 안전 및 사법지대의 형성과 발전

서명년도	1948	1951	1954	1957	1965	1975	1985	1986	1992	1997	2001	2007
발효년도	1948	1952	1955	1958	1967	N/A	1985	1987	1993	1999	2003	2009
관련조약	브뤼셀조약	파리조약	개정브뤼셀조약	로마조약	병합조약	유럽이사회 결정	솅겐협약	단일유럽협정	마스트리히트조약	암스테르담조약	니스조약	리스본조약

- EU 삼주(세 기둥)체제
- 유럽공동체(European Communities)
- 유럽원자력공동체(Euratom)
- 유럽석탄철강공동체(ECSC): 2002년 존속기한 만료
- 유럽공동체(European Community: EC)
- 유럽경제공동체(EEC)
- 솅겐협약
- TREVI
- JHA
- PJCC
- EPC
- CFSP
- EU
- 서유럽연합(Western European Union: WEU): 2011년 6월 30일 존속기한 만료

출전: http://en.wikipedia.org/wiki/TREVI

'자유, 안전 및 사법지대'를 도입하면서 조약의 기초자들이 '자유'의 의미에 대해 유럽의 정신적·학문적 전통과 유산에 입각한 철학적 의미를 부여했다고는 보이지 않는다. 다만, 이미 로마조약에 의해 규정된 '사람의 자유이동'을 보장하기 위한 권리, 즉 자유이동권(free movement rights)에 중점을 두고 있다는 점은 분명하다.[6]

또한 현실적 의미에서, '자유, 안전 및 사법'은 역내시장의 핵심 정책과도 밀접한 관계를 맺고 있다. 즉, 역내시장이 원활하게 기능하기 위해서는 사람(특히, 노동자와 기업)의 자유이동권이 보장되어야 한다. 그러나 이 권리는 역내시장을 운영하는데 있어 필요한 제정책의 실시를 위해 요구되는 '기능적 권리'로서의 측면이 강하다. 문제는 이와 같은 '기능적' '자유이동권'은 유럽시민들이 보편적으로 향유하는 '정치적 및 시민적 자유(political and civil liberties)'와 충돌이 야기될 수밖에 없다는 점이다. 따라서 유럽시민들이 향유하는 '자유이동권'의 적용 범위와 한계가 설정될 필요가 있는 것이다.[7]

자유, 안전 및 사법(지대)는 단순히 사법 및 내무를 중심으로 한 민사협력 분야 뿐 아니라 형사협력과

---

[6] 리스본조약은 EU가 지향하는 일반 가치(혹은 목적)의 하나로 '자유'를 들고 있다. Cf. TEU 제2조: "연합의 인간의 존엄성의 존중, 자유, 민주주의, 평등, 법의 지배 및 소수자의 권리를 포함한 인권 존중의 가치 위에 설립된다. 이 가치들은 다원주의, 비차별, 관용, 정의, 연대 및 남녀평등을 특징으로 하는 사회에 있어 회원국에 공통하는 것이다."

[7] 2010년~2014년 자유, 안전 및 사법지대 작업 로드맵에 관한 스톡홀름계획이 수립·실시되고 있다. "The Stockholm Programme provides a roadmap for European Union (EU) work in the area of justice, freedom and security for the period 2010-14", "European Council, The Stockholm Programme – An Open and Secure Europe Serving and Protecting Citizens" (2010/C 115/01), OJ C 115 of 4.5.2010, p.1.

이민·국경통제정책 등 EU의 정치적 및 제도적 문제와 밀접한 관련을 맺고 있어 상당히 복잡한 양상을 띠고 있다. 따라서 본장에서는 마스트리히트조약 이후 리스본조약까지 전개되고 있는 자유, 안전 및 사법지대에 관한 제도적 연혁에 대해 검토하고, 그 주요 법적 쟁점에 대해 검토하고자 한다.

2. 자유, 안전 및 사법지대의 연혁

(1) 마스트리히트조약

자유, 안전 및 사법지대의 개념은 1997년 서명되어 1999년 발효한 암스테르담조약에 의해 처음으로 도입되었다. 마스트리히트조약에서는 이 개념을 찾아볼 수 없다. 다만, 이와 관련된 분야는 EU의 세 번째 기둥(제3기둥)인 '사법내무협력'으로서 정부간 협력의 기초를 이루고 있었다. 따라서 자유, 안전 및 사법지대의 개념 및 그 적용 분야에 대해 이해하기 위해서는 마스트리히트조약부터 살펴보아야 한다.

역내단일시장을 수립하는 과정에서 EU는 역내외의 다양한 문제에 직면하였다. 그 가운데서도 특히 사람의 자유이동을 보장하기 위한 역내안전의 확보는 제정책을 시행하기 위한 선결적 조건으로 작용하였다. 이에 EU는 1993년 11월 1일자로 발효한 유럽연합조약 제4편에서 '사법내무협력'에 대해 규정하고, 이를 EU를 구성하는 세 개의 기둥 중 세 번째 기둥으로 설정하였다. 이리하여 회원국의 법무부와 행정부간 경찰, 세관, 이민 및 사법 서비스분야에서의 대화, 상호협조, 공동 행동 및 협력을 위한 새로운 장이 마련되었으며, 사람의 자유로운 이동의 보장에 관한 EU의 목적을 보다 구체적으로 실현하기 위한 현실적 토대가 구축되게 되었다.

EU조약은 공동체의 권한을 침해하지 않는 범위 내에서 다음과 같은 아홉 가지의 공동 이해와 관련된 협력 분야를 설정하였다. 즉, ⅰ) 망명정책, ⅱ) 사람의 회원국 영역의 월경(越境)에 관한 규칙, ⅲ) 이민 정책, ⅳ) 마약퇴치, ⅴ) 국제적 사기, ⅵ) 민사 분야의 사법협력, ⅶ) 형사 분야의 사법협력, ⅷ) 관세협력 및 ⅸ) 테러리즘, 불법마약유통 및 기타 국제적 중범죄의 예방과 퇴치를 위한 형사협력 등이 이에 해당한다.[8]

하지만 사법내무협력은 공동농업정책이나 공동통상정책과 같은 EU의 배타적 권한이 적용되는 정책이 아니며, EU보다는 회원국의 결정과 권한에 많은 비중이 두어져 있다. 이와 같은 이유로 유럽위원회, 의회 및 사법재판소 등 이 분야에서 EU 기관에 의한 권한의 행사는 상당히 제한될 수밖에 없는 문제점을 가지고 있다. 이를테면, EU의 일반 정책을 수행하는데 요구되는 규칙, 지침 및 결정 등 어떠한

---

[8] 舊TEU 제K.1조. 동조는 암스테르담조약에 의하여 개정된 TEU 제29조에 의해 수정·보완되었으며, 특히 상기 아홉 가지의 협력 분야에 관한 내용은 폐지되었다. 또한 제30조 및 제31조 등의 규정이 신설되거나 또는 기존의 규정의 내용이 개정됨으로써 사법내무협력의 현실적 이행에 관한 내용이 대폭 보완되었다.

등과 같은 현상에 대항함으로써 달성"될 수 있다.12) 이때의 '특히(notamment)'라는 부사는 열거된 목록이 예시적이라는 것을 의미한다.

상기 목적을 달성하기 위한 수단은 EU조약 제29조~제32조에서 정하고 있다. 즉, 제29조는 목적 및 일반적인 이행 내용, 제30조와 제32조는 경찰협력, 그리고 제31조와 제32조는 사법협력에 대해 상세히 규정하고 있다. 이를 구체적으로 이행하고 보장하기 위한 수단은 다음과 같이 세 가지로 구분할 수 있다. 첫째, 경찰의 직접적 개입 및 유로폴(Europol; European Police Office)13)의 중개에 의해 경찰, 세관 및 회원국의 권한당국 간 보다 밀접한 협력이 확보되어야 한다. 둘째, 회원국의 사법당국과 기타 권한당국 간 보다 밀접한 협력이 확보되어야 한다. 그리고 셋째, 필요한 경우, 회원국의 형사법규칙의 접근이 이루어져야 한다.14)

이사회는 형사 및 사법협력에 있어 권한당국이 기타 회원국의 당국과 함께 합의 또는 공조하여 기타 회원국의 영역 내에 개입할 수 있는 조건 및 한계를 정한다.15) 하지만 정부간회의 기둥은 회원국들을 위한 세이프가드조항에 의해 영향을 받는다. 즉, 형사분야에 있어 경찰 및 사법협력은 회원국에 부여된 공공질서 및 국내안전의 보호를 위한 권한의 행사를 침해할 수 없다.16)

이하에서는 형사분야에서의 경찰 및 사법협력의 구체적 내용에 대해 알아보기로 한다.17)

먼저, 경찰협력분야에서의 공동행동은 다음과 같은 협력을 포함한다.

a) 형사범죄의 예방과 탐지 및 조사 분야에서의 회원국의 경찰, 세관 및 기타 범죄억지서비스를 포함한 권한당국간 협력

b) 수집, 보관, 취급, 분석 및 개인적 성격을 가지는 자료의 보호와 관련한 적절한 규정 하에 재정거래의 특징과 관련한 억지서비스, 특히 유로폴에 의해 취득된 정보를 포함한 적절한 정보의 교환

c) 교육, 연락관의 교환, 파견, 장비의 사용 및 형사범죄 연구 분야에 있어 공동협력 및 주도권의 행사

Union Action Plan to Combat Drugs (2000-2004), Brussels, 26.05.1999, COM(1999) 239 final, 64p.
12) 암스테르담조약에 의해 개정된 EU조약 제29조 2문.
13) 유로폴의 설립은 마스트리히트조약에 의해 최초로 인정되었으며, 1994년 1월 3일자로 '유로폴 마약전담반(Europol Drugs Unit: EDU)'이라는 제한된 업무를 수행하는 기구의 형태로 출발하였다. 이 후, 기타 범죄 영역을 담당하게 되었으며, 1998년 10월 1일자로 '유로폴 협정(Europol Convention)'(다음 사이트에서 동 협정 전문을 구할 수 있다. http://www.coe.int/t/dghl/cooperation/economiccrime/organisedcrime/projects/carpo/output_3_-_special_investigative_means/Europol_Convention.pdf)이 발효하였다. 이리하여 유로폴은 1999년 6월 1일자로 동 협정에 의거한 법적 행위를 수행하게 되었다. 이 외 유로폴에 대한 상세한 내용은 다음의 EU 유로폴 공식 사이트를 참고할 것. https://www.europol.europa.eu/
14) 암스테르담조약에 의해 개정된 EU조약 제29조 2문.
15) 암스테르담조약에 의해 개정된 EU조약 제32조.
16) 암스테르담조약에 의해 개정된 EU조약 제33조.
17) 암스테르담조약에 의해 개정된 EU조약 제30조 1항.

d) 조직범죄의 형태의 탐지와 관련한 특별 조사기술의 공동평가

또한 이사회는 유로폴의 원조 하에 암스테르담조약이 발효한 날로부터 5년 내 협력을 고양하기 위하여 다음과 같은 조치를 마련한다.[18] 따라서 유로폴의 임무의 범위가 상당히 확대되었다.

- a) 유로폴로 하여금 준비를 용이하고 하고, 지원하는 것 및 회원국의 권한당국에 의해 행해진 조사의 특수한 행동의 조정과 이행을 격려하는 것을 허용한다.
- b) 유로폴로 하여금 회원국의 권한 당국에게 특정 사건에 대해 그들이 조사를 행하고 조정하며, 또한 조직범죄에 관한 조사에 있어 그들을 원조하기 위하여 회원국이 특별 권한을 행사할 수 있는 조치를 채택한다.
- c) 조직범죄에 대응함에 있어 유로폴과의 밀접한 협력 하에 특수검사와 조사관간 연락처를 마련한다.
- d) 월경범죄에 관한 연구, 문서 및 통계망을 구축한다.

다음은 형사 분야에서의 사법협력에 있어 공동행동으로서 다음과 같은 협력내용이 예정되어 있다.[19]

- a) 절차와 결정의 집행에 대해 권한을 가지는 회원국의 부(部)와 사법당국 혹은 동등한 권한을 행사하는 자들간 협력을 용이하고 하고 또한 촉진한다.
- b) 회원국간 범죄인인도를 용이하게 한다.
- c) 협력의 개선에 필요한 조치에 있어 회원국내 적용 가능한 규칙의 양립성을 보장한다.
- d) 회원국간 권한의 갈등을 방지한다.
- e) 형사범죄의 구성요소 및 조직범죄, 테러리즘과 마약유통 분야에 적용 가능한 제재조치와 관련한 최소규칙을 제정하기 위한 조치를 점진적으로 채택한다.

위 규정에 의거하여 탐페르 유럽이사회는 ⅰ) 형사법의 접근, ⅱ) 사법절차의 조정, ⅲ) 사법결정의 상호인정 및 ⅳ) 개인적 권리의 보호 등 형사분야의 사법협력계획의 기초를 확립하였다. 또한 탐페르 유럽이사회의 주요 결정사항 중의 하나인 동시에 니스조약에 의해 규정되어 있던[20] 유로저스트(Eurojust; European Judicial Cooperation Unit)가 창설되었다.[21]

이로써 TEU 제34조가 예정하고 있는 '유럽형사사법지대(European Area of Criminal Justice)'의 미래상이 어느 정도 구체화되었다고 볼 수 있다.

---

[18] 암스테르담조약에 의해 개정된 EU조약 제30조 2항.
[19] 암스테르담조약에 의해 개정된 EU조약 제31조.
[20] 니스조약에 의해 개정된 EU조약 제29조 2항 2문.
[21] 유로저스트는 회원국의 검찰당국간 협력을 용이하게 하고, 범죄정보 및 정보교환의 조정을 향상시키기 위하여 창설되었으며, 회원국의 검사, 판사 혹은 경찰관으로 구성되어 있다. 2000년 12월 14일자로 아래의 이사회 결정에 의해 임시 유로저스트(Pro-Eurojust)가 브뤼셀에 설치되어 2001년 3월 1일자로 업무를 수행하고 있다. 유로저스트의 공식 홈페이지: http://www.eurojust.europa.eu/Pages/home.aspx

2) 암스테르담조약에 의해 개정된 EC설립조약 제IV편: '공동체 기둥'의 내실화

암스테르담조약에 의해 개정된 EC설립조약 제IV편(제61조~제69조)은 '사람의 자유이동과 관련한 비자, 망명, 이민 및 기타 정책'이란 제하에 자유, 안전 및 사법 지대의 공동체기둥에 의해 규율되는 영역에 대해 규정하고 있다. 제IV편에 규정된 내용은 완전한 목록이 아니라 예시적 목록이라고 보아야 한다. 하지만 이와 같은 불완전성에도 불구하고 EC설립조약 제IV편은 특히 안전에 관해 중점을 두고 있음을 알 수 있다.

EC설립조약 제14조 2항은 "역내시장은 상품, 사람, 서비스 및 자본의 자유이동이 보장되는 '역내국경이 없는 지대(an area without internal frontiers)'를 포함한다."고 규정하고 있다. 이 규정과 관련시켜 볼 때, EC설립조약 제IV편은 역내국경 통과 시 모든 검문을 철폐함으로써 사람의 자유이동을 보장하는데 기여할 수 있을 것인가?

이를 위하여 EC설립조약은 이사회에게 다음과 같은 적절한 조치를 마련할 것을 요구하고 있다.

첫째, 이사회는 5년 이내 자유, 안전 및 사법지대의 점진적인 정착을 위하여, 이동의 자유와 직접적으로 관계를 맺고 있는 조치와 외부국경에서의 통제, 망명, 이민 및 범죄의 예방 및 대항과 관련된 상기 EC설립조약 제14조에 부합하는 사람의 자유이동을 보장하기 위한 조치를 마련해야 한다. 또한 이사회는 EU 역내 거주자의 권리를 보호하기 위한 조치뿐만 아니라 민사 분야의 사법협력, 행정협력, 형사 분야의 경찰 및 사법협력을 위한 조치를 채택해야 한다.

둘째, 이사회는 5년 이내 연합시민 혹은 제3국 거주자가 내부국경을 통과할 때 어떠한 통제를 받지 않을 수 있도록 조치를 마련하며, 회원국의 외부국경의 통과와 관련한 조치 및 제3국 거주자가 최대 3개월 이내에는 회원국 영역을 자유롭게 이동할 수 있도록 보장하는 조치를 마련한다.

셋째, 이사회는 5년 이내 망명, 난민 및 이민정책과 관련한 아래와 같은 조치를 마련한다.

망명과 관련하여, 1951년 7월 28일 제네바협약, 1967년 1월 31일자 난민지위에 관한 의정서 및 기타 관련 조약에 비추어, i) 제3국 거주자에 의해 행해진 망명신청의 심사 기준 및 제도, ii) 회원국에서의 망명 신청자의 접수와 관련한 최소 규범, iii) 제3국 거주자가 난민 지위를 인정받기 위하여 충족시켜야할 조건과 관련한 최소 규범 및 iv) 회원국에서의 난민지위의 부여 혹은 박탈 절차와 관련한 최소 규범 등이 제정되어야 한다.[22]

다음과 같은 분야에서 난민과 국내실향민(refugee and internally displaced persons)에 관한 조치, 즉, i) 본국으로 귀향할 수 없는 제3국으로부터 유입된 국내실향민 및 기타의 이유로 국제적 보호가 필요한 기타의 난민에 대해 일시적 보호를 부여하기 위한 최소 규범 및 ii) 난민과 국내실향민을 수용하고 그 수용의 결과를 유지하기 위하여 모든 회원국에 의한 합치된 노력간 균형을 보장하기 위한 제

---

[22] 암스테르담조약에 의해 개정된 EC설립조약 제63조 1항 1문.

조치가 마련되어야 한다.23)

그리고 이민정책에 관해서는 i) 입국과 체류조건, 그리고 회원국에 의한 비자 및 장기체류증 교부절차와 관련한 규범 및 ii) 불법체류로 인한 본국 송환을 포함한 불법 이민 및 체류 등의 분야를 중심으로 조치가 채택되어야 한다.24)

넷째, EC설립조약 제67조에 비추어 채택되는 월경(越境)에 영향을 미치는 '민사 분야에 관한 사법협력 분야의 조치' 및 역내시장의 원활한 기능에 필요한 제 조치에 있어 이사회는 다음과 같은 역할을 하게 된다. 즉, i) 사법적 및 비사법적 문서의 국경 간 송달제도, 증거수집에 관한 협력 및 비사법적 결정을 포함한 민·상사 분야의 결정의 승인과 집행을 개선하고 간소화하고, ii) 법의 충돌 및 재판관할권 분야에 있어 회원국에서 적용되는 규칙의 양립가능성을 증진하며, 또한 iii) 회원국에서 적용되는 민사절차규칙의 양립가능성을 증진할 필요성에 비추어 보아 민사절차의 원활한 전개에 방해가 되는 장애를 제거한다.25)

마지막으로 이사회는 EC설립조약 제67조에 의거하여 제IV편의 적용 영역에서의 회원국의 행정서비스 간 및 유럽위원회의 서비스 간 협력을 보장하기 위한 조치를 채택한다.26) 이 분야에 있어서, 공동체기둥은 공공안전 및 안전보장의 유지를 위하여 회원국이 세이프가드조치를 채택하는 것을 허용하고 있다.27) 또한 하나 혹은 다수의 회원국이 제3국 국민의 갑작스런 이동의 급증으로 인하여 긴급상황에 처하게 되는 경우, 이사회는 유럽위원회의 제안에 의거하여 가중다수결로 이들 회원국들을 위하여 최대 6개월을 넘지 않는 기간 내에 임시조치를 취할 수 있다.28) 이와 같은 조치의 채택에 대해, 유럽의회 및 유럽연합사법재판소에 의한 어떠한 통제도 규정되어 있지 않다.

---

23) 암스테르담조약에 의해 개정된 EC설립조약 제63조 1항 2문.
  2000년 9월 28일자 이사회 결정 2000/596/EC에 의해 '유럽난민기금(un Fonds europeen pour les réfugiés; a European Refugee Fund)'이 설립되었다(Décision du Conseil du 28 septembre 2000(2000/596/CE) *portant création d'un Fonds européen pour les réfugiés*, JO n° L 252 du 06.10.2000, pp.12-18). 이 기금은 난민과 국내실향민을 수용하기 위하여 회원국에 의해 합의된 모든 노력을 지원하기 위한 목적을 가지고 있다.
24) 암스테르담조약에 의해 개정된 EC설립조약 제63조 1항 3문.
25) 암스테르담조약에 의해 개정된 EC설립조약 제65조 a)~c).
26) 암스테르담조약에 의해 개정된 EC설립조약 제66조.
27) 암스테르담조약에 의해 개정된 EC설립조약 제64조 1항.
28) 암스테르담조약에 의해 개정된 EC설립조약 제64조 2항.

3. 리스본조약에서의 자유, 안전 및 사법지대

(1) 규정의 형태

리스본조약은 TEU 제3조 2항에서, "연합은 ... 시민들에게 역외국경이 없는 자유, 안전 및 사법지대를 제공한다."고 규정하고, TFEU 제5편 제67조~제89조에서 세부 정책 분야별로 일목요연하게 정리하여 규정하고 있다.

리스본조약은 마스트리히트조약에서 시작되어 암스테르담조약에 의해 구체화된 자유, 안전 및 사법지대의 설립 작업을 법적·제도적으로 보다 완전하게 정비하고 있다. 이를테면, 암스테르담조약에 남아 있던 '정부간 기둥'과 '공동체 기둥'을 완전 폐지하였다. 또한 관련 조항도 TFEU 제5편 제67조~제89조에서 일반규정을 비롯하여 각 정책 분야별로 아래와 같이 세부 규정을 두고 있다.

제1장 일반규정 제67조~제76조
제2장 유로폴, 망명 및 이민정책 제77조~제80조
제3장 민사사건에서의 사법협력 제81조
제4장 형사사건에서의 사법협력 제82조~제86조
제5장 경찰협력 제87조~제89조

TFEU에서의 자유, 안전 및 사법지대의 편성 구조를 보면, 제3부 '연합의 대내정책 및 행동(Part Three: Union Policies and Internal Actions)'의 제1편 '역내시장', 제2편 '상품의 자유이동', 제3편 '농업 및 어업', 제4편 '사람, 서비스 및 자본의 자유이동' 다음에 제5편 '자유, 안전 및 사법지대'가 위치하고 있다. 이를 통해 보더라도 리스본조약에서 '자유, 안전 및 사법지대'가 차지하는 위상을 알 수 있다. 즉, '자유, 안전 및 사법지대'는 역내시장을 운영하는데 있어 4대요소로 간주되는 '상품, 사람, 서비스 및 자본'의 자유이동을 보장하는데 필수적인 정책 분야로 여겨지고 있다고 보아야 한다.

(2) 리스본조약에서 자유, 안전 및 사법지대의 일반원칙과 특징

1) 일반원칙과 주요 특징

TFEU 제5편 제1장 '일반규정'으로서 제67조~제76조까지 총 10개 조항을 두고 있다. 자유, 안전 및 사법지대 관련 규정을 살펴보면, 리스본조약에 의해 새롭게 도입되었거나 또는 보충된 주요 특징으로는 다음과 같은 것을 들 수 있다.

첫째, 리스본조약은 자유, 안전 및 사법지대와 관련한 조치 혹은 정책을 결정하는데 있어 보다 효과적이며, 민주적인 의사결정절차를 도입하고 있다. 위에서 언급한 바와 같이, 리스본조약은 암스테르담조약에 남아 있던 제3기둥을 폐지하고, 자유, 안전 및 사법지대를 EU법의 영역으로 자리매김하였다. 그리하여 이 분야에 관한 법안도 TFEU 제293조에 규정된 보통입법절차에 의거하여 채택된다. 그 결과, 가중다수결에 의한 이사회 행위는 물론, 공동입법자로서 유럽의회도 보통입법절차에 의거하여 그 견해를 제출하게 된다.

둘째, 국내의회의 역할이 강화되었다는 점이다. TEU 제12조 및 리스본조약 부속 제1·제2의정서는 EU에서의 국내의회의 역할에 대해 규정하고 있다. 향후 국내의회는 보충성원칙에 비추어 제안된 모든 법안에 대해 8주의 기간 동안 검토할 수 있게 되었다. 이 기간이 종료되기 전까지 EU 차원의 어떤 결정도 채택할 수 없다. 자유, 안전 및 사법지대와 관련하여, 만일 국내의회의 4분의 1의 요청이 있다면, 제출된 제안은 반드시 재검토되어야 한다.[29] 만일 보충성원칙이 입법행위에 의해 침해된 경우, 유럽연합사법재판소에 당해 행위에 대한 취소소송이 제기될 수 있다. 그리고 국내의회는 유로저스트와 유로폴의 평가에도 참가한다.[30]

셋째, 자유, 안전 및 사법지대에 관한 유럽연합사법재판소의 권한이 강화되었다. 리스본조약 체제 하에서 사법재판소는 어떠한 제한 없이 자유, 안전 및 사법지대에 관한 모든 영역에 관한 선결적 부탁을 받을 수 있다. 그러나 리스본조약 발효 후 5년 동안 기존의 조약(the previous Treaty) 하에서 채택된 형사 분야에서의 경찰 및 사법협력에서의 행위는 선결적 부탁절차의 적용 영역에서 제외된다. 이와 마찬가지로 이 예외는 의무불이행소송에 대해서도 동일하게 적용된다.[31]

넷째, 리스본조약 체제 하에서도 자유, 안전 및 사법지대 분야에서 유럽위원회는 여전히 주도적 역할을 수행한다. 이를테면, 자유, 안전 및 사법지대에 관련한 규정에 부합하지 않는 조치를 취한 회원국에 대하여 유럽위원회가 의무불이행소송을 제기할 수 있다는 사실은 리스본조약이 유럽위원회에게 관련 법률의 이행을 감독하는 새로운 권한을 부여했다는 것을 의미한다.

다섯째, 회원국 당국에 의한 자유, 안전 및 사법지대의 실시를 평가함에 있어 유럽위원회와 회원국이 상호 협력한다. 유럽위원회의 제안에 의거하여, 이사회는 자유, 안전 및 사법지대에 관한 EU의 정책이 회원국 당국에 의해 제대로 실시되는가 여부에 대하여 유럽위원회와 회원국간 협력하여 객관적이고도 공정하게 평가하기 위한 세칙을 정하는 조치를 채택할 수 있다. 평가 내용 및 그 결과는 유럽의회 및 국내의회에 통지되어야 한다.[32]

---

[29] '보충성 및 비례원칙의 적용에 관한 제2의정서(Protocol (No. 2) on the Application of the Principles of Subsidiarity and Proportionality)' 제7조 2항.
[30] TFEU 제85조 및 제88조.
[31] '과도규정에 관한 제36의정서(Protocol (No. 36) on Transitional Provisions)' 제10조 3항.
[32] TFEU 제70조.

4. 국경검사, 망명 및 이민정책

TFEU 제3부 제5편 제2장은 "국경검사, 망명 및 이민정책"이란 제목 아래 제77조~제80조까지 4개 조문을 두고 있다. 이를 분야별로 나누어 검토한다.

(1) 국경검사정책

TFEU 제77조 1항은 EU의 국경정책의 세 가지 기본원칙을 제시하고 있다.

첫째, 역내국경검사는 폐지된다. "국적 여하를 불문하고 사람에 대한 검사가 역내국경의 통과 시 행해지지 않도록 할 것"((a)호)이라는 문언에서 알 수 있듯이 일단 역외국경을 통과하여 역내에서 이동하는 경우, 사람의 이동에 관한 한 '국적 여하를 불문하고(whatever their nationality)' 어떤 국경검사도 행해지지 않게 된다. 그동안 사람의 자유이동을 보장하기 위하여 기본조약과는 별도로 셍겐협약을 체결하여 적용하여 왔다. 하지만 리스본조약 하에서는 역내시장에서의 사람의 완전한 자유이동이 보장되게 되었다.

둘째, 역외국경검사는 여전히 유효하게 행해진다. "역외국경에서 사람의 검사 및 통행의 효과적인 감시를 행할 것"((b)호)이란 문언에서 보듯이 역내국경과는 달리 역외국경에서의 사람에 대한 검사와 통행에 대한 감시제도는 그대로 유지된다.

셋째, 이와 아울러 '역외국경에서 통합국경경비제도(an integrated management system for external borders)'가 도입된다((c)호). 이 제도는 점진적으로 도입(the gradual introduction)되며, 그 구체적 도입 시기에 대해서는 명확한 언급이 없다.[33]

---

[33] 2002년 유럽위원회는 이사회와 유럽의회에 이에 관한 통보를 제출하였다. Commission Communication to the Council and the European Parliament entitled "*Towards integrated management of the external borders of the Member States of the European Union*", Brussels, 7.5.2002, COM(2002)233 final. 원문은, http://eur-lex.europa.eu/legal-content/EN/TXT/PDF/?uri=CELEX:52002DC0233&from=EN 이와 관련된 행위를 예시하면 다음과 같다.
  - Proposal for a Council Regulation of 11 November 2003 *establishing a European agency for the management of the external borders* [COM(2003) 687 – Not published in the Official Journal].
  - Consultation procedure (CNS/2003/0273)
  - Commission Communication to the European Parliament and the Council of 3 June 2003 *in view of the European Council of Thessaloniki on the development of a common policy on illegal immigration, smuggling and trafficking of human beings, external borders and the return of illegal residents* [COM(2003) 323 – Not published in the Official Journal].
  - *Management plan for the external borders of the Member States of the European Union*, adopted by the JHA Council on 13 June 2002.
  - Council Decision 2002/463/EC of 13 June 2002 *adopting an action programme for administrative cooperation in the fields of external borders, visas, asylum and immigration (ARGO programme)*.

TFEU 제77조 3항은 EU에게 새로운 권한을 부여하고 있다. 만약 TFEU 제20조 제2항 (a)호에 언급된 권리의 행사를 용이하게 하기 위하여 EU의 행동이 필요하다고 판단되는 경우, 또 만약 제조약이 필요한 권한을 정하고 있지 않은 경우, 이사회는 여권, 신분증, 체재자격 또는 이러한 종류의 기타 증명에 관한 규정을 특별입법절차에 따라 제정할 수 있다. 이사회는 유럽의회와 협의 후 전원일치로 결정해야 한다.

동조는 TFEU 제352조와 그 내용이 유사하다. 특히 동조 1항은 다음과 같이 규정하고 있다.

"제조약에 규정된 목표의 하나를 실현하기 위해 제조약에 규정된 정책 분야의 범위 내에서 연합의 행동이 필요하지만 제조약에는 이에 대한 필요한 권한이 정해져 있지 않은 경우, 이사회는 유럽의회의 동의를 얻은 유럽위원회의 제안에 의거하여 전원일치로 적절한 조치를 취한다. 이 조치가 이사회에 의해 특별입법절차에 따라 채택되는 경우, 이사회는 마찬가지로 유럽의회의 동의를 얻은 유럽위원회의 제안에 의거하여 전원일치로 결정한다."

위 조항들의 내용을 살펴보면, 리스본조약에 의거하여 EU가 원칙적으로는 회원국의 영토 내에서 자유롭게 이동하고 거주할 권리[34]를 보장하고 있지만 여권, 신분증, 체재자격 또는 이러한 종류의 기타 증명에 관한 규정 등 EU 차원의 필요한 사항에 대해서는 이사회에게 특별한 조치를 취할 권한을 부여하고 있음을 알 수 있다.

(2) 망명 및 이민정책

리스본조약은 망명정책(asylum policy)과 이민정책(immigration policy)을 구분하여 규정하고 있다.
먼저, 망명정책을 살펴보면, 망명 분야의 공동정책도 '망명, 보완적 보호 및 일시적 보호(asylum, subsidiary protection and temporary protection)'로 구분하고 있다.[35] 이 점에서 볼 때, 리스본조약은 난민정책을 망명정책의 일환으로 규정하고 있다고 파악된다. 그리고 난민정책을 유엔난민협약상 난민(refugee)과 국내실향민(internally displaced persons: IDP)으로 나누어 이에 대한 공동정책의 수립을 의도하고 있다. 난민과 국내실향민의 보호에 대해서는 TFEU 제78조에서 규정하고 있다.

크로아티아 가입 전 EU 27개 회원국의 난민신청자 현황을 살펴보면, 2001년에 약 425,000명으로 가장 많았다. 그 후 2006년 약 200,000명, 가장 최근인 2012년 약 335,895명으로 그 현황은 EU 주변국의 정치상황에 따라 상당히 유동적이다.[36] 중요한 점은, 난민정책이 '복권추첨식(lottery)'으로

- *Plan to combat illegal immigration*, adopted by the JHA Council on 28 February 2002.
34) TFEU 제20조 2항 (a)호.
35) TFEU 제78조 1항.

행운에 따라 불안정한 상태로 운영되어서는 안 된다. EU 차원의 통일된 난민정책에 관한 원칙이 마련되고, 회원국 상호간에도 책임이 분산되어야 한다. 또한 난민신청자에 대해서는 차별 없이 공평한 대우를 하고, 공정한 심사를 거쳐 난민인정을 받는데 불이익이 없어야 한다.

EU는 1951년 '유엔난민협약'의 기본취지를 수용하고 난민의 보호 및 효율적 관리를 위하여 1999년부터 '유럽공동망명제도(common european asylum system: CEAS)'를 도입하기 위한 작업을 해왔다. 그 주요한 작업의 예를 들면, 난민 분야의 재정연대를 강화하기 위하여 '유럽난민기금(European Refugee Fund: ERF)'[37]을 설립하였으며, 2001년 '일시적 난민보호지침(Temporary Protection Directive)'[38]과 '가족재결합지침(Family Reunification Directive)'[39]을 채택하였다. 그리고 유럽위원회는 2007년 '녹서(Green Paper)',[40] 그리고 2008년 '망명정책계획(Policy Plan on Asylum)'[41]을 마련하였다.

다음은, 이민정책이다. TFEU 제79조 1항은 '공동이민제도(a common immigration policy: CIP)'의 도입에 대해 규정하고 있다. 이 제도를 도입하고자 하는 목적은, EU 차원에서 "이주의 유입에 대한 효과적 억제, 회원국에 합법적으로 체류하고 있는 제3국 국민의 적절한 처우, 불법 이주 및 인신매매의 예방 및 대책의 강화를 모든 국면에서 확보"하고자 함이다. 이 목적에 따라 동조 2항에서 보통입법절차에 따라 취해야 할 조치로 네 가지 분야를 제시하고 있다.

2008년 유럽위원회는 유럽의회, 이사회, 유럽경제사회위원회 및 지역위원회에 '유럽을 위한 공동이민제도에 관한 통보'[42]를 제출했다. 유럽위원회는 이 통보에서 EU 차원에서 수립되어야 할 이민정책

---

[36] 이 현황에 대해서는, http://ec.europa.eu/dgs/home-affairs/what-we-do/policies/asylum/index_en.htm
[37] ERF에 대한 상세한 내용은, http://ec.europa.eu/dgs/home-affairs/financing/fundings/migration-asylum-borders/refugee-fund/index_en.htm
[38] COUNCIL DIRECTIVE 2001/55/EC of 20 July 2001 *on minimum standards for giving temporary protection in the event of a mass influx of displaced persons and on measures promoting a balance of efforts between Member States in receiving such persons and bearing the consequences thereof*, OJ L 212 of 7.8.2001, p.12.
[39] COUNCIL DIRECTIVE 2003/86/EC of 22 September 2003 *on the right to family reunification*, OJ L 251 of 3.10.2003, p.12.
[40] Commission of the European Communities, *Green Paper on the future Common European Asylum System*, Brussels, 6.6.2007, COM(2007) 301 final.
[41] Commission of the European Communities, COMMUNICATION FROM THE COMMISSION TO THE EUROPEAN PARLIAMENT, THE COUNCIL, THE EUROPEAN ECONOMIC AND SOCIAL COMMITTEE AND THE COMMITTEE OF REGIONS *POLICY PLAN ON ASYLUM AN INTEGRATED APPROACH TO PROTECTION ACROSS THE EU*, {SEC(2008) 2029} {SEC(2008) 2030}, Brussels, 17.6.2008, COM(2008) 360 final.
[42] Commission of the European Communities, Communication from the Commission to the European Parliament, the Council, the European Economic and Social Committee and the Committee of the Regions of 17 June 2008 - *A Common Immigration Policy for Europe: Principles, actions and tools*,

의 3대원칙과 10가지 세부원칙을 제시하고 있다.

[표 6-1] EU 공동이민정책의 원칙

3대원칙	10가지 세부원칙
번영(Prosperity): 합법이민의 EU의 사회경제적 발전에 기여	1. 번영과 이민: 명확한 규칙 및 그 실시 2. 번영과 이민: 적합한 수단 및 그 필요성 3. 번영과 이민: 성공적 이민의 핵심으로서의 통합
연대(Solidarity): 회원국 간 조정 및 제3국과의 협력	4. 연대와 이민: 투명성, 신뢰 및 협력 5. 연대와 이민: 효과적이고 결속력 있는 사용가능한 수단의 사용 6. 연대와 이민: 제3국과의 동반자관계 형성
안전(Security): 불법이민에 대한 효과적 대응	7. 연대와 이민: 유럽의 이익에 도움되는 비자정책 및 그 동반자 8. 연대와 이민: 국경통합관리 9. 연대와 이민: 불법이민에 대한 대응 강화 및 인신매매에 대한 불관용 10. 연대와 이민: 효과적이고 지속적인 귀국정책

공동이민정책의 차원에서 그동안 EU는 다양한 입법조치를 채택, 실시하고 있다. 그 주요한 입법조치의 예로, 숙련노동자들을 대상으로 'EU블루카드지침(EU Blue Card Directive)',[43] 그리고 학생[44]과 연구자[45]를 대상으로 개별지침을 들 수 있다. 이 외에도 가족재결합지침[46]과 장기거주자지침[47]도

{SEC(2008) 2026}{SEC(2008) 2027}, Brussels, 17.6.2008, COM(2008) 359 final.

[43] COUNCIL DIRECTIVE 2009/50/EC of 25 May 2009 *on the conditions of entry and residence of third-country nationals for the purposes of highly qualified employment*, OJ L 155 of 18.6.2009, p.17.

[44] COUNCIL DIRECTIVE 2004/114/EC of 13 december 2004 *on the conditions of admission of third-country nationals for the purposes of studies, pupil exchange, unremunerated training or voluntary service*, OJ L 375 of 23.12.2004, p.12.
2013년 3월 25일자로 유럽위원회는 위 지침의 개정안을 제안하였다. Commission européenne, Proposition de DIRECTIVE DU PARLEMENT EUROPÉEN ET DU CONSEIL *relative aux conditions d'entrée et de séjour des ressortissants de pays tiers à des fins de recherche, d'études, d'échange d'élèves, de formation rémunérée et non rémunérée, de volontariat et de travail au pair*, {SWD(2013) 77 final}{SWD(2013) 78 final}, Bruxelles, le 25.3.2013, COM(2013) 151 final.

[45] COUNCIL DIRECTIVE 2005/71/EC of 12 October 2005 *on a specific procedure for admitting third-country nationals for the purposes of scientific research*, OJ L 289 of 3.31.2005, p.15.
2013년 3월 25일자로 유럽위원회는 위 지침의 개정안을 제안하였다. Commission européenne, Proposition de DIRECTIVE DU PARLEMENT EUROPÉEN ET DU CONSEIL *relative aux conditions d'entrée et de séjour des ressortissants de pays tiers à des fins de recherche, d'études, d'échange d'élèves, de formation rémunérée et non rémunérée, de volontariat et de travail au pair*, {SWD(2013) 77 final}{SWD(2013) 78 final}, Bruxelles, le 25.3.2013, COM(2013) 151 final.

[46] COUNCIL DIRECTIVE 2003/86/EC of 22 September 2003 *on the right to family reunification*, OJ 251 of 3.10.2003, p.12.

주목할 만하다. 최근 EU는 회원국에 합법적으로 거주하고 있는 역외노동자(제3국 국민, non-EU workers)의 권리에 지침, 소위 '단일허가지침(Single Permit Directive: SPD)'을 제정하였다. 또한 유럽위원회는 계절노동자[48] 및 기업내 전근자[49]를 위한 입국 및 거주조건에 관한 지침을 제안하였다. 이 지침들이 지향하는 바는, '제3국 국민으로서 EU 역내의 합법거주자에 대한 단일지위(a single status for non-EU nationals who have been lawfully resident in an EU country)'를 부여함으로써 모든 회원국에서 동등한 대우를 위한 법적 기초를 확립하는데 있다.

그리고 TFEU 제79조 3항은 특히 불법이민과 인신매매를 사전에 예방하고, 이를 근절하기 위하여 마련한 규정이다. 동조 동항에 의하면, EU는 ① 회원국의 어떤 영토로의 입국, ② 당해 영토에서의 존재 혹은 체재 조건을 충족시키지 않는, 또는 충족되지 않은 제3국 국민에 대해서는 그의 출생지 또는 출신지에 의한 재입국에 관한 협정을 제3국과 체결할 수 있다. 특히 불법이민이 증가하고 있는 추세에 비추어 입국 및 체재 조건이 충족되지 않는 역외국가 국민의 입국 및 체재조건 등에 관하여 제3국과 협정을 체결함으로써 불법이민의 문제를 해결하고자 의도하고 있다.

이와는 달리 TFEU 제79조 4항은 합법적으로 체류하고 있는 제3국 국민의 통합에 관한 것으로 동조 3항을 보완하는 역할을 한다. 즉, 동조 동항의 "회원국의 법과 규정의 어떤 조화도 배제하면서"라는 문언에서 보듯이 합법적으로 회원국의 영토에 체재하고 있는 제3국 국민의 통합을 위하여 유럽의회 및 이사회는 "회원국의 노력을 장려하는 동시에 지원하는 행동"을 보통입법절차에 따라 취할 수 있다.

5. 민사사건에서의 사법협력

TFEU 제3부 제5편 제3장은 "민사사건에서의 사법협력"이란 제목 아래 제81조 1개 조문을 두고 있다.

EU가 민사사건에서의 사법협력을 모색하는 이유는 "국경을 넘는 이해관계를 가지는 민사사건에 대해 재판상 및 재판 외의 결정의 상호승인의 원칙에 의거하여 사법협력을 발전시키기 위함"이다.[50] 이를 위하여 EU는 회원국의 법과 규정을 접근시키기 위한 조치를 취할 수 있다.[51]

---

[47] COUNCIL DIRECTIVE 2003/109/EC of 25 November 2003 *concerning the status of third-country nationals who are long-term residents*, OJ L 16 of 23.1.2004, p.44.
[48] European Commission, Proposal for a DIRECTIVE OF THE EUROPEAN PARLIAMENT AND OF THE COUNCIL *on the conditions of entry and residence of third-country nationals for the purposes of seasonal employment*, {SEC(2010) 887}{SEC(2010) 888}, Brussels, 13.7.2010, COM(2010) 379 final.
[49] European Commission, Proposal for a DIRECTIVE OF THE EUROPEAN PARLIAMENT AND OF THE COUNCIL *on conditions of entry and residence of third-country nationals in the framework of an intra-corporate transfer*, {SEC(2010) 884}{SEC(2010) 885}, Brussels, 13.7.2010, COM(2010) 378 final.
[50] TFEU 제81조 1항.
[51] TFEU 제81조 1항.

한 가지 주목해야 할 사항은, 리스본조약은 민사사건에서의 사법협력에 관한 조치를 취할 시기를 '특히 역내시장이 마찰 없이 기능하기 위하여 필요한 때(particularly when necessary for the proper functioning of the internal market)'로 정하고 있다는 점이다.52) 이 경우, 유럽의회 및 이사회는 보통입법절차에 따라 다음의 사항, 즉 ① 재판상 및 재판 외 결정의 회원국에서의 상호승인 및 집행, ② 재판상 및 재판 외 문서의 국내송달, ③ 회원국에서 시행되고 있는 저촉규정 및 관할의 충돌회피규정의 일치, ④ 증거수집시의 협력, ⑤ 사법에 대한 효과적인 접근, ⑥ 필요에 따라 회원국에서 시행되고 있는 민사절차에 관한 법규의 일치를 촉진함으로써 민사절차의 원활한 처리를 위한 장애의 제거, ⑦ 대체적 분쟁처리방법의 개발, ⑧ 판사 및 사법직원의 연수 추진 등을 확보해야 할 조치를 취한다.53)

위의 조치 가운데 특히 아래 두 가지 사항에 대해서는 특별한 관심이 필요하다.

첫째 '재판상 및 재판 외 결정의 회원국에서의 상호승인 및 집행'으로서, 이는 위의 조치 가운데 가장 중요한 지위와 의미를 가진다고 할 수 있다. 재판상 및 재판 외 결정의 상호 승인 및 집행은 민사사건에서의 협력뿐 아니라 형사사건에서의 사법협력에서도 반복되고 있다.54)

둘째, '민사소송의 원활한 기능을 방해하는 장벽을 제거하기 위한 조치(measures eliminating obstacles to the good functioning of civil proceedings)'55)의 일환으로 사법에 대한 효과적 접근, 대체적 분쟁해결(alternative dispute resolution: ADR)방법의 개발 및 판사와 사법직원의 연수 추진 등에 관한 조치가 마련된다. 이 가운데 '사법에 대한 효과적 접근'은 자유, 안전 및 사법지대에 관한 일반규정의 하나인 TFEU 제67조 4항에서도 언급되고 있다. 즉, 동조 동항은, "연합은 특히 민사사건에서의 재판상 및 재판 외 결정의 상호승인의 원칙을 통하여 사법상의 접근을 용이하게 하도록 한다."고 규정하고 있다.

마지막으로, TFEU 제81조는 '월경적 성질을 가지는 가족법에 대한 조치(measures concerning family law with cross-border implications)'에 대한 특별규정을 두고 있다. 동조 3항은 이사회로 하여금 보통입법절차에 따라 '월경적 성질을 가지는 가족법에 대한 조치'를 취할 수 있는 권한을 부여하고 있다. 이사회가 이 조치에 대해 결정하기 위해서는 유럽의회와 협의를 거친 후 전원일치로 의결하여야 한다.

---

52) TFEU 제81조 2항.
53) TFEU 제81조 2항.
54) Cf. TFEU 제82조 1항 및 2항.
55) Cf. 舊TEC 제65조.

6. 형사사건에서의 사법협력

TFEU 제3부 제5편 제4장은 '형사사건에서의 사법협력'이란 제목 아래 제82조~제86조까지 5개 조문을 두고 있다. 특히 '경찰협력'과 관련하여 별도의 제5장을 신설하고, 제87조~제89조의 3개 조문을 두고 있다. 경찰협력도 형사사건에서의 사법협력에 포함되므로 이를 별도로 구분하지 않고, 검토해도 별무리는 없다. 하지만 리스본조약의 편성에 따라 이를 별도의 항목으로 구분하여 검토하기로 한다.

리스본조약 체제하에서 EU 차원에서 전개되는 형사사건에서의 사법협력은 두 가지 원칙, 즉 '재판상의 판결 및 결정의 상호승인의 원칙(the principle of judgments and judicial decision)'과 '회원국의 법과 규정의 접근(the approximation of the laws and regulations of the Member States)'에 그 기초를 두고 있다[56]. 이 원칙에 의거하여 유럽의회 및 이사회는 보통입법절차에 따라 아래의 목적을 위하여 조치를 취한다.[57]

(a) 모든 종류의 판결 및 재판상의 결정의 승인을 연합 전역에서 확보하는 법규 및 절차를 정한다.
(b) 회원국간 관할의 충돌을 방지하고 처리한다.
(c) 판사, 검사 및 사법관계자의 연수를 촉진한다.
(d) 형사소추 및 결정의 집행 범위 내에서 회원국의 사법당국 또는 그에 상당하는 당국 간 협력을 용이하게 한다.

형사사건에서의 사법협력을 위한 행위는 (a) 유럽위원회의 제안에 의거하든가, 또는 (b) 회원국의 4분의 1의 발의에 의거하여 제정된다.[58]

(1) 형사법

EU 차원의 형사법과 관련한 조치에 관해서는 TFEU 제83조에서 규정하고 있다.

먼저 TFEU 제83조 1항과 관련하여, 유럽의회 및 이사회는 보통입법절차에 따라 지침의 형태로 형사법에 관한 최소성규칙을 제정한다. 이 지침이 대상으로 하고 있는 것은, "범죄의 성질 혹은 영향으로부터, 또는 공동의 기반에 서있는 특별한 필요성으로부터, 국경을 넘는 범위를 가지는 특별하게 중대한 범죄 분야"이다.[59] 이 종류의 범죄 분야란 "테러리즘, 인신매매, 여성 및 아동의 성적 착취, 위법한 약물거래, 위법한 무기 거래, 돈세탁, 부패, 지불 수단의 위조, 컴퓨터범죄 및 조직범죄"를 말한다.[60] 유럽의회 및 이사회는 이 범죄 분야에서 범죄행위 및 형벌을 특정하기 위한 최소성규칙을 지침의 형태

---
[56] TFEU 제82조 1항 1단.
[57] TFEU 제82조 1항 2단 (a)~(d).
[58] TFEU 제76조.
[59] TFEU 제83조 1단.
[60] TFEU 제83조 2단.

로 제정한다.[61]

그리고 위에 열거된 범죄에 한정하지 않고, 필요한 경우에는 다른 범죄에 대한 조치도 취할 수 있다. 즉, 범죄의 동향에 의거하여 이사회는 최소성규칙의 기준을 만족하는 다른 범죄분야를 정하는 결정을 제정할 수 있다. 이 경우, 이사회는 유럽의회의 동의를 얻은 후 전원일치로 결정해야 한다.[62]

다음으로, TFEU 제83조 2항은 회원국 국내법과의 접근에 대해 규정하고 있다. EU는 조화조치의 적용을 받는 형사협력 분야에서 EU 정책의 효과적 실시를 위해 불가결하다는 것이 명백하다고 판단되는 경우, 지침을 통해 회원국의 형법과 규정의 접근을 위한 조치를 취할 권한을 행사할 수 있다. 이때에도 지침을 통해 당해 분야에서 범죄행위 및 형벌을 특정하기 위한 최소성규칙을 정하게 된다. 다만, 최소성규칙을 정하는 지침을 제정하면서 위에서 언급한 TFEU 제76조를 침해하지 않아야 한다는 점은 주의가 필요하다. 따라서 이 지침은 제76조를 침해하지 않는 범위 내에서 당해 조화조치 시와 동일한 보통입법절차 또는 특별입법절차에 따라 제정된다.[63]

마지막으로, TFEU 제83조 3항은 상기 EU의 권한에 대한 회원국의 '긴급제한조치(emergency brake)'[64]의 발동에 대해 정하고 있다. 이사회의 위원이 상기 제83조 제1항 또는 제2항에 의한 지침안이 자국의 형법질서의 기본적 측면에 저촉한다고 간주할 때, 당해 위원은 이 지침안을 유럽이사회에 부탁할 것을 제의할 수 있다. 이 경우, 보통입법절차는 정지된다. 협의 후 또는 컨센서스에 이른 경우, 유럽이사회는 당해 절차의 정지 후 4개월 이내 지침안을 이사회에 회부한다. 이에 의해 보통입법절차의 정지는 종료한다.[65]

(2) 형사절차

형사절차에서의 EU의 권한에 대해서는 TFEU 제82조 2항에서 규정하고 있다.

판결과 재판상 결정의 상호승인 및 국경을 넘는 범위를 가지는 형사사건에서 경찰 및 사법의 협력을 용이하게 하기 위하여 필요한 범위 내에서 유럽의회 및 이사회는 보통입법절차에 따라 제정된 지침의 형태로 최소성규칙(minimun rules)을 정할 수 있다. 이때 최소성규칙에서는 회원국의 법적 질서와 전통의 상이함이 고려되는데, 특히 아래의 사항을 포함하여야 한다.[66]

---

[61] TFEU 제83조 1단.
[62] TFEU 제83조 3단.
[63] TFEU 제83조 2항.
[64] Paul Craig, The Lisbon Treaty: Law, Politics, and Treaty Reform(Oxford University Press: 2010), p.365.
[65] TFEU 제83조 3항 1단. 만일 EU당국과 회원국 간 합의에 이르지 못한 경우, 그러나 적어도 회원국이 당해 지침안에 의거하여 강화된 협력을 설립할 것을 희망할 때는 당해 모든 회원국은 그 취지를 적어도 4개월 이내 유럽의회, 이사회 및 유럽위원회에 통지한다. 이 경우, TEU 제20조 제2항 및 TFEU 제32조 제1항에 의한 강화된 협력에 대한 수권이 행해졌다고 간주되고, 강화된 협력에 관한 규정이 적용된다. TFEU 제83조 3항 2단.

(a) 회원국 간 증거의 상호 승인
(b) 형사절차에서의 개인의 권리
(c) 범죄 피해자의 권리
(d) 이사회가 이미 결정에 의해 정한 형사절차의 기타 특수한 측면. 이 결정은 이사회에 의해 유럽의회 동의를 얻은 후 전원일치로 제정된다.

형사절차에서 EU가 권한을 행사하기 위하여 지침의 형태로 제정되는 최소성규칙을 마련한 주된 이유는 회원국 간 판결 및 사법 결정의 상호 승인과 월경 시 야기되는 형사문제에서 경찰 및 사법협력을 용이하게 하기 위함이다. 이러한 측면에서 TFEU 제82조 2항 (a)호에서도 '회원국 간 증거의 상호 승인'을 최소성규칙에 규정해야 할 첫 번째 목록으로 들고 있다고 보아야 한다.

하지만 리스본조약이 유럽의회 및 이사회를 통하여 최소성규칙을 제정할 수 있는 권한을 부여했다고 할지라도 이에는 일정한 제한이 있다. 다시 말하여 EU 차원의 형사절차에 관한 최소성규칙을 제정하는 경우라도 회원국 간 사법적 전통과 법체계의 차이를 고려하지 않을 수 없다. TFEU 제82조 2항 (d)호도 이를 고려하여 '이사회가 이미 결정에 의해 정한 형사절차의 기타 특수한 측면'을 포함하는 최소성규칙을 제정하는 결정은 이사회에 의해 유럽의회의 동의를 얻은 후 전원일치로 제정되어야 한다고 정하고 있다.

이와 아울러 또 다른 제한도 부과된다. 즉, 상기 언급한 '긴급제한조치(emergency brake)'[67]로서 회원국이 개인을 위하여 EU가 정한 최소성규칙 보다 높은 보호 수준을 유지 또는 도입하는 것을 금지할 수는 없다.[68] EU 차원의 통일된 형사절차에 관한 규범이 부재한 현실에서 최소성규칙을 준수하거나 또는 높은 수준의 국내규칙을 도입하는 것을 전적으로 제한할 수 있는 방법은 없는 것이다. 형사절차에서도 여전히 회원국의 재량권이 적용될 여지는 충분하다고 판단된다.[69]

---

[66] TFEU 제82조 2항 2단 (a)~(d).
[67] Paul Craig, The Lisbon Treaty: Law, Politics, and Treaty Reform(Oxford University Press: 2010), p.367.
[68] TFEU 제82조 2항 3단.
[69] 따라서 TFEU 제82조 3항은 이 경우에 이사회 차원에서 행해지는 절차에 대해 다음과 같이 규정하고 있다. "이사회의 위원이 제2항에 의한 지침안이 자국의 형법 질서의 기본적 측면에 저촉된다고 생각할 때, 당해 위원은 이 지침안을 유럽이사회에 부탁할 것을 제의할 수 있다. 이 경우, 보통입법절차는 정지된다. 협의 후 또는 컨센서스에 이른 경우, 유럽이사회는 당해 절차의 정지 후 4개월 이내 지침안을 이사회에 회부한다. 이에 의해 보통입법절차의 정지는 종료한다.
합의에 이르지 못한 경우, 그러나 적어도 회원국이 당해 지침안에 의거하여 강화된 협력을 설립할 것을 희망할 때는 당해 모든 회원국은 그 취지를 적어도 4개월 이내 유럽의회, 이사회 및 유럽위원회에 통지한다. 이 경우, 유럽연합조약 제20조 제2항 및 본 조약 제329조 제1항에 의한 강화된 협력에 대한 수권이 행해졌다고 간주되고, 강화된 협력에 관한 규정이 적용된다."

(3) 범죄예방

리스본조약은 범죄 예방에 관한 규정을 신설하였는데, TFEU 제84조에서 규정하고 있다. 동조에 의하면, 유럽의회 및 이사회는 보통입법절차에 따라 회원국의 법과 규정의 어떤 조화도 배제하지 않고, 범죄 예방의 분야에서 회원국의 대책을 촉진하는 동시에 지원하기 위한 행동을 취할 수 있다.

동조의 문언에 따르면, EU는 범죄 예방 분야에서 회원국의 대책을 촉진하고, 지원하는 행동을 취할 수 있을 뿐이다. 하지만 동조는 범죄 예방 분야에서 행사되는 EU의 권한에서 볼 때 불완전한 측면이 있다. 동조를 EU의 권한의 하나로 '지원·조정 및 보충행동권한('지원권한')'에 대해 규정하고 있는 TFEU 제6조와 비교해 보자.

제6조는 "연합은 회원국의 행동을 지원, 협조 또는 보완하기 위한 조치를 실시할 권한이 있다."고 하면서, 유럽 차원의 목표 아래 설정된 이 조치의 분야들로 (a) 사람의 건강보호 및 증진, (b) 산업, (c) 문화, (d) 여행, (e) 일반교육, 직업교육, 청년 및 스포츠, (f) 시민보호, (g) 행정협력의 7개 분야를 열거하고 있다. 제84조는 회원국의 대책을 '촉진하고, 지원하는 행동'을 취할 수 있다고 하여 '지원권한'을 행사할 수 있는 듯이 규정하고 있다. 하지만 제6조와는 달리 구체적으로 회원국에게 '촉진·지원 행동'을 요구할 수 있는 구체적 목록을 열거 내지는 예시하지 않고 있다. 게다가 제6조에 규정된 '지원행동'의 경우, 보다 구체적으로 '지원·조정 및 보충행동'을 회원국에게 요구할 수 있는 반면, 제84조의 경우, 회원국이 대책을 마련하는 경우, EU 차원에서는 '지원행동권한'을 행사할 수밖에 없다. 또한 더욱 문제가 되는 것은, 범죄 예방에 관하여 EU는 단지 회원국에게 대책을 촉진하도록 요구할 수밖에 없다는 사실이다. 범죄 예방에 관한 조치의 마련과 그 실시에 회원국의 적극적 협조가 없이는 상당한 한계가 있을 수밖에 없을 것이다.

(4) 범죄 수사 및 소추

EU는 회원국 수사당국 간 협력을 강화하기 위하여 2002년 2월 28일자 이사회 결정[70]을 통하여 이미 유로저스트를 설립·운영하고 있다. 리스본조약은 TFEU 제85조에서 유로저스트의 임무, 조직 및 소추 등에 관한 내용에 대해 규정하고 있다.

제85조 1항은 유로저스트의 임무로 "복수의 회원국에 관계하는, 또 공동의 소추가 필요할 때 중대범죄의 수사 및 소추를 관할하는 각국 당국간 조정 및 협력을 지원하는 동시에 강화해야하는 사명"을 들고 있다. 유로저스트는 회원국 당국 및 유로폴이 실시한 수사 및 제공한 정보에 의거하여 임무를 수행한다.

---

[70] Council Decision 2002/187/JHA of 28 Febuary 2002, *setting up Eurojust with a view to reinforcing to fight against serious crime*, OJ L 63/1.

유로저스트의 임무 수행을 위하여 유럽의회 및 이사회는 보통입법절차에 의해 제정된 규칙의 형태로 유로저스트의 조직 구조, 운영 방법, 활동 분야 및 임무에 대해 정한다. 이 임무에는 아래의 사항이 포함될 수 있다.[71]

(a) 각국의 관할 당국에 의해 실시되는 범죄수사의 착수 및 소추의 착수 제안. 특히 연합의 재정적 이익을 해하는 범죄수사의 착수

(b) (a)호에 언급된 수사·소추 조치의 조정

(c) 사법협력의 강화. 다시 말하여 관할권 분쟁의 처리 및 유럽사법네트워크와의 긴밀한 협력에 의한 협력의 강화

위 임무의 내용을 살펴보면, 유로저스트는 범죄수사의 착수와 소추라는 수사기관 고유의 임무는 물론, 수사·소추 조치의 조정 역할도 수행함을 알 수 있다.

이와 같은 임무를 수행하는 유로저스트의 활동에 대한 평가 과정에 유럽의회 및 회원국의 국내의회도 참가할 수 있다. 그 참가세칙은 규칙의 형태로 제정된다.[72]

그리고 형사소추는 일반형사범죄와 재정적 이익을 해치는 범죄로 구분되어 진행된다. 즉, 상기 제85조 1항에 의한 범죄소추조치의 범위 내에서는 관할하는 각국 관리에 의해 정식 소송절차가 행해지는 반면,[73] 재정적 이익을 해치는 범죄에 대해서는 제86조에 의거하여 행해진다. 후자에 대해서는 향후 유럽검찰국이 담당하게 될 것이다.[74]

(5) 유럽검찰국 및 유럽검찰관

리스본조약 이전 유럽검찰국(European Public Prosecutor's Office) 및 유럽검찰관(European Public Prosecutor)의 도입 여부에 대해 논의되었으나 국내주권의 침해를 우려하는 일부 회원국의 반대로 그 도입이 무산되었다. 그러나 리스본조약은 TFEU 제86조에서 이에 대해 명문으로 규정하고 있다.

TFEU 제86조 1항에 의하면, 유럽검찰국은 "연합의 재정적 이익을 해하는 범죄에 대항하기 위한 목적"으로 보통입법절차에 의해 제정된 규칙의 형태로 유로저스트를 기초로 하여 이사회에 의해 설립된다. 이 규칙에는 유럽검찰국의 통칙, 그 임무수행을 위한 조건, 그 활동에 적용되는 의사규칙, 증거의 인용을 위한 규칙 및 유럽검찰국이 그 임무 수행 시 행하는 소송행위에 대한 사법심사를 위한 법규 등이 포함된다.[75] 그리고 유럽검찰국을 설립함에 있어 이사회는 유럽의회의 동의를 얻은 후 전원일치

---

[71] TFEU 제85조 1항 2단 (a)~(c).
[72] TFEU 제85조 1항 3단.
[73] TFEU 제85조 2항.
[74] TFEU 제85조 2항·제86조.

로 결정해야 한다.[76]

하지만 만일 이사회가 전원일치에 이르지 못한 경우, 적어도 9개 회원국으로 구성되는 회원국단은 유럽이사회에 유럽검찰국 설립을 위한 규칙안을 부탁할 것을 제안할 수 있다. 이 경우, 이사회에서의 절차는 정지한다. 협의 후 또는 컨센서스에 이른 경우, 유럽이사회는 당해 절차의 정지 후 4개월 이내 규칙안의 채택을 위하여 이사회에 회부하게 된다.[77]

위에서 언급한 바와 같이, 유럽검찰국은 모든 범죄에 대한 보편적 형사관할권을 행사하는 것이 아니라 "연합의 재정적 이익을 해하는 범죄에 대항하기 위한 목적"으로 설립된다. 따라서 유럽검찰국은 설립 규칙에 정해진 EU의 재정적 이익을 해하는 범죄를 정범(正犯) 또는 공범(共犯)의 형태로 범죄를 행한 자에 대해 유로폴과 연대하면서 형법상의 수사와 소추 및 기소를 관할한다. 또한 유럽검찰국은 이 범죄에 대해 회원국의 관할재판소에서 검찰의 임무를 수행한다.[78] 다만, 유럽검찰국의 관할 범위가 확대될 가능성은 있다. TFEU 제86조 4항은, "유럽이사회는 규칙의 제정과 동시에 또는 그에 계속하여, 국경을 넘는 범위를 가지는 중대범죄에 대항하기 위하여 유럽검찰국의 권한을 확대하는 것을 목적으로 하여 제1항을 개정하기 위하여, 또한 그것에 따라 제2항을 복수 회원국에 관계하는 중대한 범죄행위를 정범 또는 공범으로서 범죄를 행한 자에 관하여 개정하기 위하여, 결정을 제정할 수 있다."고 규정하고 있다. 이 결정을 제정하기 위하여, 유럽이사회는 유럽의회의 동의를 얻은 후, 또한 유럽위원회와 협의 후 전원일치로 의결하여야 한다.

7. 경찰협력

TFEU 제3부 제5편 제5장은 '경찰협력'이란 제목 아래 제87조~제89조의 3개 조문을 두고 있다. 그 내용을 살펴보면 다음과 같다.

TFEU 제87조는 범죄의 예방, 적발 및 수사와 관련하여 회원국 관할당국간 경찰협력을 위한 기본원칙에 대해 규정하고 있다. 동조 1항은 "연합은 경찰, 세관 및 범죄의 예방 또는 적발과 그를 위한 수사를 전문으로 하는 범죄소추기관을 포함하는 회원국의 모든 관할당국간 경찰협력을 발전시킨다."고 규정함으로써 이 원칙을 확인하고 있다. 이 원칙에 의거하여 경찰협력을 위한 목적 달성을 위하여, 유럽의회

---

[75] TFEU 제86조 3항.
[76] TFEU 제86조 1항 1단 후문.
[77] TFEU 제86조 1항 2단. 그리고 합의에는 이르지 못했지만 적어도 9개 회원국이 당해 규칙안에 의거하여 강화된 협력을 설립할 것을 희망하는 경우, 당해 회원국들은 그 취지를 적어도 4개월 이내 유럽의회, 이사회 및 유럽위원회에게 통지한다. 이 경우, 유럽연합조약 제20조 제2항 및 본 조약 제329조 제1항에 의한 강화된 협력의 수권이 행해졌다고 간주되고, 강화된 협력에 관한 규정이 적용된다. TFEU 제86조 1항 3단.
[78] TFEU 제86조 2항.

및 이사회는 보통입법절차에 따라 아래와 관련한 조치를 취할 수 있다.[79]

(a) 유용한 정보의 수집, 보존, 가공, 분석 및 교환

(b) 직원의 교육·훈련의 지원 및 인사교류, 장비 및 범죄기술연구에 관한 협력

(c) 중대한 형태의 조직범죄를 적발하기 위한 공동수사기술

이사회는 보통입법절차에 따라 제87조에 언급된 당국 간의 수사협력에 관한 조치를 취할 수 있다.[80] 이사회는 유럽의회와 협의 후 전원일치로 결정한다.[81]

TFEU 제88조는 유로폴에 관한 것이다. 유로폴은 회원국의 경찰기관 및 기타 범죄소추기관의 활동, 나아가 복수의 회원국과 관련된 중대범죄, 테러리즘 및 연합의 정책을 대상으로 하는 공동 이익을 침해하는 모든 범죄형태의 예방·대항 시 그들 기관의 상호협력을 지지하는 동시에 강화하는 임무를 수행한다.[82]

유로폴의 조직 구조, 운영 방법, 활동 분야 및 임무는 보통입법절차에 따라 제정된 규칙의 형태로 정해지는데, 그 임무에는 아래의 사항이 포함된다.[83]

(a) 특히 회원국 당국 또는 제3국 내지 기타 부서에서 제공되는 정보의 수집, 보관, 가공, 분석 및 교환

(b) 유로저스트와 연대하면서 회원국의 관할 당국과 합동하여, 또는 합동 수사단의 범위 내에서 실시되는 수사 및 작전행동의 조정, 조직 및 실시

이와 같은 유로폴의 활동에 대해서는 일정한 제한이 있다. 첫째, 유럽 및 국내의회에 의한 감시를

---

[79] TFEU 제87조 2항 (a)~(c).
[80] 형사사건에서의 사법협력과 경찰협력과 관련하여, 특히 제82조 및 제87조에 언급된 회원국의 관할당국이 다른 회원국의 영토에서 그 국가의 당국과 연대 및 협의하면서 활동하는 것이 허용되는지 여부에 대한 조건과 한계는 이사회에서 보통입법절차에 따라 정한다. 이사회는 유럽의회와 협의 후 전원일치로 결정한다. TFEU 제89조.
[81] TFEU 제87조 3항 1단.
TFEU 제87조 3항 제2단 및 제3단은 상기 EU의 권한에 대한 회원국의 특별절차인 '긴급제한조치(emergency brake)' 발동에 대해 정하고 있다.
이사회에서 전원일치에 이르지 못한 경우, 적어도 9개 회원국으로 구성되는 회원국단은 유럽이사회에 규칙안을 부탁할 것을 제안할 수 있다. 이 경우, 이사회에서의 절차는 정지한다. 유럽이사회는 협의 후 또는 컨센서스에 이른 경우, 유럽이사회는 당해 절차의 정지 후 4개월 이내 규칙안의 채택을 위하여 이사회에 회부한다.
또한 합의에는 이르지 못했지만 적어도 9개 회원국이 당해 규칙안에 의거하여 강화된 협력을 설립할 것을 희망하는 경우, 당해 회원국들은 그 취지를 적어도 4개월 이내 유럽의회, 이사회 및 유럽위원회에게 통지한다. 이 경우, 유럽연합조약 제20조 제2항 및 본 조약 제329조 제1항에 의한 강화된 협력의 수권이 행해졌다고 간주되고, 강화된 협력에 관한 규정이 적용된다.
그리고 주의해야 할 사항이 있다. 위 긴급제한조치와 관련한 특별절차는 솅겐협약의 축적된 법체계(Schengen acquis)를 구성하는 행위에는 적용되지 않는다.
[82] TFEU 제88조 1항.
[83] TFEU 제88조 2항 (a)~(b).

받는다. 유럽의회는 회원국 국내의회의 참가 하에 유로폴의 활동을 감시하기 위한 절차를 규칙으로 정한다.[84] 둘째, 유로폴의 수사는 원칙적으로 '국내관할사항'으로 제한된다. 즉, 유로폴은 수사를 자국의 영토에 관계하는 회원국 또는 회원국 당국과의 연대 및 협의 하에서만 행할 수 있다. 따라서 강제조치의 적용은 관할하는 각국 당국에 전적으로 유보된다.[85]

제2절 대외정책

1. EU 대외정책의 구조

(1) EU 대외정책의 적용 범위

TFEU 제5부(Part Four)는 '연합의 대외적 행동(External Action by The Union)'에 규정하고 있는데, 다음과 같은 7개의 세부적인 정책 분야를 두고 있다.

제1편 연합의 대외적 행동에 관한 일반 규정
제2편 공동통상정책
제3편 제3국과의 협력 및 인도적 지원
     제1장 개발협력
     제2장 제3국과의 경제적, 재정적 및 기술적 협력
     제3장 인도적 지원
제4편 제한조치
제5편 국제협정
제6편 연합의 국제기구·제3국과의 관계 및 연합 대표부
제7편 연대조항

위의 대외적 행동은 EU 대외정책의 가장 중심적이고 포괄적인 내용에 해당한다. 하지만 리스본 조약은 기존의 제3기둥에 속해있던 '공동외교안보정책' 및 '공동안보방위정책(Common Security and Defense Policy: CSDP)'의 내용을 대폭 개정하여 TEU 제5편(Title V) '연합의 대외적 행동에 관한 일반규정 및 공동외교안보정책에 관한 특별규정(General Provisions on the Union's

---

[84] TFEU 제88조 2항 2단.
[85] TFEU 제88조 2항 3단.

External Action and Specific Provisions on the Common Foreign and Security Policy)'을 두고 있다. TEU 제5편은 다음과 같이 "제1장 연합의 대외적 행동에 관한 일반규정"과 "제2장 공동외교안보정책에 관한 특별규정"의 2개의 규정을 포함하고 있다.

따라서 EU의 대외정책의 세부적인 내용을 파악하기 위해서는 TFEU 제5부의 '대외적 행동'과 TEU 제5편의 '대외적 행동에 관한 일반규정' 및 '공동외교안보정책에 관한 특별규정'을 아울러 검토할 필요가 있다.

(2) EU 대외정책의 일반원칙

TEU 제21조는 EU의 대외적 행동의 '일반원칙'에 대해 정하고 있다. 리스본조약상의 문언에 의하면, 이 원칙은 EU의 '대외적 행동'에 대해 적용되는 것으로 '대외정책'에 대해 '일반적으로' 적용되는 원칙은 아니다. 하지만 리스본조약은 TEU 제22조에서 이 '일반원칙'에 대한 예외로서 필요한 경우, 유럽이사회로 하여금 '연합의 전략적 이익 및 목표'를 새롭게 정할 수 있도록 하고 있다. 또한 TEU 제23조~제46조까지 공동외교안보정책에 관한 비교적 상세한 특별규정을 두고 있으므로 상기 제21조를 '대외정책'의 '일반원칙'으로 보아도 크게 무리는 없다고 볼 수 있다.

TEU 제21조는 EU가 대외정책을 추진하면서 고려해야 하는 원칙으로, ① 민주주의, ② 법의 지배, ③ 인권 및 기본적 자유의 보편적 유효성과 불가분성, ④ 인간의 존엄성 존중, ⑤ 평등과 연대의 원칙, ⑥ 국제연합헌장 및 국제법의 제 원칙의 존중을 들고 있다.[86] 동조가 제시하고 있는 목록은 열거가 아니라 예시로 보아야 한다. EU가 대외정책의 일반원칙으로 이와 같은 예시목록을 채택한 주된 이유는 이 원칙들이 '연합 자신의 창설, 발전 및 확대에 영향'을 미쳤을 뿐 아니라, 또한 국제무대에서 EU가 행동을 취함에 있어 "범세계적으로 강력하게 보급시키고자 희망하는 제 원칙"이기 때문이다.[87]

이 원칙에 의거하여 EU는 대외적 행동을 함에 있어 상기 제 원칙을 공유하는 제3국 및 지역적 또는 세계적인 국제조직과의 관계를 확대하고, 이들과의 우호협력관계를 강구하도록 노력해야 한다. 또한 EU는 범세계적인 공동의 문제 발생 시 특히 국제연합의 범위 내에서 다자간 해결을 촉진할 의무가 있다.[88]

이 원칙에 의거하여 EU는 아래의 목적 달성을 위하여 공동의 정책 및 행동을 정하고, 이를 실시하며, 국제관계의 모든 분야에서 고도의 협력을 위하여 노력해야 한다. EU가 채택하고 실시해야 할 보다 구체적인 공동의 정책과 행동 및 그 실시를 통하여 달성해야 할 세부적인 목적은 다음과 같다.[89]

---

[86] TEU 제21조 1항 1단 전단.
[87] TEU 제21조 1항 1단 후단.
[88] TEU 제21조 1항 2단.
[89] TEU 제21조 2항.

(a) 연합의 제 가치, 기본적 이익, 안전, 독립성 및 불가침성을 확보한다.
(b) 민주주의, 법의 지배, 인권 및 국제법의 제 원칙을 강화하고, 지원한다.
(c) 역외국경에 관한 목표 및 원칙을 포함하여 국제연합헌장의 목표 및 원칙, 헬싱키최종의정서의 원칙 및 파리헌장의 목표에 따라 평화를 유지하고, 분쟁을 방지하며, 국제적 안전을 강화한다.
(d) 빈곤의 근절을 우선적 목표로 하여 개발도상국에서의 경제, 사회 및 환경에 관한 지속적인 발전을 촉진한다.
(e) 국제적 무역장벽의 점진적 철폐를 포함하여 세계 경제에서 모든 국가의 통합을 촉진한다.
(f) 지속가능한 발전을 확보하기 위하여 환경의 질과 세계천연자원의 지속적인 관리의 유지 및 향상을 위한 국제적 조치의 발전에 기여한다.
(g) 자연재해 또는 인위적 재해를 입은 민족, 국가 및 지역을 원조한다.
(h) 강고한 다자간 협력 및 선량한 글로벌 거버넌스에 의거한 국제체제를 추진한다.

위에서 언급된 원칙 및 목적(혹은 목표)은 EU의 대외정책, 즉 TEU 제5편과 TFEU 제5부에 포함되는 다양한 분야에서 대외적 행동 및 기타 정책 분야의 대외적 측면을 발전시키고 실시함에 있어 반드시 존중되어야 한다.[90] 이 취지는 '연합의 대외적 행동에 관한 일반규정'인 TFEU 제205조에서도 동일하게 언급되어 있다.[91] 문제는 비록 리스본조약에서 일반원칙과 목적의 존중에 관한 명시적인 규정을 두고 있다고 할지라도 EU가 실제 정책을 수립하고, 실시함에 있어서는 일관성을 확보하기가 여의치 않다는 점이다. 이 문제를 해결하기 위해 리스본조약은 EU에게 "대외적 행동의 개별 분야 간 및 대외적 행동과 기타 정책 분야 간의 일관성을 확보"할 의무를 부과하고 있다.[92] 또한 고위대표의 보좌를 받는 이사회 및 유럽위원회로 하여금 이 일관성을 확보하고, 이 목적을 위하여 협력할 것을 요구하고 있다.[93]

이처럼 리스본조약은 대외정책을 수립하고 실시함에 있어 EU가 취해야 할 일반원칙과 목적에 대해 비교적 상세하게 규정하고 있다. 그러나 EU의 대외정책을 이끄는 제원칙과 목적은 TFEU 제222조가 규정하고 있는 소위 '연대조항(Solidarity Clause)'에 의해 보충되지 않으면 불충분하게 적용될 수밖에

---

[90] TEU 제21조 3항 1단.
[91] TFEU 제205조: "본 部에서 추구하는 국제무대에서의 연합의 행동은 유럽연합조약 제5편 제1장에서 정하고 있는 원칙에 의거하고, 제 목적을 추구하며, 또한 일반규정에 따라 인도된다."
[92] TEU 제21조 3항 2단 전단. Cf. 대외정책의 일관성과 관련하여 EU가 취해야 할 태도에 대해 TEU 제3조 5항은 다음과 같이 규정하고 있다: "다른 세계와의 관계에 있어 연합은 연합의 가치와 이익을 유지·촉진하고, 연합 시민들의 보호에 기여한다. 연합은 평화, 안전, 지구의 지속가능한 발전, 인민들간 연대와 상호 존중, 자유롭고 공정한 무역, 빈곤의 근절 및 특히 아동의 권리를 포함한 인권의 보호에 기여한다. 또한 연합은 국제연합헌장의 제원칙의 준수를 포함한 국제법의 엄격한 존중과 발전에도 기여한다."
[93] TEU 제21조 3항 2단 후단.

없다. 이에 대해서는 후술한다.

EU 및 회원국이 연대조항에 의거하여 효과적으로 행동하도록 유럽이사회는 EU가 직면한 위협에 대한 평가를 정기적으로 해야 한다.[94] 그리고 평가와 더불어 유럽이사회는 위에서 검토한 원칙과 목표에 의거하여 EU의 전략적 이익과 목표를 정하는 역할을 담당한다.[95] EU의 전략적 이익 및 목표에 관한 유럽이사회의 결정은 EU의 대외적 행동은 물론 공동외교안보정책 및 대외적 행동의 기타 분야에까지 영향을 미친다. 이 결정은 특정국가 또는 특정지역과 EU의 관계에 관한 것일 수도, 또 특정주제를 대상으로 하는 것일 수도 있다. 이 결정은 그 유효기간 및 연합과 회원국이 제공하는 수단에 대해서도 정한다.

유럽이사회는 이사회가 개별 분야마다 정하는 세부사항에 따라 행하는 권고에 의거하여 전원일치로 결정한다. 유럽이사회의 결정은 제조약에 정해져 있는 절차에 따라 실시된다.[96] 이처럼 EU의 대외적 행동과 공동외교안보정책 분야에서 가장 핵심적인 역할을 담당하는 것은 유럽이사회이지만, 고위대표와 유럽위원회도 결정 과정에 참가할 수 있다. 즉 전자는 공동외교안보정책 분야에 대해, 그리고 후자는 대외적 행동의 기타 분야에 대해, 이사회 앞에 공동의 제안을 제출할 수 있다.[97] 하지만 공동외교안보정책과 대외적 행동의 기타 분야를 포함한 일반적 대외적 행동에 대해 포괄적 결정권한은 유럽이사회에 의해 행사되고 있음을 알 수 있다.

2. 대외통상 및 협력정책

(1) 공동통상정책[98]

공동통상정책은 EC의 역동성과 통합의 결과물로서 EEC 설립조약의 전문에서 그 정책적 원칙을 명확히 밝히고 있다. 즉, 동조약은 제2조를 통하여 "공동시장의 설립 및 회원국의 경제정책의 점진적 접근에 의해 공동체는 경제활동의 조화로운 발전을 증진시킬 …… 임무가 있다."[99]고 전제한 뒤, 제3조 b)에서는 "공동체의 행동은 …… 공동관세율 및 공동통상정책의 설립을 포함한다."[100]고 함으로써

---

[94] TFEU 제222조 4항.
[95] TEU 제22조 1항 1단.
[96] TEU 제22조 1항 2단.
[97] TEU 제22조 2항.
[98] 이에 대한 내용은 다음 문헌에서 재인용하였다. 졸고, "EU통상법상 공동통상정책의 개념 및 그 적용범위: E(E)C조약 제113조를 중심으로", 법학논고(경북대학교 법학연구소, 제14권, 1998.6), pp.279-301; 졸저, 핵심 유럽연합(EU)법(국제환경규제기업지원센터, 2011), pp.177-181.
[99] 舊TEC 제2조에 의해 다음과 보충·개정되었다 : "공동시장 및 <u>경제통화동맹, (EC설립조약) 제3조 및 제3조 A에 규정된 제 정책 및 공동행동의 실시에 의해 공동체는 경제발전의 조화롭고도 균형있는</u> 발전을 증진시킬 …… 임무가 있다."(밑줄은 필자가 추가함)
[100] 舊TEC 제3조 b)에 의해 개정되었다. 즉, 舊TEC은 '공동관세율'을 언급함이 없이 단지 '공동통상정책'만을 규정

기타 영역과 마찬가지로 공동통상정책이 공동체의 주요 정책 중의 하나임을 강조하였다. 이처럼 EEC의 공동통상정책은 제3국과의 대외경제관계를 유지함에 있어서 중추적인 정책에 해당하며, 또한 이는 개발협력정책 및 경제·산업정책과도 밀접한 관계를 맺고 있었다.

한편, EEC설립조약 제3조 (b)에서 공동체의 주요 활동의 하나로 규정된 공동통상정책은 제110조~제116조를 통하여 구체적으로 언급되어 있다. 특히, 이 가운데 공동통상정책과 관련한 핵심 조항인 EEC설립조약 제113조는 관세율 변경, 관세 및 통상협정의 채택, 자유화조치의 통일, 수출정책, 반덤핑 및 상계관세 등 통상방어조치 등을 공동통상정책의 적용을 받는 주요 목록으로 규정하고 있다. 그리하여 일반적으로 공동통상정책은 EEC설립조약 제113조에 규정된 기본 목록 및 특정 조치, 또한 통상 분야에서 있어서 공동체의 조약 체결권과 배타적 권한을 포함한다고 인식되고 있었다. 그러나 EEC설립조약은 위와 같은 공동통상정책에 대한 다수의 규정을 가지고 있었으며, 현실적으로도 공동체는 제3국과의 대외통상관계에 수행함에 있어서 배타적인 권한을 행사하고 있었음에도 불구하고 과연 공동통상정책의 개념이 무엇인가에 대해서는 어떠한 조항도 가지고 있지 않았다. 따라서 동 개념의 해석을 둘러싸고 공동체 기관간[101] 및 동 기관과 회원국간[102] 많은 다툼이 야기되었다. 즉, 어떠한 조치들을 공동통상정책의 범주에 포함시킬 수 있으며, 그 이론적 근거는 무엇인지, 또는 어떠한 논거에 의하여 공동체가 통상 분야에 있어서 조약 체결권 및 배타적 권한을 행사할 수 있는가에 대해서는 각 주체간 이견이 드러났던 것이다. 이와 같은 문제를 둘러싸고 논쟁이 야기되었다.

그러나 결론적으로 보면, 공동통상정책의 개념이란 본질적으로 '발전적 성격(de nature évolutive)'을 가지고 있으며, 국제통상환경의 변화 및 공동체 내부시장의 결속의 정도에 따라 그 내용 및 적용 범위도 확대되어 왔다. 이 점에서 비록 공동체 제기관(유럽위원회 및 이사회)과 일부 회원국간 첨예한 이견이 드러났음에도 불구하고 사법재판소가 공동통상정책의 개념의 정의를 구체적으로 시도하지 않은 것은 나름대로 설득력이 있다고 볼 수 있으며, 또한 사법재판소의 이러한 태도는 공동체의 '유연성 있는 통합(flexible integration; intégration flexible)'을 위한 한 방편으로 공동통상정책을 활용하고 있다고도 할 수 있다.

다음은, '2차적 혹은 파생적 적용 범위'와 관련한 논의로서, 통상정책의 수행에 있어서 공동체가 배타적 권한을 가지는가의 문제이다. 즉, EEC설립조약 제113조는 과도기간의 종료 후 공동통상정책은 "통일된 원칙에 기초한다."고 규정하고 있었지만 이 규정의 해석을 둘러싸고 1960년대에는 다수의 학설이 대립하고 있었다. 첫째, 공동체와 회원국간의 권한분할설로서, 통상분야에 있어서 공동체의 권한은 통일적인 원칙을 정하고 있는 것에 한정되며 이러한 원칙을 실시하는 권한은 회원국에 귀속한다.

하고 있다.
[101] 1987년 3월 26일자 사법재판소 판결, aff. 45/86, *Commission c/Conseil*, Rec., 1987, p.1493.
[102] 1990년 3월 29일자 사법재판소 판결, aff. C-62/88, *Grèce c/Conseil*, Rec., 1990, p.I-1527.

둘째, 공동체와 회원국의 경쟁권한설에 의하면, 회원국은 공동체가 정하는 통일적인 원칙을 준수하는 것 이외는 자율적인 권한을 가진다. 셋째, 공동체의 배타적 권한설로서, 공동체는 통일적인 원칙을 정하는 것만이 아니라 이러한 원칙을 실시하는 배타적 권한을 가지며, 회원국은 통상 분야에서 어떠한 권한도 가지지 못한다.[103] 하지만 위 세 가지 학설 가운데 사법재판소는 견해 1/75에서 세 번째의 배타적 권한설을 채택함으로써 그 이후 공동체의 통상협정의 체결권이 배타적 성질을 가진다는 점은 일반적 원칙으로 확립되었던 것이다.

위에서 공동통상정책의 개념 및 그 법적 성격에 관한 제 이론들에 대하여 검토해 보았다. 아래에서 살펴보는 바와 같이, 공동체의 관행상 EEC설립조약 제113조는 원칙적으로 상품의 교역에만 적용되는 것으로 이해되고 있었다. 이러한 점은 공동체 기관[104]이나 학자들 모두의 공통된 인식이었다. 이를테면, 사법재판소는 판례를 통하여 다음과 같은 조치, 즉 제3국과의 교역 시 회원국간 세제 및 통상 분야에 존재하는 부조화의 철폐,[105] 관세평가규칙[106] 및 관세에 관한 일반규칙, 기초상품에 관한 국제협정,[107] 일반특혜관세제도에 의한 특혜,[108] 제3국산 상품의 공동체 영역내로의 수입에 관한 소송에서 공중의 건강의 보호를 이유로 한 수입의 제한[109] 및 수출신용에 관한 국제협정[110] 등을 공동통상정책의 목록에 포함된다고 판시하였다.

그러나 EEC설립조약 제113조는 제3국과의 교역을 보다 널리 또한 특수하게 규율하는 모든 조치 및 만약 그 주요 목적이 교역의 양이나 흐름에 영향을 미친다면 동조에 속하는 기타 모든 조치에도 적용되어야 한다는 주장이 대두되었다.[111] 게다가 이러한 주장과 아울러 우루과이 라운드 협상 이후의 급격한 국제통상환경의 변화에 부응하는 동시에 공동체 내·외부시장 및 제3국과의 경쟁력 강화를 위한 공동통상정책의 개편의 필요성이 대두되게 되었다.[112] 그리하여 EEC설립조약의 규정들 가운데 제111

---

[103] Kovar, R., "La mise en place d'une politique commerciale commune et les compétences des Etats members de la CEE en matière de relations internationales et de conclusion des traités", AFDI (Annuaire Français de Droit International), 1970, pp.804-805; 小室程夫, EC通商法ハンドブック: ヨーロッパ保護貿易主義構造(東洋經濟新聞社, 昭和63年3月10日), p.170.

[104] Avis de la Cour du 10 octobre 1979, 1/78, Rec., 1979, p.2871.

[105] Arrêt de la Cour du 13 décembre 1973, 37 et 38/73, *Social Fonds voor de Diamantarbeiders c/ NV Indiamex et Association de fait De Belder*, Rec., 1973, p.1609.

[106] Arrêt de la Cour du 7 juillet 1973, 8/73, *Hauptzollamt Bremerhaven c/ Massey-Ferguson GmbH*, Rec., 1973, p.897.

[107] Avis de la Cour du 4 octobre 1979, 1/78, Rec., 1979, p.2871.

[108] Arrêt de la Cour du 26 mars 1987, 45/86, *Commission c/ Conseil*, Rec., 1987, p.1493.

[109] Arrêt de la Cour du 29 mars 1990, C-62/88, *Grèce c/ Conseil*, Rec., 1990, p.I-1527.

[110] Avis de la Cour du 11 nobembre 1975, 1/75, Rec., 1975, p.1355.

[111] Ehlermann, *The Scope of Article 113 of the EEC Treaty, in Mélanges offerts à P.H. Teitgen*(Paris; Pedone, 1984), p.145-169.

[112] 공동통상정책의 개편의 법적 근거는 유럽연합조약 제C조 제2문에서 구할 수 있다. 즉, 동조는 EU가 외부관계, 안보,

조, 제114조 및 제116조는 舊TEC에 의해 폐지되었으며, 제113조 및 제115조는 개정되는 등 공동통상정책과 관련한 제 규정은 대폭 개정되었다. 또한 암스테르담조약(Treaty of Amsterdam)은 WTO협정의 내용을 반영하여 "이사회는 …… 서비스 및 지적재산권에 관한 국제협상 및 협정에도 (마스트리히트조약에 의해 개정된 EC설립조약 제113조) 제1항~제4항을 확대 적용할 수 있다."라는 제5항을 신설함으로써 공동통상정책의 적용범위를 한결 확대하는 계기를 부여하였다.

공동통상정책은 리스본조약에 의해서도 수정·보완되었는데, 그 주요 내용을 살펴보면 다음과 같다.

첫째, 가장 먼저 눈에 띠는 내용은, 외국인 직접 투자(foreign direct investment: FDI)가 공동통상정책의 적용 범위에 포함되게 된 점이다.[113] 그러나 운송 분야의 제협정은 여전히 공동통상정책의 적용을 받지 않는다.[114] 공동통상정책과 관련한 법률은 보통입법절차에 따라 규칙의 형태로 채택된다.[115]

둘째, 의사결정과 관련하여, TFEU 제207조의 제 규정은 단순화되었다. 공동통상정책과 관련하여 제3국 또는 국제기구와 협정을 교섭·체결할 때 이사회는 가중다수결로 결정한다.[116] 그러나 가중다수결제도는 공동통상정책의 모든 측면으로 확대되지는 않았다. 서비스무역과 지적재산의 통상적 측면 및 외국인 직접투자에 관한 협상과 협정의 체결은, 만일 그 협정이 역내법규의 채택에 전원일치가 요구된다는 규정을 포함하고 있다면, 전원일치로 결정한다.[117] 또한 리스본조약은 ① EU의 문화적·언어적 다양성이 침해될 우려가 있는 경우 및 ② 사회적 부문, 교육 부문 및 보건 부문의 서비스와 관련한 각 회원국의 조직을 현저하게 교란하고, 그 제공에 대한 회원국의 책임을 해할 가능성이 있는 경우에도 이 분야에서의 협정의 교섭 및 체결은 전원일치로 결정할 것을 요구하고 있다.[118]

마지막으로, 유럽의회와 관련하여, 리스본조약은 의미 있는 진전을 보이고 있다. 舊TEC상 통상정책에 관한 한 별다른 권한을 가지고 있지 못하던 유럽의회가 이제는 의사결정과정에서 상당한 영향력을 행사할 수 있게 되었다. 이를테면, 공동통상정책과 관련된 모든 협정의 교섭상황은 유럽의회에 정기적으로 보고되어야 하고,[119] 또한 동협정을 채택하기 위해서는 유럽의회의 동의를 얻어야 한다.[120]

하지만 EU가 공동통상정책을 운영하기 위해서는 국제법, 특히 WTO법에 의하여 일정한 제한을 받는

경제 및 개발 분야에서의 모든 대외적 행동의 일관성(la cohérence de l'ensemble de son action extérieure)을 가져야 하며, 이사회 및 유럽위원회가 이러한 일관성을 유지할 책임을 진다고 규정하고 있다.

113) TFEU 제207조 제1항.
114) TFEU 제207조 제5항.
115) TFEU 제207조 제2항.
116) TFEU 제207조 제4항 1단.
117) TFEU 제207조 제4항 2단.
118) TFEU 제207조 제4항 3단 (a)·(b).
119) TFEU 제207조 제3항 3단.
120) TFEU 제218조 제6항 2단 (a).

다. 즉, 공동통상정책은 국제 통상(및 무역)의 조화로운 발전과 그에 존재하는 제한의 점진적 철폐 및 관세 장벽의 감소라는 목적아래 도입되었으며, 또한 궁극적으로는 통상이익과의 적정한 균형을 유지하면서 수행되어야 한다.[121] 다시 말해서, 회원국의 통상정책을 대체한 '하나의 공동 정책'을 수행할 책임을 지고 있는 EU는 회원국들이 추구하는 이익을 고려하면서 그 이익이 WTO를 중심으로 한 다자간 국제통상규범이 지향하는 제원칙 및 목적에 위배되어서는 안 되며 균형을 이루도록 조정해야 하는 것이다.

(2) 제3국과의 협력 및 인도적 지원

TFEU 제5부(Part Four) 제3편은 '제3국과의 협력 및 인도적 지원'에 관한 것으로 제1장 '개발협력(Development Cooperation)'(제208조~제211조), 제2장 '제3국과의 경제적, 재정적 및 기술적 협력(Economic, Financial and Technical Cooperation with Third Countries)'(제212조~제213조), 제3장 '인도적 지원(Humanitarian Aid)(제214조)'이 이에 포함된다.

1) 개발협력

개발협력정책은 EU의 대외적 행동의 원칙 및 목표의 범위 내에서 실시된다. 필요한 경우, 당해 분야에서의 EU 및 회원국의 정책은 상호 보완되고, 강화되어 실시된다.[122] EU가 지향하는 개발협력정책의 주요 목표는 빈곤의 감소와 근절이다. 다만, 빈곤의 제거는 장기 목표로 추진된다. 특히 개발도상국에 영향을 미칠 수 있는 정치적 조치를 실시함에 있어 개발협력의 목표를 고려해야 한다.[123] 개발협력 목표를 수립함에 있어 TEU 제21조상의 'EU의 대외적 행동에 관한 일반원칙'을 준수해야 한다.[124] 이 가운데 EU는 '국제관계에서의 고도의 협력을 위하여' 특히 '민주주의, 법의 지배, 인권 및 국제법의 제원칙'을 강화하고, 지원한다.[125]

개발협력을 위한 구체적인 정책의 실시를 위하여 유럽의회 및 이사회는 보통입법절차에 따라 필요한 조치를 채택한다. 이 조치는 개발도상국과의 협력을 위한 다년간계획 또는 주제별계획과 관련시킬 수 있다.[126]

또한 EU는 제3국 및 해당 국제조직과 '연합의 대외적 행동에 관한 일반규정'을 정하고 있는 TEU 제21

---

[121] 1981년 5월 5일자 사법재판소 판결, aff. 112/80, *Firma Anton Dürbeck c/Hauptzollamt Frankfurt am Main-Flughafen*, Rec., 1981, p.1095.
[122] TFEU 제208조 1항 1단.
[123] TFEU 제208조 1항 2단.
[124] 빈곤과 관련하여 동조는, EU로 하여금 "빈곤의 근절을 우선적 목표로 하여 개발도상국에서의 경제, 사회 및 환경에 관한 지속적인 발전을 촉진 한다."는 내용을 고려하도록 의무를 부과하고 있다. TEU 제21조 2항 (d)호.
[125] TEU 제21조 2항 (b)호.
[126] TFEU 제209조 1항.

조와 상기 TFEU 제208조에 언급된 목표의 실현에 기여하는 모든 협정을 체결할 수 있다. EU 차원의 이 협정체결권은 국제적 단체에서 교섭하고 협정을 체결하는 회원국의 권한에 저촉되지 아니한다.[127]

위 내용은 주로 EU 차원의 개발협력에 관한 것이다. 그러나 EU와 회원국은 이 협력 분야에서도 긴밀하게 협력한다.

첫째, EU 및 회원국은 그 조치가 보다 양호하게 상호 보완되고, 효과를 향상시키기 위하여 개발협력 분야에서 그 정책을 조정하고, 국제조직 및 국제회의에서도 그 원조계획을 상호 조정한다. 또한 EU 및 회원국은 공동의 조치를 강구할 수 있다. 회원국은 필요에 따라 EU의 원조계획의 실시에 기여해야 한다.[128]

둘째, 유럽위원회는 위에서 언급된 조정을 촉진하는데 유용한 발의를 할 수 있다.[129]

셋째, EU 및 회원국은 각각의 권한의 범위 내에서 제3국 및 해당 국제조직과 협력한다.[130]

2) 제3국과의 경제적, 재정적 및 기술적 협력

EU는 '개발협력'에 관한 TFEU 제208조 내지 제211조를 침해하지 않는 범위 내에서 개발도상국 이외의 제3국과 재정적 분야에서의 지원을 포함하는 경제적, 재정적 및 기술적 협력 조치를 실시한다. 이 조치는 EU의 개발정책과 일치해야 하고, 대외적 행동의 원칙 및 목표의 범위 내에서 실시되어야 한다. 또한 EU 및 회원국의 조치는 상호 보완적인 관계에 있다.[131] 유럽의회 및 이사회는 보통입법절차에 따라 이 협력의 실시에 필요한 조치를 채택한다.[132]

그리고 EU 및 회원국은 각 권한의 범위 내에서 제3국 및 해당 국제조직과 협력한다. EU의 협력에 관한 세칙은 EU와 당해 제3자간 협정의 구속을 받을 수 있다. 단, 이 협정체결권은 국제단체에서 교섭하고 국제협정을 체결하는 회원국의 권한에 저촉되지 아니한다.[133]

만일 제3국에서의 상황을 위하여 EU가 긴급하게 재정원조를 하는 것이 필요한 경우, 이사회는 유럽위원회의 제안에 의거하여 필요한 결정을 제정한다.[134]

---

[127] TFEU 제209조 2항.
[128] TFEU 제210조 1항.
[129] TFEU 제210조 2항.
[130] TFEU 제211조.
[131] TFEU 제212조 1항.
[132] TFEU 제212조 2항.
[133] TFEU 제212조 3항.
[134] TFEU 제213조.

3) 인도적 지원

인도적 지원 분야에서 EU의 활동은 대외적 행동 원칙 및 목표의 범위 내에서 실시된다. 이 조치는 자연재해 또는 인위적 재해에서 제3국 주민에게 이 곤란한 상황으로부터 발생하는 인도적 욕구를 만족시킬 수 있도록 원조, 구원 및 보호를 확실하게 부여하는데 기여한다. 연합 및 회원국의 조치는 상호 보완되고 강화된다.[135]

인도적 지원 조치는 국제법의 원칙, 나아가 공평성, 중립성 및 무차별원칙에 따라 실시된다.[136] 유럽의회 및 이사회는 보통입법절차에 따라 EU의 인도적 지원조치를 실시하는 구조를 결정하기 위한 조치를 정한다.[137]

그리고 EU는 제3국 및 해당 국제조직과 TFEU 제214조 1항 및 TEU 제21조에 언급된 목표의 실현에 기여하는 모든 협정을 체결할 수 있다. 이 협정체결권은 국제단체에서 교섭하고 협정을 체결하는 회원국의 권한에는 저촉되지 아니한다.[138]

EU의 대표적인 인도적 지원조치로 유럽 청년의 공동 기여를 위한 구조로서 유럽인도지원단(a European Voluntary Humanitarian Aid Corps: EVHAC)이 창설된다. EVHAC는 유럽위원회의 '인도지원 및 시민보호총국(European Commission's Humanitarian Aid and Civil Protection department: ECHO)'[139] 활동의 일환으로 도입되어 제3국에서의 인도적 지원 및 시민보호활동을 수행한다. 유럽의회 및 이사회는 보통입법절차에 따라 규칙의 형태로 유럽인도지원단의 활동을 위한 세칙을 정한다.[140]

유럽위원회는 인도적 지원 분야에서 EU 및 회원국의 계획의 효과 및 상호보완성을 높이기 위하여 연합의 행동과 회원국의 행동간 조정을 촉진하는데 유용한 발의를 할 수 있다.[141] 그리고 EU는 인도적 지원조치가 국제조직 및 국제단체, 특히 국제연합체계에 속하는 조직 및 단체의 조치와 조정되고 일치하도록 노력한다.[142]

---

[135] TFEU 제214조 1항.
[136] TFEU 제214조 2항.
[137] TFEU 제214조 3항.
[138] TFEU 제214조 4항.
[139] ECHO는 최초 명칭은 '유럽공동체인도지원국(Eurpean Community Huamnitarian Aid Office)'으로서 1992년 제2기 들로르 유럽위원회(Second Delors Commission)에 의해 설립되었다. 2009년 12월 1일자로 리스본조약이 발효함에 따라 EC가 폐지되면서 현재의 명칭으로 바꾸어 활동하고 있다.
[140] TFEU 제214조 5항. 동조 동항에 의거하여 규칙이 제정되었다. REGULATION (EU) No 375/2014 OF THE EUROPEAN PARLIAMENT AND OF THE COUNCIL of 3 April 2014 *establishing the European Voluntary Humanitarian Aid Corps ('EU Aid Volunteers initiative')*, OJ L 122 of 24.4.2014, p.1.
[141] TFEU 제214조 6항.
[142] TFEU 제214조 6항.

4) 제한조치

제3국과의 개발협력 및 인도적 지원에 대해서는 제한조치가 발동될 수 있다. 이 조치는 일반적으로 리스본조약에 의거하여 EU 차원에서 발동된다. 하지만 특정 조치는 유엔헌장 제7장에 의거하여 유엔 안전보장이사회의 결의에 따라 발동될 수도 있다.143) 후자는 별론으로 하고 전자를 중심으로 그 상세한 내용은 살펴보면 다음과 같다.

EU 차원의 제한조치는 원칙적으로 TEU 제5편 제2장의 '공동외교안보정책에 관한 특별규정'에 의거하여 채택되는 결정에 따른다. 조치는 주로 두 가지, 즉 군사무력에 의한 제한조치144)와 경제·재정 분야의 제한조치145)가 사용된다.

따라서 만일 이 결정이 일국 또는 복수의 제3국에 대한 경제·재정 관계의 일부 또는 완전한 중지 또는 제한을 정하고 있을 때에는 이사회는 고위대표 및 유럽위원회의 공동제안에 의거하여 가중다수결로 필요한 조치를 채택한다. 이사회는 이를 유럽의회에 통지한다.146) 이 결정에 따라 채택된 제한조치는 그 대상에 자연인 또는 법인, 그룹 또는 비정부단체를 포함할 수 있다.147)

(3) 국제협정148)

리스본조약 체제 하에서 가장 중요한 변화 가운데 한 가지는 그동안 '하나의 정치적 실체(a political unity)'에 지나지 않던 EU가 법인격(legal personality)을 가지게 되었다는 점이다.149) 물론 기존의 EU와 리스본조약 하의 EU는 법적으로 전혀 다른 실체이다. 이 점에 대해 TEU 제1조 3단은 "연합은 유럽공동체를 대체하고 승계한다."고 규정하여 이 점을 명확하게 하고 있다. 이리하여 이제 EU는 '국내적(역내적) 법인격'과 '국제적 법인격'을 향유하는 독립적 주체로서 국제조약체결권을 향유하게 될 것이다.

TFEU는 제V장 '국제협정(International Agreements)'이란 제하에 제216조~제219조에서 EU의 조약체결권과 그 체결 절차 등에 관한 상세한 규정을 두고 있다. 동조약 제216조 1항은 "연합은 하나

---

143) EU의 제한조치정책(Sanctions Policy or Restrictive Measures Policy)에 대한 설명과 그 현황은, http://eeas.europa.eu/cfsp/sanctions/index_en.htm
144) 군사무력에 의한 제한조치에 대한 상세한 내용은, http://eeas.europa.eu/cfsp/sanctions/docs/measures_en.pdf
145) 경제·재정 분야의 제한조치에 대한 상세한 내용은, http://eeas.europa.eu/cfsp/sanctions/consol-list/index_en.htm
146) TFEU 제215조 1항.
147) TFEU 제215조 2항.
148) 이에 대한 내용은 다음 문헌에서 재인용하였다. 채형복, "리스본조약과 EU의 조약체결권 - 한-EU FTA 비준절차를 중심으로 -", 통상법률(법무부, 통권 제91호, 2010), pp.50-77; 졸저, 핵심 유럽연합(EU)법(국제환경규제기업지원센터, 2011), pp.228-238.
149) TEU 제47조.

혹은 복수의 제3국 혹은 국제조직과 협정을 체결할 수 있다."고 정함으로써 국제법 주체로서 EU가 조약을 체결할 권한이 있음을 명기하고 있다. EU가 국제협정을 체결하기 위해서는 특정한 조건이 충족되어야 한다. 이에 대해 TFEU는 ① TEU 및 TFEU에 제3국 혹은 국제조직과의 협정의 체결이 정해져 있을 때, ② 협정의 체결이 EU의 정책의 범주 내에서 TEU 및 TFEU가 정하는 목표의 하나를 실현하기 위하여 필요한 때, ③ EU를 구속하는 입법행위에 정해져 있는 때, 혹은 ④ 공동법규에 영향을 미치거나 또는 그 적용 범위를 변경할 가능성이 있는 때에 국제협정이 체결될 수 있다고 규정하고 있다(제216조 1항). 이러한 경우에 EU에 의해 체결된 국제협정은 EU의 제기관 뿐만 아니라 모든 회원국에 대해서도 법적 구속력이 있다.[150]

EU의 조약 체결에 관한 실제 관행을 살펴보면, 협정 체결을 위한 교섭과 협정문의 제정 작업은 이사회로부터 그 권한을 위임받은 유럽위원회에 의해 행해지지만 조약의 체결은 이사회가 담당한다. 이에 대해 TFEU 제218조 2항은 이사회는 "교섭의 개시를 승인하고, 교섭 방침을 정하며, 서명을 승인하고, 협정을 체결 한다."고 분명히 밝히고 있다. 다만, 이에 대해 공동외교안보정책과 관련된 협정에 대해서는 일부 예외를 인정하고 있다. 즉, TFEU 제218조 3항 전단은 "유럽위원회 혹은 외교안보고위대표는 예정하는 협정이 전적으로 혹은 원칙적으로 공동외교안보정책에 관한 것인 때에는 이사회에 권고를 제출 한다."고 정하고 있다. 문언의 규정 형태를 살펴보면, "유럽위원회 혹은 외교안보고위대표는 ... 이사회에 권고를 제출 한다."고 규정하여 유럽위원회 혹은 고위대표는 체결하고자 하는 협정이 공동외교안보정책에 관한 것일 때에는 '당연히' 이사회에 권고를 제출해야 한다. 하지만 이 경우라 할지라도 그 협정이 '전적으로 혹은 원칙적으로(exclusively or principally)' 공동외교안보정책에 관련되어 있어야 권고를 제출할 수 있다. 또한 '권고'만을 제출할 수 있을 뿐, 그 수용 여부에 대한 판단은 이사회에 달려 있다. 또한 유럽위원회 혹은 고위대표의 권고가 이사회에 의해 수용되었다고 하더라도 당해 협정의 교섭의 개시를 승인하고, 또 협정에 대한 EU의 교섭책임자 또는 교섭단장의 지명에 관한 결정을 채택하는 권한이 이사회에게 있음은 물론이다.[151]

보다 구체적으로 국제협정이 어떻게 체결되는가에 대해 살펴보자.

첫째, 협정이 체결되기 위해서는 이사회에 의한 교섭의 개시 승인이 있어야 한다.[152] 개시 승인과 더불어 이사회는 교섭 방침을 정하여 교섭책임자에게 지침을 하달한다.[153] 필요한 경우, 특별위원회[154]를 설치할 수 있다.[155] 하지만 중요한 것은 협정 체결을 위한 교섭은 유럽위원회와 협의하여 진행

---

150) TFEU 제216조 2항.
151) TFEU 제218조 3항 후단.
152) TFEU 제218조 2항.
153) TFEU 제218조 4항.
154) 위원회는 제3국과 교섭을 하는 과정에서 이사회에 의해 임명된 위원들로 구성되는 특별위원회(special committee)의 보좌를 받는다. 특별위원회의 구성에 대해 TFEU는 명확한 규정을 두고 있지 않으므로 이사회는 TFEU 제242조에

되어야 한다는 점이다.156) 이 점에서 보면, 조약체결권은 이사회에 있지만 그 체결을 위한 실무적 단계의 교섭은 유럽위원회에 의해 행해지고 있다는 것을 알 수 있다.

둘째, 교섭의 결과 그 내용이 타결되게 되면, 교섭책임자는 이사회에 대해 협정을 체결하도록 제안을 한다. 이 제안에 의거하여, 이사회는 협정의 서명을 승인하는 결정을 채택하게 된다. 그리고 아래에서 살펴보는 바와 같이, 경우에 따라서는 당해 협정의 발효 전 잠정적용(provisional application)을 승인하는 결정을 채택하기도 한다.157) 이 때 주의해야 할 사항은, 비록 이사회에 의해 협정 체결에 관한 승인 결정이 내려졌다고 할지라도 그 결정은 반드시 유럽의회의 동의와 자문 절차를 거쳐야 한다는 것이다. 특히 협력협정은 반드시 유럽의회에 의한 동의 절차를 거치도록 규정하고 있다.158) 유럽의회는 이사회가 긴급성에 따라 정하는 기한 내 의견을 표명해야 한다. 만일 유럽의회가 이 기한 내 의견을 표명하지 않을 때는 이사회는 결정을 채택할 수 있다.159)

셋째, 위의 두 번째 사항과는 달리, 이사회는 협정의 체결 시 교섭책임자에게 당해 협정의 개정을 약식절차에 따라 행할 것을 승인할 수 있다. 또는 협정에 의해 설립되는 기관에 의해 행할 것을 정하고 있는 때에도 이사회는 EU의 이름으로 당해협정의 개정을 승인할 수 있다. 이 경우, 이사회는 특별한 조건을 붙일 수 있다.160)

그리고 일부 협정을 제외161)하고는 협정 체결에 관한 모든 절차에서 이사회는 가중다수결로 결정한

의거하여 이를 자유롭게 결정할 수 있다. 이 특별위원회는 각 회원국의 이해를 대표하는 위원들로 구성되기 때문에 국제협정을 체결하는 과정에서 위원회가 개별 회원국의 이해를 반영하도록 협의를 하게 된다. 한편 위원회는 특별위원회의 각 위원들에 의해 제출된 견해를 공동체 전체의 이해라는 견지에서 조정하고 제3국과 교섭을 한다. 특별위원회의 역할은 구속력 없는 의견을 제출하고 위원회가 임무를 용이하게 수행하도록 하는데 있지만 그 구성원들은 이사회에 의해 임명되고, 또한 회원국의 이해를 직접 대표하고 있다. 따라서 교섭 중의 국제협정이 체결되는데 있어 이사회 내부의 의견의 불일치를 피하기 위하여 위원회는 특별위원회의 의견을 가능한 존중하려고 노력한다. 대표적인 예로는, 농업특별위원회(Special Committee on Agriculture: SCA), 정치안보위원회(Political and Security Committee: PSC) 및 고용위원회(Employment Committee)가 있다. 그리고 CATS로 불리고 있는 제36조위원회(Article 36 Committee for justice and home affairs)는 사법내무 분야의 특별위원회이다. 이에 대해서는, http://europa.eu/scadplus/glossary/experts_committees_en.htm

155) TFEU 제218조 4항.
156) TFEU 제218조 4항.
157) TFEU 제218조 5항.
158) 이 외에도 다음과 같은 협정, 즉 ① 인권 및 기본적 자유의 보호를 위한 유럽협약(유럽인권협약)에 연합의 가입에 관한 협정 ② 협력절차의 도입에 의한 특별한 제도적 틀을 창설하는 협정 ③ 연합에게 현저한 재정적 부담을 과하는 협정 ④ 보통입법절차 또는 유럽의회의 동의가 필요한 때는 특별입법절차가 적용되는 분야에 관한 협정도 유럽의회의 동의를 얻어야 한다(TFEU 제218조 6항 (a)). 그 외의 경우에는 유럽의회의 자문을 얻은 후 채택한다 (TFEU 제218조 6항 (b)).
159) TFEU 제218조 6항 (b).
160) TFEU 제218조 7항.
161) 이사회는 전원일치를 요구하는 분야에 관한 협정이 EU의 입법행위의 채택을 필요로 할 때, 또는 가입을 희망하는 국가와의 협력협정 또는 제212조에 의한 협정의 경우에는 전원일치로 결정한다. 인권 및 기본적 자유의 보호에

다.162) 이와 같은 절차를 거쳐 국제협정 체결을 위한 절차가 사실상 종결되게 된다. 하지만 당해 협정이 효력을 발생하기 전 사법재판소의 법적 판단 절차를 거칠 수도 있다. 즉, 회원국, 유럽의회, 이사회 또는 유럽위원회는 예정된 협정과 제조약과의 양립가능성에 관한 사법재판소의 판단을 구할 수 있다. 만일 사법재판소의 판단이 부정적인 때에는 당해 협정은 이 협정이 개정된 때에 한하여, 또는 제조약, 즉 TEU와 TFEU가 수정된 때에 한하여 효력이 발생하게 된다.163)

EU가 체결한 협정의 효력에 대하여 리스본조약은 특별한 규정을 두고 있지 않다. 하지만 체결된 협정은 EU법의 일부가 되어 특별한 조치를 필요로 하지 않고 적용된다고 해석된다.

TFEU 제216조 2항은 EU가 체결한 협정은 EU 뿐만 아니라 회원국을 구속한다고 정하고 있다. 이에 대해 사법재판소도 Hauptzollamt Mainz v. Kupferberg 사건 판결에서 "EC에 의해 체결된 조약은 EC법체계 내로 편입되고, EC법의 일부를 구성 한다."고 밝히고 있다. 또한 "회원국은 제3국에 대해서만이 아니라 EC에 대해서도 조약을 적절하게 이행할 의무를 지고 있다."고 판시하였다.164) 리스본조약에 의해 EC는 EU에 의해 대체·계승되었으므로 이 내용은 현재의 EU가 체결하는 조약에 대해서도 그대로 적용된다.

그런데 위의 TFEU 제216조 2항 및 Hauptzollamt Mainz v. Kupferberg 사건 판결에서 사법재판소에 의해 EU가 체결한 조약은 EU법의 일부가 된다는 점은 분명하지만 과연 조약이 어떤 효력이 발생하는가는 분명하지가 않다. 다시 말하여, EU가 체결한 조약이 EU법상 1차법에 해당하는 TEU·TFEU와 2차법에 해당하는 규칙, 명령 및 지침 등과 그 효력의 우선순위에 관한 문제가 제기되는 것이다.

첫째, EU가 체결한 조약은 규칙, 명령 및 지침 등 2차법에 우선한다는 입장이다. 하지만 이 입장은 적절하지 않다. 위의 Hauptzollamt Mainz v. Kupferberg 사건 판결에서 볼 수 있는 바와 같이, 사법재판소는 "조약의 효력은 그 취지와 목적, 체계, 또는 문언에 비추어 결정되어야 한다."고 판시하고 있다.165) 따라서 EU가 체결한 조약이 일률적으로 2차법에 우선한다고 간주하는 것은 합당하지 않고, 조약의 '취지와 목적, 체계, 또는 문언'에 비추어 양자의 효력관계를 정해야 할 것이다.166)

둘째, EU가 체결한 조약에 비하여 TEU 및 TFEU와 같은 제1차법이 우선한다는 입장이 있다. 이 입장이 근거로 들고 있는 것은 TFEU 제218조 11항이다. 동항은 만일 사법재판소가 체결하고자 하는

관한 유럽협약에 대한 연합의 가입에 관한 협정에 대해서도 이사회는 전원일치로 결정한다. 이 협정의 체결에 대한 결정은 가입국이 자국의 헌법적 규정에 따라 동의한 후에 효력을 발생한다(TFEU 제218조 8항).
162) TFEU 제218조 8항.
163) TFEU 제218조 11항.
164) Case 104/81, *Hauptzollamt Mainz v. Kupferberg* [1982] ECJ 3641, para. 13.
165) *Ibid.*, para. 17.
166) 이 입장을 지지하는 근거로 "(…) 체결된 협정은 공동체기관과 모든 회원국을 구속한다."고 정하고 있는 舊TEC 제300조 7항을 원용하기도 했다. 김대순, EU법론, 상게서, p.292. 하지만 리스본조약은 이 문언을 수용하고 있지 않다는 점은 주의를 요한다(Cf. TFEU 제218조).

조약과 TEU·TFEU 간 양립가능성에 문제가 있다고 판단하는 경우, 전자를 개정하거나 혹은 후자를 수정하지 않는 한 전자는 효력을 발생할 수 없다고 정하고 있다. 하지만 이 규정은 조약 체결의 허용성에 대해 정하고 있을 뿐 그 효력에 대해 정한 것은 아니라고 보아야 한다. 더욱이 조약의 체결권을 포함한 공동체의 모든 권한은 TEU 및 TFEU에서 나오므로 제1차법과 국제조약의 사이에서는 당연히 전자가 우선한다.[167]

또한 조약의 효력은 조약 본문 속에서 규정될 수도 있는데, 이 경우는 문제가 없다. 다만 조약이 본문 속에서 그 효력에 관한 규정을 두고 있지 않은 때에는 조약의 제정자로서 EU가 결정할 수 있다. 결국 그에 대해서는 이사회가 결정권을 가지게 된다. 하지만 만일 이사회가 그 효력에 대해 명확하게 결정하고 있지 않은 때에는 조약의 취지와 목적, 체계 및 문언에 비추어 사법재판소가 판단하게 된다.

그리고 조약의 효력과 관련하여 특히 문제가 되는 것은 바로 직접효과(direct effect)의 유무이다. 일반적으로 사법재판소는 조약의 직접효과를 인정하고 있다.[168] 다만 그 성질에 비추어 직접효과가 부정되는 것은 GATT와 WTO의 제협정 뿐이다.[169]

---

[167] 김대순 교수는 이에 대해 다음과 같이 설명하고 있다. "국내법과 마찬가지로 공동체법도 하나의 통일된 법체계를 형성하고 있다. 그렇다면 공동체에 대해 구속력 있는 국제협정은 공동체법체계 내에서 어느 정도의 서열을 차지하고 있는가? 협정체결권을 포함한 공동체의 모든 권한은 설립조약에서 나온다. 따라서 공동체설립조약과 국제협정의 사이에서는 당연히 전자가 우선한다". *Ibid.*, p.291.

[168] 상기 *Hauptzollamt Mainz v. Kuperferberg* 사건에서 EEC와 포르투갈 사이에 체결된 자유무역협정의 직접효력이 다투어졌다. EEC와 포르투갈 사이에 체결된 자유무역협정(Regulation (EEC) No 2844/72 of the Council of 19 December 1972 *concluding an Agreement between the European Economic Community and the Portuguese Republic and adopting provisions for its implementation*, OJ L 301 of 31.12.1972, p.164.)은 직접효과에 대해 정하고 있지 않았기 때문에 사법재판소에 의해 다뤄지게 되었다. 사법재판소는 동협정의 법적 성질과 체계를 고려해볼 때 개인은 협정 내의 규정을 원용하여 국내법원에 소송을 제기할 수 있다고 판단하였다(paras. 17-22). 특히 이 사건에서 쟁점이 된 것은 "동일 또는 유사상품의 직접적 또는 간접적 차별은 금지된다."는 자유무역협정 제21조에 대한 직접효과의 여부였다. 이에 대해 사법재판소는 동조의 직접효과를 긍정하였다. 이에 대한 상세한 설명은, Jacques H. J. Bourgeois, "Effects of International Agreements in European Community Law: Are the Dice Cast?", Michigan Law Review, Vol. 82, No. 5/6, Festschrift in Honor of Eric Stein(Apr.-May, 1984), pp.1250-1273.

[169] Opinion of Adovocate General Tesauro in Case C-53/96 *Hermès* [1998] ECR I-3603, para. 30 (note 54). EU(EC)가 체결한 조약의 효력, 특히 직접효력에 대한 상세한 분석은, 이성덕, "유럽공동체가 체결한 조약의 유럽공동체 역내적 효력", EU학연구(한국EU학회, 제8권 제1호, 2003), pp.11-31; 김대순, "EC법체계 내에서의 국제협정의 지위-유럽재판소의 판례를 중심으로-, 국제법평론(국제법평론회, 통권 제18호, 2002), pp.2-5. 그리고 GATT/WTO협정의 효력에 대해서는, *Ibid.*, pp.32-44.
그렇다면 조약의 해석만이 아니라 조약의 해석에 대하여 다툼이 있을 때는 어떻게 할 것인가? 이 경우에는 사법재판소의 판단에 맡길 수밖에 없다. 이에 대해 사법재판소는 "모든 회원국에 있어서의 조약의 해석·적용을 통일하기 위하여, 또 EC에 의해 체결된 조약은 2차법에 해당하므로 그 해석권한은 사법재판소에게만 부여 된다."고 판시하고 있다. Case 104/81, *Hauptzollamt Mainz v. Kupferberg* [1982] ECJ 3641, para. 14. 위에서 살펴본 바와 같이, 조약규정을 해석함에 있어 조약의 취지와 목적을 도외시할 수는 없다. 하지만 TEU·TFEU의 규정이 조약상 문언과 유사하다고 하여 동규정을 반드시 조약상 문언과 동일하게 해석할 필요는 없다. *Ibid.*, para. 30.

(4) 협력협정[170]

EU 대외관계에 있어 협력협정(Association Agreements: AA)은 EU와 제3국과의 사이에 특별한 관계를 구축할 목적으로 체결되는 국제조약이다.[171] TFEU는 제217조에서 "연합은 상호간의 권리·의무, 공동행동 및 특별절차에 관련된 협력을 위한 협정을 하나 혹은 복수의 제3국 또는 국제조직과 체결할 수 있다."고 함으로써 일반 국제협정에 대해 정하고 있는 TFEU 제216조와 별도로 EU의 협력협정 체결권한에 대해 명시적 규정을 두고 있다. EU와 제3국 사이에 체결되는 협력협정은 EU와 제3국간의 보다 긴밀한 협력을 위한 토대를 이루고 있으며, 또한 훗날 제3국의 EU 가입으로 이어지기도 한다.

또한 리스본조약은 TEU 제8조에서 근린협정(neighbourhood agreements: NA)을 위한 특별 조항을 두고 있다. TEU에서 NA에 대해 특별히 규정하는 것은 인접국들과의 관계를 보다 공고히 하겠다는 EU의 의지를 반영한 것이다. NA는 터키 등을 포함한 인접 제3국들에게 동반자협정(Partnership Agreement: PA)[172]을 체결함으로서 EU 가입을 위한 보다 확고한 기회를 주게 될 것이라 판단된다.

위 규정들을 바탕으로 현재 EU가 체결하고 있는 협력협정을 유형화하면 다음과 같다.

① 가입협력협정(Treaty of Accession; Accession Treaty): 제3국의 EU 가입에 대비한 협정으로

---

[170] 이에 대한 내용은 다음 문헌에서 재인용하였다. 채형복, "리스본조약과 EU의 조약체결권 - 한-EU FTA 비준절차를 중심으로 -", 통상법률(법무부, 통권 제91호, 2010), pp.50-77; 핵심 유럽연합(EU)법(국제환경규제기업지원센터, 2011), pp.228-238.

[171] 이성덕 교수는 EU(인용 논문에서는 '유럽공동체')와 그 회원국에서 효력을 갖는 조약을 아래와 같이 세 가지 유형으로 분류하고 있다.
첫 번째 유형은 유럽공동체에 의하여 체결된 조약으로서 유럽공동체에 의하여 단독으로 체결된 공동체조약(Community agreements)과 소위 혼합조약(mixed agreements)이라고 불리는 유럽공동체와 그 전부 또는 일부 회원국이 공동으로 조약의 일방 당사자가 되는 조약이다.
두 번째 유형은 체결 당시에는 회원국이 체결하였지만 회원국과 유럽공동체의 권한 분배에 관한 원리의 발전에 따라 유럽공동체가 사후적으로 기존에 체결된 조약상의 권한을 획득하게 되고, 따라서 그 조약과의 관계에서 유럽공동체가 실질적으로 회원국을 대체한 경우이다.
세 번째 유형은 유럽공동체에 관한 사항에 대하여 일부 또는 전부의 회원국이 당사자가 된 조약이다. 이성덕, "유럽공동체가 체결한 조약의 유럽공동체 역내적 효력", EU학연구(한국EU학회, 제8호 제1호, 2003), p.7.
그리고 김대순 교수는 EU법(인용 문헌에서는 '공동체법')상 국제협정을 다음과 같이 세 가지 유형, 즉 공동체 단독으로 타국제법주체와 체결하는 국제협정, 공동체와 전체 또는 일부 회원국이 공동으로 참여하는 혼합협정, 그리고 공동체의 참여 없이 회원국들이 제3국과 체결한 국제협정으로 나누고 있다. 김대순, 상게서, pp.265-266.
본서에서는 다루는 한-EU FTA는 협력협정의 한 유형으로서 위의 첫 번째 유형, 즉 'EU 단독으로 타국제법 주체와 체결한 조약'이다. 또한 FTA는 공동통상정책에 속하므로 TFEU 제207조(舊TEC 제133조)의 범위 내에서 접근을 시도할 수도 있다. 하지만 본서에서는 FTA를 EU에 의해 체결되는 협력협정의 한 유형으로 파악하고 이에 근거하여 관련 문제점들을 검토한다.

[172] PA는 이를테면, 독립국가연합(Commonwealth of Independent States: CIS)에 있어 구소연방국가들과 체결되었다.

서 EU 가입시 체결된다.[173]

② 개발협력협정(Development Association Agreement: DAA): 개발협력협정은 개발도상국의 발전을 지원하기 위한 협정으로서 상호협력협정(Co-operation Agreement: CoA)이라고 불리기도 한다. 마그렙협정(EU-Magreb Agreeement),[174] 마쉬렉(Mashrek Agreement)[175] 혹은 코토누협정(Cotonou Agreement)[176]을 그 예로 들 수 있다.

③ 자유무역협력협정(Free Trade Association Agreement: FTAA): 긴밀한 경제협력을 목적으로 체결하는 협정으로서 EEA협정 및 칠레, 멕시코 및 남아프리카공화국, 그리고 우리나라와 체결한 FTA를 그 대표적 예로 들 수 있다.

[표 6-2] EU가 체결한 협력협정(AA)의 유형

협정명	체결 사례	비고
가입협력협정		비회원국의 EU 가입시 체결
개발협력협정	마그렙협정, 마쉬렉협정, 코토누협정	일명 '상호협력협정'
자유무역협정	EEA, EU-칠레 FTA, EU-대한민국 FTA	

그런데 최근 EU의 대외무역정책의 기조를 살펴보면, 뚜렷한 변화가 목격된다. 즉, 특혜무역 중심의 대외관계에서 벗어나 제3국과 FTAA를 체결하는 한편, 근린국과의 협력 강화에 중점을 두고 있다는

---

[173] 예를 들어, 2004년 5월 1일자로 EU에 가입한 체코공화국, 에스토니아, 사이프러스, 라트비아, 리투아니아, 헝가리, 몰타, 폴란드, 슬로베니아 및 슬로바키아 10개국은 2003년 4월 16일 그리스 아테네에서 '가입조약 2003(The Treaty of Accession 2003)'을 체결했다. 그 가입조약의 상세 내용은, http://ec.europa.eu/enlargement/archives/enlargement_process/future_prospects/negotiations/eu10_bulgaria_romania/treaty_2003/content/index_en.htm

[174] 마그렙은 주로 북부아프리카, 특히 모로코(Morocco), 알제리(Algeria) 및 튀니지(Tunisia)를 지칭한다. EU는 마그렙국가들과 '유로-지중해협력협정(Euro-Mediterranean Agreement Establishing an Association)'을 체결했다. EU는 모로코와는 1996년 2월 26일, 알제리와는 2002년 4월 22일, 그리고 튀니지와는 1995년 5월 17일에 각각 협정에 서명하였다. 협정의 상세한 내용에 대해서는, http://ec.europa.eu/world/agreements/default.home.do

[175] 마쉬렉은 지중해와 이란 사이에 위치한 중동국가, 특히 이집트(Egypt), 요르단(Jordan), 레바논(Lebanon) 및 시리아(Syria)를 지칭한다. EU는 이집트와는 2001년 6월 25일, 요르단과는 1997년 11월 24일, 레바논과는 2002년 6월 17일에 각각 '유로-지중해협력협정(Euro-Mediterranean Agreement Establishing an Association)'을, 그리고 시리아와는 1977년 1월 18일에 '협력협정(Cooperation Agreement)'에 서명했다. 협정의 상세한 내용에 대해서는, http://ec.europa.eu/world/agreements/default.home.do

[176] *Partnership agreement between the members of the African, Caribbean and Pacific Group of States of the one part, and the European Community and its Member States, of the other part.* 코토누협정은 2000년 6월 23일 서명되어 2003년 4월 1일자로 발효했다. 그리고 2005년 12월 22일자로 개정되었다. 개정된 코토누협정은 2008년 7월 1일자로 발효했다.

점이다. 후자의 측면에서 바라보면, 최근 EU에 의해 체결되는 협력협정은 EU의 '안정화 및 협력 과정 (Stabilization and Association Process: SAp)'[177])과 '유럽근린정책(European Neighbourhood Policy: ENP)'[178])의 한 부분으로 체결되고 있다.

---

[177]) SAp가 적용된 전형적인 예로는 EU-서부발칸국가들(Western Balkan countries) 간에 체결된 협력협정을 들 수 있는데, EU는 그들과 '안정화 및 협력협정(Stabilization and Association Agreements: SAA)'을 체결했다(SAA에 대한 상세한 내용은, http://ec.europa.eu/enlargement/enlargement_process/accession_process/how_does_a_country_join_the_eu/sap/history_en.htm#sap_agreement (검색일: 2009. 11. 16)). SAA는 다음과 같은 세 가지 목표, 즉 ① 서부발칸국가들의 안정 및 시장경제로의 전환 촉진, ② 지역협력 장려 및 ③ 궁극적으로는 EU 가입을 지향하고 있다. SAp를 통하여 EU는 관련 국가들로 하여금 EU법을 채택하고 이행할 수 있는 능력을 배양할 수 있도록 지원한다. 이와 더불어 EU는 관세·비관세장벽의 완화를 통한 무역 관계의 개선, 경제적 및 재정적 지원, '재건, 개발 및 안정화지원(assistance for reconstruction, development and stabilization: CARDS)'을 통해 궁극적으로는 서부발칸국가들을 EU에 가입시키고자 의도하고 있다(CARDS에 대해서는, http://ec.europa.eu/enlargement/how-does-it-work/financial-assistance/cards/index_en.htm). SAp는 크로아티아, 마케도니아, 터키 및 잠재적 EU 가입 후보국인 알바니아, 보스니아·헤르체고비나, 코소보, 몬테네그로 및 세르비아에 대해 적용되고 있다. SAp에 대해서는, http://ec.europa.eu/enlargement/enlargement_process/accession_process/how_does_a_country_join_the_eu/sap/index_en.htm; Commission of the European Communities, REPORT FROM THE COMMISSION The Stabilization and Association process for South East Europe; Second Annual Report – Annex 1{SEC (2003) 339; SEC (2003) 340; SEC (2003) 341; SEC (2003) 342; SEC (2003) 343}, Brussels, 26.3.2003, COM (2003) 139 final. http://ec.europa.eu/enlargement/pdf/enlargement_process/accession_process/how_does_a_country_join_the_eu/sap/sap_composite_paper_annex1_en.pdf

[178]) ENP는 EU의 주변국가들에 대한 협력정책으로서, 이에 대한 상세한 내용은 http://ec.europa.eu/external_relations/enp/index_en.htm
ENP는 EU와 지중해연안국가(Mediterranean Countries) 및 동부유럽국가(East European Countries) 간에 체결된 협력협정에 적용되었다. ENP는 지중해연안 및 동부유럽 지역으로의 EU의 확대에 대비한 정책의 일환으로 2004년에 도입되었다. ENP는 2003년 3월에 채택된 '보다 확대된 유럽에 관한 유럽위원회 통보(Commission Communication on Wider Europe)'(Commission of the European Communities, COMMUNICATION FROM THE COMMISSION TO THE COUNCIL AND THE EUROPEAN PARLIAMENT Wider Europe-Neighbourhood: A New Framework for Relations with our Eastern and Southern Neighbours, Brussels, 11.3.2003, COM(2003) 104 final.)에서 처음으로 그 기초적인 윤곽이 제시되었다. 그 후 2004년 5월 출간된 "유럽근린정책에 관한 전략보고서(Strategy Paper on the European Neighbourhood Policy)" (Commission of the European Communities, COMMUNICATION FROM THE COMMISSION European Neighbourhood Policy STRATEGY PAPER, Brussels, 12.5.2004, COM(2004) 373 final {SEC(2004) 564, 565, 566, 567, 568, 569, 570})에서 보다 발전되었다. 그리고 유럽위원회는 2006년 12월과 2007년 12월에 각각 이 전략보고서의 이행에 관한 제안을 통해, ENP를 강화 방안을 제시하고 있다(http://ec.europa.eu/world/enp/documents_en.htm#1).
ENP를 통하여 EU는 관련국들의 정치적 안정과 경제적 번영 및 안보의 강화를 도모하고자 한다. 2003년 12월에 도입된 유럽안보전략(European Security Strategy)(이에 대한 상세한 내용은, http://www.consilium.europa.eu/showPage.aspx?id=266&lang=EN)도 이러한 맥락에서 이해할 수 있다.
EU는 지중해연안국가들 및 동부유럽국가들에게 '근린국'이라는 특혜관계를 부여하는 대신 민주주의, 인권, 법치주의, 선정(善政 good governance), 시장경제원칙 및 지속가능한 개발과 같은 공동의 가치에 대한 상호합의를 요구하고 있다. 반면, 대부분 개발도상국인 제3국들은 유럽역내시장에 접근하기 위해 EU의 요구를 수용하는 위의 ① ② ③ 세 가지 유형의 협력협정은 EU가 체결하고 있는 가장 전형적인 형태의 협력협정이라고 할 수 있다. 그 동안 EU는 주로 첫 번째와 두 번째 유형의 협력협정에 중점을 두고 있었지만 최근에는 SAp와 ENP에 의거한 협력협정을 체결하고 있다. 하지만 세 번째 유형인 FTAA를 제외한 다른 유형들은 모두 EU에 대한 가입을 전제로, 또는 EU에 의해 일방적으로 부여되는 특혜 중심의 협력협정이라는 점은 동일하다. 이에 비해 FTAA는 EU와 제3국간 대등한 관계에서, 즉 상호성(reciprocity)의 원칙에 입각하여 체결되는 협력협정이라고 할 수 있다. 이 가운데서도 한-EU FTA는 EU가 이 원칙에 의거하여 제3국과 체결하는 가장 일반적이고 포괄적인 협력협정이라는 점에 주목할 필요가 있다.

(5) 국제기구와의 협력

EU는 국제연합을 비롯한 주요 국제기구[179]뿐 아니라 기타 국제기구[180]와도 적절한 관계를 유지한다. EU의 주요 협력기구는 전자, 특히 국제연합의 기관과 그 특별기관, 유럽평의회, 유럽안전보장협력기구 및 경제개발협력기구 등이다. EU는 이 기구들과 적절한 협력형태를 설정하고, 그 관계를 맺고 유지한다.[181] 국제기구와의 협력관계에서 유래하는 책임은 고위대표 및 유럽위원회가 진다.[182]

그리고 제3국 및 국제기구에서 EU를 대표하는 기관은 EU 대표부(Union delegations)이다.[183] 이 대표부는 고위대표의 지휘를 받으며, 회원국의 외교 및 영사 대표부와 긴밀하게 협력하면서 행동한다.[184]

(6) 연대조항

TFEU 제5부 제7편은 '연대조항'이란 제목 아래 제222조의 단일조문을 두고 있다. 연대조항을 둔 기본취지는 만일 어느 회원국이 테러공격, 자연재해 또는 인위적 재해로 피해를 입는 경우, EU와 회원국이 "연대정신으로 공동하여 행동한다."는 것이다.[185] 이 연대조항에 의거하여 EU는 회원국 이 EU에

대신 EU로 하여금 보다 포괄적인 재정적 혹은 기술적 지원을 요청하고 있다. 이렇게 하여 ENP는 EU와 주변국가들간의 기존 관계를 뛰어넘는 보다 심도 깊은 정치관계 및 경제통합을 제공하고 있다. 현재 ENP는 알제리, 아르메니아, 아제르바이잔, 벨라루스, 이집트, 조지아, 이스라엘, 요르단, 레바논, 리비아, 몰도바, 모로코, 팔레스타인, 시리아, 튀니지 및 우크라이나에 대해 적용되고 있다. 하지만 러시아의 경우는 EU의 주변국임에는 분명하지만 'EU-러시아공동영역(EU-Russia Common Spaces)'의 구축을 통하여 ① 경제문제 및 환경, ② 자유, 안전 및 사법, ③ 대외안보 및 ④ 문화적 제측면을 포함한 연구 및 교육의 네 개 주요 분야에 대해 '공동영역(four common spaces)'을 설정하고 전략적 동반자관계(Strategic Partnership)를 형성하고 있다. 이에 대한 상세한 내용은, http://ec.europa.eu/external_relations/russia/index_en.htm

[179] TFEU 제220조 1항 1단.
[180] TFEU 제220조 1항 2단.
[181] TFEU 제220조 1항 1단.
[182] TFEU 제220조 2항.
[183] 제221조 1항.
[184] 제221조 2항.

제공하는 군사적 수단을 포함하여 자유롭게 사용할 수 있는 모든 수단을 테러공격, 자연재해 및 인위적 재해 등을 예방하기 위하여 동원할 수 있다.[186]

어느 회원국이 테러공격, 자연재해 및 인위적 재해를 입은 경우, 다른 회원국은 당해 회원국에게 그 정치적 기관의 요구에 의거하여 지원한다. 이 목적을 위하여 모든 회원국은 이사회에서 상호 조정한다.[187]

그리고 EU의 의한 연대조항의 실시를 위한 세칙은 이사회가 유럽위원회 및 연합 고위대표의 공동제안에 의거하여 제정하는 결정에 의해 정한다. 다만, 이 결정이 방위 분야에 영향을 미칠 때는 이사회는 TEU 제31조 제1항에 따라 결정한다. 이 결정은 유럽의회에는 통지되어야 한다.[188] EU 및 회원국이 연대조항에 의거하여 효과적으로 행동하도록 함으로써 EU가 직면한 위협에 대한 평가를 정기적으로 해야 하는 역할은 유럽이사회가 담당한다.[189]

3. 공동외교안보정책

(1) 서설

EU의 제정책은 TFEU에서 규정하고 있다. 이 가운데 오직 공동외교안보정책에 대해서만 TFEU가 아니라 TEU에서 규정하고 있다. TEU 제5편은 제1장은 '연합의 대외적 행동에 관한 일반규정'(제21조~제22조)을, 제2장은 '공동외교안보정책에 관한 특별규정'에 대해 제23조~제46조의 23개 조문을 두고 있다. 이 가운데 제23조~제41조는 '공통규정'(제1절)이고, 제42조~제46조는 '공동안보방위정책에 관한 규정'(제2절)이다. 리스본조약에서는 EU의 세 기둥체제(삼주체제)가 폐지되었으므로 공동외교안보정책은 공동체적 성격보다는 정부간 협력의 성격을 가지고 있다.

리스본조약은 EU의 권한을 다섯 가지 유형, 즉, 배타적 권한, 공유권한, 지원권한, 공동외교안보정책을 이행할 권한 및 조정권한으로 나누고 있다. 이 유형에서 알 수 있는 바와 같이, 공동외교안보정책을 이행할 권한은 EU가 행사하는 별개의 유형으로 분류되어 있다.[190] 따라서 공동외교안보정책 분야에서의 연합의 권한은 외교정책의 모든 분야에 미치고, 공동방위에 이를 수 있는 공동방위정책의 점진적 구상을 포함하는 EU의 안전보장과 관련한 모든 문제에도 미친다.[191]

그리고 공동외교안보정책에는 특별 규정 및 절차가 적용된다. 이 정책은 TEU 및 TFEU에서 달리

---

[185] TFEU 제222조 1항 전단.
[186] TFEU 제222조 1항 후단.
[187] TFEU 제222조 2항.
[188] TFEU 제222조 3항.
[189] TFEU 제222조 4항.
[190] 이에 대한 상세한 내용은 본서 제2장 제3절 '유럽연합의 권한' 부분 참고.
[191] TEU 제24조 1항 1단.

규정하고 있지 않다면, 유럽이사회 및 이사회가 전원일치로 결정하고, 실시한다. 다만, 입법행위의 제정은 제외된다.[192]

공동외교안보정책은 고위대표 및 회원국에 의해 실시된다. 이 분야에서의 유럽의회 및 유럽위원회의 특별한 역할은 TEU 및 TFEU에서 정한다. 유럽연합사법재판소는 TEU 제40조의 준수에 대한 감독 및 TFEU 제275조 후단에 따른 특정 결정의 합법성에 대한 감시를 제외한 공동외교안보정책에 대한 규정에 관해서는 관할권이 없다.[193]

(2) 공동외교안보정책에서의 의사결정

유럽이사회는 EU의 전략적 이익을 결정하고, 방위정책과 관련한 문제를 포함한 EU의 공동외교안보정책의 목표 및 일반적 방침을 정하는 것은 유럽이사회가 담당한다. 이를 위하여 유럽이사회는 필요한 결정을 제정한다.[194] 그리고 국제정세에 비추어 필요한 경우, 유럽이사회 의장은 당해 정세에 직면하여 EU 정책의 전략적 계획을 수립하기 위하여 유럽이사회의 임시회의를 소집한다.[195] 이사회는 유럽이사회가 정한 일반적 방침 및 전략적 계획에 의거하여 공동외교안보정책을 형성하고, 이 정책을 수립하고 실시하기 위한 필요한 결정을 채택한다.[196] 이사회 및 고위대표는 EU에 의한 행동의 통일성, 일관성 및 유효성을 확보한다.[197] 또한 공동외교안보정책은 고위대표 및 회원국에 의해 회원국 및 연합의 재원을 사용하여 실시된다.[198]

국제정세가 EU의 작전행동을 요구할 때 이사회는 필요한 결정을 제정한다. 이 결정에서는 목표, 범위, EU가 사용할 수 있는 수단, 필요한 경우 행동의 지속기간 및 시행 조건을 명시한다.[199] 그 결정의 대상 사항에 실질적인 영향을 미치는 상황 변경이 발생한 경우, 이사회는 결정의 원칙 및 목표를 검토하여 필요한 결정을 제정한다.[200] 이 결정은 입장 표명 및 행동 시 모든 회원국을 구속한다.[201] 또한 이사회는 지리적 성격의 특정 사항 또는 주제별 특정 사항에 대한 연합의 접근방법을 규정하는 결정을 제정한다. 회원국은 자국의 국내 정책이 연합의 입장에 부합될 수 있도록 보장한다.[202]

---

192) TEU 제24조 1항 2단.
193) TEU 제24조 1항 2단.
194) TEU 제26조 1항 1단.
195) TEU 제26조 1항 2단.
196) TEU 제26조 2항 1단.
197) TEU 제26조 2항 2단.
198) TEU 제26조 3항.
199) TEU 제28조 1항 1단.
200) TEU 제28조 1항 2단.
201) TEU 제28조 2항.
202) TEU 제29조.

공동외교안보정책에 대해서는 원칙적으로 유럽이사회 및 이사회가 전원일치로 제정한다. 단, 입법행위의 제정은 제외된다.[203] 전원일치에 의한 의사결정이 용이하게 실시될 수 있도록 리스본조약은 '적극적 기권' 혹은 '건설적 기권(positive or constructive abstention)'을 인정하고 있다. 즉, 이 기권제도는 이사회의 어떤 위원이라도 투표에서의 기권 시 공식적으로 선언함으로써 기권할 수 있는 것을 말한다.[204]

하지만 이사회는 아래의 경우에는 가중다수결로 결정한다.
- TEU 제22조 제1항에 의한 EU의 전략적 이익 및 목표에 관한 유럽이사회의 결정에 의거하여 EU의 행동 또는 입장을 정하는 결정을 제정할 때
- 유럽이사회가 자신의 발의로 행한 특별 요청에 따라 또는 유럽이사회가 고위대표의 발의로 행한 특별 요청에 따라, 고위대표가 이사회에 제출한 제안에 의거하여 EU의 행동 또는 입장을 정하는 결정을 제정할 때
- EU의 행동 또는 입장을 정하는 결정을 실시하기 위한 결정을 제정할 때
- TEU 제33조에 따라 특별 대표를 임명할 때

이사회의 특정 위원이 중대하고 확정적인 국내정책 상의 사유를 들어 가중다수결에 따른 결정의 제정을 반대하고자 하는 의사를 표명하는 경우에는 투표를 해서는 아니 된다. 고위대표는 해당 회원국과 긴밀하게 협의하고, 수용 가능한 해결에 이르도록 노력한다. 이것이 실패하는 경우, 이사회는 가중다수결로 의결함으로써 해당 사안을 유럽이사회에 회부하여 전원일치의 찬성으로 결정을 내릴 것을 요구할 수 있다.[205]

그리고 유럽이사회는 위에 언급된 경우 이외에도 이사회가 가중다수결로 의결하는 것을 정하는 결정을 전원일치로 제정할 수 있다.[206] 다만, 가중다수결에 의결은 군사정책 또는 방위정책과 관련하는 결정에는 적용되지 않는다.[207] 이 외 절차문제에 대해 이사회는 위원의 과반수로 결정한다.[208]

(3) 공동외교안보정책 분야의 조치의 이행확보

EU의 제정책 분야에 비하여 공동외교안보정책 분야에서 채택된 조치의 이행을 확보하기 위한 수단은 구체적이지 않다. 이에 대해 리스본조약은, 회원국에게 성실과 상호연대의 정신으로 공동외교안보

---

[203] TEU 제31조 1항 1단.
[204] TEU 제31조 1항 2단.
[205] TEU 제31조 2항.
[206] TEU 제31조 3항.
[207] TEU 제31조 4항.
[208] TEU 제31조 5항.

정책을 적극적이고도 유보 없이 지지하고, 이 분야에서 EU의 행동을 존중한다고 규정하고 있다.[209] 또한 회원국은 서로의 정치적 연대를 강화하고, 발전시키기 위하여 협력하며, EU의 이익에 반하거나 또는 국제관계에서 결속력으로서의 EU의 유효성을 침해할 가능성이 있는 모든 형태의 행동을 삼갈 의무를 질 뿐이다.[210] 이 원칙의 준수를 확보할 책임은 이사회 및 고위대표에게 있다.[211] 하지만 구체적으로 이 기관들이 행사할 수 있는 권한에 대해서는 명시적으로 언급하고 있지 않다.

이 원칙에 의거하여 상기 '적극적 기권' 혹은 '건설적 기권'을 한 경우와 관련하여 이사회에서 취할 수 있는 이행조치로는 건설적 기권을 한 회원국이라 할지라도 이사회에서 채택된 결정이 EU를 구속한다는 사실은 인정하도록 하는 것이다. 물론 이사회에서 기권한 회원국은 이 결정을 실시할 의무는 없다. 다만 건설적 기권을 한 해당 회원국은 상호 연대의 정신에 따라 상기 결정에 기초한 연합의 조치와 충돌하거나 이를 침해할 가능성이 있는 행동을 해서는 안 되며, 다른 회원국은 해당 회원국의 입장을 존중해야 한다. 하지만 기권을 표명한 이사회 위원이 회원국의 적어도 3분의 1을 대표하고, 동시에 당해 모든 회원국의 인구가 연합 인구의 적어도 3분의 1에 해당할 때는 당해 결정은 제정될 수 없다.[212] 이처럼 공동외교안보정책 분야에서 채택된 조치를 이행하기 위한 수단은 EU당국이 아니라 회원국들에 의해 결정된다.

구체적이고 실효적인 조치의 이행수단의 흠결은 TEU 제24조의 취지와도 배치된다. 즉, 동조는 "공동외교안보정책 분야에서의 연합의 권한은 외교정책의 모든 분야에 미치고, 공동방위에 이를 수 있는 공동방위정책의 점진적 구상을 포함하는 연합의 안전보장과 관련한 모든 문제에도 미친다."[213]고 규정하고 있다. 하지만 공동외교안보정책에는 특별 규정 및 절차가 적용된다. 특히 유럽연합사법재판소는 원칙적으로 공동외교안보정책에 대한 규정에 관해서는 관할권이 없다.[214] 그 결과, 어느 회원국이 조치를 위반하는 행위를 하는 경우라도 조약 위반 등을 이유로 사법재판소에 제소할 수 없다.

(4) 공동안보방위정책의 도입

리스본조약은 공동외교안보정책 차원에서 공동안보방위정책을 도입하고 있다. 공동안보방위정책은 공동외교안보정책의 필요불가결한 구성요소로서 EU에게 비군사적 및 군사적 수단에 의거한 작전능력을 제공한다. EU는 이 능력을 국제연합헌장의 원칙에 따라 평화 유지, 분쟁 예방 및 국제적 안보의

---

[209] TEU 제24조 3항 1단.
[210] TEU 제24조 3항 2단.
[211] TEU 제24조 3항 3단.
[212] TEU 제24조 1항 2단.
[213] TEU 제24조 1항 1단.
[214] TEU 제24조 1항 2단.

강화를 위한 연합 외부에서의 임무 수행 시 사용할 수 있다. 이 임무의 수행은 회원국에 의해 제공된 능력을 사용하여 행한다.[215]

공동안보방위정책의 실시를 위하여 회원국은 이사회에 의해 정의된 목표에 기여하기 위하여 EU에게 이용 가능한 비군사적 및 군사적 능력을 제공한다. 공동으로 다국적군을 편성하는 회원국은 공동안보방위정책을 위하여 이를 제공할 수 있다.[216] EU가 군사적 및 비군사적 수단을 사용할 수 있는 임무는 공동무장해제조치, 인도적 임무, 구원출동, 군사적 조언 및 지원 임무, 분쟁예방 및 평화유지 임무, 나아가 평화재건 임무 및 분쟁 후 상황 안정화 활동을 포함하는 위기관리의 범위 내에서 전투 출동을 포함한다. 이 모든 임무는 제3국의 영토 내에서의 테러리즘과 대항 시 그 제3국을 지원하는 것을 포함하여 테러리즘과 대항하여 싸우는데 기여할 수 있다.[217]

임무의 개시를 포함한 공동안보방위정책을 위한 결정은 고위대표의 제안 또는 회원국의 발의에 의거하여 이사회에 의해 전원일치로 제정된다. 고위대표는 유럽위원회와 함께 회원국 및 EU 차원의 적절한 수단의 사용을 제안할 수 있다.[218]

---

[215] TEU 제42조 1항.
[216] TEU 제42조 3항.
[217] TEU 제43조 1항.
[218] TEU 제42조 4항.

[부록 1] 유럽연합조약 신구 조문대조표

Old numbering of the Treaty on European Union	New numbering of the Treaty on European Union
TITLE I – COMMON PROVISIONS	TITLE I – COMMON PROVISIONS
Article 1	Article 1
	Article 2
Article 2	Article 3
Article 3 (repealed)[1]	
	Article 4
	Article 5[2]
Article 4 (repealed)[3]	
Article 5 (repealed)[4]	
Article 6	Article 6
Article 7	Article 7
	Article 8
TITLE II – PROVISIONS AMENDING THE TREATY ESTABLISHING THE EUROPEAN ECONOMIC COMMUNITY WITH A VIEW TO ESTABLISHING THE EUROPEAN COMMUNITY	TITLE II – PROVISIONS ON DEMOCRATIC PRINCIPLES
Article 8 (repealed)[5]	Article 9
	Article 10[6]
	Article 11
	Article 12
TITLE III –PROVISIONS AMENDING THE TREATY ESTABLISHING THE EUROPEAN COAL AND STEEL COMMUNITY	TITLE III –PROVISIONS ON THE INSTITUTIONS
Article 9 (repealed)[7]	Article 13

---

[1] Replaced, in substance, by Article 7 of the Treaty on the Functioning of the European Union ('TFEU') and by Articles 13(1) and 21, paragraph 3, second subparagraph of the Treaty on European Union ('TEU').

[2] Replaces Article 5 of the Treaty establishing the European Community ('TEC').

[3] Replaced, in substance, by Article 15.

[4] Replaced, in substance, by Article 13, paragraph 2.

[5] Article 8 TEU, which was in force until the entry into force of the Treaty of Lisbon (hereinafter 'current'), amended the TEC. Those amendments are incorporated into the latter Treaty and Article 8 is repealed. Its number is used to insert a new provision.

[6] Paragraph 4 replaces, in substance, the first subparagraph of Article 191 TEC.

[7] The current Article 9 TEU amended the Treaty establishing the European Coal and Steel Community. This latter expired on 23 July 2002. Article 9 is repealed and the number thereof is used to insert another provision.

Old numbering of the Treaty on European Union	New numbering of the Treaty on European Union
	Article 14[8]
	Article 15[9]
	Article 16[10]
	Article 17[11]
	Article 18
	Article 19[12]
TITLE IV —PROVISIONS AMENDING THE TREATY ESTABLISHING THE EUROPEAN ATOMIC ENERGY COMMUNITY	TITLE IV —PROVISIONS ON ENHANCED COOPERATION
Article 10 (repealed)[13] Articles 27a to 27e (replaced) Articles 40 to 40b (replaced) Articles 43 to 45 (replaced)	Article 20[14]
TITLE V – PROVISIONS ON A COMMON FOREIGN AND SECURITY POLICY	TITLE V – GENERAL PROVISIONS ON THE UNION'S EXTERNAL ACTION AND SPECIFIC PROVISIONS ON THE COMMON FOREIGN AND SECURITY POLICY
	Chapter 1 – General provisions on the Union's external action
	Article 21
	Article 22

---

[8] – Paragraphs 1 and 2 replace, in substance, Article 189 TEC;
  – paragraphs 1 to 3 replace, in substance, paragraphs 1 to 3 of Article 190 TEC;
  – paragraph 1 replaces, in substance, the first subparagraph of Article 192 TEC;
  – paragraph 4 replaces, in substance, the first subparagraph of Article 197 TEC.

[9] Replaces, in substance, Article 4.

[10] – Paragraph 1 replaces, in substance, the first and second indents of Article 202 TEC;
  – paragraphs 2 and 9 replace, in substance, Article 203 TEC;
  – paragraphs 4 and 5 replace, in substance, paragraphs 2 and 4 of Article 205 TEC.

[11] – Paragraph 1 replaces, in substance, Article 211 TEC;
  – paragraphs 3 and 7 replace, in substance, Article 214 TEC.
  – paragraph 6 replaces, in substance, paragraphs 1, 3 and 4 of Article 217 TEC.

[12] – Replaces, in substance, Article 220 TEC.
  – the second subparagraph of paragraph 2 replaces, in substance, the first subparagraph of Article 221 TEC.

[13] The current Article 10 TEU amended the Treaty establishing the European Atomic Energy Community. Those amendments are incorporated into the Treaty of Lisbon. Article 10 is repealed and the number thereof is used to insert another provision.

[14] Also replaces Articles 11 and 11a TEC.

Old numbering of the Treaty on European Union	New numbering of the Treaty on European Union
	Chapter 2 – Specific provisions on the common foreign and security policy
	Section 1 – Common provisions
	Article 23
Article 11	Article 24
Article 12	Article 25
Article 13	Article 26
	Article 27
Article 14	Article 28
Article 15	Article 29
Article 22 (moved)	Article 30
Article 23 (moved)	Article 31
Article 16	Article 32
Article 17 (moved)	Article 42
Article 18	Article 33
Article 19	Article 34
Article 20	Article 35
Article 21	Article 36
Article 22 (moved)	Article 30
Article 23 (moved)	Article 31
Article 24	Article 37
Article 25	Article 38
	Article 39
Article 47 (moved)	Article 40
Article 26 (repealed)	
Article 27 (repealed)	
Article 27a (replaced)[15]	Article 20
Article 27b (replaced)[15]	Article 20
Article 27c (replaced)[15]	Article 20
Article 27d (replaced)[15]	Article 20
Article 27e (replaced)[15]	Article 20
Article 28	Article 41
	Section 2 – Provisions on the common security and defence policy

---

[15] The current Articles 27a to 27e, on enhanced cooperation, are also replaced by Articles 326 to 334 TFEU.

Old numbering of the Treaty on European Union	New numbering of the Treaty on European Union
Article 17 (moved)	Article 42
	Article 43
	Article 44
	Article 45
	Article 46
TITLE VI – PROVISIONS ON POLICE AND JUDICIAL COOPERATION IN CRIMINAL MATTERS (repealed)[16]	
Article 29 (replaced)[17]	
Article 30 (replaced)[18]	
Article 31 (replaced)[19]	
Article 32 (replaced)[20]	
Article 33 (replaced)[21]	
Article 34 (repealed)	
Article 35 (repealed)	
Article 36 (replaced)[22]	
Article 37 (repealed)	
Article 38 (repealed)	
Article 39 (repealed)	
Article 40 (replaced)[23]	Article 20
Article 40 A (replaced)[23]	Article 20
Article 40 B (replaced)[23]	Article 20
Article 41 (repealed)	
Article 42 (repealed)	
TITLE VII – PROVISIONS ON ENHANCED COOPERATION (replaced)[24]	TITLE IV – PROVISIONS ON ENHANCED COOPERATION
Article 43 (replaced)[24]	Article 20
Article 43 A (replaced)[24]	Article 20
Article 43 B (replaced)[24]	Article 20
Article 44 (replaced)[24]	Article 20
Article 44 A (replaced)[24]	Article 20
Article 45 (replaced)[24]	Article 20
TITRE VIII –FINAL PROVISIONS TITLE	VI –FINAL PROVISIONS
Article 46 (repealed)	
	Article 47
Article 47 (replaced)	Article 40

[16] The current provisions of Title VI of the TEU, on police and judicial cooperation in criminal matters, are replaced by the provisions of Chapters 1, 5 and 5 of Title IV of Part Three of the TFEU.

Old numbering of the Treaty on European Union	New numbering of the Treaty on European Union
Article 48 Article 48	
Article 49 Article 49	
	Article 50
	Article 51
	Article 52
Article 50 (repealed)	
Article 51 Article 53	
Article 52 Article 54	
Article 53 Article 55	

---

17) Replaced by Article 67 TFEU.
18) Replaced by Articles 87 and 88 TFEU.
19) Replaced by Articles 82, 83 and 85 TFEU.
20) Replaced by Article 89 TFEU.
21) Replaced by Article 72 TFEU.
22) Replaced by Article 71 TFEU.
23) The current Articles 40 to 40 B TEU, on enhanced cooperation, are also replaced by Articles 326 to 334 TFEU.
24) The current Articles 43 to 45 and Title VII of the TEU, on enhanced cooperation, are also replaced by Articles 326 to 334 TFEU.

[부록 2] TEC/TFEU 신구 조문대조표

Old numbering of the Treaty establishing the European Community	New numbering of the Treaty on the Functioning of the European Union
PART ONE —PRINCIPLES	PART ONE —PRINCIPLES
Article 1 (repealed)	
	Article 1
Article 2 (repealed)[25]	
	Title I —Categories and areas of union competence
	Article 2
	Article 3
	Article 4
	Article 5
	Article 6
	Title II —Provisions having general application
	Article 7
Article 3, paragraph 1 (repealed)[26]	
Article 3, paragraph 2	Article 8
Article 4 (moved) Article 119	
Article 5 (replaced)[27]	
	Article 9
	Article 10
Article 6	Article 11
Article 153, paragraph 2 (moved)	Article 12
	Article 13[28]
Article 7 (repealed)[29]	
Article 8 (repealed)[30]	
Article 9 (repealed)	
Article 10 (repealed)[31]	
Article 11 (replaced)[32]	Articles 326 to 334
Article 11a (replaced)[32]	Articles 326 to 334

[25] Replaced, in substance, by Article 3 TEU.
[26] Replaced, in substance, by Articles 3 to 6 TFEU.
[27] Replaced, in substance, by Article 5 TEU.
[28] Insertion of the operative part of the protocol on protection and welfare of animals.
[29] Replaced, in substance, by Article 13 TEU.
[30] Replaced, in substance, by Article 13 TEU and Article 282, paragraph 1, TFEU.
[31] Replaced, in substance, by Article 4, paragraph 3, TEU.
[32] Also replaced by Article 20 TEU.

Old numbering of the Treaty establishing the European Community	New numbering of the Treaty on the Functioning of the European Union
Article 12 (repealed)	Article 18
Article 13 (moved)	Article 19
Article 14 (moved)	Article 26
Article 15 (moved)	Article 27
Article 16 Article 14	
Article 255 (moved)	Article 15
Article 286 (moved)	Article 16
	Article 17
PART TWO – CITIZENSHIP OF THE UNION	PART TWO – NON-DISCRIMINATION AND CITIZENSHIP OF THE UNION
Article 12 (moved) Article 18	
Article 13 (moved) Article 19	
Article 17 Article 20	
Article 18 Article 21	
Article 19	Article 22
Article 20	Article 23
Article 21	Article 24
Article 22	Article 25
PART THREE – COMMUNITY POLICIES	PART THREE – POLICIES AND INTERNAL ACTIONS OF THE UNION
	Title I – The internal market
Article 14 (moved)	Article 26
Article 15 (moved)	Article 27
Title I – Free movement of goods	Title II – Free movement of goods
Article 23	Article 28
Article 24	Article 29
Chapter 1 – The customs union	Chapter 1 – The customs union
Article 25	Article 30
Article 26	Article 31
Article 27	Article 32
Part Three, Title X, Customs cooperation (moved)	Chapter 2 – Customs cooperation
Article 135 (moved) Article 33	
Chapter 2 – Prohibition of quantitative restrictions between Member States	Chapter 3 – Prohibition of quantitative restrictions between Member States
Article 28	Article 34
Article 29	Article 35
Article 30	Article 36
Article 31	Article 37

Old numbering of the Treaty establishing the European Community	New numbering of the Treaty on the Functioning of the European Union
Title II — Agriculture	Title III — Agriculture and fisheries
Article 32	Article 38
Article 33	Article 39
Article 34	Article 40
Article 35	Article 41
Article 36	Article 42
Article 37	Article 43
Article 38	Article 44
Title III — Free movement of persons, services and capital	Title IV — Free movement of persons, services and capital
Chapter 1 — Workers	Chapter 1 — Workers
Article 39	Article 45
Article 40	Article 46
Article 41	Article 47
Article 42	Article 48
Chapter 2 — Right of establishment	Chapter 2 — Right of establishment
Article 43	Article 49
Article 44	Article 50
Article 45	Article 51
Article 46	Article 52
Article 47	Article 53
Article 48	Article 54
Article 294 (moved)	Article 55
Chapter 3 — Services	Chapter 3 — Services
Article 49	Article 56
Article 50	Article 57
Article 51	Article 58
Article 52	Article 59
Article 53	Article 60
Article 54	Article 61
Article 55	Article 62
Chapter 4 — Capital and payments	Chapter 4 — Capital and payments
Article 56	Article 63
Article 57	Article 64
Article 58	Article 65
Article 59	Article 66
Article 60 (moved)	Article 75

Old numbering of the Treaty establishing the European Community	New numbering of the Treaty on the Functioning of the European Union
Title IV − Visas, asylum, immigration and other policies related to free movement of persons	Title V − Area of freedom, security and justice
	Chapter 1 − General provisions
Article 61	Article 67[33]
	Article 68
	Article 69
	Article 70
	Article 71[34]
	Article 64, paragraph 1 (replaced) Article 72[35]
	Article 73
Article 66 (replaced)	Article 74
Article 60 (moved)	Article 75
	Article 76
	Chapter 2 —Policies on border checks, asylum and immigration
Article 62	Article 77
Article 63, points 1 et 2, and Article 64, paragraph 2[36]	Article 78
Article 63, points 3 and 4	Article 79
	Article 80
Article 64, paragraph 1 (replaced)	Article 72
	Chapter 3 —Judicial cooperation in civil matters
Article 65	Article 81
Article 66 (replaced)	Article 74
Article 67 (repealed)	
Article 68 (repealed)	
Article 69 (repealed)	
	Chapter 4 —Judicial cooperation in criminal matters
	Article 82[37]
	Article 83[37]
	Article 84

---

[33] Also replaces the current Article 29 TEU.
[34] Also replaces the current Article 36 TEU.
[35] Also replaces the current Article 33 TEU.
[36] Points 1 and 2 of Article 63 EC are replaced by paragraphs 1 and 2 of Article 78 TFEU, and paragraph 2 of Article 64 is replaced by paragraph 3 of Article 78 TFEU.
[37] Replaces the current Article 31 TEU.

Old numbering of the Treaty establishing the European Community	New numbering of the Treaty on the Functioning of the European Union
	Article 85[37]
	Article 86
	Chapter 5 — Police cooperation
	Article 87[38]
	Article 88[38]
	Article 89[39]
Title V — Transport	Title VI — Transport
Article 70	Article 90
Article 71	Article 91
Article 72	Article 92
Article 73	Article 93
Article 74	Article 94
Article 75	Article 95
Article 76	Article 96
Article 77	Article 97
Article 78	Article 98
Article 79	Article 99
Article 80	Article 100
Title VI — Common rules on competition, taxation and approximation of laws	Title VII — Common rules on competition, taxation and approximation of laws
Chapter 1 — Rules on competition	Chapter 1 — Rules on competition
Section 1 — Rules applying to undertakings	Section 1 — Rules applying to undertakings
Article 81	Article 101
Article 82	Article 102
Article 83	Article 103
Article 84	Article 104
Article 85	Article 105
Article 86	Article 106
Section 2 — Aids granted by States	Section 2 — Aids granted by States
Article 87	Article 107
Article 88	Article 108
Article 89	Article 109
Chapter 2 — Tax provisions	Chapter 2 — Tax provisions
Article 90	Article 110
Article 91	Article 111

---

[38] Replaces the current Article 30 TEU.
[39] Replaces the current Article 32 TEU.

Old numbering of the Treaty establishing the European Community	New numbering of the Treaty on the Functioning of the European Union
Article 92	Article 112
Article 93	Article 113
Chapter 3 —Approximation of laws	Chapter 3 —Approximation of laws
Article 95 (moved)	Article 114
Article 94 (moved)	Article 115
Article 96	Article 116
Article 97	Article 117
	Article 118
Title VII —Economic and monetary policy	Title VIII —Economic and monetary policy
Article 4 (moved)	Article 119
Chapter 1 —Economic policy	Chapter 1 —Economic policy
Article 98	Article 120
Article 99	Article 121
Article 100	Article 122
Article 101	Article 123
Article 102	Article 124
Article 103	Article 125
Article 104	Article 126
Chapter 2 —monetary policy	Chapter 2 —monetary policy
Article 105	Article 127
Article 106	Article 128
Article 107	Article 129
Article 108	Article 130
Article 109	Article 131
Article 110	Article 132
Article 111, paragraphs 1 to 3 and 5 (moved)	Article 219
Article 111, paragraph 4 (moved)	Article 138
	Article 133
Chapter 3 —Institutional provisions	Chapter 3 —Institutional provisions
Article 112 (moved)	Article 283
Article 113 (moved)	Article 284
Article 114	Article 134
Article 115	Article 135
	Chapter 4 —Provisions specific to Member States whose currency is the euro
	Article 136
	Article 137
Article 111, paragraph 4 (moved)	Article 138

Old numbering of the Treaty establishing the European Community	New numbering of the Treaty on the Functioning of the European Union
Chapter 4 —Transitional provisions	Chapter 5 —Transitional provisions
Article 116 (repealed)	
	Article 139
Article 117, paragraphs 1, 2, sixth indent, and 3 to 9 (repealed)	
Article 117, paragraph 2, first five indents (moved)	Article 141, paragraph 2
Article 121, paragraph 1 (moved) Article 122, paragraph 2, second sentence (moved) Article 123, paragraph 5 (moved)	Article 140[40]
Article 118 (repealed)	
Article 123, paragraph 3 (moved) Article 117, paragraph 2, first five indents (moved)	Article 141[41]
Article 124, paragraph 1 (moved)	Article 142
Article 119	Article 143
Article 120	Article 144
Article 121, paragraph 1 (moved)	Article 140, paragraph 1
Article 121, paragraphs 2 to 4 (repealed)	
Article 122, paragraphs 1, 2, first sentence, 3, 4, 5 and 6 (repealed)	
Article 122, paragraph 2, second sentence (moved)	Article 140, paragraph 2, first subparagraph
Article 123, paragraphs 1, 2 and 4 (repealed)	
Article 123, paragraph 3 (moved)	Article 141, paragraph 1
Article 123, paragraph 5 (moved)	Article 140, paragraph 3
Article 124, paragraph 1 (moved)	Article 142
Article 124, paragraph 2 (repealed)	
Title VIII —Employment	Title IX —Employment
Article 125	Article 145
Article 126	Article 146
Article 127	Article 147
Article 128	Article 148

---

[40] —Article 140, paragraph 1 takes over the wording of paragraph 1 of Article 121.
　　—Article 140, paragraph 2 takes over the second sentence of paragraph 2 of Article 122.
　　—Article 140, paragraph 3 takes over paragraph 5 of Article 123.
[41] —Article 141, paragraph 1 takes over paragraph 3 of Article 123.
　　—Article 141, paragraph 2 takes over the first five indents of paragraph 2 of Article 117.

Old numbering of the Treaty establishing the European Community	New numbering of the Treaty on the Functioning of the European Union
Article 129	Article 149
Article 130	Article 150
Title IX —Common commercial policy (moved)	Part Five, Title II, common commercial policy
Article 131 (moved)	Article 206
Article 132 (repealed)	
Article 133 (moved)	Article 207
Article 134 (repealed)	
Title X —Customs cooperation (moved)	Part Three, Title II, Chapter 2, Customs cooperation
Article 135 (moved)	Article 33
Title XI —Social policy, education, vocational training and youth	Title X —Social policy
Chapter 1 —social provisions (repealed)	
Article 136	Article 151
	Article 152
Article 137	Article 153
Article 138	Article 154
Article 139	Article 155
Article 140	Article 156
Article 141	Article 157
Article 142	Article 158
Article 143	Article 159
Article 144	Article 160
Article 145	Article 161
Chapter 2 —The European Social Fund	Title XI —The European Social Fund
Article 146	Article 162
Article 147	Article 163
Article 148	Article 164
Chapter 3 —Education, vocational training and youth	Title XII —Education, vocational training, youth and sport
Article 149	Article 165
Article 150	Article 166
Title XII —Culture	Title XIII —Culture
Article 151	Article 167
Title XIII —Public health	Title XIV —Public health
Article 152	Article 168
Title XIV —Consumer protection	Title XV —Consumer protection
Article 153, paragraphs 1, 3, 4 and 5	Article 169

Old numbering of the Treaty establishing the European Community	New numbering of the Treaty on the Functioning of the European Union
Article 153, paragraph 2 (moved)	Article 12
Title XV —Trans-European networks	Title XVI —Trans-European networks
Article 154	Article 170
Article 155	Article 171
Article 156	Article 172
Title XVI —Industry	Title XVII —Industry
Article 157	Article 173
Title XVII —Economic and social cohesion	Title XVIII —Economic, social and territorial cohesion
Article 158	Article 174
Article 159	Article 175
Article 160	Article 176
Article 161	Article 177
Article 162	Article 178
Title XVIII —Research and technological development	Title XIX —Research and technological development and space
Article 163	Article 179
Article 164	Article 180
Article 165	Article 181
Article 166	Article 182
Article 167	Article 183
Article 168	Article 184
Article 169	Article 185
Article 170	Article 186
Article 171	Article 187
Article 172	Article 188
	Article 189
Article 173	Article 190
Title XIX —Environment	Title XX —Environment
Article 174	Article 191
Article 175	Article 192
Article 176	Article 193
	Titre XXI —Energy
	Article 194
	Title XXII —Tourism
	Article 195
	Title XXIII —Civil protection
	Article 196

Old numbering of the Treaty establishing the European Community	New numbering of the Treaty on the Functioning of the European Union
	Title XXIV —Administrative cooperation
	Article 197
Title XX —Development cooperation (moved)	Part Five, Title III, Chapter 1, Development cooperation
Article 177 (moved)	Article 208
Article 178 (repealed)[42]	
Article 179 (moved)	Article 209
Article 180 (moved)	Article 210
Article 181 (moved)	Article 211
Title XXI —Economic, financial and technical cooperation with third countries (moved)	Part Five, Title III, Chapter 2, Economic, financial and technical cooperation with third countries
Article 181a (moved)	Article 212
PART FOUR —ASSOCIATION OF THE OVERSEAS COUNTRIES AND TERRITORIES	PART FOUR —ASSOCIATION OF THE OVERSEAS COUNTRIES AND TERRITORIES
Article 182	Article 198
Article 183	Article 199
Article 184	Article 200
Article 185	Article 201
Article 186	Article 202
Article 187	Article 203
Article 188	Article 204
	PART FIVE —EXTERNAL ACTION BY THE UNION
	Title I —General provisions on the union's external action
	Article 205
Part Three, Title IX, Common commercial policy (moved)	Title II —Common commercial policy
Article 131 (moved)	Article 206
Article 133 (moved)	Article 207
	Title III —Cooperation with third countries and humanitarian aid
Part Three, Title XX, Development cooperation (moved)	Chapter 1 —development cooperation
Article 177 (moved)	Article 208[43]
Article 179 (moved)	Article 209

---

[42] Replaced, in substance, by the second sentence of the second subparagraph of paragraph 1 of Article 208 TFUE.

[43] The second sentence of the second subparagraph of paragraph 1 replaces, in substance, Article 178 TEC.

Old numbering of the Treaty establishing the European Community	New numbering of the Treaty on the Functioning of the European Union
Article 180 (moved)	Article 210
Article 181 (moved)	Article 211
Part Three, Title XXI, Economic, financial and technical cooperation with third countries (moved)	Chapter 2 —Economic, financial and technical cooperation with third countries
Article 181a (moved)	Article 212
	Article 213
	Chapter 3 —Humanitarian aid
	Article 214
	Title IV —Restrictive measures
Article 301 (replaced)	Article 215
	Title V —International agreements
	Article 216
Article 310 (moved)	Article 217
Article 300 (replaced)	Article 218
Article 111, paragraphs 1 to 3 and 5 (moved)	Article 219
	Title VI —The Union's relations with international organizations and third countries and the Union delegations
Articles 302 to 304 (replaced)	Article 220
	Article 221
	Title VII —Solidarity clause
	Article 222
PART FIVE —INSTITUTIONS OF THE COMMUNITY	PART SIX —INSTITUTIONAL AND FINANCIAL PROVISIONS
Title I —Institutional provisions	Title I —Institutional provisions
Chapter 1 —The institutions	Chapter 1 —The institutions
Section 1 —The European Parliament	Section 1 —The European Parliament
Article 189 (repealed)[44]	
Article 190, paragraphs 1 to 3 (repealed)[45]	
Article 190, paragraphs 4 and 5	Article 223
Article 191, first paragraph (repealed)[46]	
Article 191, first paragraph (repealed)[47]	
Article 191, second paragraph	Article 224

[44] Replaced, in substance, by Article 14, paragraphs 1 and 2, TEU.
[45] Replaced, in substance, by Article 14, paragraphs 1 to 3, TEU.
[46] Replaced, in substance, by Article 11, paragraph 4, TEU.
[47] Replaced, in substance, by Article 11, paragraph 4, TEU.

Old numbering of the Treaty establishing the European Community	New numbering of the Treaty on the Functioning of the European Union
Article 192, first paragraph (repealed)[48]	
Article 192, second paragraph	Article 225
Article 193	Article 226
Article 194	Article 227
Article 195	Article 228
Article 196	Article 229
Article 197, first paragraph (repealed)[49]	
Article 197, second, third and fourth paragraphs	Article 230
Article 198	Article 231
Article 199	Article 232
Article 200	Article 233
Article 201	Article 234
	Section 2 —The European Council
	Article 235
	Article 236
Section 2 —The Council	Section 3 —The Council
Article 202 (repealed)[50]	
Article 203 (repealed)[51]	
Article 204	Article 237
Article 205, paragraphs 2 and 4 (repealed)[52]	
Article 205, paragraphs 1 and 3	Article 238
Article 206	Article 239
Article 207	Article 240
Article 208	Article 241
Article 209	Article 242
Article 210	Article 243
Section 3 —The Commission	Section 4 —The Commission
Article 211 (repealed)[53]	
	Article 244
Article 212 (moved)	Article 249, paragraph 2
Article 213	Article 245

---

[48] Replaced, in substance, by Article 14, paragraph 1, TEU.
[49] Replaced, in substance, by Article 14, paragraph 4, TEU.
[50] Replaced, in substance, by Article 16, paragraph 1, TEU and by Articles 290 and 291 TFEU.
[51] Replaced, in substance, by Article 16, paragraphs 2 and 9 TEU.
[52] Replaced, in substance, by Article 16, paragraphs 4 and 5 TEU.
[53] Replaced, in substance, by Article 17, paragraph 1 TEU.

Old numbering of the Treaty establishing the European Community	New numbering of the Treaty on the Functioning of the European Union
Article 214 (repealed)[54]	
Article 215	Article 246
Article 216	Article 247
Article 217, paragraphs 1, 3 and 4 (repealed)[55]	
Article 217, paragraph 2	Article 248
Article 218, paragraph 1 (repealed)[56]	
Article 218, paragraph 2	Article 249
Article 219	Article 250
Section 4 —The Court of Justice	Section 5 —The Court of Justice of the European Union
Article 220 (repealed)[57]	
Article 221, first paragraph (repealed)[58]	
Article 221, second and third paragraphs	Article 251
Article 222	Article 252
Article 223	Article 253
Article 224[59]	Article 254
	Article 255
Article 225	Article 256
Article 225a	Article 257
Article 226	Article 258
Article 227	Article 259
Article 228	Article 260
Article 229	Article 261
Article 229a	Article 262
Article 230	Article 263
Article 231	Article 264
Article 232	Article 265
Article 233	Article 266
Article 234	Article 267
Article 235	Article 268
	Article 269

[54] Replaced, in substance, by Article 17, paragraphs 3 and 7 TEU.
[55] Replaced, in substance, by Article 17, paragraph 6, TEU.
[56] Replaced, in substance, by Article 295 TFEU.
[57] Replaced, in substance, by Article 19 TEU.
[58] Replaced, in substance, by Article 19, paragraph 2, first subparagraph, of the TEU.
[59] The first sentence of the first subparagraph is replaced, in substance, by Article 19, paragraph 2, second subparagraph of the TEU.

Old numbering of the Treaty establishing the European Community	New numbering of the Treaty on the Functioning of the European Union
Article 236	Article 270
Article 237	Article 271
Article 238	Article 272
Article 239	Article 273
Article 240	Article 274
	Article 275
	Article 276
Article 241	Article 277
Article 242	Article 278
Article 243	Article 279
Article 244	Article 280
Article 245	Article 281
	Section 6 —The European Central Bank
	Article 282
Article 112 (moved)	Article 283
Article 113 (moved)	Article 284
Section 5 —The Court of Auditors	Section 7 —The Court of Auditors
Article 246	Article 285
Article 247	Article 286
Article 248	Article 287
Chapter 2 —Provisions common to several institutions	Chapter 2 —Legal acts of the Union, adoption procedures and other provisions
	Section 1 —The legal acts of the Union
Article 249	Article 288
	Article 289
	Article 290[60]
	Article 291[59]
	Article 292
	Section 2 —Procedures for the adoption of acts and other provisions
Article 250	Article 293
Article 251	Article 294
Article 252 (repealed)	
	Article 295
Article 253	Article 296
Article 254	Article 297

---

[60] Replaces, in substance, the third indent of Article 202 TEC.

Old numbering of the Treaty establishing the European Community	New numbering of the Treaty on the Functioning of the European Union
	Article 298
Article 255 (moved)	Article 15
Article 256	Article 299
	Chapter 3 —The Union's advisory bodies
	Article 300
Chapter 3 —The Economic and Social Committee	Section 1 —The Economic and Social Committee
Article 257 (repealed)[61]	
Article 258, first, second and fourth paragraphs	Article 301
Article 258, third paragraph (repealed)[62]	
Article 259	Article 302
Article 260	Article 303
Article 261 (repealed)	
Article 262	Article 304
Chapter 4 —The Committee of the Regions	Section 2 —The Committee of the Regions
Article 263, first and fifth paragraphs (repealed)[63]	
Article 263, second to fourth paragraphs	Article 305
Article 264	Article 306
Article 265	Article 307
Chapter 5 —The European Investment Bank	Chapter 4 —The European Investment Bank
Article 266	Article 308
Article 267	Article 309
Title II —Financial provisions	Title II —Financial provisions
Article 268	Article 310
	Chapter 1 —The Union's own resources
Article 269	Article 311
Article 270 (repealed)[64]	
	Chapter 2 —The multiannual financial framework
	Article 312
	Chapter 3 —The Union's annual budget
Article 272, paragraph 1 (moved)	Article 313
Article 271 (moved)	Article 316
Article 272, paragraph 1 (moved)	Article 313
Article 272, paragraphs 2 to 10	Article 314

[61] Replaced, in substance, by Article 300, paragraph 2 of the TFEU.
[62] Replaced, in substance, by Article 300, paragraph 4 of the TFEU.
[63] Replaced, in substance, by Article 300, paragraphs 3 and 4, TFEU.
[64] Replaced, in substance, by Article 310, paragraph 4, TFEU.

Old numbering of the Treaty establishing the European Community	New numbering of the Treaty on the Functioning of the European Union
Article 273	Article 315
Article 271 (moved)	Article 316
	Chapter 4 —Implementation of the budget and discharge
Article 274	Article 317
Article 275	Article 318
Article 276	Article 319
	Chapter 5 —Common provisions
Article 277	Article 320
Article 278	Article 321
Article 279	Article 322
	Article 323
	Article 324
	Chapter 6 —Combating fraud
Article 280	Article 325
	Title III —Enhanced cooperation
Articles 11 and 11a (replaced)	Article 326[65]
Articles 11 and 11a (replaced)	Article 327[65]
Articles 11 and 11a (replaced)	Article 328[65]
Articles 11 and 11a (replaced)	Article 329[65]
Articles 11 and 11a (replaced)	Article 330[65]
Articles 11 and 11a (replaced)	Article 331[65]
Articles 11 and 11a (replaced)	Article 332[65]
Articles 11 and 11a (replaced)	Article 333[65]
Articles 11 and 11a (replaced)	Article 334[65]
PART SIX —GENERAL AND FINAL PROVISIONS	PART SEVEN —GENERAL AND FINAL PROVISIONS
Article 281 (repealed)[66]	
Article 282	Article 335
Article 283	Article 336
Article 284	Article 337
Article 285	Article 338
Article 286 (replaced)	Article 16
Article 287	Article 339
Article 288	Article 340

[65] Also replaces the current Articles 27a to 27e, 40 to 40b, and 43 to 45 TEU.
[66] Replaced, in substance, by Article 47 TEU.

Old numbering of the Treaty establishing the European Community	New numbering of the Treaty on the Functioning of the European Union
Article 289	Article 341
Article 290	Article 342
Article 291	Article 343
Article 292	Article 344
Article 293 (repealed)	
Article 294 (moved)	Article 55
Article 295	Article 345
Article 296	Article 346
Article 297	Article 347
Article 298	Article 348
Article 299, paragraph 1 (repealed)[67]	
Article 299, paragraph 2, second, third and fourth subparagraphs	Article 349
Article 299, paragraph 2, first subparagraph, and paragraphs 3 to 6 (moved)	Article 355
Article 300 (replaced)	Article 218
Article 301 (replaced)	Article 215
Article 302 (replaced)	Article 220
Article 303 (replaced)	Article 220
Article 304 (replaced)	Article 220
Article 305 (repealed)	
Article 306	Article 350
Article 307	Article 351
Article 308	Article 352
	Article 353
Article 309	Article 354
Article 310 (moved)	Article 217
Article 311 (repealed)[68]	
Article 299, paragraph 2,first subparagraph, and paragraphs 3 to 6 (moved)	Article 355
Article 312	Article 356
Final Provisions	
Article 313	Article 357
	Article 358
Article 314 (repealed)[69]	

[67] Replaced, in substance by Article 52 TEU.
[68] Replaced, in substance by Article 51 TEU.
[69] Replaced, in substance by Article 55 TEU.

| 찾아보기 |

(ㄱ)

가입   55
가입신청국   59
가입조약   60
가입협력협정   283
가입후보국   56
가입희망국   58
가중다수결   22, 166, 227
가중다수결제   26
간접적 법안제출권   221
간접적 제안권   221
간접효과   105
감독권   148
감사원   138
강화된 협력   21
개발협력   275
개발협력협정   284
개방시장경제   41
개혁조약   25, 27
건설적 기권   289
견해   32
결정   31, 94
결정투표권   155
경제사회이사회   92
경제통화동맹   19, 42
경제통화정책   41, 42
경제협력개발기구   53
경찰협력   266
고등관청   16, 137
고등체약국   46
고양된 협력   21
고용위원회   170

고위대표   31, 160
공동결정절차   21, 187, 219
공동관세율   17
공동농업정책   17, 69, 229
공동방위정책   76
공동시장   16, 17
공동외교안보정책   19, 31, 45, 76
공동이민제도   257
공동통상정책   271
공동피고제도   135
공유권한   42, 71
국가결합형태   47
국가승인   53
국가연합   47
국내실향민   251
국제법인격   51
국제연합   51
국제연합헌장   64
국제인권규약   118
국제적 대표성   54
국제협정   191
권고   32, 94
권리정지   63
권한 배분의 원칙   42, 71
규칙   31, 94
기관통합조약   93
기관협정   227
기본권헌장   23
기본적 인권의 보호   93
긴급제한조치   262
긴밀성의 원칙   89
깃발   31

(ㄴ)

난민　251
니스조약　15, 21

(ㄷ)

다년간 재정계획　66
다양성 속의 통합　25
단순다수결　33, 166
단일유럽협정　18
단일통화　123
대법정　194
대세적(erga omnes) 효력　51
대체적 분쟁해결　260
더욱 긴밀한 협력　21
독일헌법재판소　14
독자적 법질서　95
독점적 제안권　221
독점적(혹은 배타적) 제안권　187
동의절차　144, 187, 219

(ㄹ)

로마조약　15
로베르 슈망　15
룩셈부르크합의　54
리스본조약　13, 24, 27

(ㅁ)

마스트리히트조약　13, 14, 19
망명정책　256
면제　141
모토　31
미니조약　46
민사사건에서의 사법협력　259
민주성 결핍　222

민주적 통제　15
민주주의　14

(ㅂ)

바른 행정을 요구할 권리　119
배타적 권한　42, 71, 73
법무관　27, 98, 193
법의 일반원칙　80
법인격　70
법적 안정성의 원칙　93
법적 행위　187
법치주의　14
보충권한　75
보충성 및 비례원칙의 적용에 관한 의정서　79
보충성원칙　19, 42, 45, 77
보통개정절차　33
보통입법절차　34, 83, 86, 144, 187
보통재판소　98, 192
부작위소송　197
불신임 동의　149
비계약책임　93
비례원칙　42, 45, 93
비입법행위　166, 213, 216
비특권적 제소권자　199

(ㅅ)

사무국　155
사무총장　172
사법내무협력　19, 45
사법재판소　192
사회적 시장경제　41
삼주체제　19, 21, 45
상설위원회　153
상주대표위원회　59, 171

선거권   86
선결적 부탁절차   104, 206
선량한 거버넌스   92
성실한 협력의 원칙   43
셍겐협약   123, 136
소법정   194
손해배상청구소송   197
수직적 직접효과   105
수평적 직접효과   105
숙려기간   149
쉐펜스테트 기준   201
슈망선언   15
신임투표   150
실시행위   217

(ㅇ)

아키 코뮈노테르   58
안정화 및 협력 과정   285
암스테르담조약   20
약식개정절차   33
역내시장   40
연대조항   286
연방국가   47
연방제   47
연방주의   22
연합 행위   143
연합법   32, 145
예산   66
예산권   151
옴부즈맨   19, 91
외교관계에 관한 비엔나협약   54
외교안보정책고위대표   31
외무이사회   171
우위에 관한 선언   32

우위의 원칙   96, 98
위반제재권   182
위법성의 항변   197
위임유럽규칙   217
위임행위   217
유럽 시민권(European Citizenship)제도   19
유럽검찰관   265
유럽검찰국   265
유럽결정   32, 213
유럽경제공동체   13, 16
유럽경제공동체설립조약   17
유럽경제지대   136
유럽골격법   31, 212
유럽공동망명제도   257
유럽공동체   14, 16
유럽관세동맹   17
유럽국가   56
유럽규칙   32, 212
유럽근린정책   285
유럽기본권헌장   25
유럽난민기금   257
유럽단일시장   20
유럽미래회의   13, 21, 120
유럽방위공동체   17, 243
유럽방위공동체조약   17
유럽법   31, 212
유럽석탄철강공동체   13
유럽석탄철강공동체설립조약   16
유럽시민권   19, 45, 81
유럽실시결정   217
유럽실시규칙   217
유럽안전보장협력기구   53
유럽안정기금설립조약   36
유럽안정화기금   35

유럽연방   48
유럽연합   15, 17, 19
유럽연합 기본권헌장   39
유럽연합사법재판소   92, 138, 192
유럽연합사법재판소규정   194
유럽연합에 관한 조약   19
유럽연합의 기능에 관한 조약   27
유럽연합조약   27
유럽연합조약 및 EC설립조약을 개정하는 리스본조약   28
유럽연합조약, 유럽공동체들을 설립하는 조약들 및 특정 관련 행위들을 개정하는 니스조약   21
유럽옴부즈맨   147
유럽옴부즈맨 요청권   83
유럽원자력공동체   13
유럽원자력공동체설립조약   17
유럽위원회   21, 33, 59, 137
유럽위원회 위원장   160
유럽의회   33, 137
유럽의회 의원   140
유럽의회절차규칙   90
유럽이사회   14, 33, 159
유럽이사회 의장   160
유럽인권재판소   131
유럽인권협약   39, 75, 111, 128
유럽인도지원단   277
유럽재정안정기금   35
유럽정치공동체   44
유럽정치협력   243
유럽중앙은행   33, 138
유럽투자은행   92
유럽평의회   53
유럽평의회 각료이사회   132
유럽평의회 사무총장   132

유럽평의회규정   64
유럽헌법   22
유럽헌법조약   13, 21, 23, 120
유럽헌법회의   22
유럽회의   120, 129
유로   19, 42
유로저스트   254
유로존   19
유로폴   254
유보   134
윤번제   43, 161
의견   94
의무불이행소송   197
이민정책   256
이사회   33, 137, 164
이주체제   216
이중다수결   26
이중시민권   82
2차법원   94
2차입법   85
인도적 지원   277
일반적 적용성   215
일반직무이사회   170
일심재판소   195
1차법원   93
임시조사위원회   145
입법권   142
입법절차   144
입법행위   166, 187, 213, 216
입헌주의   14

(ㅈ)

자격기준   55
자발적 탈퇴   65

자유, 안전 및 사법지대　20, 40
자유무역협력협정　284
자유이동권　245
잠정적용　280
잠정특권　60
장 모네　15, 16
재판관　193
쟈끄 들로르　18
적극적 기권　289
전문재판소　192, 206
전원법정　194
전원일치　34, 86, 166
절차규칙　178
정보수집권　182
정부간 기둥　248
정부간회의　14, 18
정치그룹　151
제3자 소송참가　135
제소권　98, 150
조약의 수호자　182
조약적합심사　205
조정권한　42, 77
준연방국가　49
준연방주의　53, 98
준회원국　60
지역위원회　92
지침　31, 94
직접선거법　140
직접소송　197
직접적용　103
직접적용성　96, 102
직접효과　96, 103
직접효과이론　102
질의권　84, 148

집단지도체제　177, 178
집단책임의 원칙　178
집단책임제　21

(ㅊ)

찬가　31
청원권　89, 146
체감적 비례　139
체약국　46
초국가법　96
초국가성　14, 53
초국가적 체제　98
총국　97, 175
최소성규칙　262
취소소송　197
침해의 위험　63
침해의 존재　64

(ㅋ)

컨센서스　33, 161

(ㅌ)

통제행위수행권　182
통합조약　137
트레비 협력　243
특권　141
특권적 제소권자　199
특별입법절차　77, 144, 187

(ㅍ)

피선거권　86

(ㅎ)

행정단일체의 원칙　179

헌법적 헌장　193
협력절차　18, 219
협력협정　283
협의절차　187, 219
형사사건에서의 사법협력　261
혼합협정　52
환희의 송가　25
회계감사원　92
회신권　84
회원국 당 일 국민원칙　174

Treaty on European Union: TEU　27
Treaty on the Functioning of the European Union: TFEU　27, 30
Van Gend en Loos　95
Wilhelm v. Bundeskartellant [1969]　95

영문색인

advocates general　193
Balkan-Import-Export v. Hauptzollampt Berlin-Packhof [1973]　93
COSAC　155
Costa v. ENEL 사건　95
Court of First Instance: CFI　195
Defrenne v. Sabena [1976]　93
Directorate Generals: DG　175
EU 공무재판소　207
EU 대표부　191
European Convention　21, 120, 129
EU기본권헌장　111, 124
General Court　195
High Authority　137
Ombudsman　19
Stauder v. Ulm [1969]　93
TEU　27
TFEU　27, 30
three-pillar system　21
Treaty of Lisbon amending the Treaty on European Union and the Treaty establishing the European Community　27